“十三五”国家重点图书出版规划项目

交通运输科技丛书·公路基础设施建设与养护

软弱破碎围岩长大隧道变形控制关键技术

赵队家　孙志杰
宿钟鸣　董立山　编著

人民交通出版社股份有限公司
China Communications Press Co.,Ltd.

内 容 提 要

本书是在总结山西省多条高速公路长大隧道建设成果的基础上，借鉴国内外相关研究成果，重点以中条山特长公路隧道工程为依托，综合采用理论分析、数值模拟和现场试验等研究手段，围绕长大隧道软弱破碎围岩变形控制关键技术编写而成。全书主要内容包括软弱破碎围岩特征及隧道变形控制措施、隧道支护结构力学特性及围岩稳定性分析、超前预支护系统作用效果及其与施工工法优化组合、爆破荷载作用下围岩稳定性控制措施研究、软弱破碎带隧道施工工法比选及参数优化等。

本书可供隧道工程领域的科研、设计、施工技术人员参考。

图书在版编目(CIP)数据

软弱破碎围岩长大隧道变形控制关键技术 / 赵队家等编著. — 北京：人民交通出版社股份有限公司，2017.5

(交通运输科技丛书)

ISBN 978-7-114-13842-3

Ⅰ.①软… Ⅱ.①赵… Ⅲ.①长大隧道—变形—控制—研究 Ⅳ.①U459.9

中国版本图书馆 CIP 数据核字(2017)第 108152 号

"十三五"国家重点图书出版规划项目

交通运输科技丛书·公路基础设施建设与养护

书　　名：**软弱破碎围岩长大隧道变形控制关键技术**

著 作 者：赵队家　孙志杰　宿钟鸣　董立山

责任编辑：周　宇　牛家鸣

出版发行：人民交通出版社股份有限公司

地　　址：(100011)北京市朝阳区安定门外外馆斜街 3 号

网　　址：http://www.ccpress.com.cn

销售电话：(010)59757973

总 经 销：人民交通出版社股份有限公司发行部

经　　销：各地新华书店

印　　刷：北京市密东印刷有限公司

开　　本：787×1092　1/16

印　　张：15.5

字　　数：358 千

版　　次：2017 年 5 月　第 1 版

印　　次：2017 年 5 月　第 1 次印刷

书　　号：ISBN 978-7-114-13842-3

定　　价：80.00 元

总 序

科技是国家强盛之基,创新是民族进步之魂。中华民族正处在全面建成小康社会的决胜阶段,比以往任何时候都更加需要强大的科技创新力量。党的十八大以来,以习近平同志为总书记的党中央作出了实施创新驱动发展战略的重大部署。党的十八届五中全会提出必须牢固树立并切实贯彻创新、协调、绿色、开放、共享的发展理念,进一步发挥科技创新在全面创新中的引领作用。在最近召开的全国科技创新大会上,习近平总书记指出要在我国发展新的历史起点上,把科技创新摆在更加重要的位置,吹响了建设世界科技强国的号角。大会强调,实现"两个一百年"奋斗目标,实现中华民族伟大复兴的中国梦,必须坚持走中国特色自主创新道路,面向世界科技前沿、面向经济主战场、面向国家重大需求。这是党中央综合分析国内外大势、立足我国发展全局提出的重大战略目标和战略部署,为加快推进我国科技创新指明了战略方向。

科技创新为我国交通运输事业发展提供了不竭的动力。交通运输部党组坚决贯彻落实中央战略部署,将科技创新摆在交通运输现代化建设全局的突出位置,坚持面向需求、面向世界、面向未来,把智慧交通建设作为主战场,深入实施创新驱动发展战略,以科技创新引领交通运输的全面创新。通过全行业广大科研工作者长期不懈的努力,交通运输科技创新取得了重大进展与突出成效,在黄金水道能力提升、跨海集群工程建设、沥青路面新材料、智能化水面溢油处置、饱和潜水成套技术等方面取得了一系列具有国际领先水平的重大成果,培养了一批高素质的科技创新人才,支撑了行业持续快速发展。同时,通过科技示范工程、科技成果推广计划、专项行动计划、科技成果推广目录等,推广应用了千余项科研成果,有力促进了科研向现实生产力转化。组织出版《交通运输建设科技丛书》,是推进科技成果公开、加强科技成果推广应用的一项重要举措。"十二五"期间,该丛书共出版72册,全部列入"十二五"国家重点图书出版规划项目,其中12册获得国家出版基金支持,6册获中华优秀出版物奖图书提名奖,行业影响力和社会知名度不断扩大,逐渐成为交通运输高端学术交流和科技成果公开的重要平台。

"十三五"时期,交通运输改革发展任务更加艰巨繁重,政策制定、基础设施建设、运输管理等领域更加迫切需要科技创新提供有力支撑。为适应形势变化的需要,在以往工作的基础上,我们将组织出版《交通运输科技丛书》,其覆盖内容由建设技术扩展到交通运输科学技术各领域,汇集交通运输行业高水平的学术专著,及时集中展示交通运输重大科技成果,将对提升交通运输决策管理水平、促进高层次学术交流、技术传播和专业人才培养发挥积极作用。

当前,全党全国各族人民正在为全面建成小康社会、实现中华民族伟大复兴的中国梦而团结奋斗。交通运输肩负着经济社会发展先行官的政治使命和重大任务,并力争在第二个百年目标实现之前建成世界交通强国,我们迫切需要以科技创新推动转型升级。创新的事业呼唤创新的人才。希望广大科技工作者牢牢抓住科技创新的重要历史机遇,紧密结合交通运输发展的中心任务,锐意进取、锐意创新,以科技创新的丰硕成果为建设综合交通、智慧交通、绿色交通、平安交通贡献新的更大的力量!

杨传堂

2016年6月24日

前　言

我国山区面积占国土总面积的三分之二以上，特别是山西省，表里山河，东界太行山，西有吕梁山，南耸中条山，北亘恒山、五台山，中立太岳山，山区面积占全省总面积的80%以上。多山的地理环境给交通建设带来极大不便。而隧道作为公路穿越山岭的重要构造物，可有效克服地形高差，缩短建设里程，保护自然环境，减少公路用地，保障全天候运行，对解决山岭地区高速公路的交通建设难题起着不可替代的作用。

长大公路隧道因埋深大、线路长，在隧道建设过程中不可避免地要穿越节理裂隙较发育的软弱断层破碎带。在软弱破碎围岩条件下修筑长大隧道，其超前预支护结构参数及施工工法该如何选取，初期支护、二次衬砌支护时机该如何选择，爆破参数怎样选取才既安全又高效等技术难题是工程成败的关键。

基于此，山西省交通科学研究院组织黄土地区公路建设与养护技术交通行业重点实验室、山西交科公路勘察设计院岩土与地下工程研究所、山西交科岩土工程有限公司技术骨干成立了"软弱破碎围岩长大隧道建设关键技术"课题攻关小组。历经5年的艰苦努力，依托运城至灵宝高速公路中条山特长隧道(9.67km)，重点围绕软弱破碎围岩隧道施工工法特点、超前支护结构受力规律以及爆破施工围岩振动响应规律三个方面开展科学研究。同时，结合山西省太原至古交高速公路西山特长隧道(13.68km)、平遥至榆社高速公路宝塔山特长隧道(10.34km)等多条长大隧道建设技术成果，建立了可考虑掌子面水平位移影响的变基床系数弹性地基梁模型，提出了软弱围岩条件下管棚超前预支护体系的支护参数；推荐了不同围岩级别各工序应力释放组合及施工步距；建立了炮孔群孔齐发分析模型，揭示了隧道不同位置处的振速衰减规律及振速峰值分布规律，形成了软弱破碎围岩条件下长大隧道修建关键技术。

本书共7章，第1、2、4章由赵队家撰写，第3、5章由孙志杰撰写，第6章由宿钟鸣撰写，第7章由董立山撰写。

本书在撰写过程中，得到了山西省交通科学研究院学术委员会的高度重视和悉心指导，得到了山西交科公路勘察设计院韩大千副院长、王拥军工程师，山西交科岩土工程有限公司武军总经理、任崇才工程师的鼎力支持，得到了运城至灵宝高速公路建设管理处王强锁处长、秦世华总工，华中科技大学郑俊杰教授、章荣军副教授的帮助和支持。同时，得到了交通运输部应用基础研究项目（2014319771190）、山西省交通建设科技项目（10-2-13）、山西省交通建设科技项目（11-2-18）等科研项目的资助，在此一并表示感谢。

由于时间仓促和编者水平有限，不足之处在所难免，恳请同行专家和读者批评指正。

作　者
2016 年 10 月

目　　录

1 绪　论

1.1 引　言

我国已经成为世界上公路隧道数量最多、发展速度最快的国家。山西省地质构造复杂，地貌类型多样，地理环境独特，近80%的面积位于山区。多山的地理环境给交通带来极大不便，同时也给隧道工程的发展带来了历史机遇。

依托工程中条山特长公路隧道进口位于运城市盐湖区解州镇王窑头村，出口位于芮城县陌南镇石坡村，属上下行分离的高速公路隧道。隧道全长9671m，Ⅳ、Ⅴ级围岩段约占隧道长度的40%，最大埋深681m，属深埋特长公路隧道。隧道于2009年11月28日正式开工，2015年12月31日正式通车。隧道所在的运灵高速公路是山西省挺进中原、通向东南沿海的一条重要出省通道，也是推进“黄河金三角区域”经济一体化的一条黄金通道。

中条山隧道是运宝高速公路的控制性工程，全隧分布多条发育宽度不等的软弱破碎带。断层带内岩体破碎，节理裂隙密集发育，力学强度低，稳定性差，隧道施工风险极高。

隧道大变形灾害主要发生在软弱破碎围岩条件下，并且在这种地质环境中，往往存在高地应力、地下水、温度等多场、多相耦合作用，同时还具有明显的时空效应。在这种复杂的地质环境中，隧道围岩不仅要承受自身的多场、多相耦合作用，而且还受隧道开挖、支护过程中的多次应力重分布的影响。在多种大变形影响因素的共同作用下，隧道开挖之后会引起软弱破碎围岩错动、滑移，形成松动圈，岩体塑性化或吸水膨胀，从而引起隧道围岩大变形。因此，为了应对软弱破碎围岩随道大变形灾害，对软弱破碎围岩变形的机理及控制措施进行分析研究，具有重要的意义。

1.2 国内外研究现状

软弱破碎围岩大变形的持续发展，往往伴随着侵限、支护开裂，甚至垮塌等灾害，将严重影响隧道的施工和运营安全。软弱破碎围岩大变形问题已经引起研究者们的重视，国内外学者分别从不同的角度开展了大量的研究工作，在软弱破碎围岩大变形机理和控制措施方面取得了一系列研究成果。

1.2.1 软弱破碎围岩隧道变形机理研究

孙钧等[1]结合工程实际，对软弱围岩隧洞施工中力学形态进行了计算模拟和分析，文中除提出了考虑隧洞开挖面时空效应的三维分析模型外，还计入岩体流变效应，进行弹—黏塑性数值计算,分别利用台阶法、全断面法、侧壁导坑法进行对比模拟分析,将计算结果与现场监测数据进行对比。

张志强等[2]采用能描述岩体大变形特征的几何非线性程序 FLAC 进行数值模拟,揭示了软弱围岩隧道在高地应力条件下最大变位方向与最大主应力方向存在相互垂直关系的变形规律。

周太全等[3]结合非线性有限元法对软弱围岩条件下的铁路隧道湿喷纤维混凝土支护结构施工过程进行数值模拟,分析了围岩和支护结构体的非线性力学行为的应力场、位移场分布,围岩塑性区分布特征。

李文秀等[4]针对太行山区保阜高速公路韩家庄隧道软弱围岩条件下工程实际情况,将浅埋隧道开挖所引起的地表移动视为随机过程,应用随机介质理论模型,对隧道施工所引起的地表移动进行分析探讨。

郭志[5]分析了软弱夹层的流变特性和等速流变与起始流变之间的关系,认为一定存在软弱夹层的临界等速流变变形,并提出了确定对应剪应力的方法。

张奇华[6]对软弱夹层进行了室内剪切流变试验研究,依据蠕变曲线特性,分别以 Kelvin - Voigt 和 Burgers 模型描述了剪应力小于和大于长期强度时的蠕变曲线。

软弱破碎岩体在地下洞室开挖后,由于内部岩体应力不断释放,洞室浅层原生节理面张开,次生节理出现并扩展,破碎岩体剥离、脱落,围岩松动圈逐渐扩大,因而又引起深层岩体应力的释放,导致深部岩体的变形发生。所以,软弱破碎岩体变形破坏具有明显的渐进性特征。

Bjerrum[7]和王志伟[8]等研究了引起渐进破坏的原因可能为应力释放,土体出现节理面或不连续的结构面,发生应变软化,应力和应变的不均匀分布,出现裂缝以及在水作用下软化,孔隙水压力的增长等。

沈珠江[9]以广义吸力为基础,从颗粒材料的软化机理入手,提出了描述软化过程的新理论,此理论方便应变局部化问题采用常规有限元方法进行分析,开辟了解决工程中渐进性破坏问题的新途径。

D. Sterpi 等[10]对浅埋隧道的渐进性破坏进行研究,提出了“结构软化”和“材料软化”的分析方法,对试验过程中渐进性破坏过程进行了模拟。

C. Callari[11]分析了浅埋隧道应变局部化现象的发生及其扩展过程,研究了开挖进度对应变局部化、开挖产生的位移及隧道稳定性的影响。

1.2.2 软弱破碎围岩隧道施工方法研究

软弱破碎围岩隧道施工是隧道施工中的热点问题。由于破碎围岩岩性较差,若施工中采用的施工方法不当,极易导致隧道塌方等事故。破碎围岩一般采用的隧道施工方法为台阶分部法、CD 法、CRD 法以及双侧壁导坑法等。

国内学者齐琳[12]对北京地区某高速公路三车道公路隧道的同一断面分别采用台阶法、CRD 法以及眼镜法展开有限元分析,并提出了“CRD 法与双侧壁导坑法均能满足设计要求,眼镜法在各施工阶段应力表现没有明显优势,台阶法应在采取了相应的加固措施或地质条件比较好时采用”的结论。

郭衍敬等[13]就厦门翔安海底隧道采用有限差分软件 $FLAC^{3D}$ 建立穿越砂层的三维有限差

分模型，分别采用 CRD 法和双侧壁导坑法进行开挖模拟，对比了两种工法对围岩塑性区的大小及位置以及两种工法对地层位移的控制等问题。

霍卫华[14]就深圳大梅沙隧道展开有限元分析，对软弱围岩大断面隧道中围岩与支护结构体的受力状态进行了模拟计算，得出“双侧壁导坑法导坑的围岩应力呈不对称分布，临时支护与永久支护结合部位会出现应力集中现象，中洞上部开挖是施工过程中最不利环节，据此提出对拱部支护及时施作二次衬砌及对围岩采用注浆加固等技术措施以保证围岩稳定”的结论。

薛继连[15]在朔(州)—黄(骅港)铁路长梁山隧道施工中，针对各种不良地质条件所采取的各种施工措施，结合工程实践，提出了各种工法软弱围岩下基本施工原则、一般地段开挖与初期支护标准、不同地层及构造条件下的施工措施，有效地防止了较大塌方，确保施工顺利进行。

王伟锋等[16]针对广福隧道某浅埋段地质条件复杂、断面大、岩性差的特点，为确保浅埋隧道的施工安全，减少隧道开挖引起的地表沉降和围岩变形，运用 FLAC^{3D}对全断面法、短台阶法、单侧壁导坑法、双侧壁导坑法进行模拟，得出“双侧壁导坑法开挖时引起竖向位移及收敛位移比其他工法小且塑性区半径最小、安全可靠度最高”的结论。

奚正兵[17]通过利用有限差分软件分析合(肥)—武(汉)铁路大别山隧道软弱围岩地段采用不同工法开挖隧道引起地表沉降、塑性区范围及地层分层沉降，提出了相关隧道施工技术，认为对于不同的开挖方式，围岩应力释放取决于隧道开挖的状态，单侧壁导坑法较台阶法地表沉降发展速度及地层应力更为均匀。

陈鉴等[18]根据当前软弱围岩中公路隧道常用施工方法，采用数值计算并综合考虑各种因素，得出在软弱围岩中隧道施工合理的开挖方法。

胡文清等[19]以木寨岭隧道软弱围岩段的施工为例详细介绍了在Ⅰ类软弱围岩条件下的隧道设计和施工技术特点，并进行了平面弹塑性有限元数值分析，得出在Ⅰ类软弱围岩条件下隧道采用双侧壁导坑法施工时，底板仰拱与拱周支护随掌子面开挖同时支护形成封闭的承载圈可保证围岩稳定性。

关宝树[20]从国内外软弱围岩隧道的施工实例，特别是开挖断面早期闭合的实例中，总结软弱围岩隧道大断面施工技术的基本经验。指出把掌子面前方围岩的补强与掌子面后方开挖断面早期闭合结合在一起，在有水的条件下，再把掌子面前方围岩的超前钻孔预测组合在一起，是解决不良围岩隧道施工的基本方法。

张健明等[21]依托谷竹高速公路 4 座软弱围岩隧道建设，从实践中探索如何通过开挖工艺、开挖方法、支护措施的调整，有效控制围岩的变形和塌方，保证隧道的施工质量和安全。

陈耕野等[22]对沈阳至大连高速公路韩家岭大跨度隧道采用分层台阶法进行开挖并进行了稳定性应力检测研究，主要阐述该隧道应力测试方法、喷层与围岩接触应力、锚杆内力随时间变化的量测数据及分析，得出随着开挖进行围岩对初期支护的作用处在变化之中，通过短掘短支可控制围岩变形，大跨度公路隧道采用台阶法开挖施工方式可行的结论。

1.2.3 软弱破碎围岩隧道变形控制技术研究

为了保证软弱破碎围岩隧道围岩的稳定性，通常需要采用有效的控制措施，以改善围岩的力学性能，保证隧道施工和运营阶段安全。目前，隧道围岩大变形的控制措施主要包括主动支护和被动支护两个方面。被动支护主要由支护材料本身被动地承担由地应力和围岩碎胀所产生的松弛和变形压力，且破坏后的围岩是作为荷载作用在支护结构上，不能发挥围岩自身的承载能力，围岩破坏后的状态、力学性质和破坏程度对支护结构的稳定起着决定性作用。主动支护是指通过运用锚杆、喷射混凝土、金属网和注浆等方法或其不同组合进行的支护方式，在很大程度上能改善破裂岩体的应力状态，提高围岩自身的承载能力。

黄惠芳[23]通过对软弱破碎围岩双线或多线隧道中两种临时仰拱形式在施工各阶段的作用进行对比和分析，提出了临时仰拱形式以直线形式为最佳的观点，并对兼做弃渣运输通道的临时仰拱的设置形式提出了应预留上拱度的观点。

范廉明[24]总结隧道进洞技术，研究预留核心土环形开挖法中各种超前支护方式的应用条件，表明超前锚杆、超前小导管和管棚分别适用于Ⅳ级和完整性较好的Ⅴ级围岩、完整性较差的Ⅴ级围岩和浅埋Ⅴ级围岩及土体。

余伟健等[25]提出的“适当让压”的支护思想有利于提高围岩的自承载能力和支护系统的稳定；在适当让压后，通过施作锚喷网 + 锚索支护，发挥了“围岩—支护”的共同承载作用，该措施既能充分发挥岩体的承载力，又能充分调动支护结构的抗力。

关宝树[26]根据软弱围岩隧道变形的基本规律，系统总结了国内外，尤其是日本控制隧道开挖后变形的基本对策：①超前支护——控制先行位移；②掌子面补强——控制掌子面挤出位移；③脚部补强——控制脚部下沉；④加强初期支护。

路军富等[27]研究得出围岩内不同部位变形模式是影响锚杆受力的关键性因素，拱部锚杆受力很小，边墙锚杆受力较大；建议隧道拱部 130°范围内可不设置锚杆，该范围以下至墙角设置全长黏结型系统锚杆。

赵建平[28]建立了基于双参数弹性地基梁模型上的管棚支护结构与围岩相互作用模型，将超前管棚的支护效果从定性描述上升到定量描述，对于定量研究管棚在开挖过程中的变形、内力变化和管棚参数的优化设计等研究具有实际意义。

董新平等[29,30]基于杆系有限元理论对超前管棚在施工中的作用进行空间分析，研究表明在软弱地层小直径管棚法施工中，管棚主要通过管棚注浆以及棚架体系在纵向和横向对开挖释放荷载进行重新调节和分布等方式对地层沉降进行控制；棚架体系中，地层条件的改变对位移敏感度的影响相对较大。

伍振志等[31]采用有限差分法模拟了不采用和采用管棚注浆时围岩的应力场和位移场，定量分析了管棚注浆法的加固效果，说明采用管棚注浆法能显著抑制松软地层的变形，减少隧道支护结构的变形和受力，避免浅埋松软地层开挖中出现塌方现象。

Sung 等[32]基于新奥法的原理研究了软弱岩体中隧道开挖的最佳支护设计。

陈军等[33]结合软弱围岩铁路隧道工程，运用三维有限元数值分析方法，对软弱围岩中隧道采用双侧壁导坑开挖法的施工全过程进行了数值模拟与分析，重点研究了大断面隧道施工中二次支护与掌子面的距离对隧道稳定性的影响，以期寻找隧道二次支护的最佳施作时机。

郭建新等[34]从软破围岩锚喷支护位移理论出发，结合野狐岭二号隧道工程实例，运用理论分析和现场监测，研究了软破围岩隧道开挖过程中围岩的时间和空间效应，并对空间围岩位移的释放进行了分析。在此基础上，根据围岩的围岩流变曲线进行合理的支护时间选择。

综上，当前对软弱破碎围岩隧道变形控制的研究还存在以下问题：

对掌子面先行位移控制技术——超前管棚预支护系统的分析多数是基于常系数下的弹性地基梁理论,未能考虑到由于掌子面隆起变形而产生的局部基床系数软化现象,进而使计算结果偏离实际情况;管棚前后段的合理搭接长度还有待确定,影响合理搭接长度的相关参数需要明确;随着隧道的不断开挖掘进,钢管的内力和应变的变化趋势以及围岩的位移变化规律等也还需进一步研究。因此,需要对超前管棚与后续施工工法的配合效果进行进一步研究,为管棚的优化设计及施工方案的合理选择提供一定的理论基础。

对掌子面挤出位移和后行位移的控制技术——软弱围岩隧道施工过程各工法的力学行为研究和变形机理的研究较多(如台阶、核心土、临时仰拱、锚杆、导管以及支护结构施作时机等),但不系统。因此,对软弱围岩条件下施工工法下隧道各位移控制措施的力学行为进行系统分析很有必要,可为软弱破碎带中各种工法的合理实施和各项施工参数的最优选取提供理论依据。

在小净距隧道钻爆施工阶段,爆破作用对邻近隧道的围岩以及已施作支护结构的振动影响较大,有可能对邻近隧道结构造成损伤。如何合理控制爆破参数,既达到较好的爆破效果,又尽可能地减小爆破作用对邻近隧道的振动影响,需要进行深入探讨和分析。

1.3 研究思路及主要内容

1.3.1 研究思路

本书以运(城)至(灵)宝高速公路中条山特长公路隧道为依托工程,开展软弱破碎围岩特长隧道变形控制现场试验,并结合数值模拟方法,对软弱破碎围岩特征及隧道变形控制措施、隧道支护结构力学特性及围岩稳定性分析、超前预支护系统作用效果及其与施工工法优化组合、爆破荷载作用下围岩稳定性控制措施研究、软弱破碎带隧道施工工法比选及参数优化等问题开展了系统研究。最后,将上述研究成果应用于中条山特长公路隧道建设中,并通过现场测试,对该控制技术的应用效果进行评价。

1.3.2 主要研究内容

为了揭示软弱破碎围岩特长隧道变形机理,提出一套可有效控制围岩变形的控制技术,本书采用工程调研、理论分析、数值模拟和现场试验相结合的方法,从以下几方面开展研究:

在总结国内外已有研究成果基础上,对软弱破碎围岩特长隧道施工方法、变形特征规律以及变形控制措施进行概括总结。

采用理论分析和数值模拟相结合的方法,建立超前管棚支护段的理论分析模型及三维弹塑性数值仿真模型,结合中条山特长隧道实体工程,分析洞身超前管棚的荷载传递特征、确定管棚的主要设计参数,对超前管棚的荷载传递机理以及其对地层稳定的控制效果进行分析,并对超前管棚与后续工法的配合效果进行研究。评价管棚预支护体系在控制地层松弛及掌子面先行位移方面发挥的作用。

采用数值分析结合现场试验的方法分析比较了软弱破碎带不同施工工法下隧道的力学行为,分析比较了临时仰拱、核心土(核心土长度、核心土面积)、台阶法施工下台阶长度等对隧道结构受力及围岩变形的影响程度及影响规律。根据对软弱破碎围岩变形的控制效果选择最优的施工工法。

考察了不同应力释放率下支护结构的受力及围岩稳定性的变化规律;综合确定支护结构的合理施作时机,明确仰拱距离掌子面的合理距离。采用三步应力释放法,研究了支护时机与掌子面闭合距离对隧道结构的影响,推荐了不同围岩级别下支护结构合理施作时机,优化了掌子面闭合距离。

分析了小间距隧道的爆破振动对已施作支护结构力学行为及围岩稳定性的影响,研究了隧道洞周爆破振动的分布规律,在此基础上,找到隧道最危险断面和断面上最危险部位。对隧道爆破因素(炮孔长度、炸药爆速和炮孔直径)进行了参数分析,研究了各爆破因素对临近隧道振动响应峰值及分布规律的影响。首次采用炮孔群孔齐发技术,揭示了临近隧道不同位置处振动演化规律,优化了小净距隧道爆破设计指标,形成了弱爆破控制技术。

2 软弱破碎围岩特征及隧道变形控制措施

2.1 软弱破碎围岩的含义

2.1.1 软弱围岩的分类

首先软弱围岩属于软岩的范畴，因此软弱围岩的分类及评价可采用软岩的分类。目前，普遍采用的软岩定义基本上可归于地质学描述的范畴，按地质学的岩性划分，地质软岩是指强度低、孔隙度大、胶结程度差、受构造面切割及风化影响显著或含有大量泥质、炭质、膨胀性黏土矿物的松、散、软、弱岩层，该类岩石多为泥岩、页岩、千枚岩等单轴抗压强度小于25MPa的岩石，是天然形成的地质介质。

根据《工程地质手册》关于岩石按照坚硬程度分类中，软质岩可分为较软岩、软岩和极软岩三级，中科院地质与地球物理研究所伍法权等根据隧道工程实践中遇到的新的围岩介质，在软岩和极软岩类的代表性岩石中补充了特殊岩土体类型，如表2-1所示。

软质岩按坚硬程度等级划分表[35]　　表2-1

定性值	单轴饱和抗压强度（MPa）	定性鉴定	代表性岩石
较软岩	$15 < R_c \leq 30$	锤击声不清脆，无回弹，较易击碎；浸水后，指甲可刻出印痕	1. 强风化的极硬岩； 2. 弱风化的硬岩； 3. 未风化～微风化的凝灰岩、千枚岩、砂质泥岩、泥灰岩、泥质砂岩、粉砂岩、页岩等
软岩	$5 < R_c \leq 15$	锤击声哑，无回弹，有凹痕，易击碎；浸水后，手可掰开	1. 强风化的坚硬岩； 2. 弱风化～强风化的硬岩； 3. 弱风化的较软岩； 4. 未风化的泥岩等； 5. 遇水软化岩石：云母片岩、灰质板岩
极软岩	$R_c \leq 5$	锤击声哑，无回弹，有较深凹痕，手可捏碎；浸水后，可捏成团	1. 全风化的各种岩石； 2. 各种半成岩的岩石；第三系砂岩、泥岩等； 3. 第四系各种成因堆积物：如黄土、黏土、砂土、粉土、碎石土等； 4. 遇水软化或膨胀型岩石：膨胀土

2.1.2 软弱破碎围岩的特征

软弱破碎围岩除具备上述软岩特征外，其显著特征为岩体完整程度差，结构面结合程度弱。这类围岩其岩体强度较低，受强烈构造运动影响，导致节理、裂隙、断层等结构面发育，岩体完整程度差，围岩稳定性差。

软弱破碎围岩稳定性受岩石强度、结构面强度、岩体结构、岩体赋存环境等多种因素的控制，该类围岩具有以下三个显著特征：

(1)岩石强度低。这类围岩主要包括未成岩的岩石、已风化的岩石以及含有软弱矿物的岩石。未成岩的岩石，即尚未固结的岩石，其范围大致是新第三系以后的低固结、未固结的砂岩、泥岩；以及形成一部分冲积层的砂质土、砾质土、火山灰等未固结的以及固结度低的岩石，统称为未固结岩石。已风化的岩石是指由于风化作用而使强度降低的岩石，包括全风化的各类土。含有软弱矿物的岩石主要包括泥质岩组，含煤岩组，含盐、含石膏岩组，云母片岩、滑石片岩组等。

(2)岩体破碎。该类围岩多受到强烈的构造运动影响，导致节理、裂隙、断层等结构面发育，从而致使岩体强度降低，围岩稳定性变差。

(3)围岩赋存环境差。该类围岩大多赋存于断层破碎带、高地应力、富水等不良地质环境中，从而更易引起涌水、塌方等地质灾害。

2.1.3 软弱破碎围岩的分类

软弱破碎围岩的定性划分应综合“岩石坚硬程度划分表”和“岩体完整程度划分表”来确定。岩石坚硬程度划分见2.1.1节表2-1，岩体完整程度划分如表2-2所示[36]。

软质岩按坚硬程度等级划分表 表2-2

定性值	岩体完整性指数 K_V	结构面发育程度		主要结构面的结合程度	主要结构面类型	相应结构类型
		组数	平均间距(m)			
较破碎	0.75～0.35	2～3	1.0～0.4	结合差	节理、裂隙、劈理、层面、小断层	裂隙块状或中厚层状结构
		≥3	0.4～0.2	结合好		镶嵌碎裂结构
				结合一般		薄层状结构
破碎	0.35～0.15	≥3	0.4～0.2	结合差	各种类型结构面	裂隙块状结构
			≤0.2	结合一般或结合差		碎裂结构
极破碎	≤0.15	无序		结合很差		散体状结构

注：K_V为岩体完整性指数。

2.2 软弱破碎围岩隧道变形特征

隧道开挖前围岩处于初始应力状态，称之为一次应力状态；隧道开挖后由于应力重分布，隧道围岩处于二次应力状态，这种状态受到开挖方式(爆破、非爆破)和开挖方法的强烈影响。如果二次应力状态满足隧道稳定的要求，不加任何支护，围岩即可自稳。如果围岩不能自稳就需施加支护措施，促使其稳定，这就是三次应力状态，显然这种状态与支护结构的类型、方法以及施作时间等有关。三次应力状态满足稳定要求后就会形成一个稳定的洞室结构。

尽管以上隧道地质条件、结构形式、开挖方法、支护时机与刚度等各有不同，对围岩造成的扰动程度也不同，但隧道开挖引起的力学过程和围岩变形都具有相似的特征，其发展规律随着隧道开挖面所处的位置及其移动过程的改变而变化，表现出明显的时空效应，时间与空间的交互作用反映了隧道施工引起围岩变形的一般特征。

以算例对软弱破碎围岩隧道在开挖后的变形规律进行数值模拟，以便对围岩在开挖后的变形过程有个直观的认识。

隧道断面为公路两车道断面，由于隧道结构和施工方法的对称性，数值模型采用1/2模型计算，计算范围为60m×60m×140m($X\times Y\times Z$)。模型中围岩均采用摩尔库仑材料，初期支护喷射混凝土为线弹性体，采用梁单元模拟；锁脚锚杆和超前导管均采用桩单元模拟；二次衬砌和仰拱混凝土均采用壳单元模拟。初期支护钢拱架和钢筋网片支护效果采用等效方法，将两者弹性模量折算给混凝土，材料及支护结构力学参数见2.6节表2-6。

支护结构平面布置图如图2-1所示，计算模型如图2-2所示。

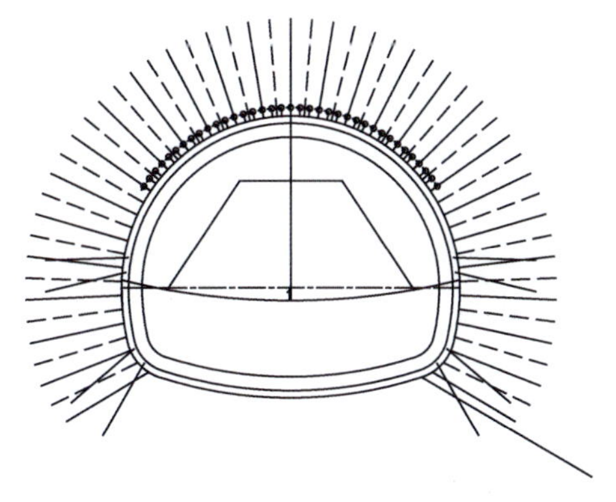

图2-1 支护结构平面布置图

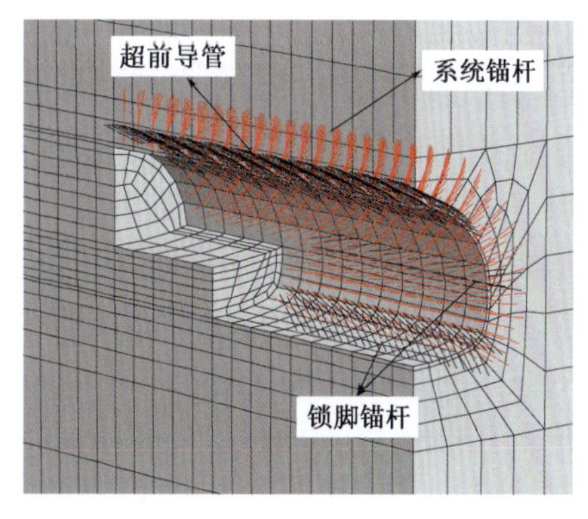

图2-2 计算模型支护结构三维布置图

图2-3为隧道拱顶下沉与开挖面、掌子面距离关系计算结果(D为隧道开挖洞径)。

从图2-3可知，在计算条件下，从掌子面前方到掌子面后方一定范围内的拱顶下沉的分布规律，大致如下：

(1)在掌子面前方一定范围内，即开挖断面还未到达监测断面的部分区域已经发生了下沉，且随着开挖断面的推进，下沉值逐渐增大，称之为掌子面前方先行位移。

由于掌子面前方的位移是伴随开挖与掌子面位移、掌子面后方位移同时出现的，在实际量测中，对于深埋隧道这部分位移是量测不到的，大多是按掌子面后方位移反分析求出的，其量值和范围对于确定采用什么样的控制措施至关重要。如果能控制掌子面前方的先行位移，就可以大大缓解掌子面位移和掌子面后方位移的发展。

(2)待开挖断面到达监测断面，掌子面处产生了一定量的初始下沉量，该下沉值与开挖方式方法、地质条件等关系密切。

若能够控制掌子面前方的先行位移,也就能控制掌子面的挤出位移。掌子面前方先行位移和掌子面挤出位移直接影响到隧道围岩的稳定性。过去一直是以掌子面后方位移来评价围岩的稳定性,这显然是不充分的。

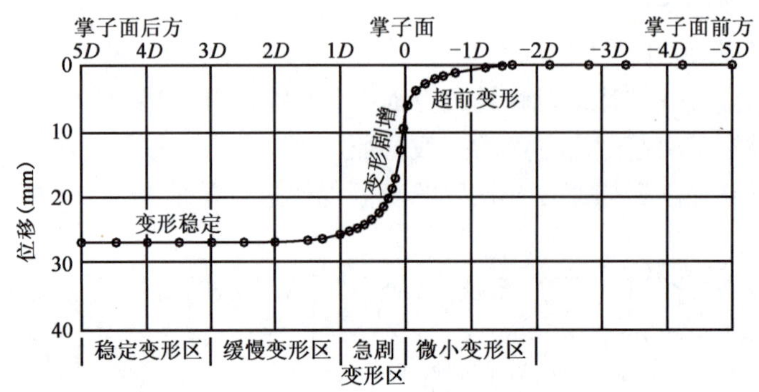

图 2-3 圆形隧道的周边位移状态(拱顶下沉)

(3)开挖断面推进到监测断面之后,随着开挖面的推进,拱顶下沉不断增大,其特点是初期下沉速率很大,而后随离开掌子面的距离,其速度逐渐减缓,并趋于稳定,最后达到收敛。

通常所说的量测位移(也称最终位移)是指从量测开始到位移收敛结束所产生的位移,亦即所能量测到的全部位移。显然,量测位移也只是掌子面后方位移的一部分。

根据图 2-3,将隧道施工引起的纵向围岩变形,根据距离开挖面位置的不同,也可分为微小变形区、急剧增大区、缓慢变形区和稳定变形区 4 个区域,微小变形区是指开挖面前方 $1D$ ~ $1.5D$(D 为隧道直径)的区域,该段变形量为总变形量的 20% ~30%,主要是由于工作面开挖导致的前方围岩应力释放而造成的。急剧增大区是指开挖面后方 $1D$ ~ $3D$ 的区域,该区域围岩变形量急剧增大,此阶段的变形量占总变形量的 50% ~60%,该阶段变形主要是由于隧道开挖造成边界条件发生改变,扰动覆盖土体并引起应力场的重分布所造成的。缓慢变形区是指开挖面后方 $3D$ ~ $5D$ 的区域,该区域围岩变形速率减缓,变形量缓慢增加,变形曲线开始收敛,此阶段的变形量占总变形量的 10% ~15%。稳定变形区是指开挖面后方 5D 以外的区域。该区域围岩变形增长缓慢,围岩趋于稳定状态,此阶段的变形量占总变形量的 5% ~ 10%。从变形控制的角度出发,在软弱围岩隧道中,主要是控制微小变形区和急剧增大变形区的变形。

目前,在没有解决掌子面前方先行位移和掌子面挤出位移的量测技术之前,我们只能用量测到的掌子面后方位移,来推测掌子面前方的先行位移。或者是事先设定掌子面先行位移的量值,如设定为全位移的 20% ~30%,求出全位移。

以上三部分位移是相伴而生,并且是“动态”的。在软弱地质条件下,支护的主要目的就是要抑制这些位移量及其发展,以此来制约这些位移所引起的围岩松弛乃至失稳。对设计和施工来说,就是要搞清楚这三部分位移的产生条件和发展规律,并通过简便、经济、有效的手段来控制其发展。

2.3 软弱破碎围岩隧道变形控制的基本原则与理念

2.3.1 软弱破碎围岩隧道变形控制的基本原则

“预支护、快挖、快支、快闭合”是软弱围岩隧道变形控制和安全施工的基本原则[35]。

(1)预支护:是在开挖前,针对开挖后预计的变形情况,预先采取的控制变形的措施,目的是控制掌子面前方先行位移和挤出位移。

(2)快挖:是采取全断面法或台阶法进行快速掘进的措施,重点是控制开挖进尺及分部距离。

(3)快支:是采取初期支护控制变形的措施,目的是控制初期变形速率和最终位移量。

(4)快闭合:是使变形早期收敛的措施,目的是控制收敛量和收敛时间。

在软弱破碎围岩条件下,重点是对“预支护”和“快闭合”这两个基本原则所采取的措施。

“预支护”原则为在围岩未开挖前,采用超前支护措施对软弱破碎围岩进行加固,提高其整体性和围岩承载能力,最终达到控制掌子面前方围岩变形的目的,其对围岩变形的控制效率较掌子面后方的支护措施高,且大大降低了围岩坍塌的风险。

“快闭合”原则为尽可能地在短时间内使开挖后的断面(横断面及纵断面)闭合。如上台阶的临时闭合、各种导洞的临时闭合以及整个断面的闭合等。许多建设单位对软弱围岩隧道闭合的及时性有明确要求,可见及时闭合的重要性。虽然施工中大家都意识到及时闭合对隧道安全施工的影响,但常常由于技术上的、管理上的原因却未能按规范施工。

在断面“快闭合”原则上,重点是对缩短断面闭合时间所采取措施。因为开挖后的围岩动态的发展与时间密切相关。隧道开挖后,围岩变形随时间的推移而发展。开挖初期,变形发展很快,掌子面挤出位移、掌子面前方先行位移以及掌子面后方位移都在发展,即初期变形速度很快,而且变形值也较大。初期支护全断面闭合的过程,就意味着隧道变形逐渐趋于稳定(收敛)的过程。而闭合距离,基本上要求在距掌子面2~3倍隧道开挖跨度之内,甚至更短一些。因此,如果能够控制初期的变形发展,也就控制了变形的后期发展,最终达到控制隧道围岩松弛的目的。

2.3.2 软弱围岩隧道变形控制的基本理念

(1)重视超前预支护,控制前期变形

软弱破碎围岩隧道变形的一个主要特征是掌子面前方围岩变形较大,因此采用超前支护措施控制掌子面前方围岩变形是必要的。我国隧道修建过程中对超前支护重视不足,往往是出现了较大变形后方才加强支护措施,这些措施多是掌子面后方的补救性的支护措施。对于软弱围岩来说,掌子面前方的超前支护对围岩变形的控制效果较掌子面后方的支护措施效果好。

(2)采用少分部工法,缩短闭合时间

施工步序复杂、施工速度慢是目前我国软弱围岩隧道施工方法的主要特征。国外隧道施工多采用全断面法开挖,对于稳定性较差的围岩,则采用超前支护或者超前加固的手段,提高掌子面前方围岩的稳定性,而后仍采用全断面法开挖。我国软弱破碎围岩隧道多采用分部开挖来达到控制围岩变形的目的,因此隧道超前预支护技术、少分部早闭合技术是软弱破碎围岩隧道安全快速施工需解决的关键技术。在保障围岩稳定的前提下,减少开挖次数、简化施工步骤以加快施工速度是软弱围岩隧道安全施工的研究方向。

(3)合理划分开挖断面和进尺,控制后期变形[37]

应根据围岩应力特征和变形规律合理划分开挖断面和进尺。围岩的失稳破坏是围岩应力和变形调整导致的结果,坚硬围岩由于强度高、变形小,围岩失稳破坏对施工的影响不显著。而在软弱围岩中,则必须充分考虑围岩应力和变形调整的结果。因此,在软弱围岩隧道施工中,根据围岩应力调整的特征及其变形规律,合理选择开挖分部和开挖进尺,如台阶的数量、高度、长度等,是实现软弱围岩隧道安全快速施工的理论基础。

2.4 软弱破碎围岩隧道变形控制措施

工程实践表明,在软弱破碎围岩条件下,由于软弱围岩的自承能力比较弱,甚至没有自承能力,变形以塑性变形为主,所以开挖后围岩变形量大,且变形持续时间长,为此必须及时有效地控制隧道变形。根据国内外的施工经验及上节对软弱围岩隧道变形特征的分析,控制围岩变形需要对掌子面先行位移、掌子面挤出位移和掌子面后方位移三个阶段的位移进行全程控制,主要对策包括超前预支护、地层加固、稳定掌子面及断面及时闭合等,主要方法见表2-3。这些控制措施是综合的和相互补充的,应视具体围岩条件及施工工艺选择采用。

软弱破碎围岩隧道变形控制措施　表2-3

围岩变形类型	掌子面先行位移	掌子面挤出位移	掌子面后方位移
控制措施	超前小导管 超前锚杆 超前大管棚 水平旋喷注浆 预初期支护	预留核心土 掌子面喷射混凝土 掌子面锚杆 掌子面前方围岩注浆	加强初期支护 控制地表下沉 断面及时闭合

1)控制掌子面先行位移的技术

软弱破碎围岩隧道施工过程中,掌子面先行位移涉及范围和量值为总变形量的20%～30%,占据很大一部分,要想控制总变形量,首先要控制掌子面先行位移。而控制掌子面先行位移的技术主要是采用超前预支护。

超前预支护按构造分为利用隧道纵向刚性的梁构造和利用横向刚性的拱形构造两大类。其中梁构造超前支护包括目前常采用的超前锚杆、超前小导管、超前大管棚等。利用横向刚性的拱形构造超前支护以预衬砌支护技术为代表。

(1)超前锚杆支护

超前锚杆是沿开挖轮廓线,以较大的外插角,向开挖面前方安装锚杆,形成对前方围岩的预锚固(预支护),在提前形成的围岩锚固圈的保护下进行开挖、装渣、出渣和衬砌等作业。超前支护主要适用于围岩应力较小、地下水较少、岩体软弱破碎、开挖面有可能坍塌的隧道中，松散地层结构松散，稳定性差，若有地下水时则更甚。在施工中极易发生坍塌，在这类地层中施工时，除减少对围岩的扰动外，还应加强临时支护，临时支护可采用超前锚杆。

(2)超前小导管支护

在软弱、破碎地层中凿空后极易塌孔，且施作超前锚杆比较困难，超前小导管或者结构断面较大时，应采取超前小导管支护。超前小导管的处理范围一般也就6m左右，小导管为壁厚5mm的钢管，直径一般为42mm。超前小导管支护必须配合钢拱架使用。在条件允许时，也可在地面进行超前注浆加固；在有导洞时，也可在导洞内对隧道周边进行径向注浆加固。

(3)超前大管棚支护

在不良地质地段，如极其破碎的岩体地段、强膨胀地层、强流变性地层、裂隙发育岩体、断裂破碎带以及浅埋大偏压等围岩情况，采用超前管棚技术能取得较好的效果；在流质状岩体或岩溶严重流泥地段，采用长大管棚与围岩预注浆相结合的手段更是行之有效的方法。通过超前管棚对松散土体的骨架支撑作用，从而提高了围岩的稳定性。管棚所用钢管一般选用直径70～180mm，壁厚4～8mm无缝钢管。管节长度视工程具体情况而定。短管棚超前支护采用长度小于10m的小钢管；长(大)管棚超前支护采用长度为10～45m且较粗钢管。

(4)预衬砌支护

预衬砌法属于短超前支护的一种，它是用厚约20cm混凝土壳或砂浆壳，形成比较柔性的拱壳，可以用厚约30cm的混凝土形成刚度比较大的拱壳。柔性拱壳主要用于稳定掌子面，刚性拱壳用于控制地表下沉。

2)控制掌子面挤出位移的技术

在地质破碎带、土砂围岩和膨胀性围岩中，确保掌子面的稳定是至关重要的，其方法有维护拱顶稳定的超前支护、维护掌子面稳定的预留核心土、掌子面喷射混凝土、掌子面锚杆和核心土，以及稳定拱脚的锁脚锚管等。同时，根据地质条件，在掌子面不能获得稳定的情况时，开挖要采用分部开挖法或缩短一次开挖进尺。

(1)掌子面预留核心土

掌子面预留核心土是指在掌子面不能自稳的软弱围岩中，开挖时把掌子面中央部留下，残留的核心土以填土的形态促使掌子面稳定的工法。在台阶法施工中，为了掌子面的稳定，我们经常采用弧形导坑预留核心土法开挖，核心土能有效控制掌子面挤出位移，防止掌子面坍塌。

在核心土地段，因核心土与支护的间隔小，要注意围岩的剥离、剥落和掌子面崩塌。而在围岩裂隙为顺层时，核心土要与掌子面喷射混凝土和掌子面锚杆并用，一起来保证掌子面的稳定性。

(2)掌子面喷射混凝土

掌子面喷射混凝土是指在掌子面围岩破碎情况下，在开挖后的掌子面喷射5～10cm厚的混凝土，多与掌子面锚杆和预留核心土并用，可提高掌子面的稳定性。开挖过后立即喷射混凝土，封闭掌子面可防止掌子面初期的崩塌和抑制掌子面围岩的松弛。

对于掌子面自稳性非常差的围岩，应在局部开挖后立即喷射混凝土，使掌子面暴露的时间尽可能短一些。在挤压性围岩中，掌子面喷射混凝土可能会发生早期开裂，为提高其韧性可采用纤维混凝土。

(3)掌子面锚杆

掌子面锚杆在掌子面崩落显著的条件下采用,掌子面锚杆一般有长度在6m以下的短锚杆和6m以上的长锚杆。

短锚杆把开挖引起的松动岩块固定在深部的围岩中。锚杆长度多采用2~6m,但采用4m左右的居多,锚杆材料多采用玻璃纤维锚杆(GFRP)。锚杆全长的一半的残余长度作为搭接长度。

长锚杆一般采用3~5m的锚杆用螺纹连接器接续,采用长12.5m的锚杆。锚杆由于一次打入长度较长,可打入到前方没有产生松弛和变形的围岩部分,可抑制开挖时产生的掌子面挤出位移而发生的轴力,出现锚杆的内压效果。同时,由于掌子面锚杆自身刚度抑制了掌子面变形,使掌子面前方围岩处于三维应力状态,抑制了围岩的塑性化。可进一步提高掌子面的自稳性。

3)控制掌子面后方位移的技术

在软弱围岩变形控制中,除了控制掌子面先行位移和挤出位移,也要加强对掌子面后方位移的控制。控制掌子面后方位移的措施有加强初期支护、控制地表沉降、断面及时闭合等。

(1)加强初期支护

加强初期支护的方法:一种是加大喷射混凝土厚度、加密钢架间距或缩小锚杆间距;另一种是改变喷射混凝土的性能、提高钢架的规格和采用高强度的锚杆。比较好的措施有:喷射高性能混凝土、采用高承载力锚杆、采用高规格钢支撑及采用多重支护。

高强度喷射混凝土能够减薄喷射厚度、减少喷射量、缩短喷射时间,从而缩短闭合时间。还能够省略钢支撑和防止钢支撑架设作业时的围岩脱落和混凝土剥落。初期高强度混凝土是在混凝土中添加了高强度混合材料和采用了超速硬性的粉体速凝剂,在喷射10min后就可获得2~3MPa的强度。

多重支护技术是在隧道开挖时留出充分的富余变形量,先释放一部分变形,进行第一次支护,继续释放变形,一次支护达到极限状态后,再继续施作第二次支护,必要时,可继续施作第三次支护,最终将变形控制在容许范围之内的方法。该方法不需要进行反复扩挖和反复支护。

(2)控制地表沉降

在浅埋软弱围岩隧道施工中,地表沉降主要是由于洞周围岩强度不足和隧道上方围岩不能形成承载拱。为了在较大范围内控制围岩的松弛,有必要对隧道上方围岩进行补强,采取措施尽可能早地防止隧道周边围岩的松弛。控制地表沉降与掌子面的稳定性有关,因此控制地表沉降的对策多与稳定掌子面对策、拱顶稳定对策、拱脚稳定对策同时实施。

稳定围岩和控制地表沉降的方法主要有:压注法、冻结法、设置临时仰拱和脚部补强锚杆、锚管等。

控制地表下沉的围岩补强技术对策有地表旋喷桩加固地层、地表垂直锚杆补强和管棚法等。

(3)断面及时闭合

在软弱围岩中断面及时闭合是成功的关键,应尽可能地在短时间内使开挖后的断面(横断面和纵断面）闭合，如上台阶的临时闭合、各种导洞的临时闭合以及整个断面的闭合。在任何情况下，让隧道断面能在较短时间内闭合都是极为重要的。

断面及时封闭的方法应视施工方法而异。在台阶法中，常采用修筑临时仰拱的方法，也可以采用加强底部的方法，如加强基脚、向底部地层注浆或设置底部锚杆等，还可以用高压喷射搅拌法加固掌子面前方的地层和隧底的地层。改变施工方法，如将全断面法改为超短台阶法，或将 CD 法改为 CRD 法等，也可以大大缩短断面封闭时间。

2.5 软弱破碎围岩隧道常用施工方法

软弱破碎围岩隧道的常用施工方法有台阶法、CD 法、CRD 法、单侧壁导坑法、双侧壁导坑法等。

2.5.1 台阶法

台阶法（图 2-4）根据台阶长度不同，划分为长台阶法、短台阶法和微台阶法三种。施工中采用哪一种台阶法，要根据两个条件来决定。第一是对初期支护形成闭合断面的时间要求，围岩越差，要求闭合时间越短；第二是对上部断面施工所采用的开挖、支护、出渣等机械设备需要的施工场地大小。

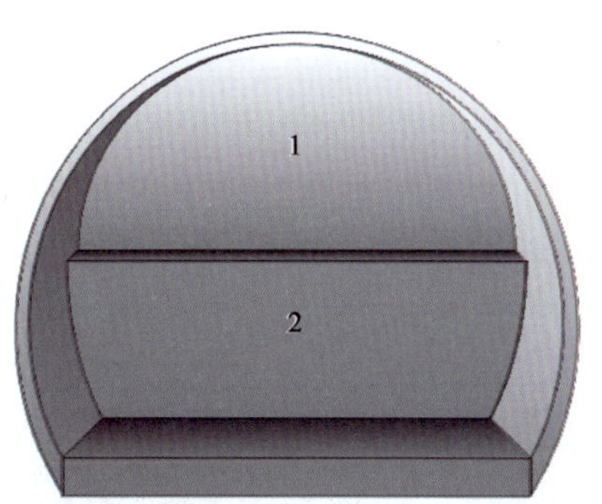

图 2-4 台阶法

对软弱破碎围岩及不稳定岩体，拱部开挖后及时施工初期支护结构，根据地质和隧道跨度采用短台阶（$1B \sim 1.5B$）或超短台阶（3～5m）开挖，下台阶开挖后，适时施工仰拱。

台阶法开挖有利于开挖面的稳定，尤其是上部开挖支护后，下部断面作用较为安全。具有较大的工作空间和较快的施工速度，但上下部作业有相互干扰影响。因为增加了对围岩的扰动次数，所以下部作业对上部稳定性会产生一定影响。

2.5.2 弧形导坑预留核心土法

预留核心土台阶法也称为弧形导坑预留核心土法（图 2-5），多用于掌子面稳定性较差的围岩。这种工法能够很好地控制掌子面的变形，对防止掌子面的坍塌具有较好的效果。弧形导坑预留核心土法是将隧道断面分成左右两个侧壁坑和中洞核心三大部分开挖。短台阶分两层开挖，中洞核心部分分三层开挖。

弧形导坑预留核心土法采用弱爆破法开挖，人工钻孔。开挖前采用 ϕ108 管棚或小导管超前支护，进行上弧形导坑开挖，随后进行拱部初期支护，中洞核心采用人工配合反铲挖掘机台阶法开挖。先施作中洞拱部大管棚（或小导管）预注浆超前支护，然后开挖中洞拱部核心土，再开挖下部中洞核心土。中洞拱部核心土开挖后，立即初喷混凝土 4cm 封闭围岩，然后架设拱部钢拱架，拱部钢拱架与双侧壁导坑边墙钢架一一对应，紧密相连，然后打锚杆、挂网，再复喷混凝土至设计厚度。

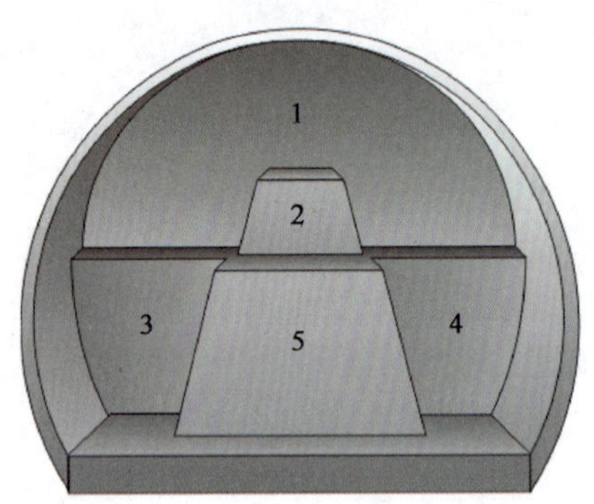

图 2-5　弧形导坑预留核心土法

2.5.3　单侧壁导坑法

单侧壁导坑法（图 2-6）是指先开挖隧道一侧的导坑，并进行初期支护，在扁平大跨度、岩层产状平缓、地质条件差、地下水丰富的隧道施工中，单侧壁导坑法开挖不失为一种理想的开挖方法。

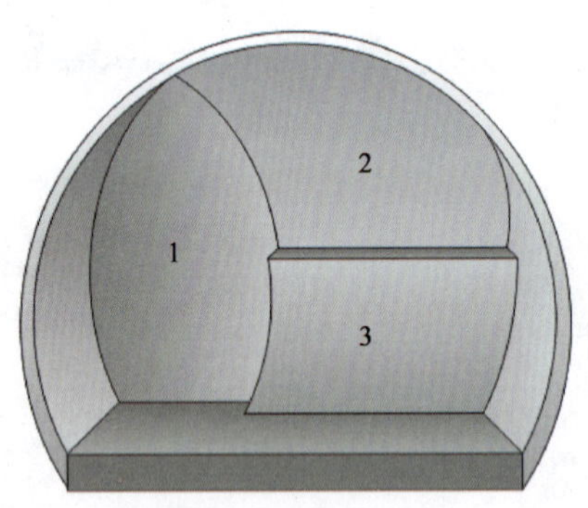

图 2-6　单侧壁导坑法

单侧壁导坑法是在软弱围岩大跨度隧道中分部开挖、钢架支撑、单侧仰拱先行施工方法的一种，采用自上而下分两步开挖隧道的一侧，完成初期支护和中隔壁。待喷射混凝土达到一定强度后，进行另一侧的开挖及支护形成带有中隔壁支护的左右洞室，然后施作后行仰拱最后拆除临时支护。

2.5.4 CD法

CD法又叫中隔壁法(图2-7),是在软弱围岩大跨度隧道中,先分部开挖隧道的一侧,并施作中隔壁,然后再分部开挖另一侧的施工方法。与台阶法相比,CD法多了一道中隔墙,断面被划分成两半按先后导坑顺序开挖,对开挖面的控制较台阶法断面有利。由于CD法没有横撑,它只有在先行导坑仰拱封闭后才能形成较强的整体支护刚度。在此之前,CD中壁的稳定性容易受开挖影响,尤其是在承载力较弱的围岩中。因此,CD法控制净空位移的能力较双侧壁法和CRD法弱,尤其是在净空高度比较大的高铁160m^{2}超大断面软弱围岩隧道场合,一侧导坑仰拱未封闭就开挖另一侧导坑很容易造成中壁失稳。

图2-7 CD法

CD法临时支撑较双侧壁法和CRD法省,而且由于没有横撑,施工空间较CRD法更为宽裕,尤其是在施工空间高度上对挖掘机的使用不再受限,但在软弱围岩中施工,CD法先行导坑仰拱必须及时封闭。因此,施工速度相对CRD法提高并不明显,据试验段推算平均月进尺可在40m左右。因此,在先行导坑仰拱及时封闭的情况下,CD法可适用于偏压地层以及埋深大于1.5倍隧道开挖宽度的软弱围岩地层。

2.5.5 CRD法

CRD法又叫交叉中隔壁法(图2-8),是在软弱围岩大跨度隧道中,先分部开挖隧道的一侧,施作中隔壁和横隔板,再分部开挖隧道另一侧并完成横隔板施工的施工方法。CRD法和CD法的区别是在施工过程的每一步,都要求用临时仰拱(横撑)闭合。CRD法的临时支护较CD法要求高。

CRD法在先行导坑横撑架设后同样可提供较强的整体支护刚度,相对台阶法可有效控制浅埋软弱围岩中的拱部整体下沉。由于一侧导坑先封闭,因此处理偏压地层变形的能力同样比较强。CRD法控制围岩变形的效果不如双侧壁法,但临时支撑比双侧壁法省,施工速度相对比较快,成本相对较低。

CRD法施工空间较双侧壁法大,但受横撑分割,施工空间的高度仍比较受限,采用挖掘机开挖时同样存在临时仰拱架设容易滞后的问题。因此,在确保临时仰拱及时架设情况下,CRD法可适用于对地表沉降有控制要求的地层、埋深不大于1.5倍隧道开挖宽度的软弱围岩地层以及偏压较显著地层。

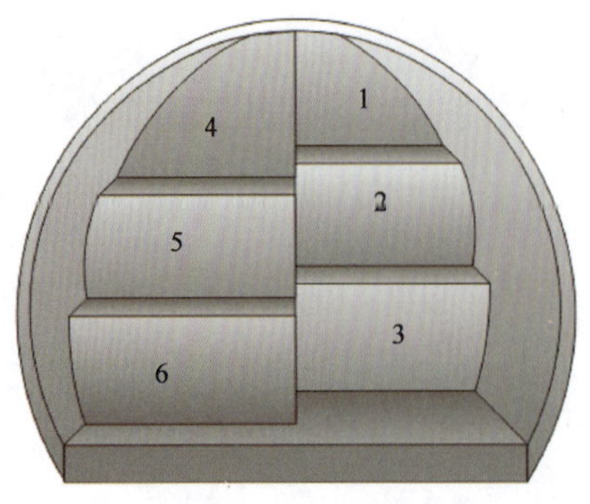

图 2-8 CRD 法

2.5.6 双侧壁导坑法

双侧壁导坑法简称双侧壁法(图 2-9),又称双侧壁导洞法或眼镜法。即利用两个中隔壁把整个隧道大断面分成左中右 3 个小断面施工,左、右导洞先行,中间断面紧跟其后;初期支护仰拱成环后,拆除两侧导洞临时支撑,形成全断面。两侧导洞皆为倒鹅蛋形。

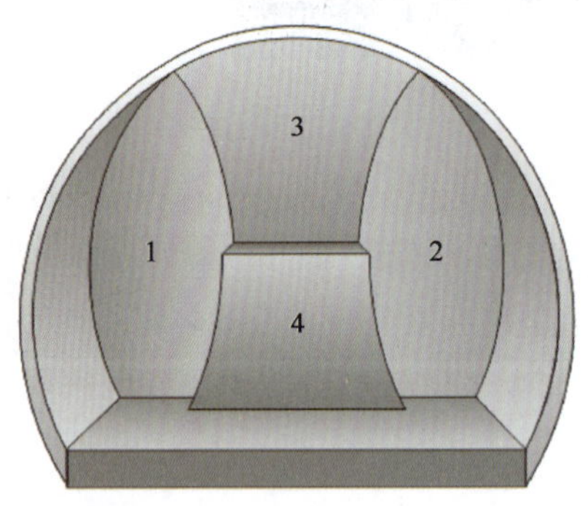

图 2-9 双侧壁导坑法

双侧壁法支护封闭的意义主要体现在横撑的架设上,当其两侧导坑封闭后可提供较强的整体支护刚度。因此,双侧壁法开挖阶段对软弱围岩的扰动程度小,控制偏压地层变形能力强,尤其对地表沉降的控制效果显著,在上述单层支护的工法试验中控制地表沉降的实际效果最好。

双侧壁法施工中需耗费大量时间和材料。用于架设和拆除临时支撑,施工速度比较慢,成本比较高。双侧壁施工空间分割比较狭小,在采用需要回转空间的挖掘机开挖时,不利于上横撑的及时跟进,施工中往往造成上横撑架设滞后,带来净空位移控制不力的问题。因此,在确保横撑及时架设的情况下,双侧壁法可适用于对地表沉降有严格控制要求的地层、埋深不大于 1.5 倍隧道开挖宽度的软弱围岩地层、显著偏压地层以及难以自稳的饱和黄土地层。对于浅埋大跨度及地质条件很差的隧道,双侧壁开挖是一种较为理想的方法。

各施工方法的优缺点对比如表 2-4 所示。

各施工方法优缺点对比表[36]　　表 2-4

施工方法	优点	缺点	造价	适用性
全断面法	有较大的作业空间，有利于采用大型机械施工，速度快	由于开挖面大，对围岩要求高，每循环工作量大	低	适用于Ⅳ、Ⅴ级围岩洞身开挖（开挖断面最大跨度小于13m）
台阶法	具有灵活多变的作业空间和较快的施工速度。台阶有利于控制掌子面围岩的稳定	各台阶作业有相互干扰，台阶开挖会增加对围岩扰动次数	低	适用于Ⅱ、Ⅲ级围岩或节理发育围岩，当Ⅳ、Ⅴ级围岩洞身开挖时，最大跨度大于13m
预留核心土台阶法	相对于台阶法，核心土的留设更有利于保证掌子面的稳定性	预留的核心土对施工空间有一定影响，不利于大型机械施工	低	适用于一般土质围岩地段，尤其适用于掌子面自稳能力较差时
单侧壁导坑法	有利于控制拱顶下沉和地表沉降，先行导坑有利于探明掌子面前方围岩的地质情况	工序较多，需要拆除临时支撑，不利于大型机械施工，增加对围岩扰动次数	低	适用于围岩较差、跨度大、埋深浅、对地表沉降控制要求高的地段
CD 法	有中隔壁支撑，有利于控制地层变形	工序多，施工相互干扰较大，需拆除中隔壁，仰拱二次衬砌施工相对滞后	偏高	适用于偏压地层、埋深大于1.5倍洞径的软弱围岩地层
CRD 法	相对于 CD 法，有临时横撑，对水平收敛控制效果较 CD 法好	由于比 CD 法增加了临时横撑，故施工工序较 CD 法复杂，工序多，相互影响大，施工周期较长	高	适用于对地表沉降有严格要求，埋深小于1.5倍洞径的软弱围岩以及显著偏压地层
双侧壁导坑法	每个分步都是在开挖后立即闭合，施工较安全	断面分步较多，扰动次数多，初期支护全断面封闭时间较长，施工速度慢	高	适用于浅埋大跨度隧道及地表下沉要求严格而围岩条件很差的地段

2.6 软弱破碎围岩隧道施工方法数值分析

通过数值仿真，分析比较软弱破碎围岩条件下隧道不同施工工法（全断面法、台阶法、环形开挖预留核心土法、单侧壁导坑法）隧道力学行为。

2.6.1 数值模型参数选取

数值模拟分析的结果是否符合实际以及精确度的大小均取决于物理模型的合理选取，物理模型是数值分析的实体基础，对地质条件的深入认识分析是建立合理物理模型的前提条件。

本节对软弱破碎围岩隧道的模拟主要以中条山隧道 K9 + 450 ~ K10 + 560 段软弱破碎带

地层为物理模型。该地层主要由太古界涞水群表壳岩组合解州片麻岩(Hgn)地层组成,地层岩性复杂,组合无规律。主要岩性为黑云斜长片麻岩及少量的角闪黑云斜长片麻岩,弱变形域中局部保留块状或弱片麻理,在韧性强变形带中则以条纹带状片麻岩的形式出现,岩石中的包体类型比较复杂。参考前期勘察钻探取样试验以及室内试验室试验结果并结合隧道开挖现场施工地质调查[38-40],如图2-10所示。

a)地质调查

b)钻探取样

c)电子万能压力试验机

d)单轴抗压强度测试

图2-10 围岩现场调查及室内试验

综合分析得出该段围岩的物理力学参数性质如表2-5所示。

分析地层围岩物理力学性质

表2-5

试样编号	密度(kg/cm³)	抗压强度(MPa)	抗剪强度		弹性模量(GPa)	泊松比
			黏聚力(kPa)	内摩擦角(°)		
1	1998.95	25.28	590	26.60	1.35	0.29
2	2125.40	33.58	250	26.90	1.88	0.36
3	2076.51	19.12	130	30.00	1.06	0.31

由于隧道开挖后围岩发生松弛破坏是一个动态变化的过程,影响因素多且作用机理复杂。考虑到隧道开挖引起隧道围岩初始应力的逐步释放和调整,必然在隧道洞周一定范围内形成弹性区和塑性区,而该范围内围岩的强度和变形特性将变差。但在数值模拟分析计算中,通过

动态地模拟不同时步围岩应力变化来实现隧道围岩力学参数的变化是非常困难的[41]。加之工程岩体中含有很多不确定因素,如结构面、夹层等,导致其力学特性与试验岩块的力学参数有较大差别。为了反映开挖扰动影响下隧道洞周围岩力学性质的裂化,作为一种近似的方法,通过适当降低围岩的力学参数来实现这一过程。围岩及支护结构物理力学参数如表2-6所示,支护结构参数计算在后续章节中有详细介绍。

数值模型围岩及支护结构物理力学参数表　　表2-6

分　类	弹性模量(GPa)	泊　松　比	密度(kg/m^3)	黏聚力(kPa)	内摩擦角(°)	厚度(m)
V级围岩	1	0.35	2000	150	23.5	—
注浆加固圈	1.5	0.32	2200	—	—	5
初期支护	30.11	0.2	2438	—	—	0.26
二次衬砌	30	—	2500	—	—	0.5

2.6.2 计算模型

对于全断面法、台阶法、环形预留核心土法,在开挖过程中,左右结构始终对称。为简便计算,采用1/2模型计算,模型尺寸为60m×60m×140m($X \times Y \times Z$)。选取Y=30m处界面为典型断面,全断面法开挖至30m时网格划分图如图2-11a)所示。

对于单侧壁导坑法,由于左右导坑开挖不对称,故取全结构进行分析[图2-11b)]。计算范围为120m×60m×140m($X \times Y \times Z$)。不同工法具体开挖步骤及循环进尺如表2-7所示。模型沿纵向长60m,循环进尺2m,全断面法模拟开挖步数共有37步,开挖到11步时施加仰拱二次衬砌,开挖到13步施加全断面二次衬砌;台阶法及预留核心土法模拟开挖步数共有42步,开挖到10步即施加仰拱二次衬砌,开挖到12步即施加全断面二次衬砌;单侧壁导坑法模拟开挖步数共有48步,开挖到16步时施加仰拱二次衬砌,开挖到18步时施加全断面二次衬砌。

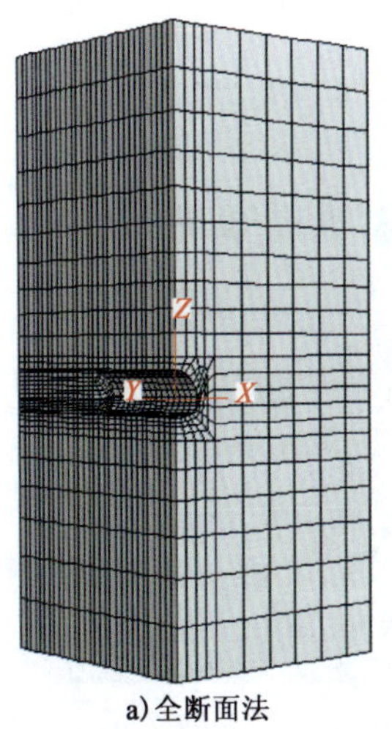

a)全断面法

b)单侧壁导坑法

图2-11　数值模拟网格划分图

各工法及对应工况选取　　表2-7

工　法	循环进尺	施　工　步　骤
全断面法	2m	全断面开挖，开挖一步即施加初期支护，开挖完11步施加仰拱二次衬砌，开挖完13步施加二次衬砌
台阶法	2m	台阶长度为18m，上台阶开挖9步之后开挖下台阶，开挖一步即施加初期支护，开挖完10步施加仰拱二次衬砌，开挖完12步施加二次衬砌
预留核心土法	2m	台阶长度18m，核心土长度8m，开挖隧道使核心土长8m，开挖完10步施加仰拱二次衬砌，开挖完12步施加二次衬砌
单侧壁导坑法	2m	左导坑开挖，开挖1步施加左导坑上部初期支护并施加上部中隔墙临时支撑，开挖完3步后，左导坑下部开挖，施加下部中隔墙临时支撑，开挖至11步后，右导坑上部开挖，施加右导坑上部初期支护，开挖至14步后，右导坑下部开挖，施加右导坑下部初期支护并拆除中隔墙，开挖完16步施加仰拱二次衬砌，开挖完18步施加二次衬砌

2.6.3　围岩位移分析

(1)最大沉降分析

选取全断面法、台阶法、预留核心土法、单侧壁导坑法开挖至典型断面的竖向位移云图，如图2-12所示。

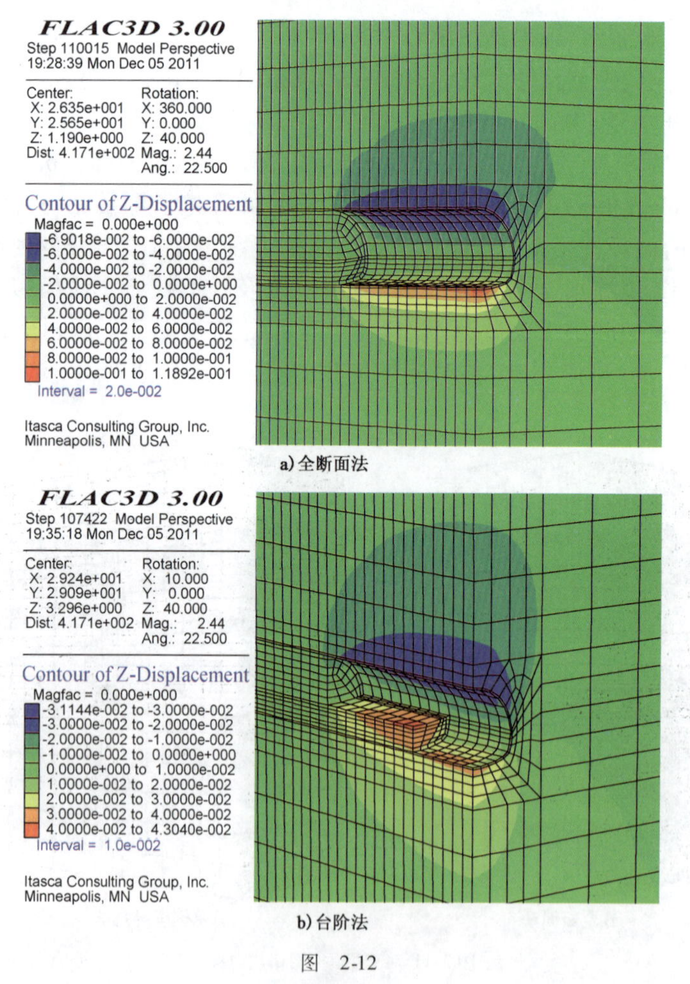

a)全断面法

b)台阶法

图　2-12

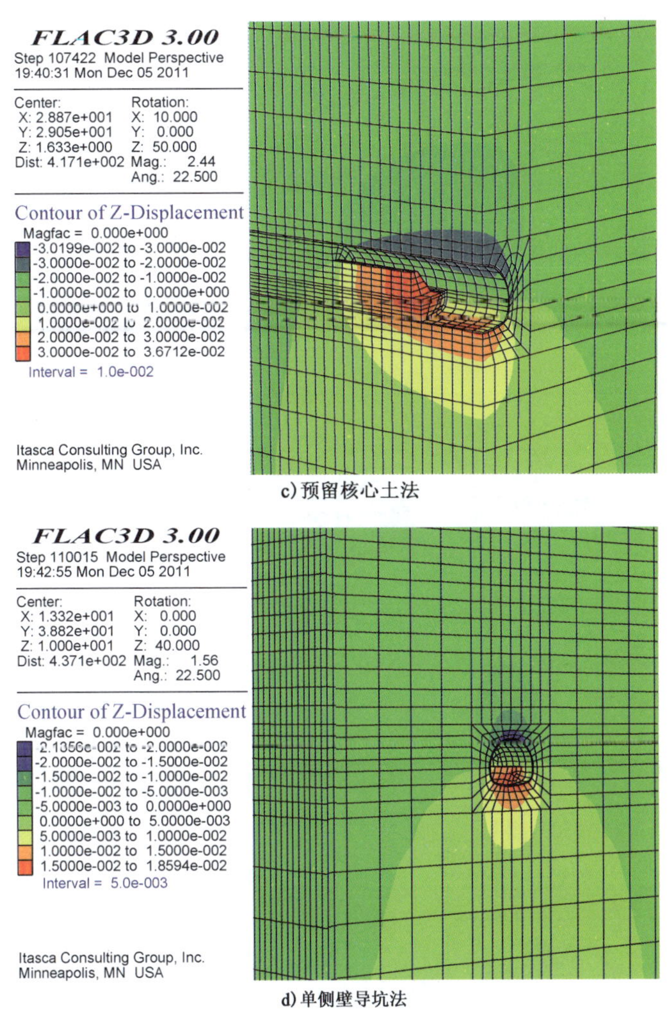

c)预留核心土法

d)单侧壁导坑法

图 2-12　各工法下围岩竖向位移云图(单位:m)

从图 2-12 中可以看出,采用上述四种工法开挖隧道时,引起的位移场变化均不相同——采用全断面法开挖时,最大拱顶沉降为 6.91cm,最大仰拱隆起为 11.89cm;采用台阶法开挖时,最大拱顶沉降为 3.11cm,最大隆起为 4.3cm,最大隆起出现在台阶末端;采用预留核心土法开挖时,最大拱顶沉降为 3.02cm,最大隆起为 3.67cm,最大隆起出现在核心土末端;采用单侧壁导坑法开挖时,最大拱顶沉降为 2.14cm,最大拱底隆起为 1.86cm。由此可见,在控制竖向沉降方面,单侧壁导坑法应为最优工法,而全断面法并不可取,其产生的最大沉降比采用单侧壁导坑法时增大 1.89 倍。同时,拱顶沉降普遍比隆起小,说明在软弱破碎带施工过程中,采用全断面法与单侧壁导坑法进行开挖时,应注意仰拱隆起大小,防止因隆起过大而造成仰拱的破坏;而采用台阶法与预留核心土法进行开挖时,由于台阶末端与核心土末端土体两面临空,此两处易因位移过大而失稳,故开挖过程中应采取措施维持台阶末端或核心土末端稳定。

随着开挖进行,典型断面 $y=30\text{m}$ 处拱顶沉降、收敛位移与开挖步关系曲线分别如图 2-13 所示。

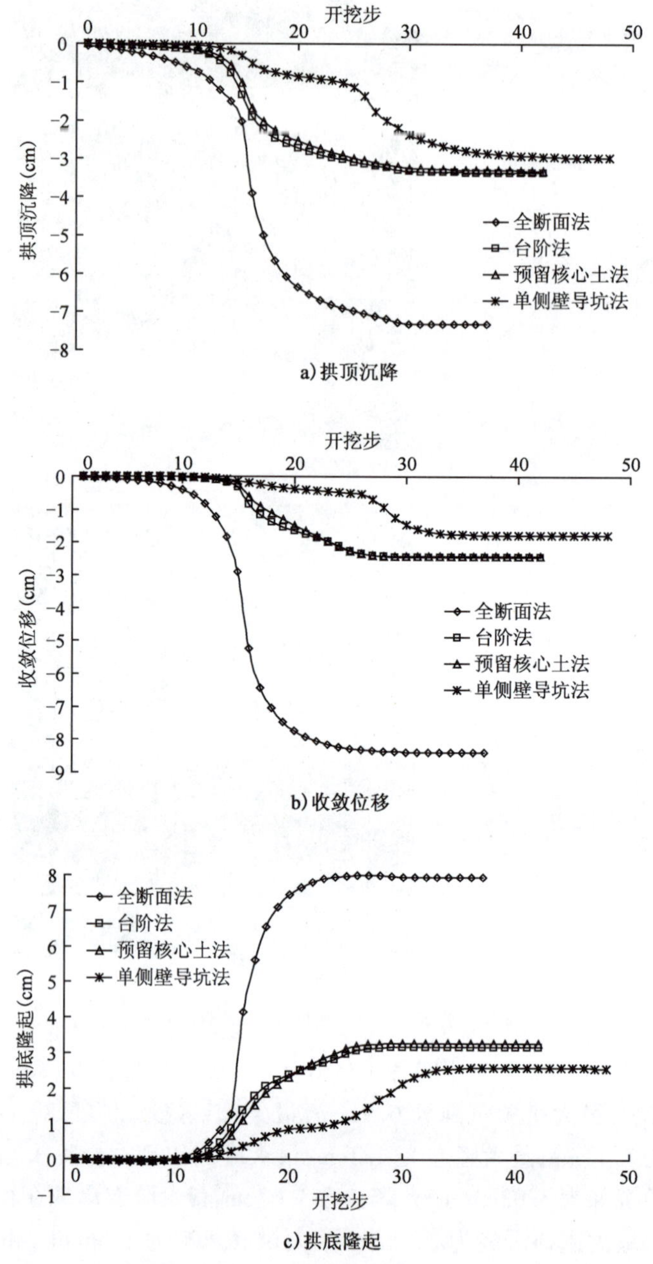

图2-13　开挖步与位移关系曲线

从图2-13可以看出，无论是拱顶沉降、收敛位移还是拱底隆起，采用不同工法引起的位移大小顺序依次是：全断面法最大，台阶法及预留核心土法次之，单侧壁导坑法最小。采用全断面开挖至稳定时的拱顶沉降、收敛位移、拱底隆起依次为7.31cm、8.39cm、7.95cm，采用单侧壁导坑法开挖至稳定时的拱顶沉降、收敛位移、拱底隆起依次为2.97cm、1.78cm、2.58cm，前者依次比后者多出1.46倍、3.71倍、2.08倍。由此说明，采用全断面法时由于一次释放较大应力使得初始收敛速率大,从而导致位移量增大,而采用单侧壁导坑法施工时,由于在开挖过程中断面小,释放应力变小,使得围岩位移得到有效控制;另外,拱底隆起在整个开挖过程中不容忽视,采用全断面法施工时,拱顶沉降比拱底隆起减小 8.1%;采用单侧壁导坑法施工时,拱顶沉降比拱底隆起增大仅 15.12%,说明拱底隆起与拱顶沉降的差值较小,故在开挖过程中,应防止因拱底隆起过大而造成的隧道底板的破坏。

从图 2-13 中还可看出,全断面法施工速度最快,开挖至 28 步整个隧道结构即达到稳定状态,而相反单侧壁导坑法施工速度最慢,开挖至 36 步才达到稳定状态。故尽管单侧壁导坑法在控制沉降方面优势显著,其施工步序繁多也会给施工带来较多不便。

另外,核心土留设与否对拱顶沉降、收敛位移以及拱底隆起的影响并不大。预留核心土法与单侧壁导坑法相比,在控制沉降方面效果相差也并不大。

2.6.4 围岩受力分析

如图 2-14 所示,为采用全断面法、台阶法、预留核心土法、单侧壁导坑法在开挖完毕后围岩塑性区域分布图。

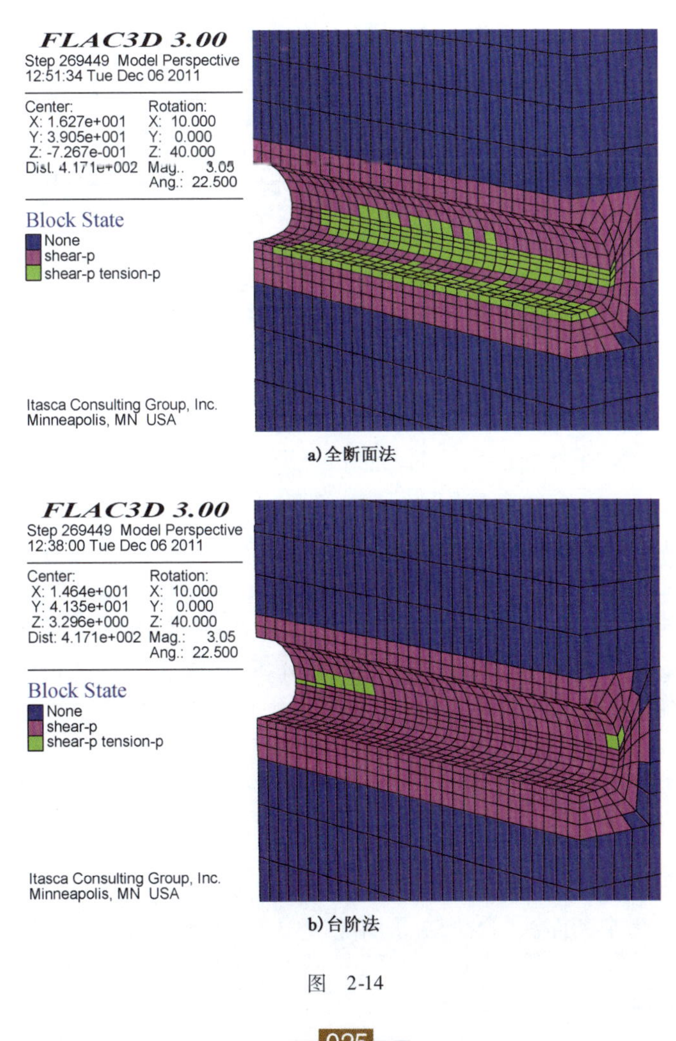

a)全断面法

b)台阶法

图 2-14

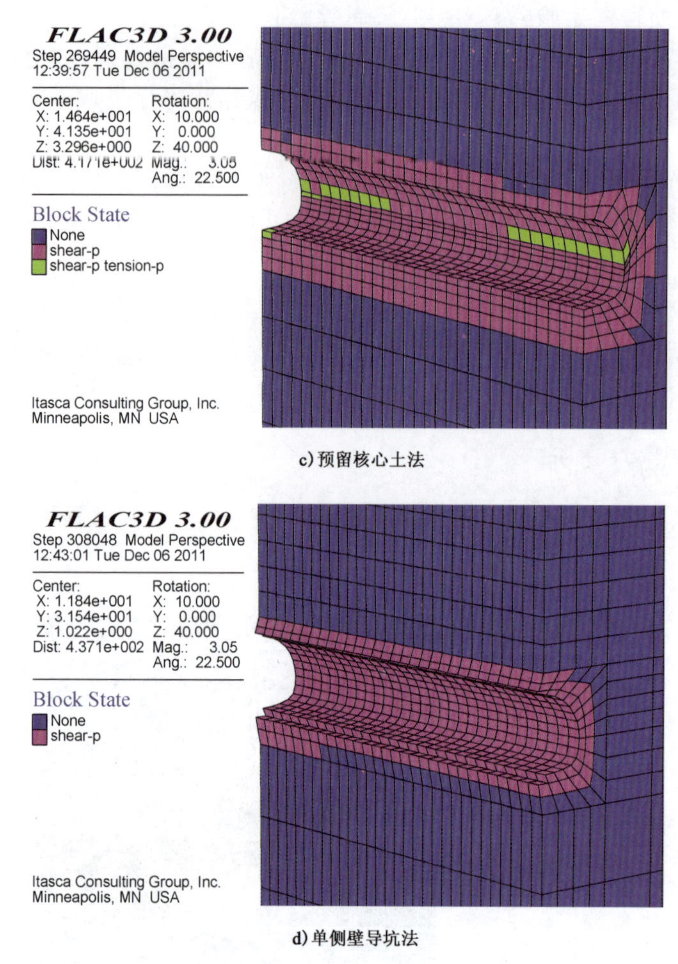

c)预留核心土法

d)单侧壁导坑法

图 2-14 塑性区域分布云图

从图 2-14 中可看出，采用全断面法时塑性区域分布最广，沿着隧道纵向，在隧道拱脚及拱底产生了拉伸破坏区域；采用台阶法及预留核心土法开挖时，塑性区域分布较采用全断面法时小，但是拱脚区域分布较其他区域广，这说明采用上述两种工法开挖时，由于上下断面分部开挖，拱脚区域易造成应力集中；采用单侧壁导坑法时，塑性区域分布最小，右侧破坏区域比左侧破坏区域大，这可能与两个因素有关：右侧滞后开挖易受到左侧导坑开挖影响，左侧导坑开挖完成提前达到稳定。综上所述，从塑性区分布方面分析，在软岩深埋隧道中，采用单侧壁导坑法开挖时，围岩虽会经受多次卸荷加载过程，其状态较其他几种工法稳定，故可选用单侧壁导坑法施工。

2.6.5 支护结构受力分析

(1)二次衬砌弯矩分析

如图 2-15 所示，为全断面法、台阶法、预留核心土法、单侧壁导坑法隧道开挖至稳定后最大压应力云图。

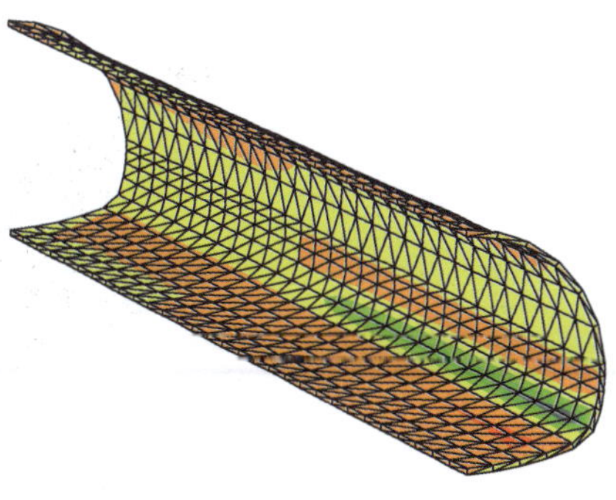

a)全断面法

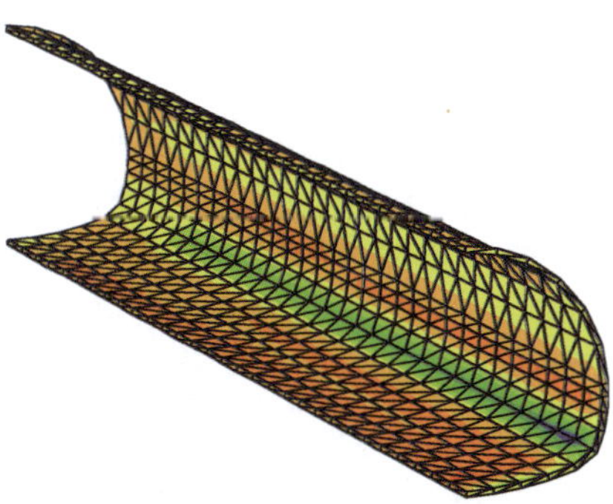

b)台阶法

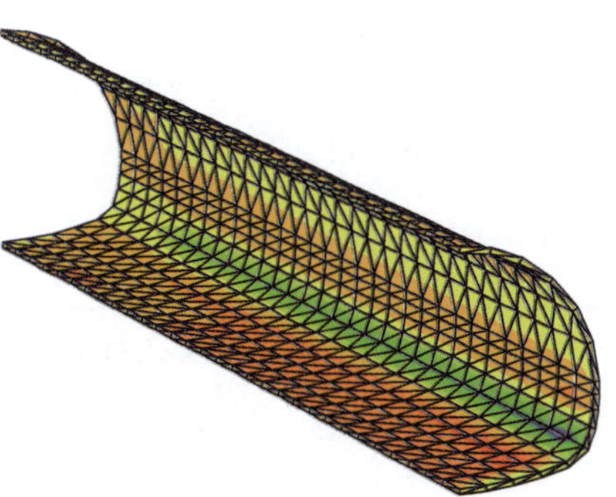

c)预留核心土法

图 2-15

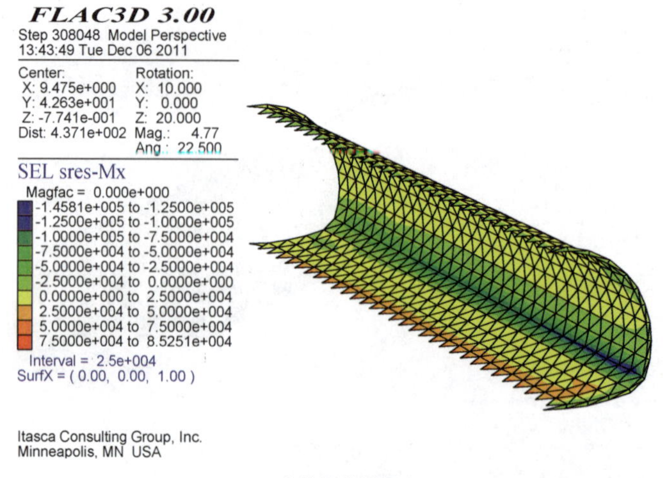

d)单侧壁导坑法

图 2-15 二次衬砌环向弯矩图(单位:N·m)

从图 2-15 可以看出,不论采用何种工法开挖,二次衬砌环向弯矩的变化趋势均是:拱底处受最大正弯矩,墙脚处受最大负弯矩,沿着隧道开挖纵向,弯矩逐渐减小。采用单侧壁导坑法、预留核心土法、台阶法、全断面法时,二次衬砌受到的最大负弯矩分别为:145.8kN·m、199.99kN·m、134.3kN·m、86.67kN·m;二次衬砌受到的最大正弯矩分别为:121.95kN·m、69.58kN·m、48.47kN·m、27.1kN·m。由以上数据可知,采用单侧壁导坑法时,二次衬砌承受荷载最大,采用全断面法时,二次衬砌承受荷载最小。分析其原因,可能是由于单侧壁导坑法开挖断面较多,待二次衬砌施加后,会承受较大围岩压力,而采用全断面开挖时,二次衬砌较早即成环,结构很快达到稳定状态,二次衬砌所受的围岩压力相对较小;另外,最大负弯矩比最大正弯矩大,说明在墙脚处土体有很强的向外挤压的趋势,拱底处底部土体向内挤压,但是其趋势没有墙脚处趋势明显,水平应力对二次衬砌影响较大,而垂直应力对二次衬砌影响较小。

(2)初期支护、锚杆、超前导管受力分析

隧道开挖完稳定后,支护结构受力如表 2-8 所示。从表 2-8 中可以知道,不论采用何种工况,初期支护最大压应力均很大,并出现在模型洞口区域,初期支护受力沿着隧道纵向逐渐减小,故在实际施工过程中,要充分考虑开挖过程的时间效应,即对于软弱围岩,开挖面后方沉降及受力随时间增长而增大,故此时衬砌结构会承受更大荷载,应采取措施增大支护结构的承载能力。

支护结构内力图

表 2-8

工　法	初期支护最大主应力(MPa)		超前导管最大弯矩(N·m)	超前导管最大轴力(kN)	锁脚锚杆最大弯矩(N·m)	锁脚锚杆最大轴力(kN)	系统锚杆最大轴力(kN)
	压应力	拉应力					
全断面法	25.34	0.74	253.9	26.96(压)	1907	48.12(拉)	77.86(拉)
台阶法	33.17	1.22	249.3	14.87(压)	1775	34.89(拉)	61.99(拉)
预留核心土法	33.47	2.85	250.8	23.82(压)	1805	31.37(拉)	61.82(拉)
单侧壁导坑法	36.06	3.45	120.52	13.37(压)	1534	60.68(拉)	35.1(拉)

从图 2-15 中还可看出,采用单侧壁导坑法施工时初期支护结构最易发生破坏,但是超前导管受力规律与初期支护结构是相反的,即采用单侧壁导坑法时超前导管最大弯矩及轴力是四种开挖工法中最小的;说明采用单侧壁导坑法开挖时,初期支护及二次衬砌为主要承载结构,而由于单侧壁开挖断面较小,土体稳定性较好,超前导管的作用不及其他几种工法明显。相比之下,台阶法及预留核心土法初期支护及锚杆承载能力均能充分发挥,故可选用台阶法或预留核心土法。

另外,锁脚锚杆受到拉应力作用,说明其能有效约束左右侧围岩向隧道内变形,主要起边墙锚杆的作用,而对上部衬砌结构的支撑效果较弱。

2.6.6 掌子面前方稳定性分析

如图 2-16 所示,为不同工法下内空位移沿隧道横断面竖向方向分布曲线。

从图 2-16 可以看出,采用全断面法、台阶法、预留核心土法、单侧壁导坑法开挖时,最大内空位移分别为:6.89cm,1.89cm,0.928cm,0.237cm。说明采用全断面法时掌子面稳定性最差,前方土体易发生坍塌,采用单侧壁导坑法开挖时稳定性最好。核心土的留设使得内空位移较无核心土时减少 74.46%,说明核心土在维持掌子面稳定方面作用显著。故台阶法与预留核心土法相比,对于在软岩深埋隧道中的施工,后者更具优势。

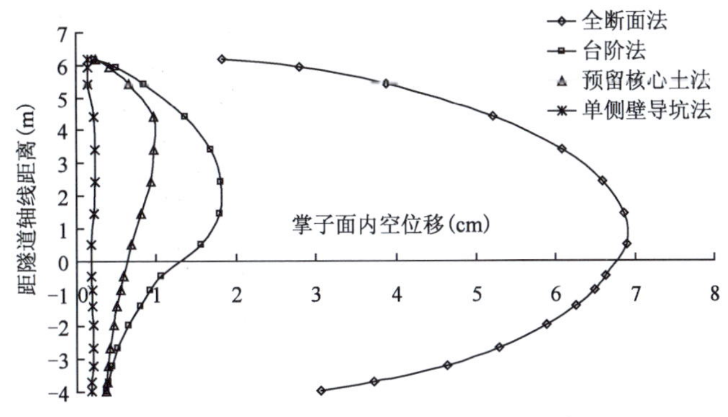

图 2-16 掌子面内空位移曲线

综上,通过对软弱破碎带不同施工工法(全断面法、台阶法、环形开挖预留核心土法、单侧壁导坑法)隧道力学行为的仿真分析,得出以下结论:

单侧壁导坑法在控制拱顶沉降、收敛位移方面,优于其他工法。这是由于其开挖工序较多,将洞室分四部开挖,一次开挖洞室面积小,能够较好控制沉降。全断面法在开挖工程中引起的围岩变形是四种工法中最大的,并且由于开挖面大,每个循环工作量较大,稳定性降低。

不论采用何种工法,初期支护及二次衬砌均为主要承载构件;超前导管、系统锚杆起到辅助作用;锁脚锚杆受到拉应力作用,说明其能有效约束左右侧围岩向隧道内变形,主要起边墙锚杆的作用,而对上部衬砌结构的支撑效果较弱。另外,在高应力地区,衬砌结构将承受较大荷载,墙脚处易产生应力集中。

采用单侧壁导坑法虽在控制沉降及围岩受力方面有较显著优势,但与预留核心土法相比,预留核心土法应为最优工法,主要原因有采用单侧壁导坑法时施工步序繁多、初期支护及二次衬砌易产生破坏、在控制前方土体稳定性方面,二者差距并不大。

本章首先对软弱破碎围岩的特征进行了归纳,并对软弱破碎围岩的定性分类标准进行了推荐;其次对软弱破碎围岩变形特征进行了分析:将隧道施工引起的纵向围岩变形根据距离开挖面位置的不同分为微小变形区、急剧增大区、缓慢变形区和稳定变形区 4 个区域,提出了隧道施工引起的围岩总位移量是掌子面先行位移、掌子面挤出位移和掌子面后方位移三个阶段位移的累积位移的结论;然后提出变形控制的原则和理念,并指出各个控制措施的适用条件;最后归纳总结了软弱破碎带围岩隧道常采用的施工方法,并对各工法下围岩变形和支护结构受力进行了对比分析。

3 中条山特长公路隧道工程

为完善山西省高速公路网，加强山西省与中原地区经济文化交流，2010 年初，全长 30 余公里的运宝高速公路正式开工建设。它的建成连通了晋、陕、豫三省高速公路网，加速"黄河金三角区域"经济一体化步伐，是山西省挺进中原、逐鹿沿海的又一条重要战略通道，将运城到芮城两城之间逢雪封山、交通受阻的历史彻底扭转。

运宝高速公路，即运城—灵宝高速公路，连接山西运城与河南灵宝，是国家 G59 呼北高速公路（呼和浩特—北海高速公路）的组成部分，是山西省高速公路网"三纵十一横十一环"主骨架中纵的最后一段，是山西省南部地区连接连霍高速公路的一条重要出省通道。起点位于运城市盐湖区解州镇，终点位于芮城县陌南镇，接拟建的黄河特大桥，跨越黄河后在河南灵宝与国家 G59 呼北高速公路三门峡至淅川段（现名 S59 三淅高速公路）及国家 G30 连霍高速公路相连。路线全长 30.95km，总投资 25.93 亿元。工程于 2009 年 11 月 28 日正式开工，2015 年 12 月 31 日正式通车。

中条山隧道是运宝高速公路的控制性工程，全长 9.67km，为山西省长度排名第四的隧道。中条山隧道进口位于运城市盐湖区解州镇王窑头村，出口位于芮城县陌南镇石坡村，属上下行分离的高速公路隧道。中条山隧道地理位置如图 3-1 所示。

图 3-1　中条山隧道地理位置平面图

3.1 工 程 概 况

中条山特长隧道全长 9671m，最大埋深 681.13m，纵坡为 1.883%，设斜井一座，竖井两座。采用双向四车道高速公路标准建设，设计速度 80km/h，路基宽度 24.5m，中条山特长隧道采用二心圆内轮廓断面，复合式衬砌结构形式，交通工程设施按 A 级设计。该隧道于 2010 年开工建设，2014 年贯通（图 3-2）。

图 3-2 运营中的中条山隧道

该隧道进口段位于中条山前断裂破碎带内，受构造和风化影响，岩体极其破碎，呈碎块状，局部风化严重的高岭土化明显，碎石之间黏结力极差；隧道洞身段围岩主要为涑水群变质岩；隧道出口段位于高黄土台塬区。中条山特长隧道的围岩多为Ⅳ级、Ⅴ级，围岩石层变化频繁，施工难度比预期的要大。运宝高速公路建管处严格秉承"不做遗憾工程"和"规范、有序、和谐、愉快"的建设理念，牢牢锁定既定的工作目标，有效地促进工程建设又好又快实施。特别针对控制性工程中条山特长隧道，要求隧道施工单位通过利用车行横洞增加施工作业面，增加抽水、排水人员数量及设备配置，采取及时喷水释放围岩应力和加强支护等措施避免岩爆发生，多项举措确保了隧道建设的有序推进。

右线起讫桩号为 YK5 +679 ~ YK15 +350，进口段位于 R =2800m 曲线上，出口段位于 R = 3600m 曲线上，洞身段位于直线上，长为 9671m；左线起讫桩号为 YK5 +676.108 ~ YK15 +347.050，进口段位于 R =3200m 曲线上，出口段位于 R =3200m 曲线上，洞身段位于直线上，长为 9670.942m；隧道纵坡均为 1.883%，最大埋深 681m，属深埋特长公路隧道。隧道净宽为 10.25m，净高为 5m，通风形式采用 2 个竖井、1 个斜井纵向送排式，照明形式采用高压钠灯。洞内设车行横洞 12 处，人行横洞 16 处，紧急停车带左右共 24 处，隧道内路面均采用 2% 的单向横坡。

3.1.1 气象条件

气候属温暖带大陆性季风气候，昼夜温差大，四季分明。春季干燥多风，夏季炎热，秋季凉爽宜人，冬季气候寒冷少雪。降雨较集中在夏、秋季。年平均气温为 13.6℃。一月份最冷，平均气温 -2℃，平均最低气温 -7℃，极端最低气温 -18.9℃；7 月份最热，平均为 27.2℃，平均最高气温 32.6℃，极端最高气温 42.7℃。由于地形地貌的差异，该区河谷盆地与山区的气候差异较大，河谷盆地平均气温 13 ~14℃，山区气温 8 ~9℃。全区年平均降水量为 529.5mm，最大丰水年(1958 年)879.9mm，日最大降水量 149.4mm(1972.9.1)，严重干旱年(1960 年)368.9mm，与最大丰水年相差 511mm。雨季一般在每年的 7 月 ~9 月，年平均降水日数 81d，多的达 119d(1964 年)，少的为 32d(1978 年)，最长连阴降雨达 15d，最长连旱达 92d。7 月 ~9 月降雨量占全年降雨量 70%。年平均蒸发量为 2079.4mm，5 月 ~8 月蒸发量最大，达 263.5 ~324.6mm。1 月、12 月蒸发量最小，为 52.6mm、50.8mm，土壤水分常年处于亏损状态。该区处于季风气候，全年东南风和西北风出现频率较高，年平均风速为 2.8m/s，最大风速 24m/s（1980.10.8），最大平均风速 3.2m/s，最小平均风速 2.1m/s。全年无霜期 190 ~ 200d，山区 180d，台塬丘陵区 190d，河谷盆地区 200d。

3.1.2 地形地貌

拟建运城至灵宝高速公路解州至陌南段，北起解州，穿越中条山，南达芮城陌南，总体呈南北向。总体地势为中间高（中条山分水岭）两边低。公路起点位于中条山北麓，紧邻运城盆地，地貌单元为山麓相洪积扇，地形较为平缓，海拔 360 ~ 400m；中条山南麓南邻芮城盆地，为黄土台地，主要地层为中更新统洪积层，海拔 400 ~ 800m，沟壑纵横，沟谷多为南北向"V"形和"U"形，为丘陵沟壑地形。隧道区地貌上为带状侵蚀 ~ 剥蚀大 ~ 中起伏中山区，最高山峰海拔 1328.83m，分水岭海拔多在 1200m 以上，相对高差约 800m。中条山北坡山势陡峻，悬崖陡壁众多，地形切割剧烈，多呈"V"字形山谷，沟深坡陡，山顶多呈尖状或浑圆状，基岩大多裸露，覆盖层较少。南坡较缓，海拔均在 700m 以上，与山脊相对高差大多在 600m 左右。

项目区因受构造活动和水流侵蚀，地形切割十分剧烈，沟壑纵横。依据成因类型、形态和组成物质三者的不同组合，本区内发育的地貌单元可划分为山麓相盆缘倾斜平原洪积扇区、侵蚀剥蚀大起伏中山、山前高黄土台塬区、低黄土台塬区四个地貌单元（图 3-3、图 3-4）。

图 3-3 中条山前倾斜平原区地貌高黄土台塬区地貌

图 3-4 中条山大起伏中山区地貌

3.2 隧道地质与水文情况

3.2.1 地层岩性

根据地表工程地质调绘及钻孔揭露：只在隧道的陌南出口有少量的第四系黄土；隧址区出露的地层北段主要为变质岩，南段为沉积岩，基岩裸露，其中主要包括以下几组：

(1)太古界涑水群表壳岩组合解州片麻岩(Hgn)

主要岩性为黑云斜长片麻岩及少量的角闪黑云斜长片麻岩(图3-5)，弱变形域中局部保留块状或弱片麻理，在韧性强变形带中则以条纹带状片麻岩的形式出现。岩石中的包体类型比较复杂，主要为斜长角闪岩，次为黑云变粒岩等。地层厚度大于2500m，该组地层约占隧道长度的50.1%。

图3-5 黑云斜长片麻岩

(2)中元古界长城系汝阳群北大尖组(Chbd)

该组地层与解州片麻岩呈断层接触。以石英岩状砂岩为主，中部夹泥页岩，顶部砂岩常相变为白云质砂岩、砂质白云岩或白云岩。白云质有时在砂岩中呈团块状富集，形似白云岩砾石。该组地层厚度249m，沉积环境为前滨～浅海陆棚沉积环境。约占隧道长度的13%。

(3)中元古界长城系汝阳群崔庄组(Chc)

该组地层与下伏北大尖组整合接触，主要岩性为页岩夹粉砂质页岩，石英砂岩、粉砂岩。该组厚度变化较大，约135m，为海湾泻湖沉积环境。约占隧道长度的4.3%。

(4)第四系中上更新统

主要分布在芮城端黄土高台塬上，为隧道出口，主要为Q3与Q2黄土。约占隧道长度的10.9%。

除以上4种，尚包含中元古界长城系汝阳群洛峪口组(Chl)、中元古界蓟县系洛南群龙家园组(Jxl)、下古生界寒武系下统关口组(∈1g)、下古生界寒武系下统朱砂洞组(∈1z)、下古生界寒武系中统徐庄组(∈2x)、下古生界寒武系中统张夏组(∈2z)，其比例均小于4%。

隧道各段工程地质情况分述如下：

(1)隧道进口K5+680～K5+770段

主要由涑水群杂岩及其上覆的薄层马兰组黄土组成，隧道最大埋深35m，为隧道浅埋路段；隧道进口段位于山边斜坡上，坡体上披挂少量第四系马兰黄土和坡积碎石土，厚1～3m，下覆基岩为强风化的涑水群杂岩(解州片麻岩组合)，隧道进口段位于中条山山前断裂破碎带内，受构造和风化影响，岩体极其破碎，呈碎块状，局部风化严重的高岭土化明显，碎石之间黏结力极差，隧道开挖，必引起表层工程型坍塌，易引起仰坡失稳，同时由于出露地表时间较长，风化较为严重，风化带较厚，工程地质条件较差。

(2)K5 +770 ~ K9 +450 段

隧道最大埋深约495m,主要由太古界涑水群表壳岩组合解州片麻岩(Hgn)地层组成,地层岩性复杂,组合无规律。产状变化:K8 +040 段前位于薛家岭背斜北翼,岩层多倾向北东,倾角一般在 25° ~40°之间。K8 +040 后整体上位于薛家岭背斜的南翼,岩层产状整体倾向南东,倾角一般在 50° ~70°间变化。薛家岭背斜为一枢纽倾向北西的背斜,背斜轴部位于 K8 +800 处。工程地质条件良好。

(3)K9 +450 ~ K10 +560 段

隧道最大埋深约 540m,主要由太古界涑水群表壳岩组合解州片麻岩(Hgn)地层组成,地层岩性复杂,组合无规律。岩层产状整体倾向南东,倾角一般在 50° ~70°间变化。在 AK9 +900 ~ AK10 +000 段为区域性断层影响段,断层为破碎岩石组成,将为基岩裂隙水下渗提供通道,隧道开挖必将引起涌水,围岩稍差,施工时易引起坍塌。此段同时也是中条山北侧泉水主要涌出段,水文情况复杂。工程地质条件差。中条山隧道软弱破碎围岩如图 3-6 所示。

图 3-6 中条山隧道软弱破碎围岩

(4)K10 +560 ~ K12 +960 段

隧道最大埋深约 680m,整体上隧道围岩级别高,但隧道埋深大。此段处于分水岭两侧,汇水主要来自大气降雨和其上游段岩溶水的侧向补给,尽管汇水面积较小。工程地质条件良好。

(5)K12 +960 ~ K13 +950 段

隧道最大埋深约 285m,主要由下古生界寒武系下统馒头毛庄组、中统徐庄组下半段组成;馒头毛庄组主要由泥灰岩、页岩、石英砂岩、灰岩、泥岩互层状组成,徐庄组由泥质、砂质页岩组成;岩层产状 160° ~200°∠18° ~23°。此段主要由软质、硬质岩互层状组成,隧道围岩级别变化快,整体上隧道围岩级别稍低。此段灰岩为含水层,页岩为隔水层,水文情况复杂。工程地质条件一般。

(6)K13 +950 ~ K14 +360 段

隧道最大埋深约 145m,主要由硬质岩石组成,隧道围岩级别变化不大,整体上隧道围岩级别高。灰岩为含水层,水文情况复杂。工程地质条件良好。

(7)隧道出口 K14 +360 ~ K15 +350 段

隧道最大埋深约 80m,隧道出口段位于高黄土台塬区,微地貌为黄土小陡坎,主要由第四系上更新统黄土和中更新统黄土组成，其中上更新黄土较薄，仅厚2m左右，下部为中更新褐红色、褐黄色粉质黏土，上部夹杂少量钙质结核，结核一般核桃大小，多夹古土壤层。出口段为黄土隧道且埋深较浅，隧道洞开挖易引起黄土坍塌。工程地质条件差。

3.2.2 地质构造

隧道区属于中条山西南段隆起地带，构造形迹主要表现为断裂、简单的背斜褶皱构造及伴随次生构造。其中背斜的轴部位于片麻岩区，呈北东~南西向走向。

(1)背斜

薛家岭背斜：位于中条山隧道上，属于中条山西南段隆起带的褶皱构造，与路线大角度交于K8+040，背斜走向大致东西向，为开阔的正常背斜，背斜两侧由涑水群地层组成，其北翼倾角一般30°~40°，南翼倾角一般在50°~70°。背斜以南在芮城一侧表现为简单的单斜构造。

(2)断层

中条山北缘断裂带：位于中条山西北坡山脚下，即运城盆地与中条山山脉交接部位的边山地带，该断裂属于基地断裂，它是运城盆地和中条山块隆的分界线，也是豫皖断块与鄂尔多斯断块的分解断裂，呈向南东凸出的弧形，全长约120km，在基岩分布区，主要为一系列北东向、北北东向的小型断裂。本项目路线涉及的为桃花洞断裂(长7.3km)断层面倾向北西，倾角为58°~75°。断裂带内岩层挤压明显，断裂带内的岩层呈直立状，岩石破碎形成构造透镜体和角砾岩，普遍出现绿泥石、绢云母、高岭土化，局部地层形成小的拖拉褶曲，甚至倒转褶曲。断面上有擦痕出现，明显显示了该断层属压性断裂。该断裂在上元古代以前就已经存在，在中生代时期，活动强烈，晚新生代以来，断裂活动更为强烈，表现为中条山强烈抬升，运城盆地的强烈下降。路线在K3+150~K5+780段基本位于山前破碎带边缘或行走在断层破碎带内，断层破碎带宽度在50~100m之间，在解陌公路上断层宽度达200~300m。断层破碎带内涑水群西姚片麻岩由于受构造和风化作用呈角砾、碎块状，严重的呈粉末状，局部披覆薄层马兰组黄土。断层破碎带对路基和桥梁均有一定影响。

红崖沟~白穴沟逆断层(F3)：位于中条山隧道上，为伴随背斜构造在分水岭北侧形成的区域性断裂构造，与路线大角度交于K9+760，断层走向NE70°，倾向SE170°~160°，倾角70°~80°，往下倾角逐渐变缓，断层性质为逆断层，断距20~50m，断层线两侧岩层不连续，岩石破碎，局部有断层角砾岩，有压碎现象。断层破碎带在隧道设计高程上宽13m左右。工程类型为中条山特长隧道，对隧道围岩稳定影响较大，在断层部位施工时应引起重视，避免可能发生的坍塌涌水等现象。中条山断层分布示意图如图3-7所示。

(3)节理

沿线裸露基岩受多期构造运动影响，节理普遍较发育，一般发育两组主要节理，个别点位发育3~4组节理。根据构造、岩性与节理发育的特征及其与路线关系分段叙述如下：

K5+800~K9+800，岩性为涑水群杂岩，岩性复杂主要为片麻岩，该段主要有一组走向295°~330°的近直立节理，间距0.1~0.2m，平均6条/m；一组125°~150°∠12°~44°节理，间距0.3~0.4m，平均4条/m；一组31°~54°∠34°~51°节理，间距0.2~0.3m，平均6条/m。

K9+800~K13+500，岩性为砂岩、白云岩、灰岩、页岩、泥灰岩等，该段主要有一组走向

305°～325°近直立的节理，间距0.3～0.5m，平均4条/m；一组250°～285°∠37°～54°节理，间距0.2～0.3m，平均5条/m，一组走向210°～220°的近直立节理，间距0.3～0.5m，平均3条/m。地质踏勘区域岩层节理如图3-8所示。

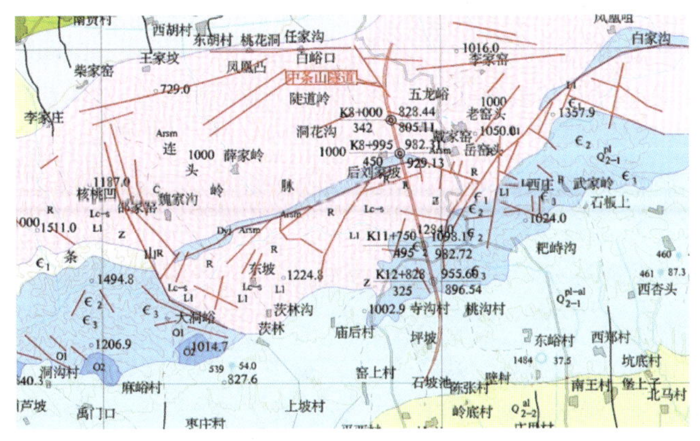

图3-7 中条山断层分布示意图（红色线为断层）

图3-8 地质踏勘区域岩层节理

3.2.3 水文地质

隧道工程区域内为黄河水系，由于地势高差较大，黄土质地松软，降水季节集中，水力侵蚀严重，沟谷发育强烈，形成南北向季节性河流。大气降水多形成地表径流，通过梳状沟涧水系迅速泄入黄河，沟涧较多，窄而深。由于年内降水集中在汛期，又多以暴雨形式出现，故最大洪水径流多发生在7～8月，约占全年径流量的35%以上；6～9月约占全年径流量的55%，泥沙也集中在汛期几个月输送，汛期又集中在几次洪峰。

根据隧道区地形地貌、地层岩性、构造特征及地表水调查，隧道区可划分为北坡、南坡两个次一级水文地质单元，南坡水域属于黄河流域地下水系统中的中条山南入黄地下水子系统；北坡水域属于黄河流域地下水系统中的涑水河地下水子系统。

根据地貌形态、地质年代和地下水埋深及岩层富水情况，项目区地下水分为三个水文地质区：

(1)基岩裂隙水:广泛分布于构造剥蚀基岩山区。本区地层主要由太古界涑水杂岩、震旦系石英砂岩等变质岩系组成,片理、片麻理、节理裂隙发育,层间黏结力差,潜水位埋藏深,一般富水性较差;地下水补给主要以大气降水为主,兼沟谷河流下渗补给;由于岩层陡立,在沟谷地带,岩层裂隙中水分侧溢于沟谷中,形成常流水;在基岩山体与黄土台地及洪积扇接壤部位,则侧排入黄土台地及洪积扇之中。富水性不均匀,径流受构造、节理、片麻理发育方向控制,主要取决于裂隙的发育程度、性质及沟通情况;裂隙种类分为风化裂隙、构造节理和断裂构造带及基岩片理和片麻理。

(2)松散岩类孔隙水:分为山前洪积扇裙孔隙水、黄土台塬孔隙水;含水层为新生界中上更新统及全新统砂砾石及亚黏土。洪积扇端水位深,扇中及前缘水位较浅,轴部富水。含水层以冲洪积相岩性为主,渗透性较差,地下水位受气候变化影响较大,雨季地下水流量大,水位高;枯水期地下水流量小,水位低。

(3)碳酸盐类岩溶水:主要分布于寒武系灰岩及中元古界蓟县系白云岩地层中;水分补给主要是大气降雨入渗、沟谷河流入渗、紧邻基岩裂隙水入渗等;地下水埋藏较深,沟谷中的河流多表现为干谷,隧道基线位于岩溶水水位面以上,受其影响不大。

3.3 隧道的设计类型及结构形式

3.3.1 隧道洞门设计

隧道入口端自然地形较缓,由于洞口段位于中条山山前断裂带内,岩体破碎,考虑洞口的稳定和安全,洞门采用削竹式洞门,此外洞口段路线左侧分布一小型冲沟,因此左、右线暗进根据洞口地形条件采用“前后进”的形式,尽可能地减小边、仰坡的开挖高度,并对明洞顶顺坡式整体回填以力求恢复原地貌,采用菱形骨架防护,护坡加固并美化洞口环境。隧道出口端地形相对平缓开阔,由于洞口段主要为高黄土台塬区,并且浅埋段较长,考虑施工的安全,采用“晚进洞”的方式,洞门形式亦采用削竹式,设置42m长明洞,并对洞口采用回填、植草防护。中条山隧道洞门如图3-9所示。

图3-9 中条山隧道洞门

3.3.2 隧道洞身设计

隧道洞身段衬砌按新奥法原理设计。初期支护以喷、锚、网为主要支护手段，喷混凝土采用湿喷工艺；Ⅳ ~ Ⅴ级围岩及紧急停车带路段增加钢拱架或格栅钢架支护，辅助措施为在Ⅳ ~ Ⅴ级围岩及紧急停车带段采用超前注浆小导管、超前管棚注浆预加固围岩，Ⅴ级围岩及Ⅳ ~ Ⅴ级围岩紧急停车带段二次衬砌采用 C30 钢筋混凝土结构。Ⅲ级围岩采用拱墙设局部锚杆，二次衬砌采用 C30 混凝土结构。

明洞段拱墙采用 C30 钢筋混凝土，厚 60cm；仰拱为 C30 钢筋混凝土，厚 50cm。隧道明洞及洞身段二次衬砌混凝土抗渗等级为 S8。

隧道结构衬砌采用如图 3-10 所示的设计。

图 3-10 中条山隧道洞身段复合衬砌施工

Ⅴ级围岩软弱破碎带衬砌设计参数如下：

(1) XSV 型衬砌(适用于解州端洞口Ⅴ级围岩小净距情况下的初期支护及衬砌)：超前支护第一环采用 ϕ89 ×6mm 注浆管棚预加固围岩，长 32m、环向间距 40cm、每环 35 根、水平打入围岩；其余各环采用 ϕ42 ×4mm 注浆小导管超前预加固围岩，长 4.5m、环向间距 35cm、搭接长度 1.5m、斜插角 10° ~15°、每环 35 根；I20a 型钢钢拱架支护，纵向间距 60cm，每榀钢拱架之间采用 ϕ22 钢筋连接，环向间距 1m；*D*25 中空注浆锚杆，长 4m、间距 75cm(纵) ×75cm(环)，与钢拱架交错布置，中夹岩柱 *D*25 注浆锚杆，长 5m、间距 75cm(纵) ×75cm(环)；铺挂 ϕ8(15cm ×15cm) 钢筋网，中夹岩柱双层钢筋网；喷 C25 早强混凝土 26cm；二次衬砌和仰拱均为 C30 钢筋混凝土结构，厚 50cm；预留变形量 15cm。

(2) SVa 型衬砌(适用于隧道陌南端洞口黄土Ⅴ级围岩浅埋段的初期支护及衬砌)：采用 ϕ50 ×4mm 注浆小导管超前预加固围岩，长 4.5m、环向间距 35cm、搭接长度 1.3m、斜插角 10° ~15°、每环 37 根；I20b 型钢钢拱架支护，纵向间距 50cm，每榀钢拱架之间采用 ϕ22 钢筋连接，环向间距 1m；ϕ22 砂浆锚杆，长 3.5m、间距 50cm(纵) ×75cm(环)，与钢拱架交错布置；铺挂 ϕ8(15cm ×15cm) 钢筋网；喷 C25 早强混凝土 26cm；二次衬砌和仰拱均为 C30 钢筋混凝土结构，厚 50cm；预留变形量 12cm。

(3) SVb 型衬砌(适用于隧道陌南端洞口黄土Ⅴ级围岩深埋段的初期支护及衬砌)：采用 ϕ42 ×4mm 注浆小导管超前预加固围岩，长 4.5m、环向间距 35cm、搭接长度 1.3m、斜插角

10°~15°、每环37根；I20a型钢钢拱架支护，纵向间距100cm，每榀钢拱架之间采用$\phi22$钢筋连接，环向间距1m；$\phi22$砂浆锚杆，长3.5m、间距100cm(纵)×75cm(环)，与钢拱架交错布置；铺挂$\phi8$(15×15cm)钢筋网；喷C25早强混凝土26cm；二次衬砌和仰拱均为C30钢筋混凝土结构，厚50cm；预留变形量10cm。

(4)SVc型衬砌(适用于隧道洞身Ⅴ级断层影响带及软弱破碎围岩段的初期支护及衬砌)：采用$\phi42\times4$mm注浆小导管超前预加固围岩，长4.5m、环向间距35cm、搭接长度1.3m、斜插角10°~15°、每环37根；I20a型钢钢拱架支护，纵向间距75cm，每榀钢拱架之间采用$\phi22$钢筋连接，环向间距1m；$D25$中空注浆锚杆，长3.5m、间距75cm(纵)×100cm(环)，与钢拱架交错布置；铺挂$\phi8$(15cm×15cm)钢筋网；喷C25早强混凝土26cm；二次衬砌和仰拱均为C30钢筋混凝土结构，厚50cm。

(5)SVd型衬砌(适用于Ⅴ级围岩断层破碎带段的初期支护及衬砌)：采用$\phi89\times6$mm注浆大管棚超前预加固围岩，长8m、环向间距40cm、搭接长度3.5m、斜插角8°~10°、每环31根；I20a型钢钢拱架支护，纵向间距75cm，每榀钢拱架之间采用$\phi22$钢筋连接，环向间距1m；$D25$中空注浆锚杆，长4m、间距75cm(纵)×75cm(环)，与钢拱架交错布置；铺挂$\phi8$(15cm×15cm)钢筋网；喷C25早强混凝土26cm；二次衬砌和仰拱均为C30钢筋混凝土结构，厚50cm。

Ⅴ级围岩软弱破碎带衬砌设计参数如表3-1所示。

隧道复合式衬砌支护设计参数表 表3-1

衬砌类型	初期支护参数					二次衬砌(cm)	仰拱(cm)	超前支护
	钢拱架(cm/榀)	锚杆(cm)	锚杆间距(环×纵)	钢筋网(cm×cm)	喷C25混凝土(cm)			
XSV	75(I20a)	400	75×75	15×15	26	50	50	$\phi89$管棚、$\phi42$小导管
SVa	50(I20b)	350	75×50	15×15	26	50	50	$\phi42$小导管
SVb	100(I20a)	350	75×100	15×15	26	50	50	$\phi42$小导管
SVc	75(I20a)	350	100×75	15×15	26	50	50	$\phi42$小导管
SVd	75(I20a)	350	75×75	15×15	26	50	50	$\phi89$管棚

3.3.3 隧道防、排水设计

隧道工程防、排水设计原则：以排水为主，防、排结合，综合治理。采用“防、截、堵、排”相结合，形成完整的防、排水体系，使隧道防水可靠，排水通畅，保证初期支护无大股出水点，二次衬砌背后排水顺畅，运营期间隧道内不渗、不漏，基本干燥，形成完整有效的防、排水系统。

(1)洞口段：根据地形情况在洞顶外围2~3m顺地势布设地表截水沟，将地面径流通过截水沟引入自然沟谷排走，洞口路堑边坡坡脚设置路基排水边沟，排除洞口范围内地表水。

(2)明洞段：采用双层350g/m^{2}无纺布、1.2mm厚EVA防排水板及黏土隔水保护层防水，采用碎石盲沟和$\phi116$半边打孔的HDPE双薄壁波纹管纵向排水；纵向排水管与横向排水管用三通管相连，将明洞衬砌背后水引入隧道中心水沟排走；明洞衬砌外紧贴一层黏土层以防碎石土回填时造成防水板的损坏，靠近回填地表设50cm厚黏土隔水层以防地表水下渗，并在回填地表坡度的作用下流入洞顶排水沟排走；在结构构造防水方面，明洞施工缝、沉降缝处布设橡胶止水带及膨胀止水条，以形成完善的明洞防排水体系。

(3)洞身段：隧道完成初期支护后，在初期支护表面全断面铺挂350g/m^{2}无纺布及1.2mm厚EVA排水板；环向排水管采用ϕ100半圆管，Ⅲ、Ⅳ、Ⅴ级围岩段纵向分别按20m、10m、6m、4m间距设置一道；在隧道全段范围沿墙脚设置纵向ϕ116 HDPE双壁半圆打孔波纹管；横向排水管在Ⅲ级围岩段采用ϕ116 HDPE横向双壁波纹管，纵向间距30m布设，Ⅳ、Ⅴ级围岩段按纵向间距10m布设；纵向、横向排水管采用三通管连通，以确保隧道排水系统的畅通；在隧道围岩裂缝渗漏水集中处铺设ϕ50mm软式弹簧透水圆管，原则上在渗漏水较集中处铺设，纵向间距按Ⅳ、Ⅴ级围岩10m、5m设置，具体可根据施工中实际渗漏水情况适当调整。中心排水沟设置在仰拱以上，采用预制钢筋混凝土结构，其中本合同段YK5+679(右线隧道进口)~YK10+200段、ZK5+676.108(左线隧道出口)~ZK10+160段采用内径ϕ40中心排水管，YK10+200~YK10+360(本合同段终点)、ZK10+160~ZK10+330.31(本合同段终点)段采用内径ϕ30中心排水管。

在隧道进、出口50m范围内每间隔10m及衬砌结构变化处设置一道变形缝，中埋式橡胶止水带设于变形缝处，施工缝中布设带注浆管遇水膨胀止水条，施工缝、变形缝处均在二次衬砌与防水板之间设置背贴式止水带和TMF12×3.5cm隧道专用排水盲管，施工缝间距根据衬砌钢模台车长度确定；为防止中心水沟堵塞，沿隧道纵向(路线中心处)每隔50m设一处中心水沟检查井，主洞与车行横洞交叉处增设一处检查井，以便定期疏导、检查中心水沟；隧道右侧路缘每隔50m设一处路缘沉砂池，以便清理洞内边沟淤积物；隧道进、出口中心水沟沿道路向洞外延伸至填方段，通过设置检查井和横向排水管及保温出水口，排入排水沟或自然沟谷中，从而形成完善的、便于维修的暗洞防、排水体系。

3.4 隧道施工安全组织管理

3.4.1 施工监控量测

监控量测是隧道按新奥法设计、施工的核心技术之一，是隧道衬砌采用信息化设计的重要组成内容，也是本次隧道衬砌支护设计的指导原则。通过施工现场的监控量测信息可以实时掌握围岩和支护体系在隧道开挖掘进过程中的动态力学变化过程，为保障施工安全、修正和优化初期支护设计参数、完善理论分析以及合理确定二次衬砌施作时机提供强有力的依据。根据中条山隧道工程穿越断层破碎带、地质构造复杂、围岩多变的具体情况，施工中应进行以下监控量测项目：

(1)隧道围岩及支护结构监控量测

对于台阶法(留核心土)开挖的Ⅳ~Ⅴ级围岩，单侧壁导坑配合上、下台阶法开挖的Ⅳ~Ⅴ级紧急停车带，必测项目：地质及支护状态观察、水平收敛、拱腰收敛及拱顶下沉量测、锚杆内力量测(拉拔力测试、电测锚杆)；断层破碎带段需增设：围岩内部位移量测(洞内设点)、钢支撑内力量测、喷混凝土应力量测、二次衬砌压应力量测；选测项目：围岩内部位移量测(洞内设点)、钢支撑内力量测、喷混凝土应力量测、二次衬砌压应力量测。

(2)围岩稳定性和支护效果分析

通过现场监控量测获得围岩力学动态和支护工作状态的有关数据,再对这些数据进行回归分析,研究隧道围岩及衬砌支护结构的变形、受力规律,通过位移反分析方法,求出围岩初始应力场及围岩综合物理力学参数,并与实际结果对比分析,对围岩稳定性和支护效果进行评价,来预测和确定隧道围岩最终稳定时间、指导施工顺序和施作二次衬砌、优化支护结构设计参数。隧道监控量测如图 3-11 所示。

图 3-11 隧道监控量测

(3)超前地质预报

由于中条山隧道工程地质与水文地质条件复杂、地质构造发育,存在多个断层破碎带、断层影响带及软弱围岩,局部存在高地应力或隐伏含水体等情况,因此,需要对隧道采取超前水平地质钻孔、地质雷达、地震波超前预报系统等综合地质预报手段判断开挖面前方围岩状况及地下水含量等关键信息,以采取相应的辅助工程措施后方可进行后续的施工开挖、支护作业。隧道超前地质预报如图 3-12 所示。

3.4.2 施工安全组织

(1)断层破碎带段增设必要的抗震缝、浅埋段增设必要的变形缝,以满足地震情况下衬砌变形、减震的安全需要;同时,严格实施相关中心水沟出水口的防冻保温结构及防、排水设施。

图 3-12 隧道超前地质预报

(2)混凝土施工注意温度防止混凝土徐变裂缝的产生，做好施工缝、变形缝的处理，尽可能一次浇注完成，必要时可添加混凝土外加剂，以改善混凝土材料性能。

(3)隧道明洞段采用明挖法施工，应做好开挖临时边、仰坡的防护工作，并加固成洞坡面，严禁大开大挖以免施工扰动后破坏洞口边、仰坡原状岩土体的稳定性；进行明洞回填时，应注意保护明洞衬砌外缘背贴的防水板，防止其破碎，明洞应采取两侧对称分层夯实，待明洞模筑钢筋混凝土强度达到规范要求，且人工夯填至拱顶 1.0m 以上，方可使用机械作业。

(4)做好隧道施工期间的通风工作。隧道施工通风主要解决施工粉尘、有害气体和洞内温度的问题，一般要求洞内作业温度小于 30℃，考虑到机械作业、施工爆破、粉尘及有害气体等因素，必须加强隧道洞内施工通风，当隧道施工超过 1.5km 时，应增设必要的排风设施，加强施工期间的通风和排烟。

(5)做好隧道洞内施工排水工作，及时封闭岩面，最大程度地减少渗水量。顺坡施工时以自然排水为主，沿隧道纵向设置排水沟，不让水漫流；反坡施工时，应根据预测最大可能涌水量及最大突然涌水量，配备排水机械，设置机械排水管路，可分级提升排出洞外。在断层破碎带及可能存在大型隐伏含水体地段，设置超前地质钻孔(1 ~3 孔)超前探水，并采用综合地质预报系统判断涌水的可能性，测定水压、流速等具体参数，根据具体测定、判断的含水情况，采取必要的环向注浆止水、帷幕注浆止水措施堵水，及时调配抽水设备，确保施工涌水时能够及时排除水患。

(6)隧道施工要切实做好监控量测工作，以便准确掌握围岩动态和支护结构的工作性状，利用相关监测数据的统计分析，合理调整支护设计参数，确保隧道施工安全和结构稳定性，指导施工工艺，为隧道工程的快速掘进、支护材料的提前准备以及灾害事故的有效预防提供可靠的资料与信息，实现隧道施工的“信息化，动态化”。

4 支护结构力学特性及围岩稳定性分析

隧道初期支护设计一般都是采用工程类比或按照经验选择，作用在二次衬砌上的荷载按照开挖范围内松动塌落岩体重量进行计算。这样的设计理念低估了初期支护的承载能力，初期支护本身并不是被动的承受围岩压力，而是可以主动调动和发挥围岩的自承能力，和围岩一起保证洞室稳定，在必要时（洞口段、浅埋段、软弱不良地质段）采用预支护对围岩进行加固，所以初期支护是作为施工期间的主要承载结构。

隧道中的初期支护承受主要荷载，那么二次衬砌就可以作为安全储备。如果初期支护施工过早可以控制围岩变形，但是此时无法发挥围岩的自稳能力，使初期支护承担了较大的围岩压力；如果初期支护施工太迟可能会使围岩塑性区发展过大，导致围岩失稳坍塌等问题。所以应该合理选择初期支护的施作时机，以充分发挥围岩自稳能力的同时控制隧道变形。

本章采用现场试验和数值分析相结合的研究手段，对中条山隧道软弱破碎围岩段初期支护在不同支护时机、不同刚度等情况下，结构自身受力和变形规律进行数值计算；对不同应力释放率组合以及不同应力释放率与仰拱至掌子面距离的配合效果下围岩变形规律进行研究。通过现场试验对数值分析结果进行了验证。

4.1 隧道初期支护受力特性分析及结构尺寸优化

本节结合在建中条山隧道的具体情况，针对隧道常用的初期支护形式，运用有限差分软件对初期支护在不同支护时机、不同刚度等情况下，结构自身受力和变形规律进行模拟，并布设了试验断面，进行了跟踪监测。

4.1.1 数值模型

1）工程概况

本节研究对象为中条山隧道Ⅴ级围岩软弱破碎带，该段初期支护及衬砌为：$\phi89\times6$mm 注浆大管棚超前预加固围岩，长 8m、环向间距 40cm、搭接长度 3.5m、斜插角 8°～10°、每环 31 根；I20a 型钢钢拱架支护，纵向间距 75cm，每榀钢拱架之间采用 $\phi22$ 钢筋连接，环向间距 1m；*D*25 中空注浆锚杆，长 4m、间距 75cm（纵）×75cm（环），与钢拱架交错布置；铺挂 $\phi8$（15×15cm）钢筋网；喷 C25 早强混凝土 26cm；二次衬砌和仰拱均为 C30 钢筋混凝土结构，厚 50cm。

Ⅴ级围岩的设计断面如图 4-1 所示，采用环形开挖预留核心土法施工。施工主要步骤为：

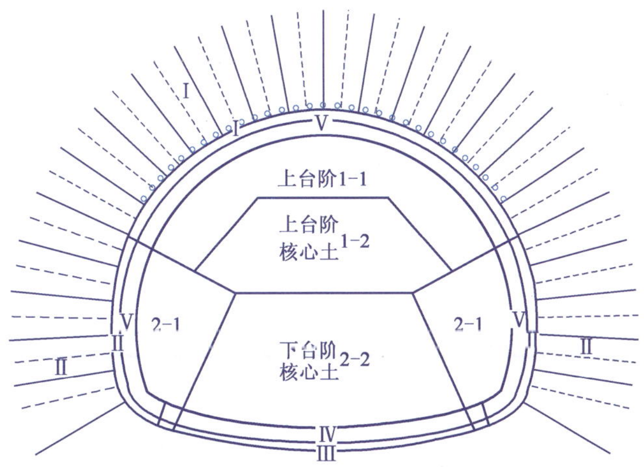

图 4-1 V围岩软弱破碎带段施工开挖方案

①上台阶环形开挖(留核心土)。

②上台阶拱部初期支护。

③上台阶核心土开挖。

④下台阶左、右侧壁导坑交错开挖。

⑤下台阶左、右侧壁导坑交错初期支护。

⑥下台阶核心土开挖。

⑦仰拱初期支护、仰拱二次衬砌、仰拱填充。

⑧全断面二次衬砌。

2)模型建立

根据中条山隧道软弱破碎围岩段的实际状况,进行建模分析,隧道的计算模型如图 4-2 所示。该段隧道洞宽 12.38m,高 10.152m,隧道埋深为 30m,计算模型上部取自然表面,下部取至隧道底面以下 30m,左右各取 45m,即 x、y、z 各方向的长度分别为 130m、40m 和 70m。需要说明的是,由于锁脚锚杆、系统锚杆和二次衬砌都采用结构单元模拟,而随着结构单元数量的增多会大大降低数值模拟计算的速度,为了使计算周期可以接受,故取隧道模型的纵向长度为 40m。模型的表面为自由边界条件,底部为固定边界条件,四周为法向位移约束边界条件。模型共有 15183 个节点,13760 个单元,24792 个结构单元节点,19118 个结构单元(其中包括 13662 个 cable 单元、3168 个 pile 单元和 2288 个 shell 单元)。

计算中V级围岩和注浆加固圈均采用摩尔—库仑材料,初期支护体系中的喷层混凝土视为线弹性体,二次衬砌混凝土及仰拱均采用 FLAC^{3D} 软件内置的壳单元(shell)进行模拟,系统锚杆和锁脚锚杆则分别采用锚索单元(cable)和桩单元(pile)进行模拟。各材料参数见表 4-1。

材 料 参 数 表 4-1

材料	弹性模量 E(GPa)	泊松比 ν	密度 ρ(kg/m^3)	黏聚力 c(kPa)	摩擦角 (°)	厚度 h(cm)	面积 A(m^2)
V级围岩	1	0.2	2000	125	23.5	—	—
加固圈	1.5	0.3	2200	200	27	40	—
初期支护	30.11	0.2	2438.7	—	—	26	—

续上表

材料	弹性模量 E(GPa)	泊松比 ν	密度 ρ(kg/m³)	黏聚力 c(kPa)	摩擦角 (°)	厚度 h(cm)	面积 A(m²)
二次衬砌(仰拱)	30	—	2500	—	—	50	—
系统锚杆	92.1	0.2	2479	—	—	—	4.91×10^{-4}
锁脚锚杆	60.3	0.25	2549	—	—	—	1.38×10^{-3}

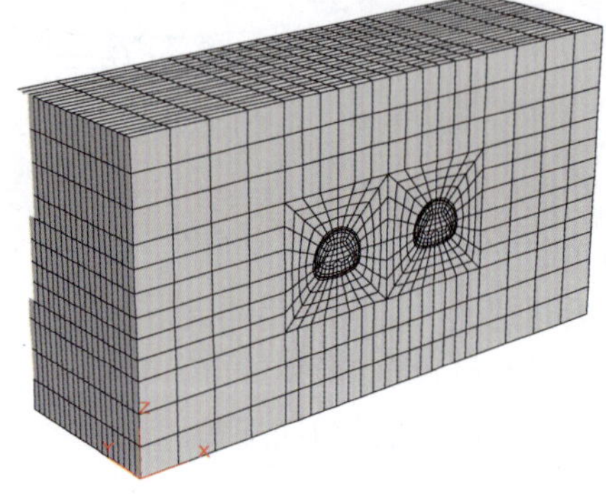

图 4-2 数值计算模型

取半结构示意说明隧道的开挖过程，如图 4-3 所示。首先隧道上台阶环形开挖（留核心土），通过杀死对应的网格单元来实现，通过反转应力释放法来实现围岩应力释放，即将开挖后暴露的围岩网格单元节点的不平衡力记录并存储到相关数组中，然后通过施加相反方向的应力释放率倍数的不平衡力来释放部分围岩应力，完成此步骤后，计算至平衡；然后施加初期支护、锁脚锚杆、系统锚杆、二次衬砌等支护结构，修改对应的注浆加固圈围岩参数，进行应力释放后计算至平衡。

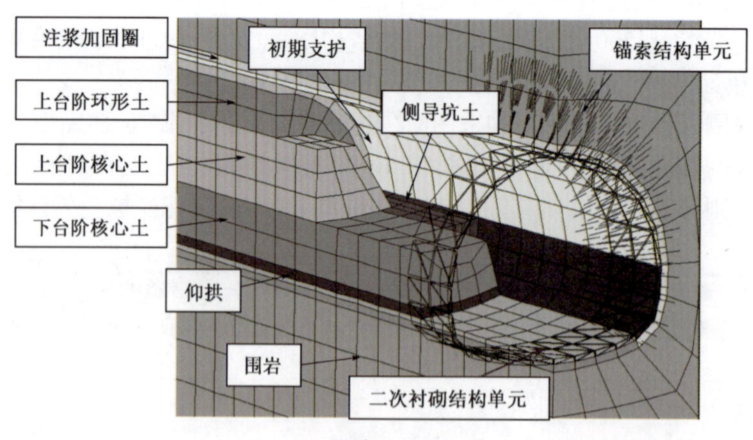

图 4-3 数值模型说明图

对于初期支护中钢拱架和钢筋网的支护作用采用等效方法计算，即将钢拱架和钢筋网的弹性模量折算给混凝土，其计算方法为：

$$E = E_0 + \frac{A_g E_g}{A_c} \tag{4-1}$$

式中：E——折算后的混凝土弹性模量（Pa）；

E_0——原混凝土的弹性模量（Pa）；

A_g——初期支护钢拱架的截面积（m^2）；

E_g——初期支护钢拱架的弹性模量（Pa）；

A_c——混凝土的截面积（m^2）。

管棚的注浆加固作用可采用同样的等效方法予以考虑，即提高锚喷加固区的地层参数，将管棚的弹性模量折算给地层。

3）分析工况

（1）初期支护施作时机对围岩、支护结构力学特性影响

在初期支护与围岩相互作用中，对于同样刚度和尺寸的初期支护结构，施作时机的不同，其与围岩共同作用最后达到平衡的状态并不相同。通过运用有限差分程序具体分析了隧道洞口小净距段在不同初期支护时机情况下，支护结构、围岩受力状态和力学行为变化情况。

在数值计算中通过改变开挖土体后围岩荷载释放系数来模拟初期支护的不同施作时机。如果开挖后立即施作支护结构，则此时围岩荷载释放率为0，初期支护承担岩体二次应力调整中的全部荷载；如果延迟初期支护，待围岩开挖变形稳定及二次应力均调整完毕后施作初期支护，此时荷载释放率为1。

以上两种工况属于施工的极限状态，为了更全面合理地分析支护时机变化的影响，选取逐渐增加的荷载释放率对比分析，当释放率为1时，洞口段隧道初期支护施作太迟，塑性区发展过大，容易引起围岩松弛而崩坍，开挖后岩体不具备无支护稳定性。因此计算中选取的围岩荷载释放率分别为：$k=10\%$、30%、50%、70%、90%。

（2）初期支护尺寸对围岩、支护结构力学特性影响

除了初期支护结构的施作时机的影响，初期支护的尺寸也会对围岩、支护结构的受力产生影响，数值模拟中的初期支护用网格单元模拟，通过建立不同的网格尺寸模型来计算不同的初期支护结构尺寸对围岩和支护结构的影响。隧道设计的初期支护结构尺寸为26cm，计算时分别取初期支护厚度为20cm、22cm、24cm、26cm、28cm、30cm。

（3）初期支护刚度对围岩、支护结构力学特性影响

影响初期支护结构特性和力学行为的主要因素除了上述支护时机外，还有支护结构的刚度。钢拱架及钢筋网的架设对支护结构刚度的影响最终体现为提高了支护结构的弹性模量。初期支护最终的弹性模量由公式（4-1）等效计算。

在隧道施工过程中，由于各施工步序衔接存在一定时间差，而且初喷混凝土还会再进行补喷，喷射混凝土的强度是一个随时间增长过程。计算时考虑支护结构弹性模量增长的过程，用改变支护结构弹性模量的方式模拟研究在不同刚度下，支护结构、围岩受力状态和力学行为变化规律。

将初期支护强度的增长过程视为分级增长并考虑高强混凝土的使用，按最终弹性模量的0.4、0.6、0.8、1.0、1.2、1.4倍，即20GPa、18.07GPa、24.09GPa、30.11GPa、36.13GPa和42.15GPa分级考虑。

4.1.2 初期支护施作时机对围岩、支护结构力学特性影响

针对初期支护不同的支护时机，比较分析不同工况下围岩变形以及支护结构受力等的变化情况，由此分析支护时机对围岩、结构受力的影响。

(1)位移计算结果分析

当围岩应力释放率为10%时，隧道竖向位移云图和水平位移云图分别如图4-4、图4-5所示，此时隧道最大拱顶沉降为5.57mm，最大拱底隆起为6.76mm；当围岩应力释放率为30%时，隧道竖向位移云图和水平位移云图分别如图4-6、图4-7所示，此时隧道最大拱顶沉降为5.73mm，最大拱底隆起为6.83mm；当围岩应力释放率为50%时，隧道竖向位移云图和水平位移云图分别如图4-8、图4-9所示，此时隧道最大拱顶沉降为6.01mm，最大拱底隆起为6.91mm；当围岩应力释放率为70%时，隧道竖向位移云图和水平位移云图分别如图4-10、图4-11所示，此时隧道最大拱顶沉降为6.32mm，最大拱底隆起为6.99mm；当围岩应力释放率为90%时，隧道竖向位移云图和水平位移云图分别如图4-12、图4-13所示，此时隧道最大拱顶沉降为6.91mm，最大拱底隆起为7.08mm。(注：为了显示隧道内部结构的位移变化情况，此处的位移云图显示的是右线隧道的半结构。)

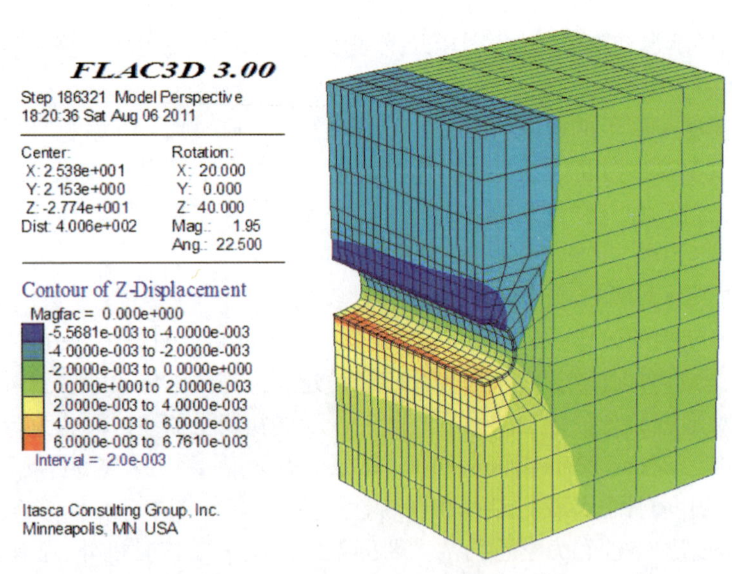

图4-4 释放率为10%时竖向位移云图

在评价隧道稳定性时，洞周围岩的水平和竖向位移是考虑的重要参考数据。水平位移主要是评价围岩侧向稳定的重要指标，而竖向位移则是判断隧道开挖的拱顶稳定性的决定性因素。取$y=20.0$m处即隧道1/2截面为典型断面，该断面处在各个围岩释放率条件下的拱顶沉降值、仰拱隆起值、收敛位移值随开挖步数的变化曲线分别如图4-14～图4-16所示。

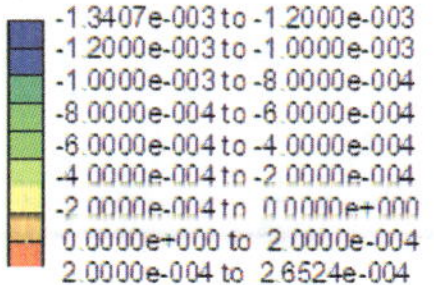
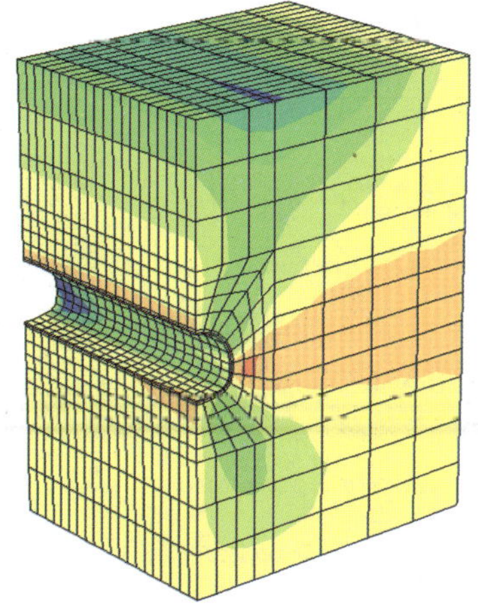

图 4-5 释放率为 10% 时水平位移云图

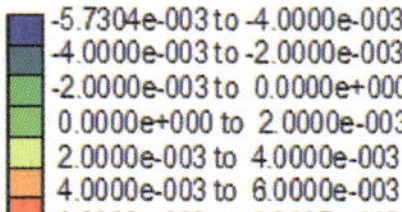
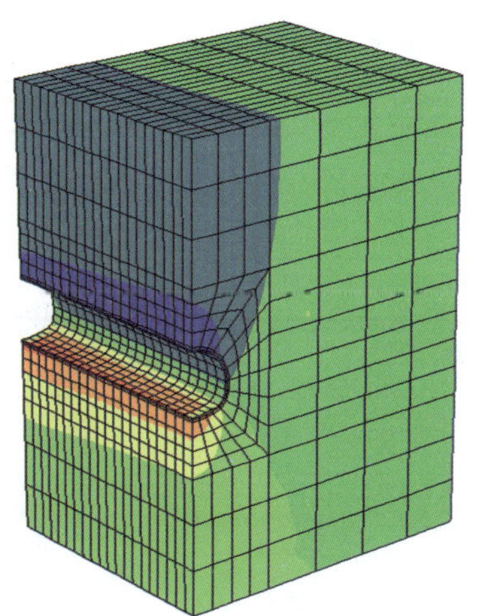

图 4-6 释放率为 30% 时竖向位移云图

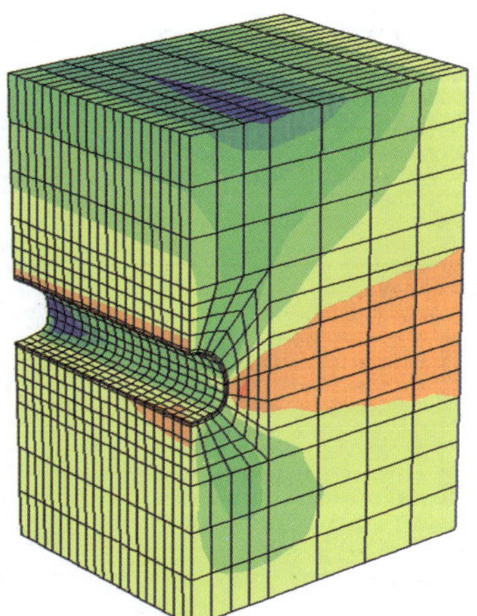

图 4-7 释放率为 30% 时水平位移云图

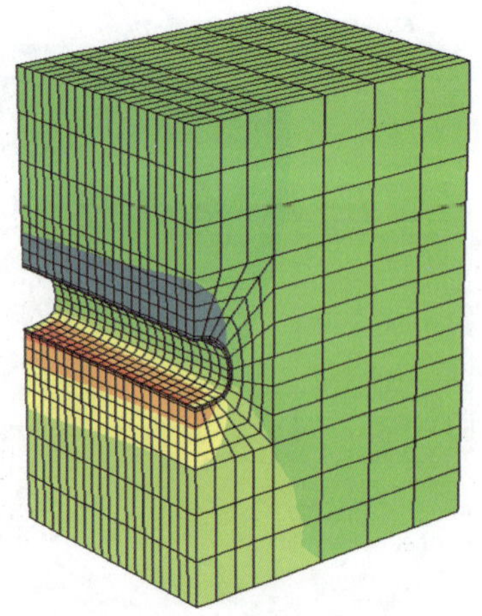

图 4-8　释放率为 50% 时竖向位移云图

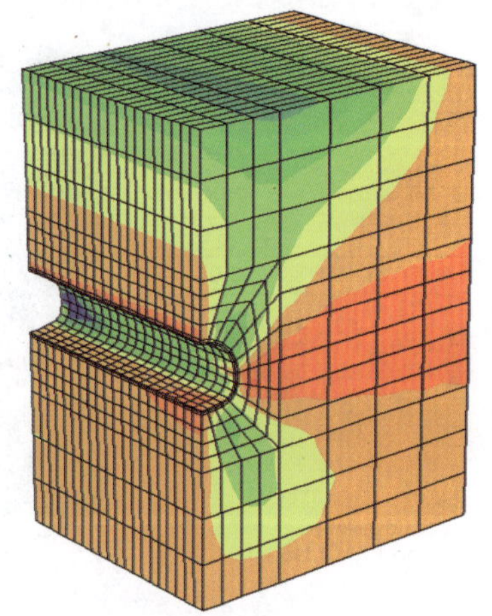

图 4-9　释放率为 50% 时水平位移云图

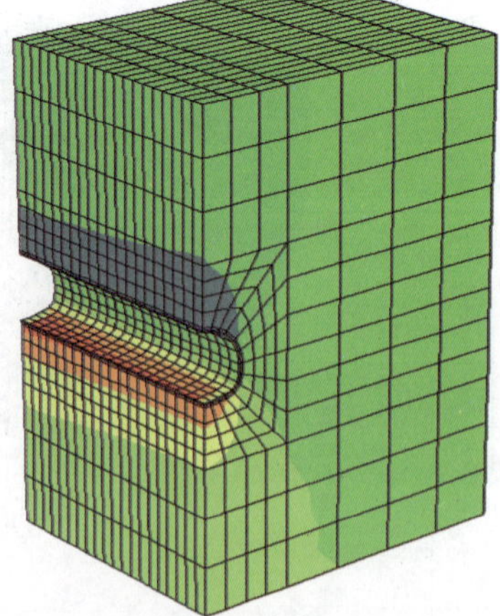

图 4-10　释放率为 70% 时竖向位移云图

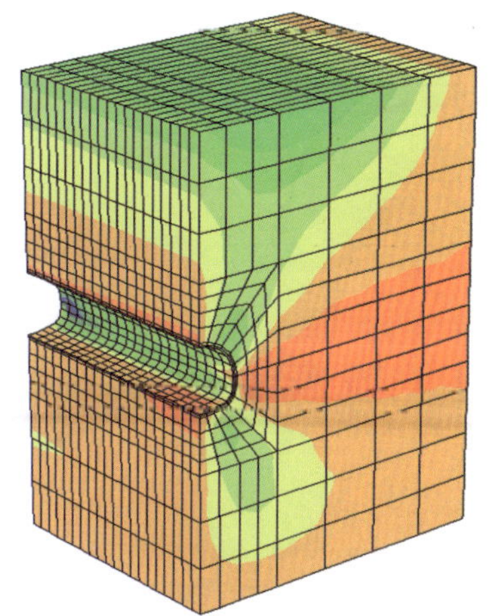

图 4-11 释放率为 70% 时水平位移云图

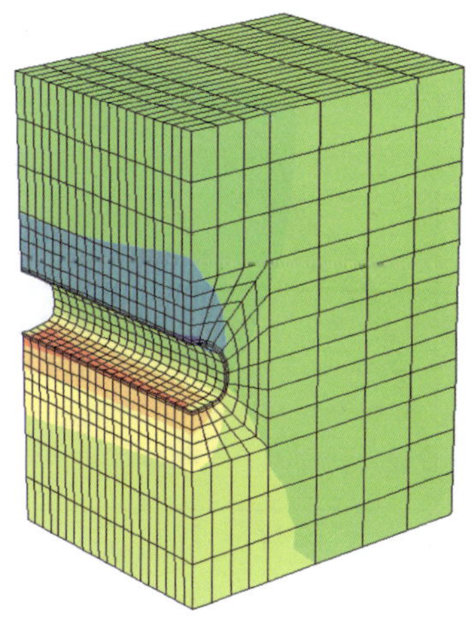

图 4-12 释放率为 90% 时竖向位移云图

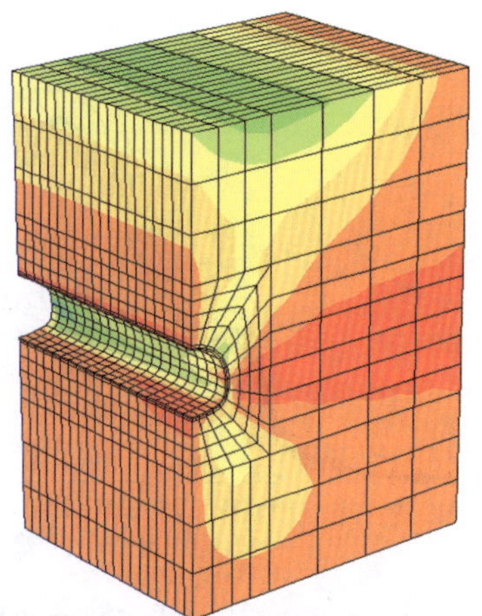

图 4-13 释放率为 90% 时水平位移云图

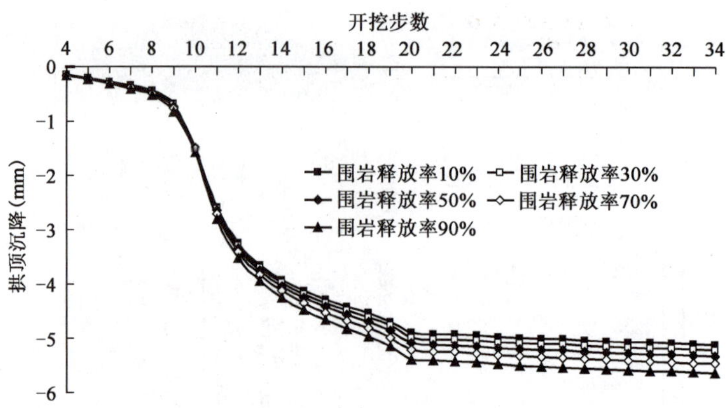

图 4-14　不同围岩释放率下 $y=20\text{m}$ 断面拱顶沉降变化曲线

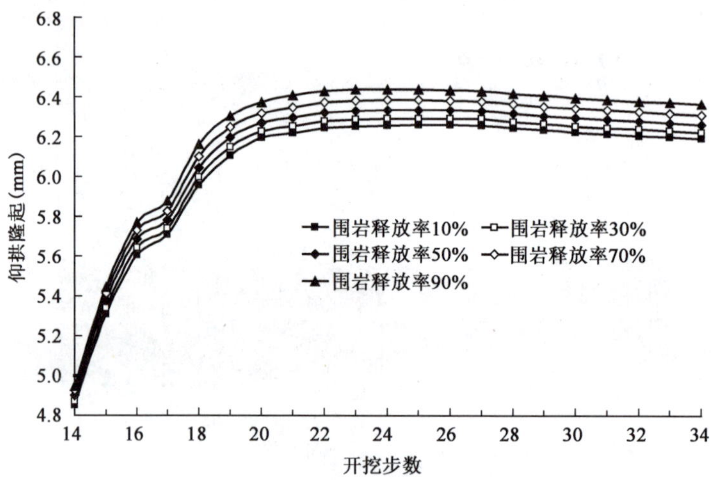

图 4-15　不同围岩释放率下 $y=20\text{m}$ 断面仰拱隆起变化曲线

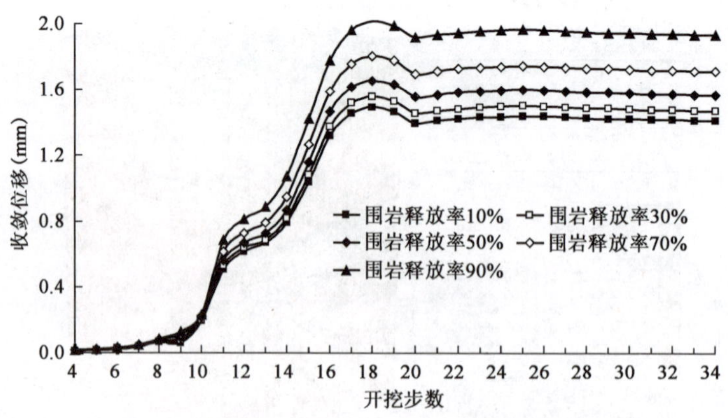

图 4-16　不同围岩释放率下 $y=20\text{m}$ 断面收敛位移变化曲线

由计算结果可知：

从隧道位移云图中可以看出，隧道开挖之后，洞周围岩位移运动趋势皆指向洞内。随着荷载释放率的增大，即初期支护施作时机延后，围岩在开挖后，位移不断增大。

从图4-14～图4-16中可以看出，$y=20\mathrm{m}$断面的位移值都是大致在开挖到第22步时达到稳定，因为此断面的二次衬砌正好已经施作完毕，此时围岩已经基本稳定，故在第22步之后此断面的位移值基本不再变化。

围岩开挖前处于初始平衡状态，随着岩土体的开挖，若不及时进行支护，围岩自身进行应力释放和二次应力状态调整，这个过程持续得越久，伴随着围岩的位移不断增长。相反，若尽早施作支护结构，则对控制围岩的变形有很大的作用。

(2)初期支护结构受力

当围岩的应力释放率为10%、30%、50%、70%和90%时，隧道初期支护的竖向应力云图分别如图4-17～图4-21所示。

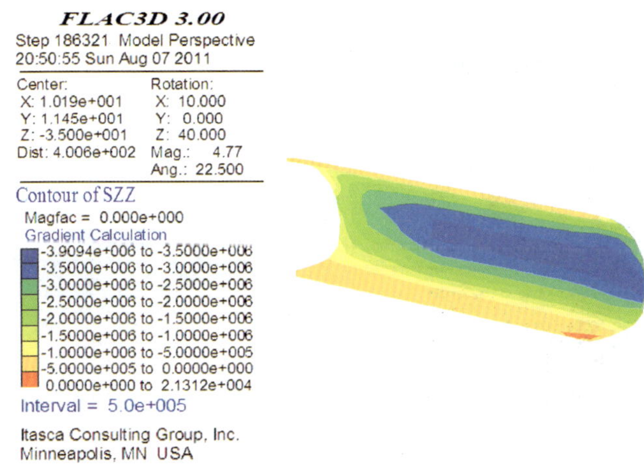

图4-17 围岩释放率10%时初期支护竖向应力云图

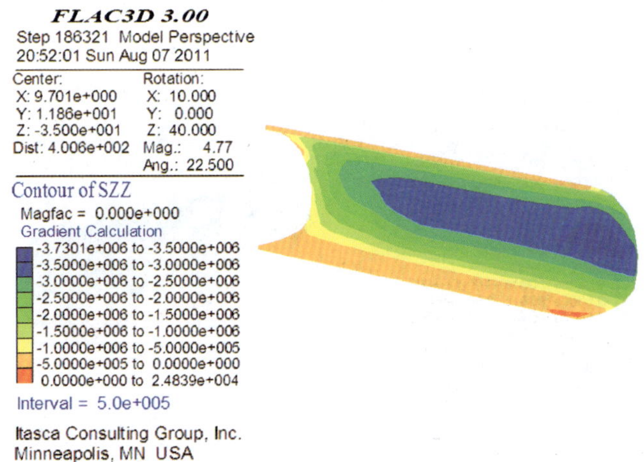

图4-18 围岩释放率30%时初期支护竖向应力云图

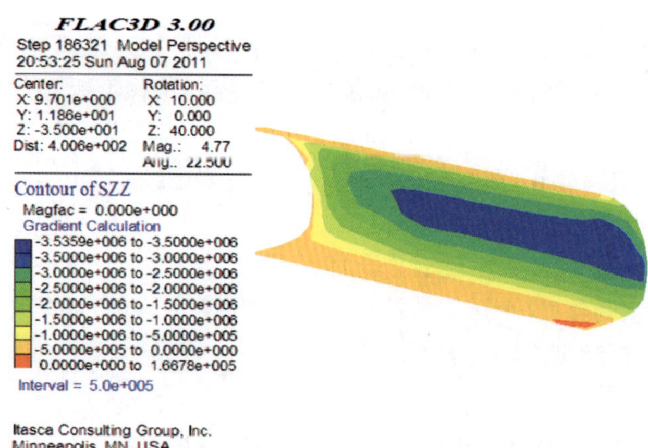

图 4-19　围岩释放率 50% 时初期支护竖向应力云图

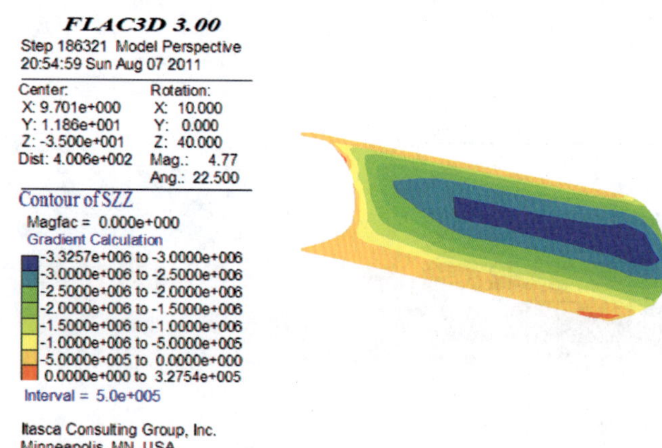

图 4-20　围岩释放率 70% 时初期支护竖向应力云图

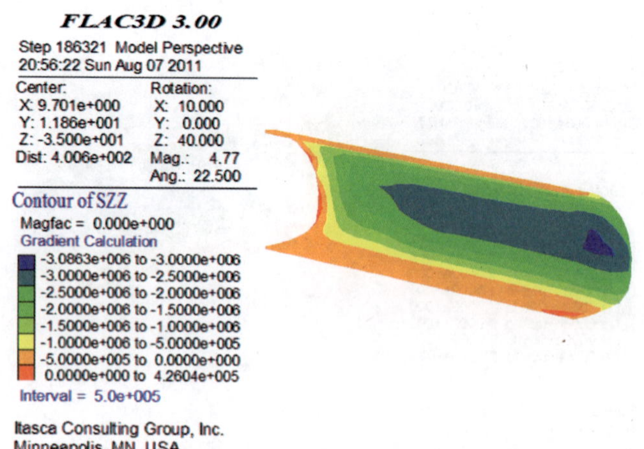

图 4-21　围岩释放率 90% 时初期支护竖向应力云图

由计算结果可知：

断面压应力的变化呈现一定波动性，支护结构拱脚处受力最大，符合拱形结构受力特性，同时说明了隧道小净距洞口段支护结构设计时，有必要增大拱脚刚度和强度。

随着荷载释放率的增大，结构断面受力逐级减小，隧道围岩在施工开挖后，具有一定的自承能力。结构应力为负值，说明支护主要承受压应力，符合隧道支护结构设计要求。

随着围岩荷载释放率的增大，支护结构应力（绝对值）呈减小趋势。这是由于支护施作时机延迟，围岩应力释放，自承能力得到充分的发挥，作用在初期支护结构上的围岩压力减小，因此支护应力也相应减小。

以上通过围岩位移变化与初期支护结构受力情况对比分析，说明在大断面黄土隧道施工中，初期支护施作得早对控制围岩变形有利，支护承受围岩荷载较大；随着支护时机延迟，作用在支护上围岩压力减小，结构应力也随之降低，但围岩的变形增大，严重时可能造成隧道围岩失稳、崩塌。所以应根据现场实际施工中的监测，控制合理的初期支护施作时机。

4.1.3 初期支护施作时机现场试验

（1）测试断面选取

根据中条山隧道纵断面图，并对掌子面围岩变化情况进行地质素描，发现Ⅴ级围岩 K13 + 900 掌子面为暗紫红夹灰绿色砂岩、泥岩，薄中厚层状，软质岩，泥质、细粒结构，以泥质胶结为主，岩层层间挤压严重，泥化严重，砂岩呈碎块状、泥岩呈碎片角砾结构，较破碎至破碎，地下水沿岩层层面、节理面渗出。拱顶局部地下水呈点线状断续下滴。岩层层面、节理面及地下水组合易导致掌子面、拱顶及侧壁坍塌、掉块。在该段落分别选择 YK13 + 850、YK13 + 960 为Ⅴ级围岩初期支护施作时机测试断面（图 4-22）。

a)

b)

图 4-22 试验断面围岩状况

（2）监测仪器埋设

量测元件是否能够正常工作，与其埋设方法有很大的关系。埋设方法不当，会使量测值出现异常，甚至损坏元件。

在隧道中安装土压力盒，应用防水胶布将压力盒周边密封，以防止水或混凝土的侵入，影响监测结果。在埋设时，先将土体用削土刀削平，保证压力盒的安装角度，并保证压力盒和土层紧密接触，如图 4-23 所示。

在埋设混凝土应变计时应特别注意应变计的埋设方向，埋设时用细铁丝将应变计绑扎在钢筋网片上，并尽量使应变计与混凝土表面切线平行。如图 4-24 所示。

图 4-23　围岩压力监测

仪器埋设完毕后，需要对引出线进行保护，避免爆破时飞石等因素破坏，图 4-25 为项目组设计引出线保护盒。

图 4-24　初期支护喷混凝土应力、接触压力监测

图 4-25　传感器引出线保护

(3)监测结果

图 4-26 为 YK13 +850 断面 C25 喷射混凝土应力、温度时程曲线。

图 4-26 中，除 5 号测点外，监测断面布测第 1 天 ~ 第 22 天，各测点初期支护混凝土应力随时间变化规律总体一致，均表现为逐渐增大。表明在迅速硬化后初期支护便开始承担急剧增加的荷载，这样就使围岩从二维应力状态变成到三维应力状态，有利于围岩稳定，也有利于发挥围岩的自承作用。

到第 22 天，除 5 号测点外，该断面由上台阶开挖引起的平均应力已经占到其总应力值的 80% ~90% 。右下台阶开挖后，右侧拱脚测点(5 号)应力逐渐增大，这与其他测点逐渐增大的规律不同。到第 46 天，该断面由下台阶开挖引起的平均应力已经占到其总应力值的 100% ，5 号测点应力也占到总应力的 87% 。从第 46 天 ~ 第 54 天，拱部 5 个测点应变均发生相同突变，即先增大后减小，这是因为二次衬砌施工至监测断面。而后各测点应力逐渐趋于稳定。

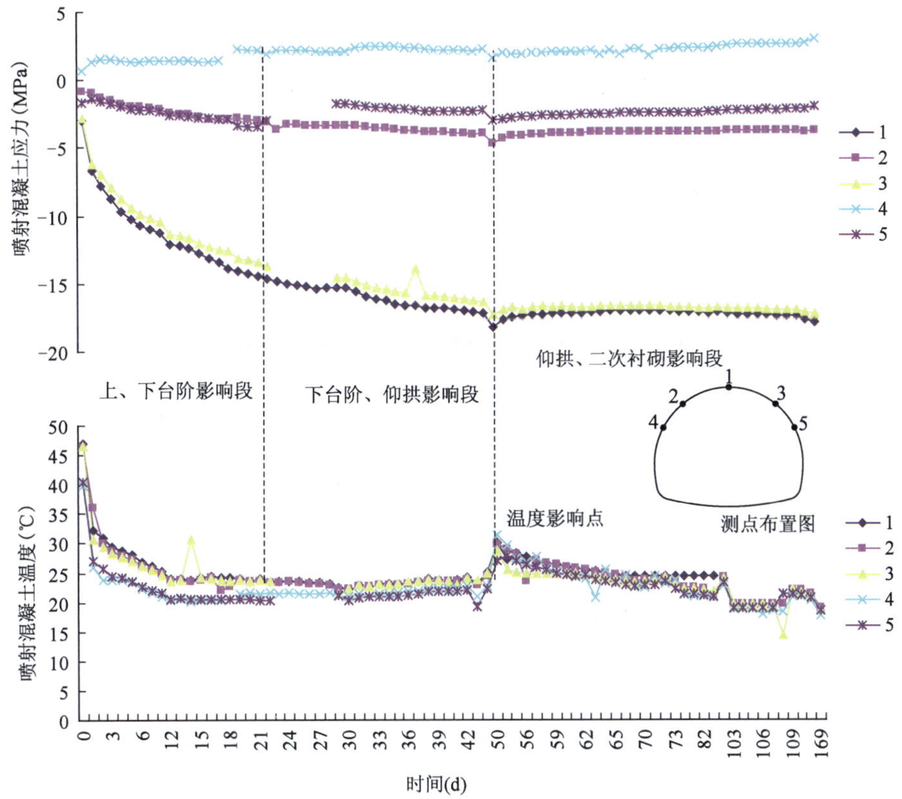

图 4-26　YK13 +850 断面 C25 喷射混凝土应力、温度时程

监测断面布测 22 天之前是上、下台阶影响段,第 22 天 ~ 第 46 天为下台阶、仰拱影响段,第 46 天之后为二次衬砌影响段。施工浇注仰拱之后,各测点混凝土应力趋于稳定,表明此时围岩正经历第二次应力重分布并随后稳定,仰拱施作后形成封闭的承载环改善了隧道结构的受力状态,仰拱施作及时且作用明显。

图 4-27 为 YK13 +960 断面 C25 喷射混凝土应力、温度时程曲线。

图 4-27 中,监测断面布测第 1 天 ~ 第 2 天,上台阶开挖,各测点初期支护混凝土应力先有一个短暂的减小。第 2 天 ~ 第 16 天,各测点初期支护混凝土应力随时间变化规律总体一致,均表现为逐渐增大。到第 16 天,该断面由上台阶开挖引起的平均应力已经占到其总应力值的 45% ~65% 。

第 16 天 ~ 第 18 天,下台阶左侧开挖到监测断面,各测点初期支护混凝土应力发生突变,除 4 号测点外,其余测点应力均为急剧增加,增加幅度约 20% 。

第 18 天 ~ 第 41 天,各测点初期支护混凝土应力逐渐变大,到第 41 天,除 4 号测点外,该断面由下台阶开挖引起的拱部平均应力已经占到其总应力值的 90% 左右。

第 41 天 ~ 第 43 天,拱部 5 个测点和边墙 2 个测点应变均发生相同突变,这是因为二次衬砌施工至监测断面。而后各测点应力逐渐趋于稳定。

直到第 120 天,各测点应力又一次发生突变,这是由于,监测断面附近车行横洞开挖缘故。到第 139 天,各测点应力又一次趋于稳定。

监测断面布测 16 天之前是上、下台阶影响段,第 16 天 ~ 第 41 天为下台阶、仰拱影响段,第 41 天 ~ 第 120 天为二次衬砌影响段,第 120 天 ~ 第 139 天为车行横洞影响段。

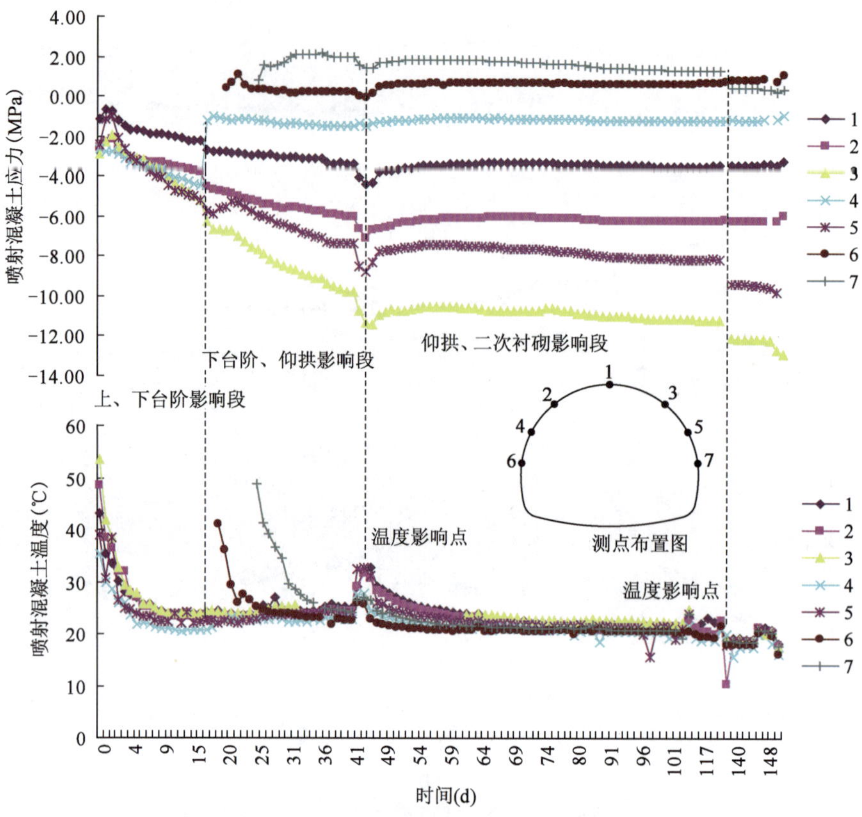

图 4-27 YK13 +960 断面喷射混凝土应力、温度时程曲线

综合 YK13 +850、YK13 +960 两个监测断面初期支护混凝土应力与施工步对应关系可知:上下台阶影响区间约为 19 天,开挖应力释放率约为 50%;下台阶和仰拱影响区间为第 19 天~第 44 天,初期支护应力释放率约为 30%;44 天以后为仰拱和二次衬砌影响下区间。

4.1.4 初期支护尺寸对围岩、支护结构力学特性影响

(1)位移计算结果分析

当初期支护厚度为 20cm 时,隧道竖向位移云图和水平位移云图分别如图 4-28、图 4-29 所示,此时隧道最大拱顶沉降为 6.03mm,最大拱底隆起为 6.87mm;当初期支护厚度为 22cm 时,隧道竖向位移云图和水平位移云图分别如图 4-30、图 4-31 所示,此时隧道最大拱顶沉降为5.91mm,最大拱底隆起为 6.85mm;当初期支护厚度为 24cm 时,隧道竖向位移云图和水平位移云图分别如图 4-32、图 4-33 所示,此时隧道最大拱顶沉降为 5.81mm,最大拱底隆起为6.85mm;当初期支护厚度为 26cm 时,隧道竖向位移云图和水平位移云图分别如图 4-34、图 4-35 所示,此时隧道最大拱顶沉降为 5.73mm,最大拱底隆起为 6.83mm;当初期支护厚度为 28cm 时,隧道竖向位移云图和水平位移云图分别如图 4-36、图 4-37 所示,此时隧道最大拱顶沉降为 5.65mm,最大拱底隆起为6.82mm;当初期支护厚度为 30cm 时,隧道竖向位移云图和水平位移云图分别如图 4-38、图 4-39 所示,此时隧道最大拱顶沉降为 5.57mm,最大拱底隆起为6.80mm。(注:为了显示隧道内部结构的位移变化情况,此处的位移云图显示的是右线隧道的半结构。)

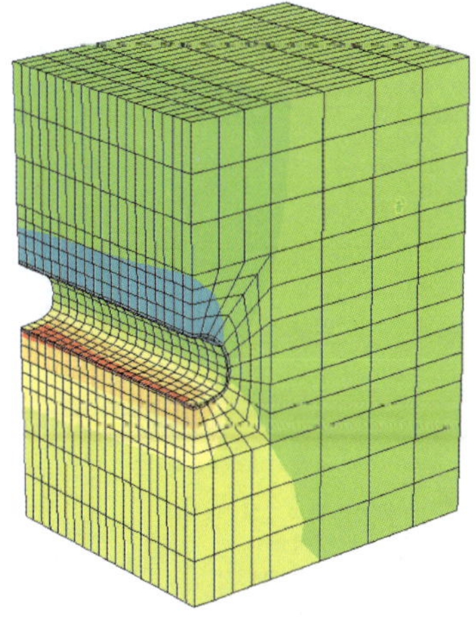

图 4-28　初期支护厚度 20cm 时隧道竖向位移云图

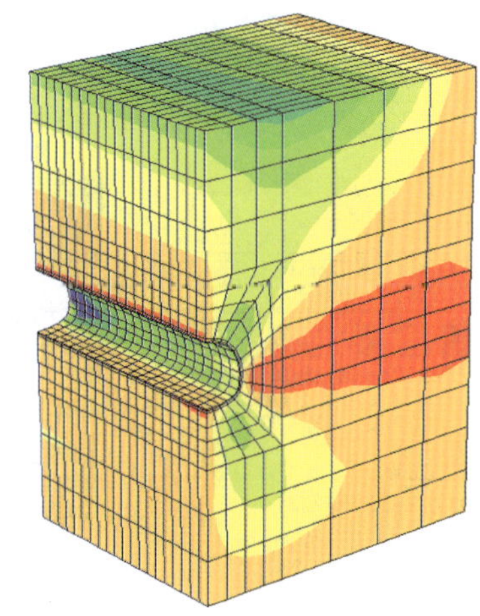

图 4-29　初期支护厚度 20cm 时隧道水平位移云图

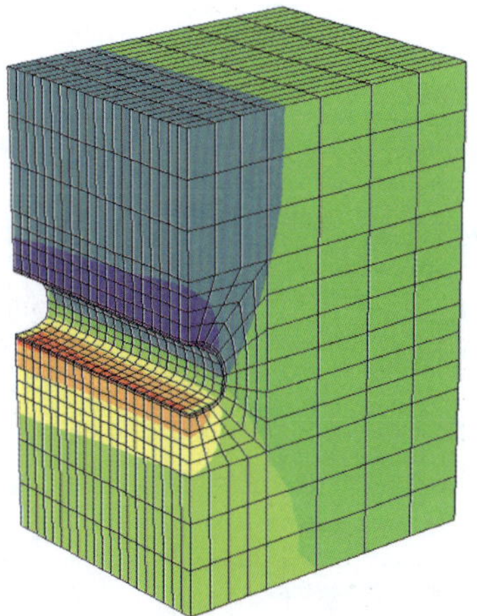

图 4-30　初期支护厚度 22cm 时隧道竖向位移云图

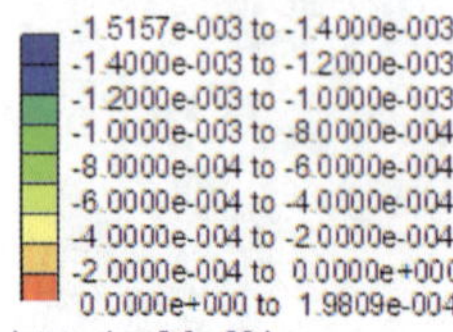

图 4-31　初期支护厚度 22cm 时隧道水平位移云图

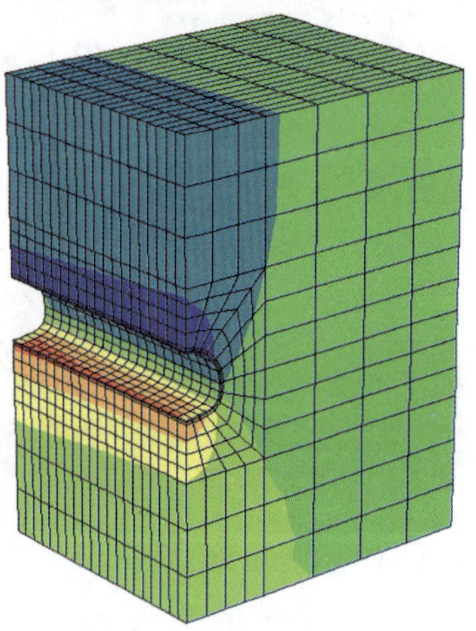

图 4-32　初期支护厚度 24cm 时隧道竖向位移云图

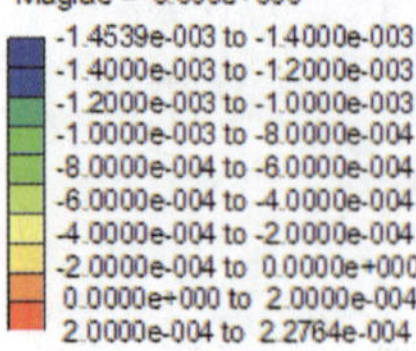
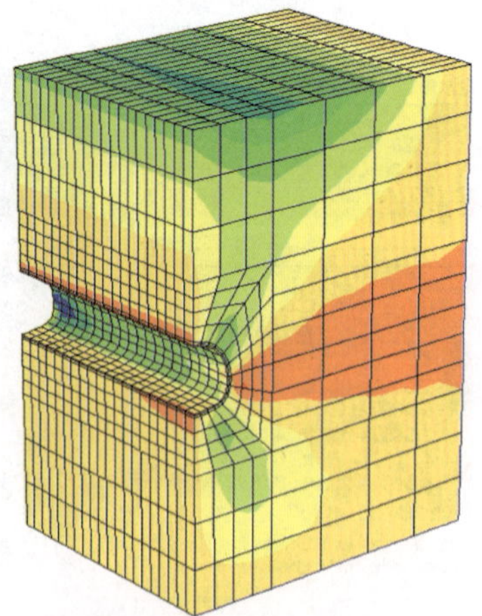

图 4-33　初期支护厚度 24cm 时隧道水平位移云图

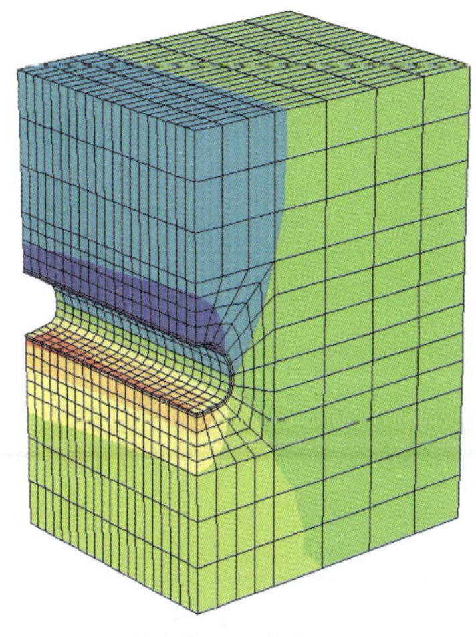

图 4-34 初期支护厚度 26cm 时隧道竖向位移云图

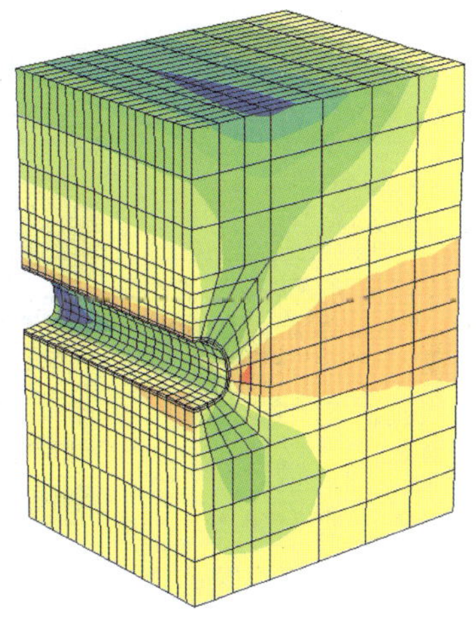

图 4-35 初期支护厚度 26cm 时隧道水平位移云图

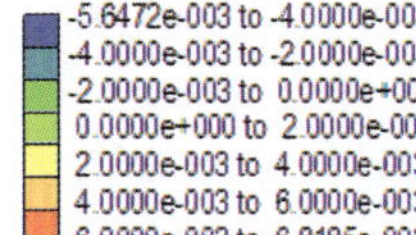

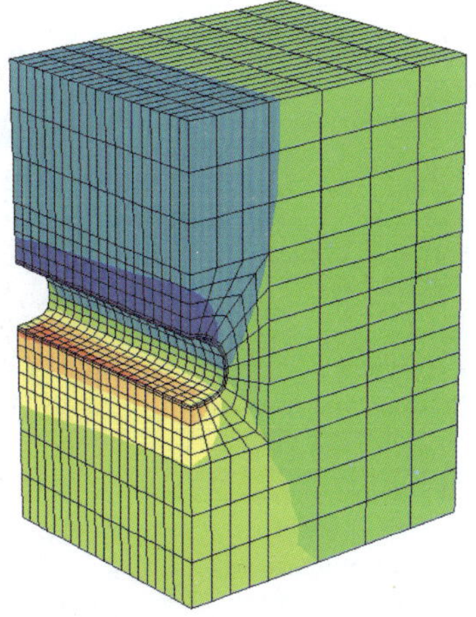

图 4-36 初期支护厚度 28cm 时隧道竖向位移云图

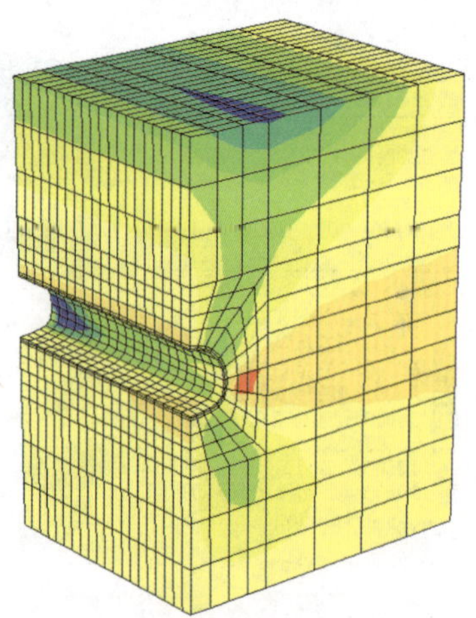

图4-37 初期支护厚度28cm时隧道水平位移云图

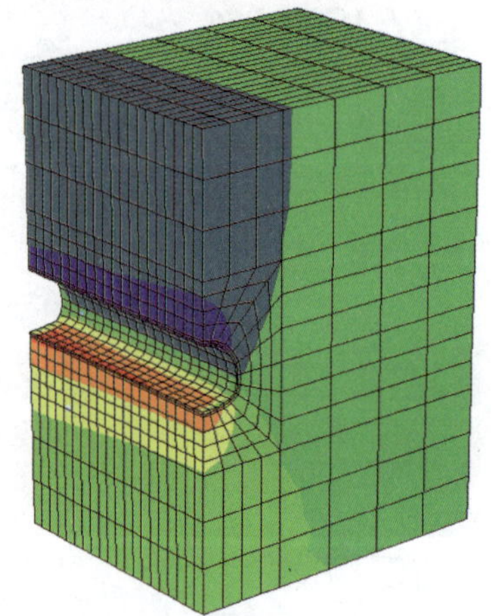

图4-38 初期支护厚度30cm时隧道竖向位移云图

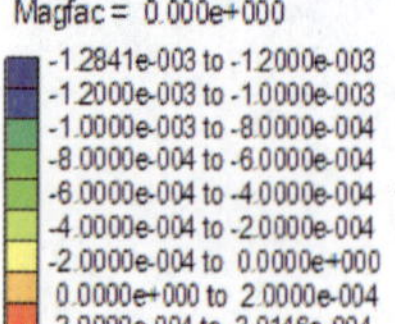
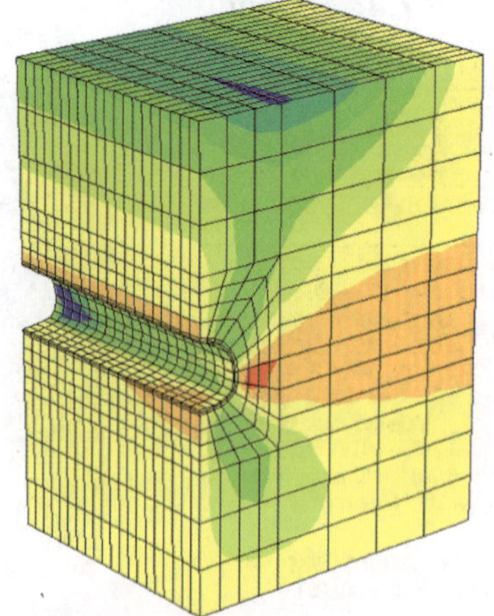

图4-39 初期支护厚度30cm时隧道水平位移云图

$y=20.0$m 断面处在各个初期支护厚度条件下的拱顶沉降值、仰拱隆起值、收敛位移值随开挖步数的变化曲线分别如图 4-40 ~ 图 4-42 所示。

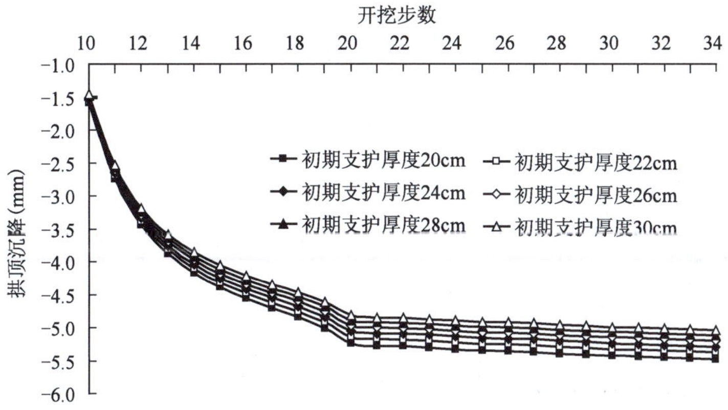

图 4-40 各初期支护厚度下隧道 1/2 断面处拱顶沉降值随开挖步数的变化曲线

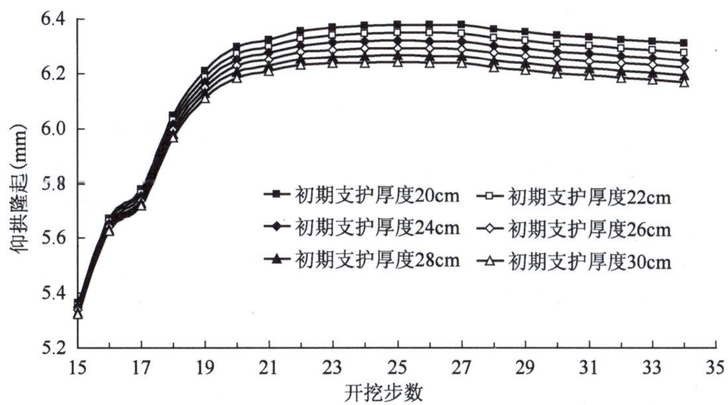

图 4-41 各初期支护厚度下隧道 1/2 断面处仰拱隆起值随开挖步数的变化曲线

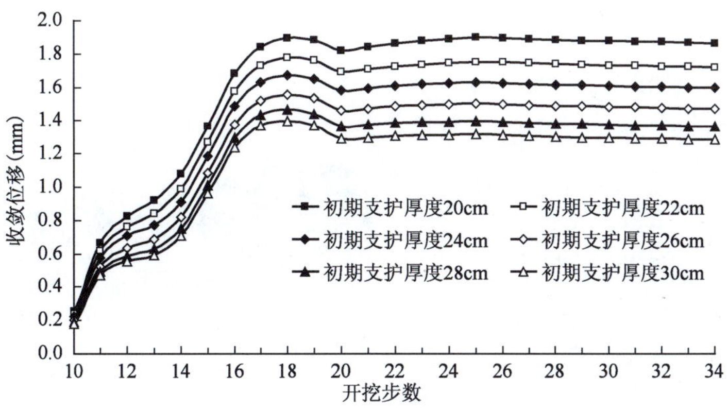

图 4-42 各初期支护厚度下隧道 1/2 断面处收敛位移值随开挖步数的变化曲线

由计算结果可知：

从隧道位移云图中可以看出，隧道开挖之后，洞周围岩位移运动趋势皆指向洞内。

从图4-40～4-42中可以看出，$y=20\mathrm{m}$ 断面处的位移值都是大致在开挖到第22步时达到稳定，因为此断面的二次衬砌正好已经施作完毕，此时围岩已经基本稳定，故在第22步之后此断面的位移值基本不再变化。

随着初期支护厚度的增加，隧道及围岩的位移逐渐减小，说明增加初期支护厚度对围岩起到一定的加固作用，但该作用存在一定界限，相对于拱顶沉降和仰拱隆起值而言，初期支护厚度对收敛位移的影响更加显著。

（2）初期支护结构受力

当初期支护的厚度为20cm、22cm、24cm、26cm、28cm和30cm时，隧道初期支护的竖向应力云图分别如图4-43～图4-48所示。

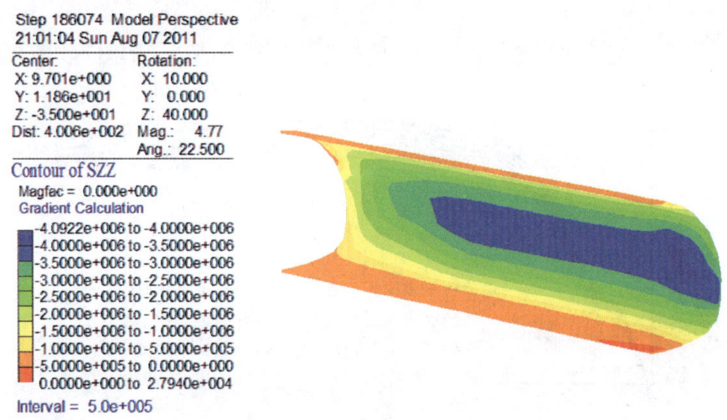

图4-43　初期支护厚度20cm时初期支护竖向应力云图

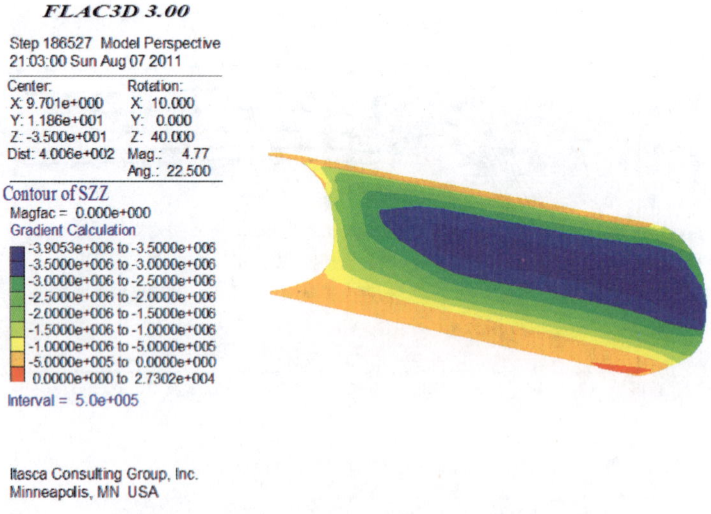

图4-44　初期支护厚度22cm时初期支护竖向应力云图

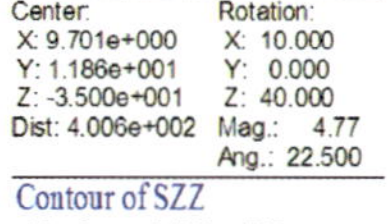

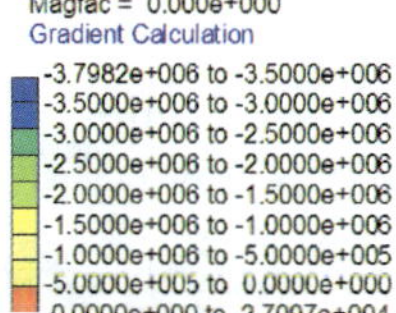

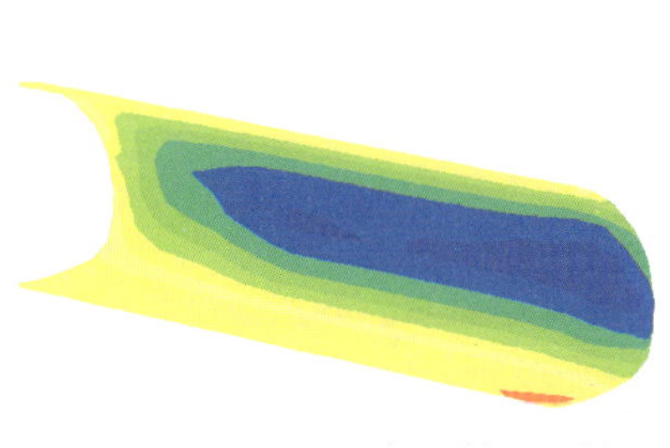

图 4-45　初期支护厚度 24cm 时初期支护竖向应力云图

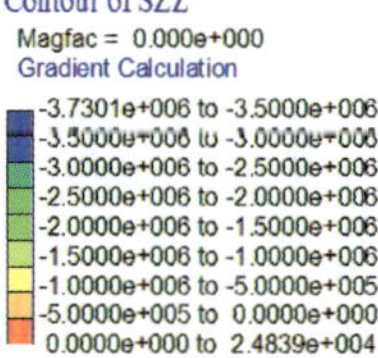

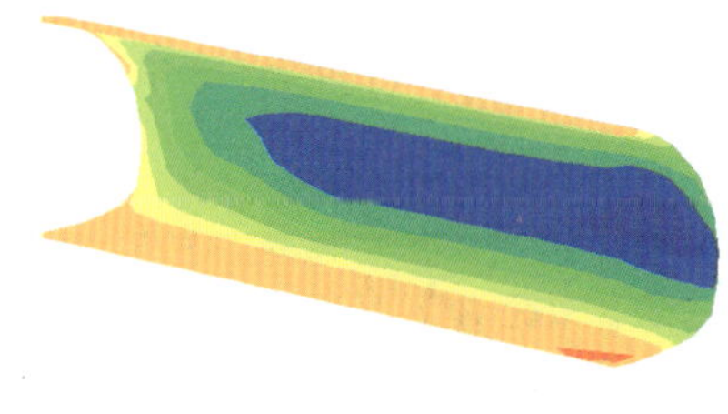

图 4-46　初期支护厚度 26cm 时初期支护竖向应力云图

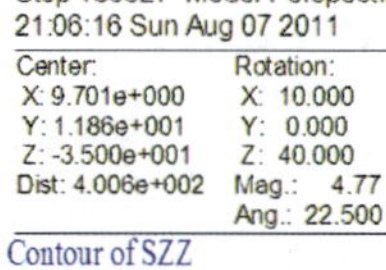

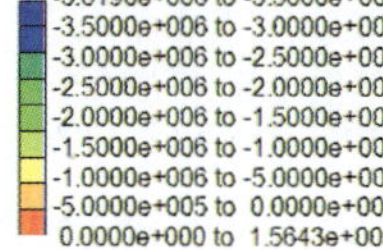

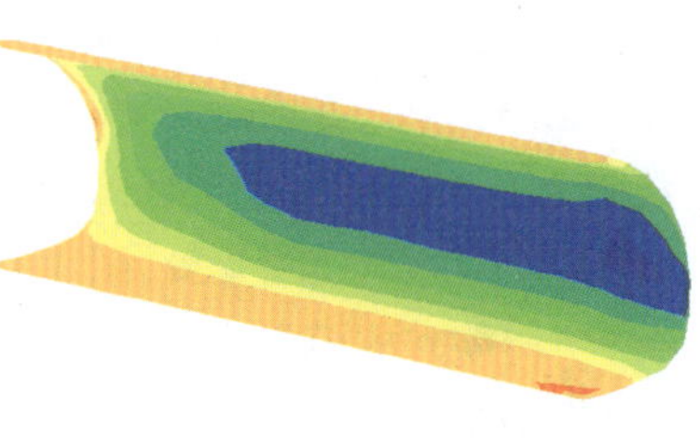

图 4-47　初期支护厚度 28cm 时初期支护竖向应力云图

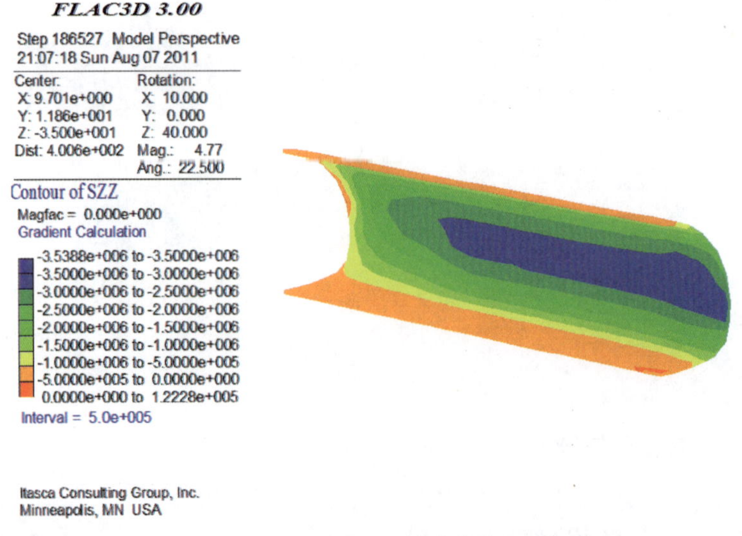

图 4-48 初期支护厚度 30cm 时初期支护竖向应力云图

由计算结果可知：

断面主应力的变化呈现一定波动性，最大压应力位于支护结构拱脚处，最大拉应力位于支护结构拱顶处，符合拱形结构受力特性，同时说明了隧道小净距洞口段支护结构设计时，有必要增大拱顶和拱脚处的刚度及强度。

随着初期支护厚度的增大，结构断面受力逐级增大，隧道围岩在施工开挖后，具有一定的自承能力。结构应力为负值，说明支护主要承受压应力，符合隧道支护结构设计要求。

随着初期支护厚度的增大，支护结构应力（绝对值）呈增大趋势。这是由于随着初期支护厚度的增大，初期支护所承受的围岩荷载百分比增大，即作用在初期支护结构上的围岩压力增大，因此支护应力也相应增加；但变化幅度不大。

以上通过围岩位移变化与初期支护结构受力情况对比分析，说明在大断面黄土隧道施工中，初期支护厚度的增大对控制围岩变形有利，支护承受围岩荷载较大，但对围岩和支护结构影响不大，在选择初期支护厚度时应结合安全性及经济性进行合理评价。

4.1.5 初期支护刚度对围岩、支护结构力学特性影响

（1）位移计算结果分析

当初期支护模量为 0.4 级时，隧道竖向位移云图和水平位移云图分别如图 4-49、图 4-50 所示，此时隧道最大拱顶沉降为 6.45mm，最大拱底隆起为 6.96mm；当初期支护模量为 0.6 级时，隧道竖向位移云图和水平位移云图分别如图 4-51、图 4-52 所示，此时隧道最大拱顶沉降为6.11mm，最大拱底隆起为 6.90mm；当初期支护模量为 0.8 级时，隧道竖向位移云图和水平位移云图分别如图 4-53、图 4-54 所示，此时隧道最大拱顶沉降为 5.89mm，最大拱底隆起为6.87mm；当初期支护模量为 1.0 级时，隧道竖向位移云图和水平位移云图分别如图 4-55、图 4-56所示，此时隧道最大拱顶沉降为 5.73mm，最大拱底隆起为 6.83mm；当初期支护模量为 1.2 级时，隧道竖向位移云图和水平位移云图分别如图 4-57、图 4-58 所示，此时隧道最大拱顶沉降为 5.63mm，最大拱底隆起为 6.83mm；当初期支护模量为 1.4 级时，隧道竖向位移云图和水平位移云图分别如图 4-59、

图 4-60所示，此时隧道最大拱顶沉降为 5.54mm，最大拱底隆起为6.82mm。（注：为了显示隧道内部结构的位移变化情况，此处的位移云图显示的是右线隧道的半结构。）

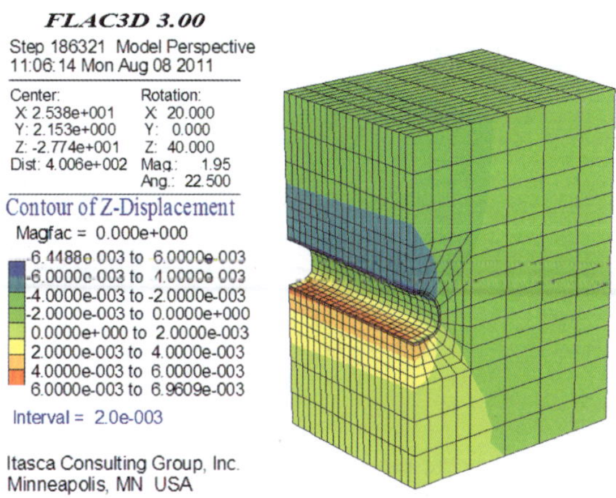

图 4-49 初期支护模量 0.4 级时隧道竖向位移云图

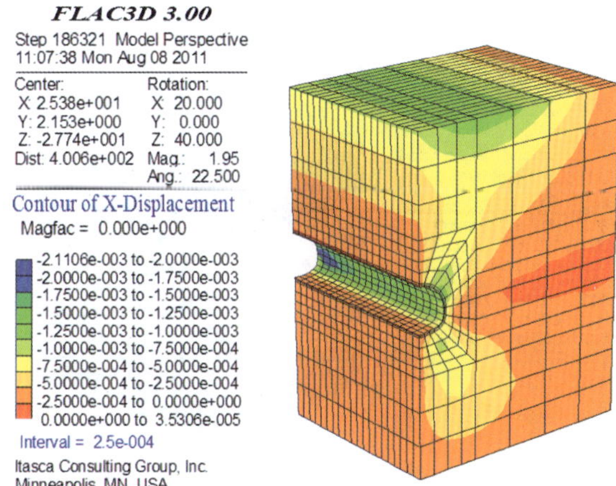

图 4-50 初期支护模量 0.4 级时隧道水平位移云图

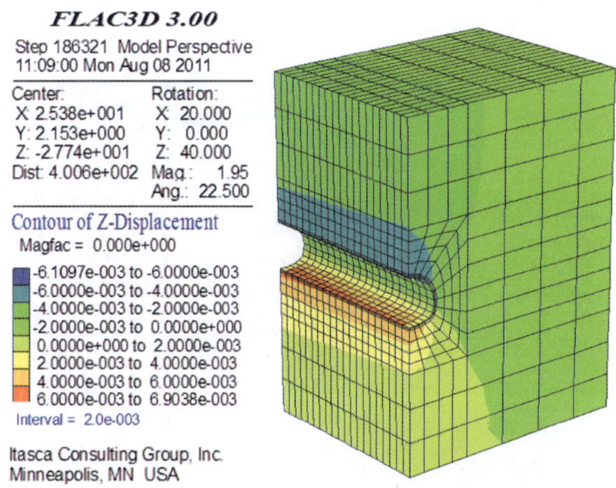

图 4-51 初期支护模量 0.6 级时隧道竖向位移云图

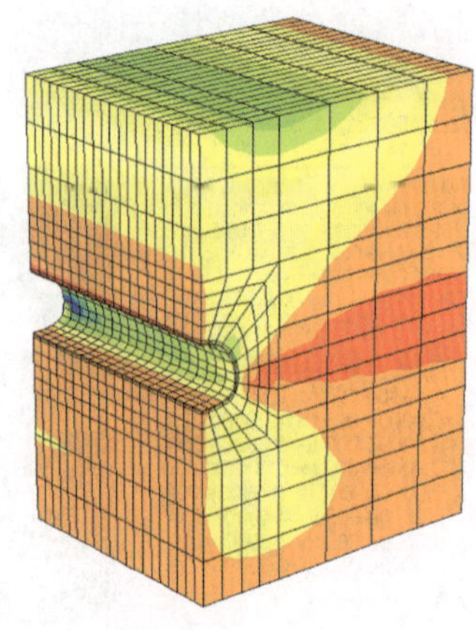

图4-52　初期支护模量0.6级时隧道水平位移云图

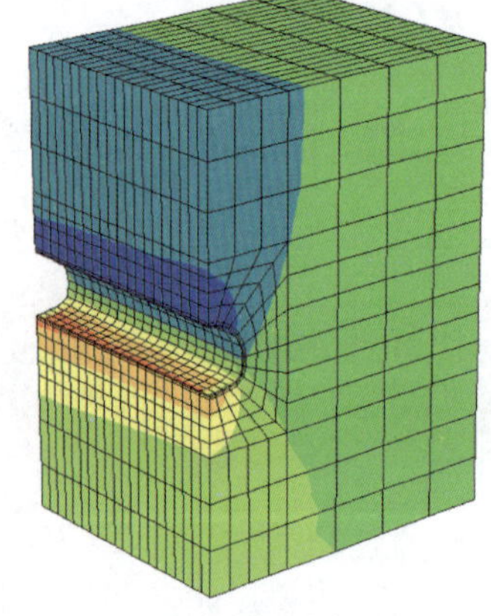

图4-53　初期支护模量0.8级时隧道竖向位移云图

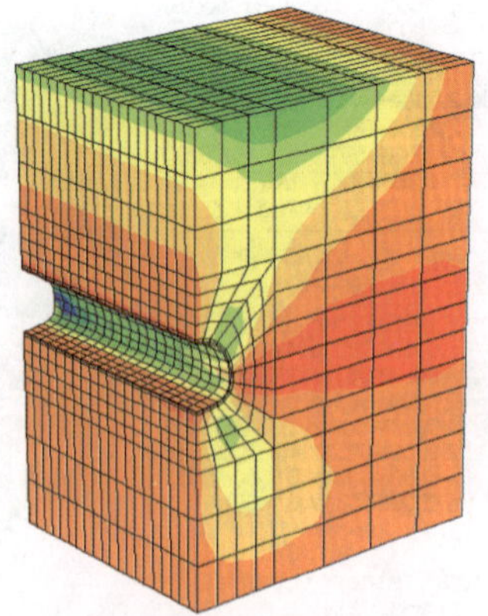

图4-54　初期支护模量0.8级时隧道水平位移云图

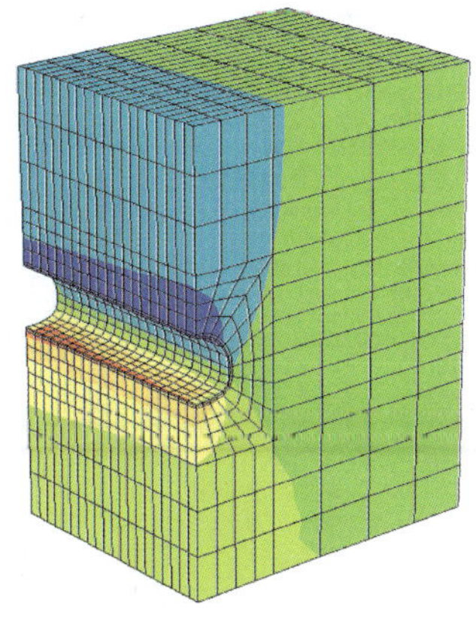

图 4-55 初期支护模量 1.0 级时隧道竖向位移云图

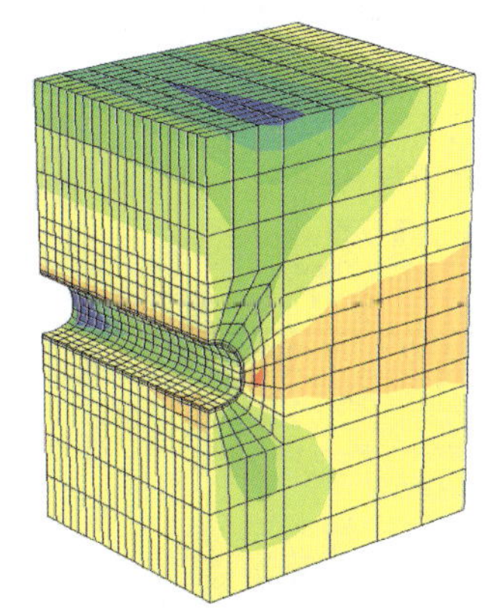

图 4-56 初期支护模量 1.0 级时隧道水平位移云图

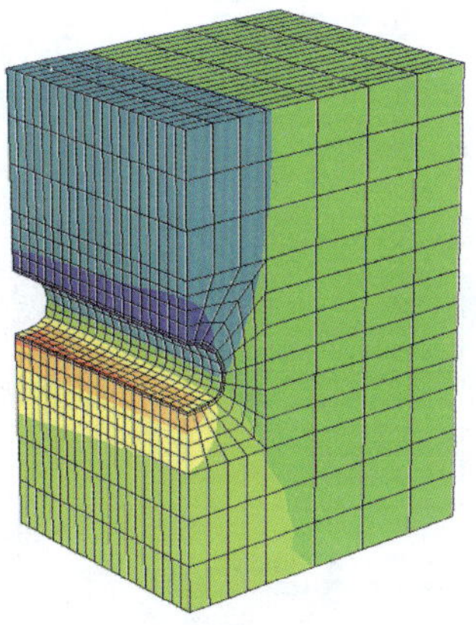

图 4-57 初期支护模量 1.2 级时隧道竖向位移云图

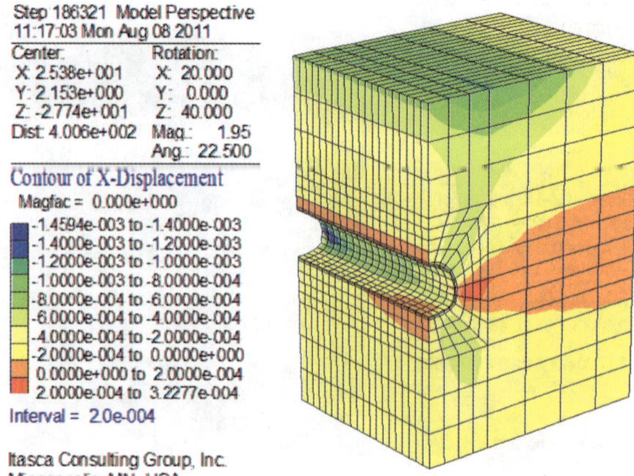

图 4-58 初期支护模量 1.2 级时隧道水平位移云图

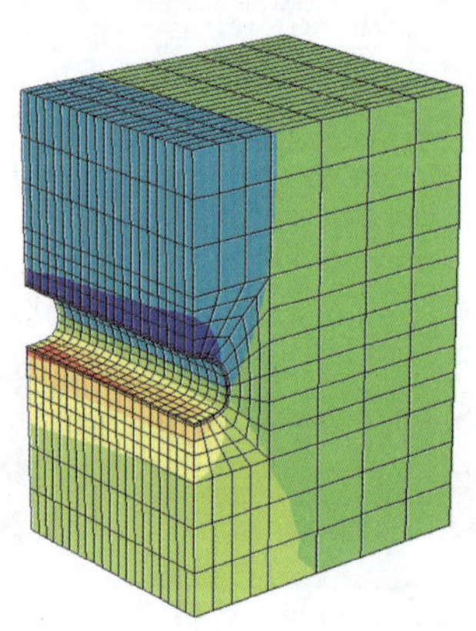

图 4-59 初期支护模量 1.4 级时隧道竖向位移云图

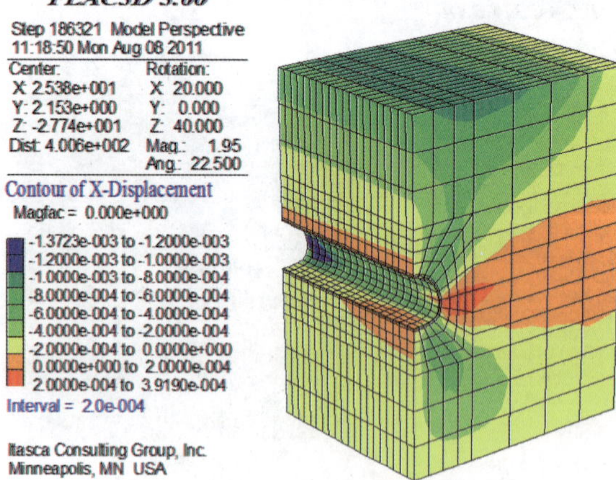

图 4-60 初期支护模量 1.4 级时隧道水平位移云图

$y=20.0\mathrm{m}$ 断面处在各个初期支护模量条件下的拱顶沉降、仰拱隆起、收敛位移值随开挖步数的变化曲线分别如图 4-61 ~ 图 4-63 所示。

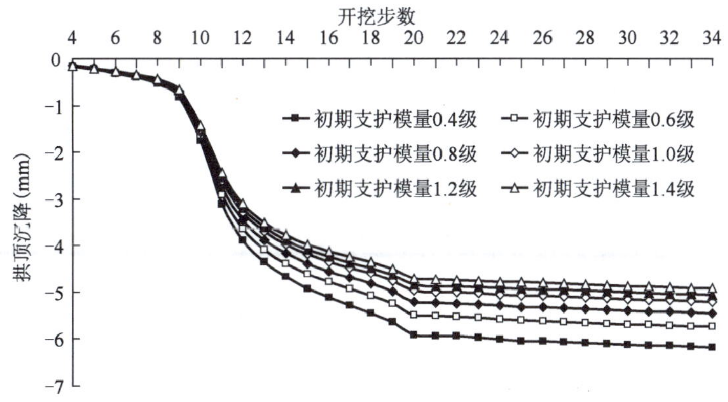

图 4-61 各初期支护模量条件下隧道 1/2 断面处拱顶沉降值随开挖步数的变化曲线

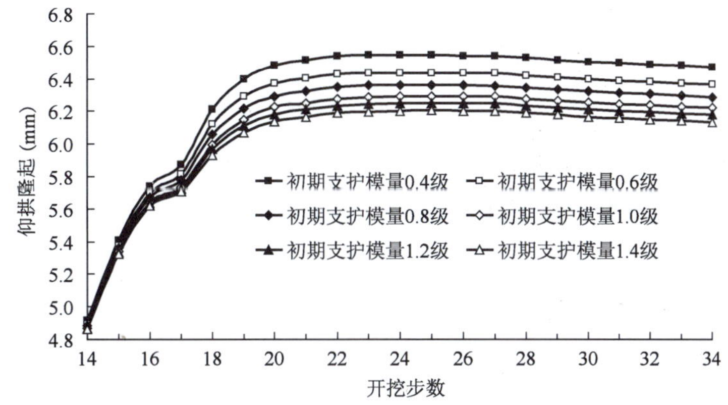

图 4-62 各初期支护模量条件下隧道 1/2 断面处仰拱隆起值随开挖步数的变化曲线

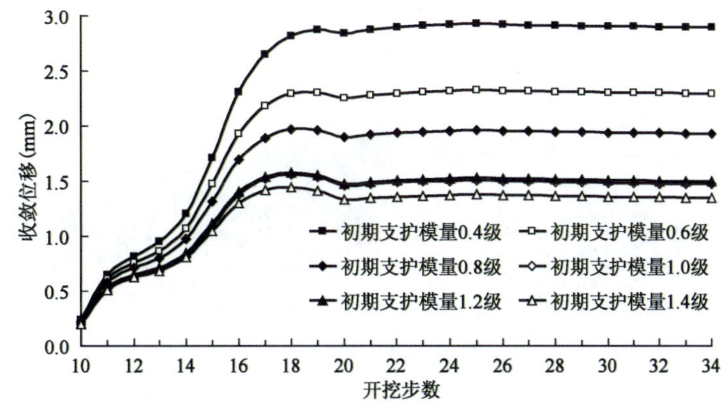

图 4-63 各初期支护模量条件下隧道 1/2 断面处收敛位移值随开挖步数的变化曲线

由计算结果可知：

从隧道位移云图中可以看出，隧道开挖之后，洞周围岩位移运动趋势皆指向洞内。随着荷载释放率的增大,即初期支护模量的增大,围岩在开挖后,位移不断减小。

从图 4-61 ~ 图 4-63 中可以看出,$y=20$m 断面处的位移值都是大致在开挖到第 22 步时达到稳定,因为此断面的二次衬砌正好已经施作完毕,此时围岩已经基本稳定,故在第 22 步之后此断面的位移值基本不再变化。

随着初期支护结构模量的增大,洞周位移的减小幅度呈现出先增大后减小的趋势,这说明增大初期支护模量可在一定范围内对围岩起到加固作用,若超过该范围,加固效果不显著。

(2)初期支护结构受力

当初期支护的模量为 0.4 级、0.6 级、0.8 级、1.0 级、1.2 级和 1.4 级时,隧道初期支护的竖向应力云图分别如图 4-64 ~ 图 4-69 所示。

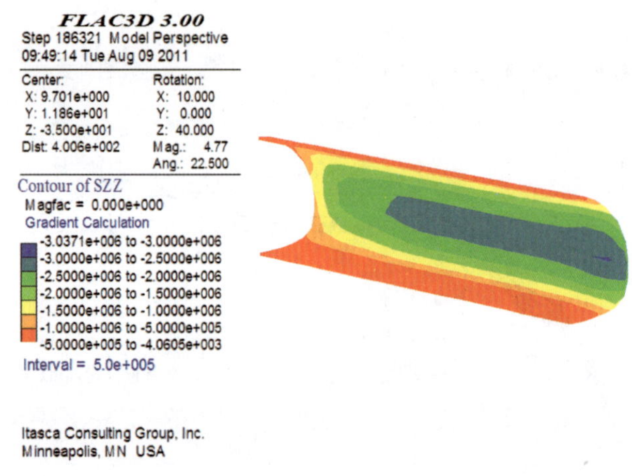

图 4-64 初期支护模量 0.4 级时初期支护主应力云图

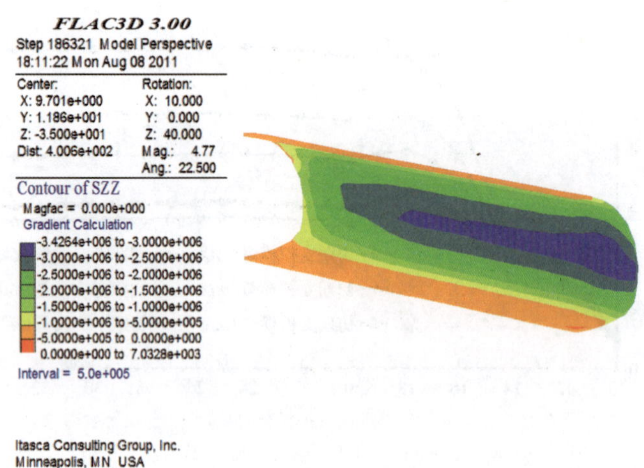

图 4-65 初期支护模量 0.6 级时初期支护主应力云图

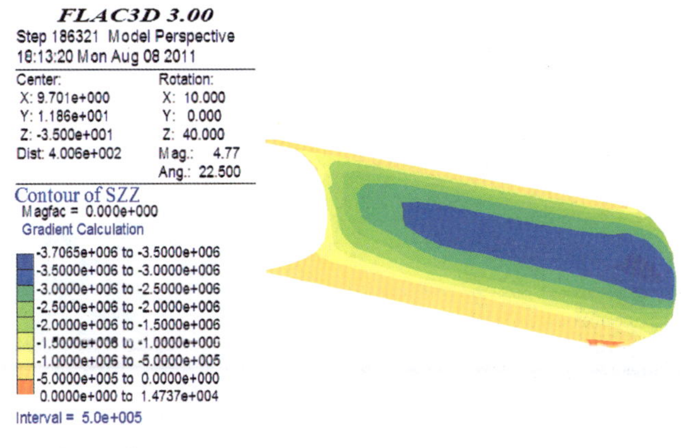

图 4-66　初期支护模量 0.8 级时初期支护主应力云图

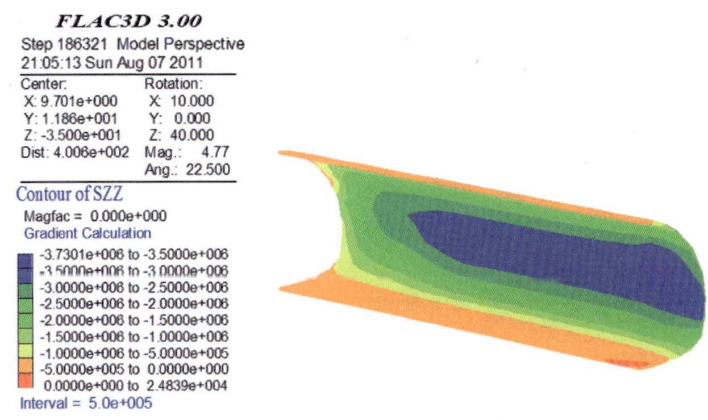

图 4-67　初期支护模量 1.0 级时初期支护主应力云图

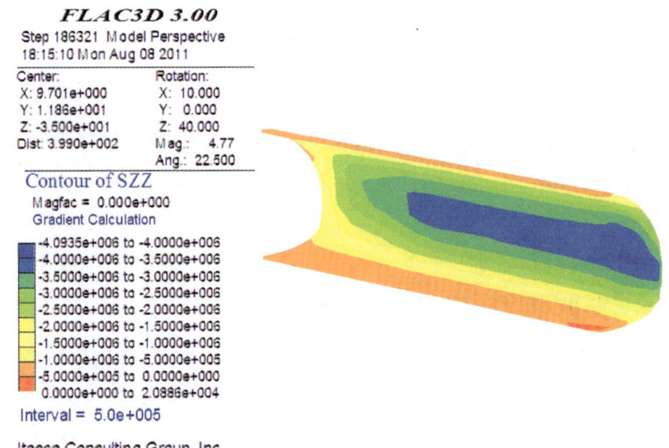

图 4-68　初期支护模量 1.2 级时初期支护主应力云图

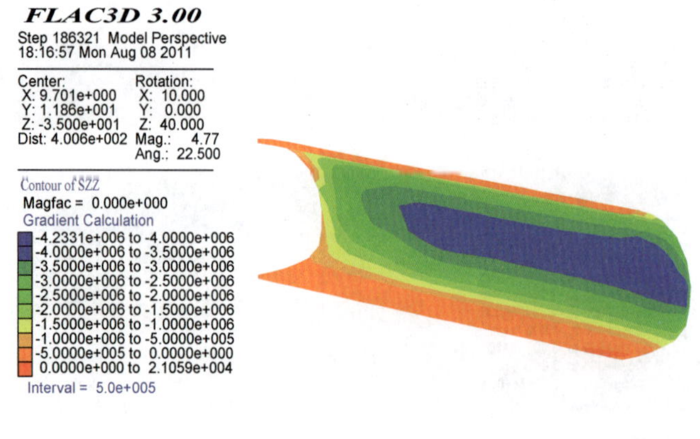

图4-69 初期支护模量1.4级时初期支护主应力云图

由计算结果可知：

断面压应力的变化呈现一定波动性，支护结构拱脚处受力最大，符合拱形结构受力特性，同时说明了隧道小净距洞口段支护结构设计时，有必要增大拱脚刚度和强度。

随着初期支护模量的增大，结构断面受力逐级增大。结构应力为负值，说明支护主要承受压应力，符合隧道支护结构设计要求。

随着初期支护模量的增大，支护结构应力(绝对值)呈增大趋势。这是由于随着初期支护刚度的增加，初期支护承受的荷载百分比在整体支护结构中增大，即作用在初期支护结构上的围岩压力逐渐增大，因此支护应力也相应增加。

以上通过围岩位移变化与初期支护结构受力情况对比分析，说明在大断面黄土隧道施工中，初期支护模量的增加对控制围岩变形有利，支护承受围岩荷载较大；但加固作用存在一定范围，超出该范围后加固效果不明显，且会造成成本的大大浪费。

本节通过数值分析和现场试验，分析初期支护结构的施作时机和支护参数对围岩、支护结构的力学特性影响，得出以下结论：

①在软弱围岩隧道施工中，初期支护施作得早对控制围岩变形有利，支护承受围岩荷载较大；随着支护时机延迟，作用在支护上围岩压力减小，结构应力也随之降低，但围岩的变形增大，严重时可能造成隧道围岩失稳、崩塌。所以应根据现场实际施工中的监测控制合理的初期支护施作时机。

②初期支护厚度的增加对控制围岩变形有利，支护承受围岩荷载较大，但对围岩和支护结构影响不大，在选择初期支护厚度时应结合安全性及经济性等因素进行综合评价。

③初期支护模量的增加对控制围岩变形有利，支护承受围岩荷载较大；初期支护模量的增大对围岩加固作用存在一定范围，超出该范围后加固效果不明显；当初期支护模量小于30.11GPa时，随初期支护模量的增大，围岩变形减小幅度增加；当初期支护模量大于30.11GPa时，随初期支护模量的增大，围岩变形减小幅度基本不变。

4.2 应力释放率对围岩稳定性影响的数值模拟

近年来,由于新奥法广泛地应用于地下工程的施工过程中,围岩与支护结构之间的相互作用以及支护时机受到越来越多的关注。中条山隧道洞口段软弱围岩开挖步序多、工序及应力变化复杂,尤其是核心土解除后和二次衬砌施工前安全风险大。因此亟需研究由开挖引起的应力释放对隧道洞口段围岩稳定性的影响。本章采用有限差分软件对该隧道洞口段施工过程进行三维数值模拟,研究了洞周位移及支护结构在不同应力释放率下的力学响应。重点分析了典型断面处洞周围岩及支护结构的位移和受力情况,以及洞周位移随施工过程的动态变化规律。

4.2.1 考虑应力释放率影响的数值模型

隧道开挖后,其应力由围岩、初期支护及二次衬砌共同承担,对应在数值计算中围岩的应力分三次释放:如果开挖后立即施作支护结构,则此时围岩应力释放率为0,初期支护及二次衬砌按比例承担岩体三次应力调整中的全部荷载;如果延迟初期支护,待围岩开挖变形稳定及三次应力均调整完毕后施作初期支护,此时围岩应力释放率为1。

根据文献规定:对于Ⅴ级围岩地段衬砌,初期支护的承载能力大于设计总荷载50%;对于浅埋地段衬砌,初期支护的承载能力大于设计总荷载50%。为了研究中条山隧道洞口小净距段在不同的围岩应力释放率下,支护结构、围岩的受力状态和力学行为的变化情况,本节按开挖荷载分三次释放考虑,依次对围岩释放应力的50%、60%、70%、80%时施作初期支护的情况进行分析。数值模拟工况详见表4-2。

数值计算工况表　　表4-2

应力初次释放率											
工况	50%		工况	60%		工况	70%		工况	80%	
	剩余应力释放率(%)			剩余应力释放率(%)			剩余应力释放率(%)			剩余应力释放率(%)	
	二次	三次		二次	三次		二次	三次		二次	三次
1	20	30	7	10	30	13	10	20	17	10	10
2	25	25	8	15	25	14	15	15	18	15	5
3	30	20	9	20	20	15	20	10			
4	35	15	10	25	15	16	25	5			
5	40	10	11	30	10						
6	45	5	12	35	5						

施工中待左洞开挖完毕后再开挖右洞,这样既有利于围岩稳定,又可保证施工安全,在数值模拟分析中按左、右洞同时开挖,隧道净距 $L=16\text{m}$ 的最不利情况进行考虑。数值计算共31步,开挖进尺为2m,具体步骤如下:

(1)建立三维数值模型,确定边界条件和土体参数,进行初始地应力平衡。

(2)激活超前管棚相应的加固圈土体单元,赋予加固圈区域对应的参数,杀死开挖区域内的土体单元(设置为 model null),并激活初期支护单元,赋予初期支护单元其相应的参数,进行掌子面上第一次开挖应力释放，计算到平衡。

(3)设置系统锚杆(cable 单元)，待掌子面拱腰以下区域完成开挖后设置锁脚锚杆(cable 单元)，进行掌子面上第二次开挖应力释放，计算到平衡。

(4)激活二次衬砌结构单元(shell 单元)，仰拱滞后初期支护 6m，拱腰及拱顶二次衬砌滞后初期支护 8m，进行掌子面上第三次开挖应力释放，计算到平衡。

(5)重复第(2)步、第(3)步和第(4)步，通过 FISH 语言控制整个开挖不断向前推进，直到隧道开挖结束。

4.2.2 应力释放率对围岩稳定性影响分析

为了消除隧道开挖过程中边界效应对计算结果的影响，仅选择模型 1/2 断面即 $y=20$m 处作为目标断面，对其计算结果进行分析。隧道目标断面示意图如图 4-70 所示。

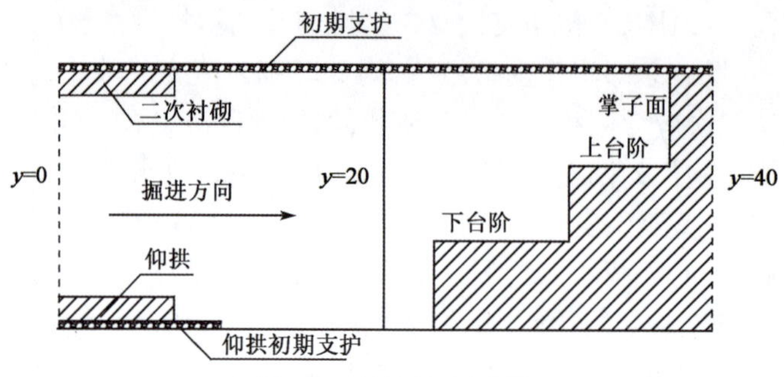

图 4-70 目标断面示意图

1)围岩塑性区域分析

隧道开挖完毕后，周围的岩体将发生剪切和拉伸变形，现对初次释放围岩应力 50% 的 6 种工况进行分析说明，塑性区如图 4-71 所示，图中深色区域代表该处围岩正在发生剪切和拉伸破坏。

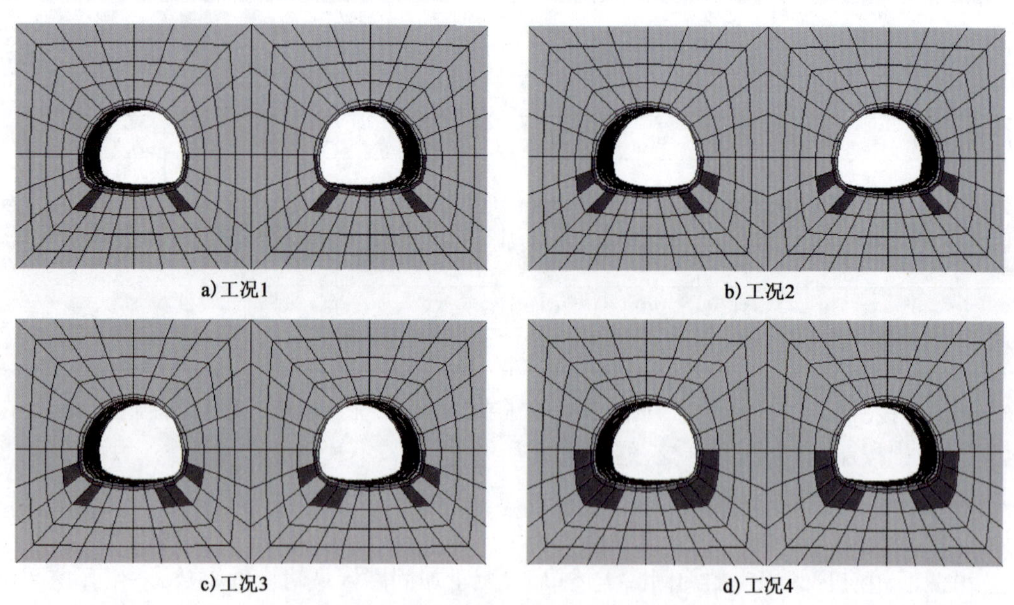

图 4-71

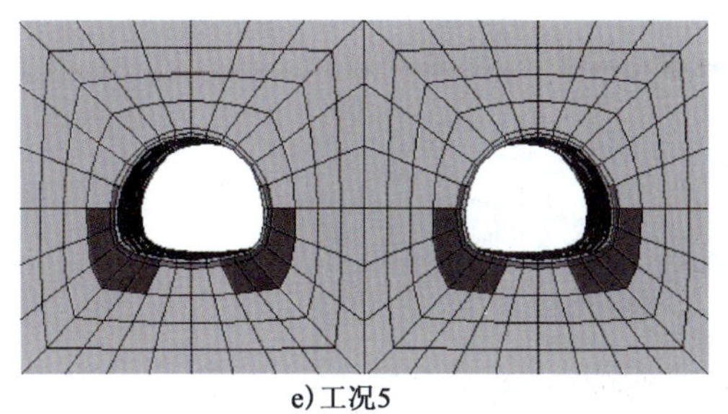
e)工况5

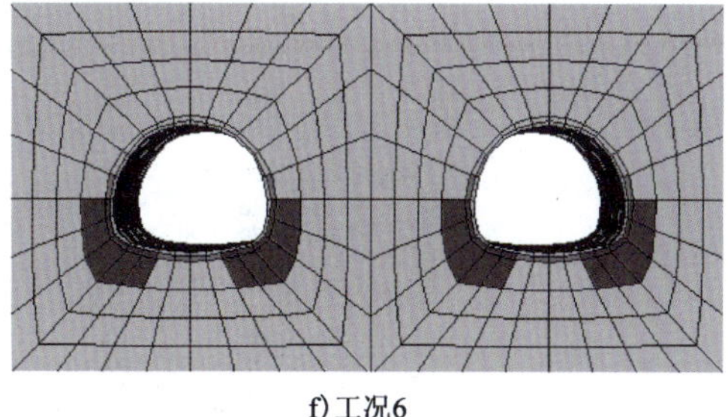
f)工况6

图4-71 初次释放应力50%时各工况下的目标断面围岩塑性区图

由图4-71可知，剪切破坏和拉伸破坏区域分别集中在隧道的两拱脚和底板处。随着围岩首次释放荷载比例的增加，隧道的剪切破坏区域从拱脚2m宽处发展到4m宽处，拉伸破坏区域由隧道底板处逐渐向拱腰和拱肩处扩展。

由以上分析可知：支护结构对控制围岩塑性区发展的效果显著，在隧道的拱脚及底板处应加强支护作用，如提高锚喷强度，以防止围岩的破坏。

2)地表沉降及洞周位移分析

(1)地表沉降

由工程地质报告可知，中条山隧道洞口段埋深较浅，且风化严重，隧道开挖，易引起表层坍塌，因此需要考察该段地表沉降的变化规律，选取目标断面作为研究对象，以初次释放50%围岩荷载的6种工况为例分析围岩应力释放率对地表沉降的影响，沉降槽曲线如图4-72所示，其他工况与此类似。

由图4-72可知：地表沉降随距两洞中点距离的变化呈现出先增大后减小的趋势，其最大值出现在左右洞连线的中点处；随着二次应力释放率的增加，地表沉降逐渐增大，工况1的地表沉降最大值为8.81mm，工况6的地表沉降最大值为13.09mm，增幅达到49%。由此说明，围岩应力释放率对地表沉降的影响显著。

(2)洞周位移

隧道上台阶环形土开挖后，拱顶下沉，上台阶核心土回弹，拱腰处左移。随着核心土及下台阶侧壁导坑的开挖，拱顶下沉、核心土回弹及拱腰收敛位移值继续增加，直至隧道开挖完毕时，达到最大。计算结果表明：围岩应力释放率越大，围岩产生的位移越大，相对于收敛位移，拱顶沉降和仰拱隆起值增幅不明显。同样，以初次释放50%围岩荷载的6种工况为例，给出开挖完毕后隧道右线半结构的竖向位移云图，如图4-73所示。

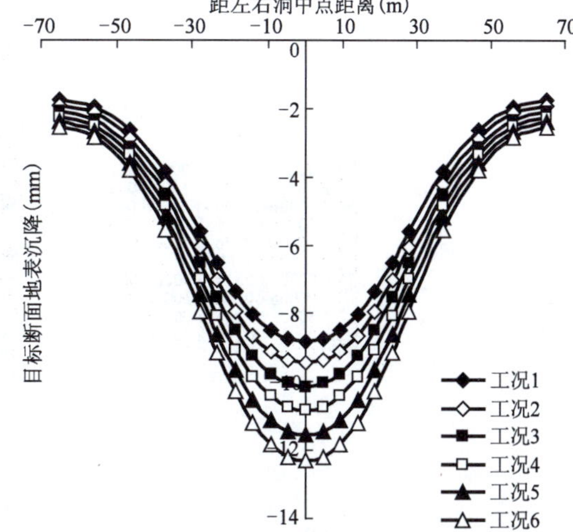

图4-72 初次释放50%围岩荷载时地表沉降随应力释放率的变化曲线

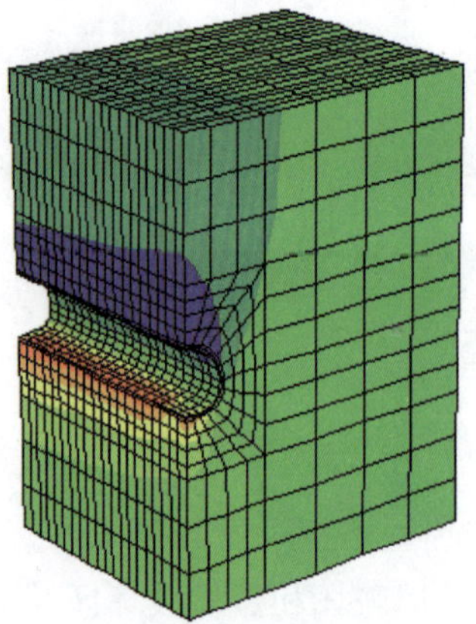

a) 工况1

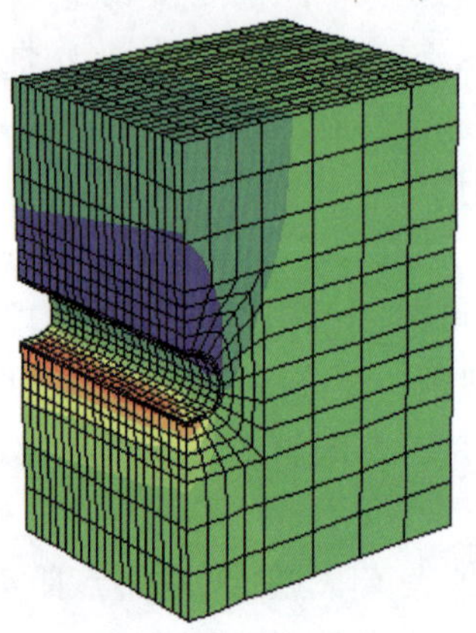

b) 工况2

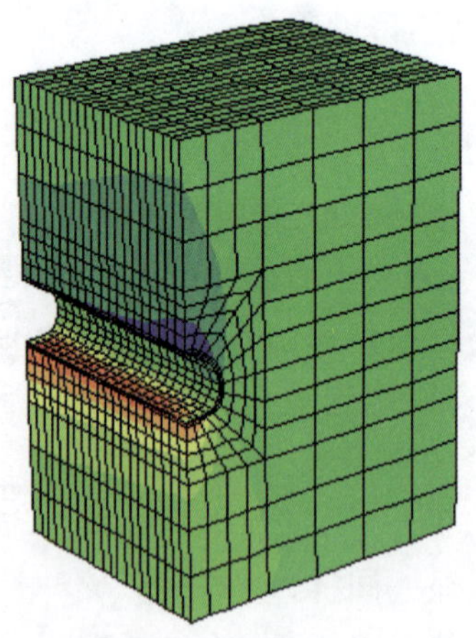

c) 工况3

图 4-73

Contour of Z-Displacement
Magfac = 0.000e+000
-2.1072e-002 to -2.0000e-002
-2.0000e-002 to -1.5000e-002
-1.5000e-002 to -1.0000e-002
-1.0000e-002 to -5.0000e-003
-5.0000e-003 to 0.0000e+000
0.0000e+000 to 5.0000e-003
5.0000e-003 to 1.0000e-002
1.0000e-002 to 1.5000e-002
1.5000e-002 to 2.0000e-002
2.0000e-002 to 2.5000e-002
2.5000e-002 to 2.7397e-002
Interval = 5.0e-003

d）工况4

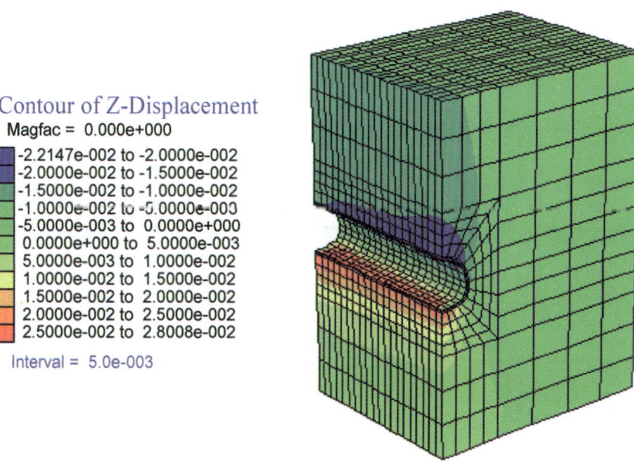

e）工况5

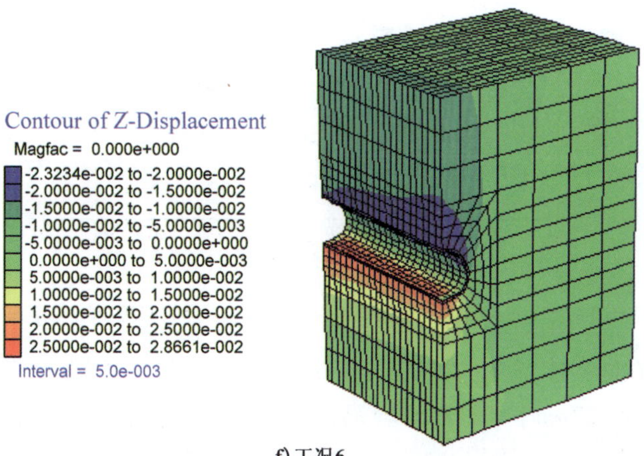

f）工况6

图4-73 隧道开挖完毕后围岩竖向位移云图

图4-74～图4-76分别为隧道目标断面处拱顶沉降、仰拱隆起、拱腰收敛位移值随围岩释放率的变化曲线，由图可知：对于初次释放相同荷载率的工况，洞周位移随二次应力释放率的增加而逐渐增大，其中仰拱隆起和收敛位移的非线性特性较拱顶沉降显著，拱顶沉降、仰拱隆起、收敛位移的最大增幅分别为32%、9%、351%，各工况下洞周位移及增幅值详见表4-3。

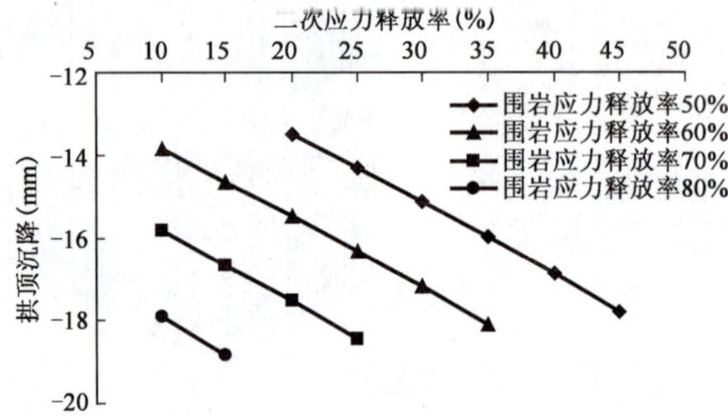

图4-74　目标断面处拱顶沉降值随应力释放率的变化曲线

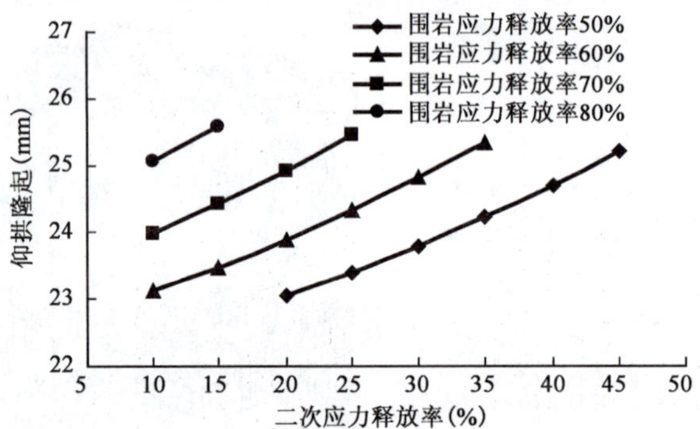

图4-75　目标断面处仰拱隆起值随应力释放率的变化曲线

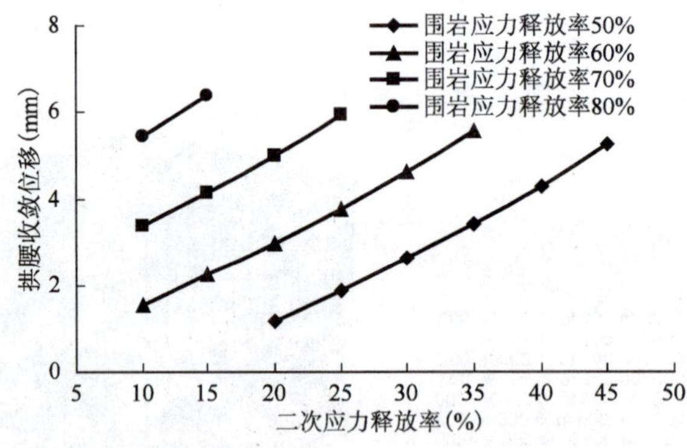

图4-76　目标断面处拱腰收敛位移值随应力释放率的变化曲线

由表4-3可知：在同一工况下的洞周位移中，收敛位移最小，其最大值仅6.38mm，仰拱隆起最大，其最大值达25.27mm，但前者的增幅远大于后者，这可能是由于岩体强度较弱，当隧道开挖后，土体回弹明显，因此为控制围岩位移，保证隧道施工安全，须在底板及拱腰处采取加固措施；以工况4和工况14为例，其二次衬砌施加时机相同，拱顶沉降增幅为4%，仰拱隆起增幅仅0.09%,收敛位移增幅高达21%,表明应力释放率对隧道拱腰处位移的控制效果显著,对拱顶和底板处位移的影响较小。

不同工况下洞周位移及增幅值明细表 表4-3

位移类型	工况	初次释放率50%		工况	初次释放率60%		工况	初次释放率70%		工况	初次释放率80%	
		位移(mm)	增幅(%)		位移(mm)	增幅(%)		位移(mm)	增幅(%)		位移(mm)	增幅(%)
拱顶沉降	1	-13.51		7	-13.84		13	-15.83		17	-17.91	
	2	-14.33	6.02	8	-14.65	5.86	14	-16.66	5.24	18	-18.82	5.10
	3	-15.15	12.10	9	-15.47	11.74	15	-17.53	10.71			
	4	-15.99	18.33	10	-16.31	17.83	16	-18.45	16.50			
	5	-16.86	24.81	11	-17.18	24.11						
	6	-17.78	31.59	12	-18.10	30.77						
底板隆起	1	23.05		7	23.14		13	23.99		17	25.06	
	2	23.39	1.46	8	23.48	1.48	14	24.44	1.86	18	25.57	2.05
	3	23.78	3.17	9	23.88	3.20	15	24.93	3.90			
	4	24.22	5.07	10	24.33	5.12	16	25.44	6.06			
	5	24.71	7.16	11	24.81	7.23						
	6	25.22	9.38	12	25.33	9.46						
收敛位移	1	1.16		7	1.55		13	3.37		17	5.45	
	2	1.88	61.97	8	2.25	45.53	14	4.14	22.87	18	6.38	17.05
	3	2.62	124.89	9	2.97	91.95	15	5.01	48.45			
	4	3.41	193.18	10	3.76	142.46	16	5.94	76.12			
	5	4.30	269.38	11	4.63	198.71						
	6	5.24	350.88	12	5.57	259.41						

3)支护结构受力分析

计算结果表明:随着隧道开挖的进行,拉应力区由拱顶和核心土向底板处转移,压应力主要集中在拱顶、拱肩及拱脚处。

当隧道开挖完毕后,初期支护与二次衬砌的顶部、肩部、腰部及脚部主要出现压应力,其具体数值如图4-77和图4-78所示。由图4-77和图4-78可知:随着二次应力释放率的增大,初期支护和二次衬砌受到的最大压力分别呈增大和减小趋势,其中初期支护压应力的最小值为6.12MPa,最大值为7.60MPa,增幅达24%;二次衬砌压应力的最小值为1.75MPa,最大值为7.90MPa,增幅高达351%。由此可知,应力释放率对二次衬砌的压应力影响较初期支护大。

图4-79表示了当隧道开挖完毕后锚杆的最大拉力随二次应力释放率的变化规律,系统锚杆主要受拉,锁脚锚杆主要受压。由图4-79可知:随着二次应力释放率的增大,锚杆的最大拉力逐渐增大,且增加幅度越来越大;锚杆的最小拉力为26.26kN,最大拉力为57.36kN,增幅达到118%,说明二次应力释放率对锚杆的受力影响较大。

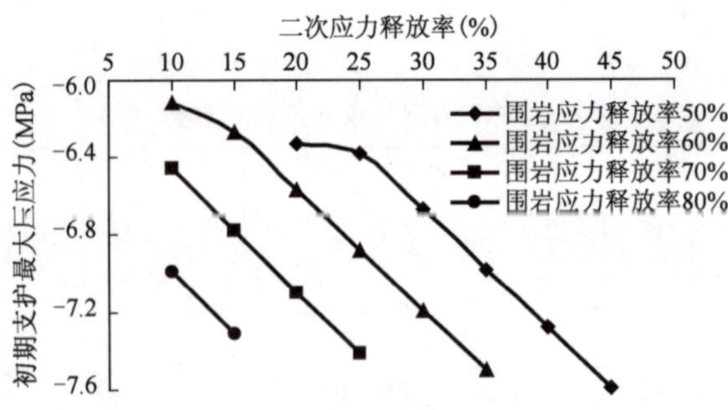

图 4-77　初期支护最大压应力随二次应力释放率的变化规律

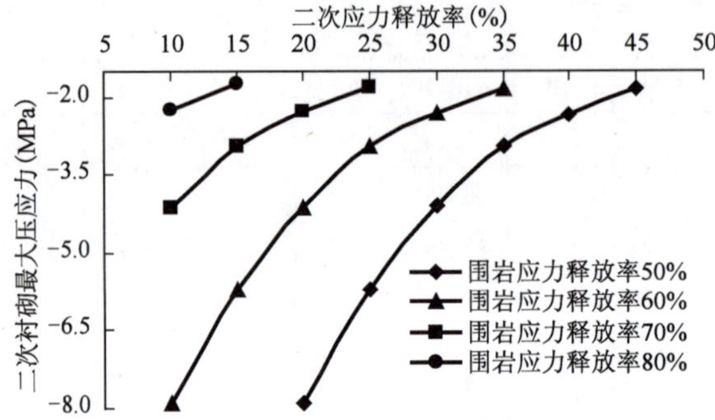

图 4-78　二次衬砌最大压应力随二次应力释放率的变化规律

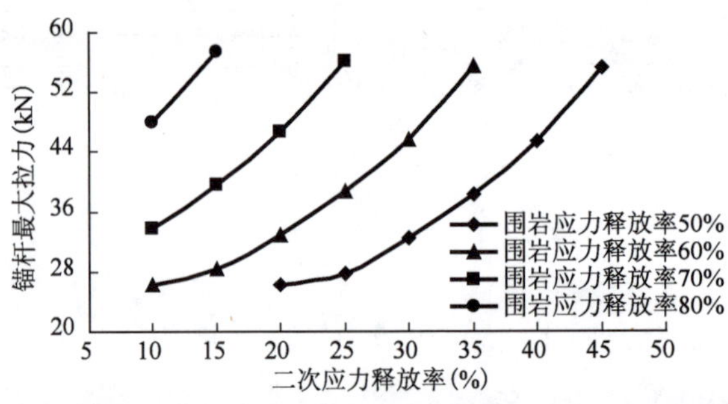

图 4-79　锚杆最大拉力随二次应力释放率的变化规律

在隧道开挖过程中,二次衬砌除受到拉力、压力作用外,还受到弯矩的作用,基于此,在数值模拟中二次衬砌结构采用 shell 单元模拟更符合工程实际。仍以初次释放 50% 围岩应力的 6 种工况为例,对二次衬砌受到的弯矩作用进行分析,给出开挖完毕后右线 shell 单元的弯矩云图,如图 4-80 所示。

由图 4-80 可知:围岩应力释放率对二次衬砌弯矩作用明显,在初次释放围岩荷载 50% 的条件下,随着初期支护承受围岩应力比例的减小,二次衬砌受到的弯矩逐渐增大,且大致在 -0.23 ~ -0.07MPa 之间波动,增幅高达 228%;弯矩最大值产生在拱腰处,可能由于此处较易发生应力集中现象而引起。

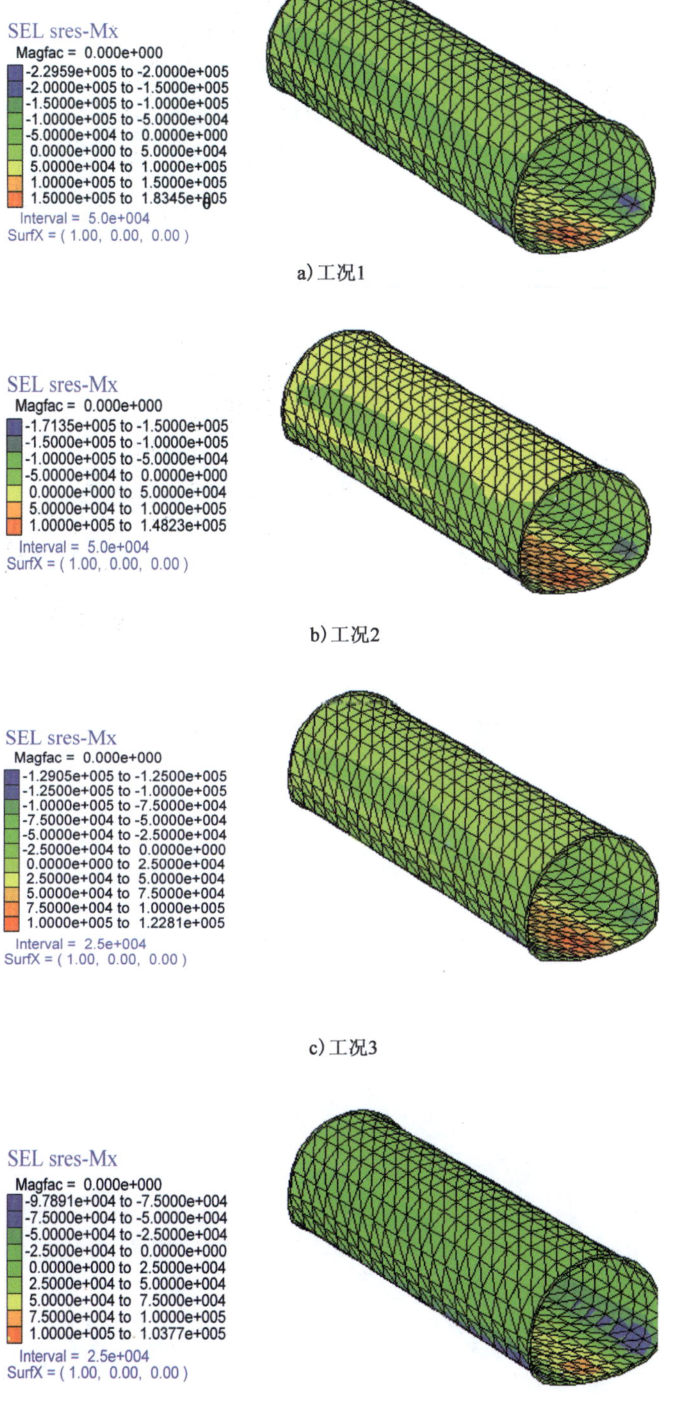

a) 工况1

b) 工况2

c) 工况3

d) 工况4

图 4-80

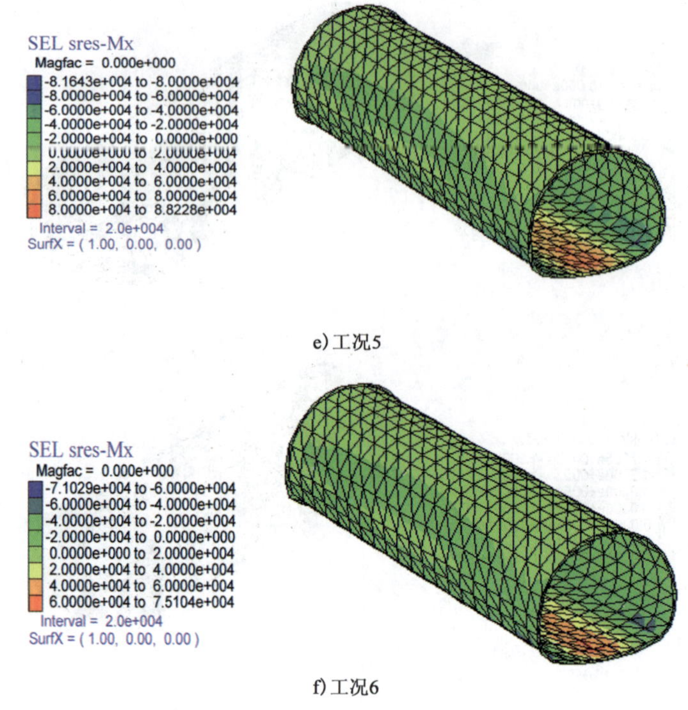

e)工况5

f)工况6

图4-80 隧道开挖完毕后二次衬砌弯矩云图

本节结合中条山隧道的施工特点，分析了应力释放率对隧道洞口段软弱围岩及支护结构的位移和受力状态的影响，得出以下几点结论：

(1)随着隧道的开挖，围岩的塑性区由腰部向拱脚处贯通，随后向拱肩及拱顶处发展，拉应力主要集中于底板处，压应力主要集中在拱顶及锁脚处，拱脚处的塑性破坏较严重。

(2)由于洞口段埋深较浅，且属于强风化地质段，隧道开挖的应力释放率对地表沉降的波动较大，洞周位移随二次应力释放率的增大而增加，其中仰拱隆起受到的影响最小，收敛位移受到的影响最大。

(3)围岩释放率对支护结构的受力影响较大，其中对二次衬砌而言，随围岩释放率的变化，其最大压应力的增幅高达351%，弯矩增幅为228%；锚杆受到的拉力增幅高达118%；而初期支护为24%，相对受应力释放率影响较小。

(4)针对洞口段软弱围岩的地质条件，根据数值模拟结果，建议围岩开挖释放率按照工况一选取，即依次释放围岩应力50%、20%和30%，以达到控制围岩位移的效果。

4.3 应力释放率与仰拱至掌子面距离的配合效果分析

仰拱是隧道结构的主要组成部分之一，是隧道结构的基础。仰拱一方面要将隧道上部的地层压力或路面上的荷载通过隧道边墙结构有效地传递到地下；另一方面要能有效地抵抗隧道下部地层传来的反力。仰拱的主要作用为：解决基础承载力不够，减小沉降，防止底板的隆起变形，调整衬砌应力；封闭围岩，阻止围岩过大的变形，提高隧道结构的整体承载力；增加隧道底部和墙部的支撑抵抗力，防止内部挤压产生剪切破坏。实际上仰拱是能承受地层永久荷载和路面临时荷载（动荷载）的一种地基梁（板），因此其受力状态比较复杂。从国内外的交通隧道工程病害的实例来看，由于隧道仰拱结构的设计施工原因，而出现隧道结构失稳，路面沉降开裂，翻浆冒泥病害的实例不在少数。因此，在施作仰拱结构时必须精细，其结构物一定要符合规范和设计要求。

4.3.1 仰拱至掌子面距离对围岩稳定性的影响

1）计算模型

在满足工程实际的条件下为了分析仰拱至掌子面距离对围岩稳定性的影响，本章使用的数值计算模型与第2章相同，即参数选取、数值模拟过程仍保持不变，仅改变仰拱结构单元至下台阶核心土开挖面的距离 l，取 l = 8m、12m、16m、20m 和 24m。模型的细部构造及开挖进尺如图4-81所示。

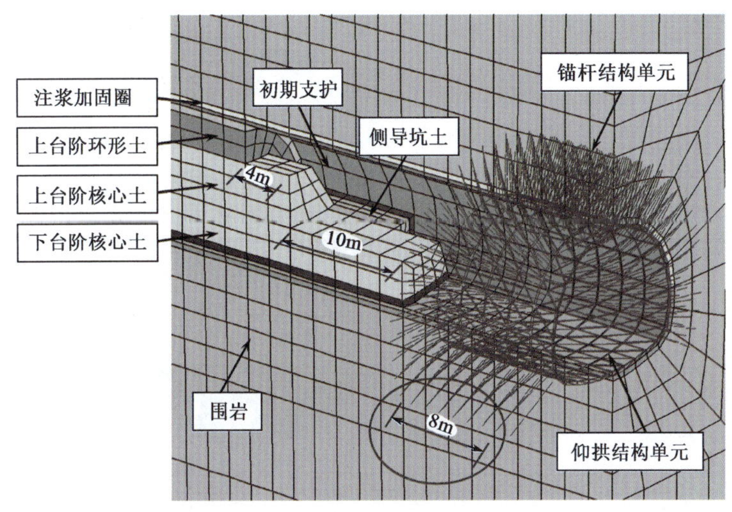

图4-81 数值计算模拟细部构造图

2）地表沉降及洞周位移分析

（1）地表沉降

图4-82为隧道开挖完毕后，目标断面处的地表沉降随仰拱至掌子面距离变化的规律图。由图可知，随着 l 的增加，地表沉降基本保持不变，仰拱至掌子面距离对地表沉降的控制效果不明显。

（2）洞周位移

图4-83所示为V级围岩依次释放应力50%、35%和15%条件下，l 分别取8m、12m、16m、20m和24m时，隧道开挖完毕后的围岩竖向位移云图。

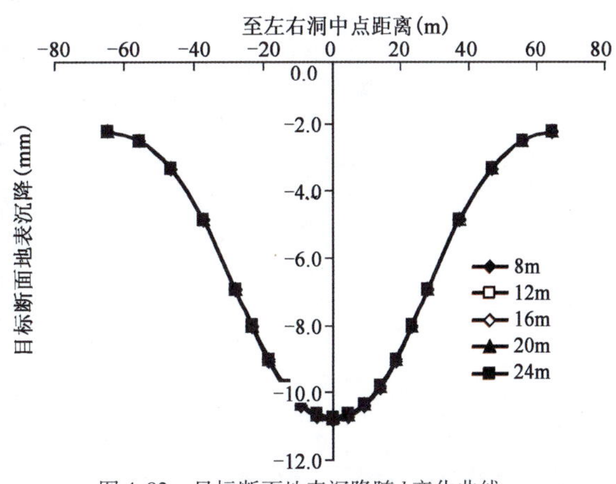

图4-82 目标断面地表沉降随 l 变化曲线

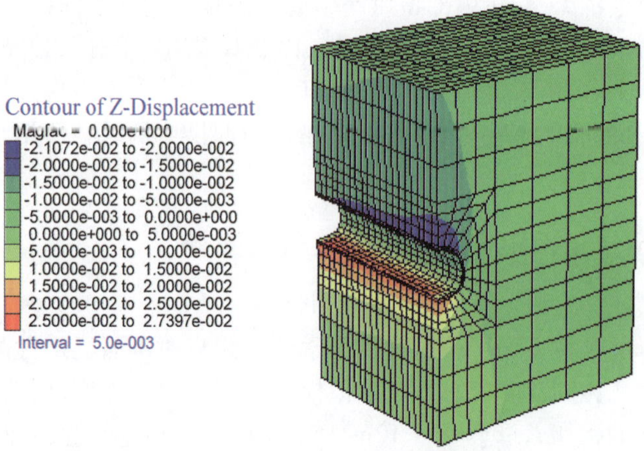

a) l=8m

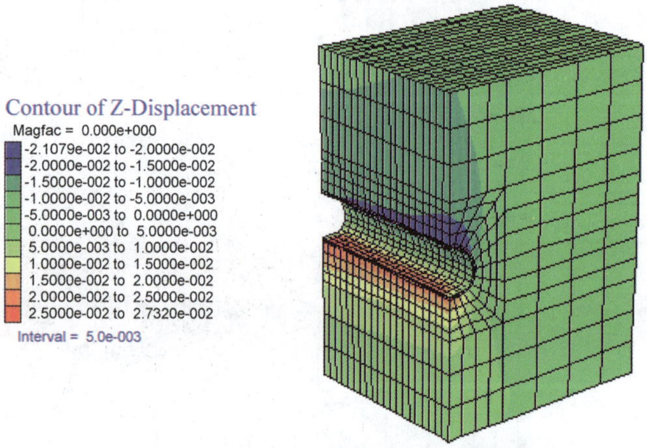

b) l=12m

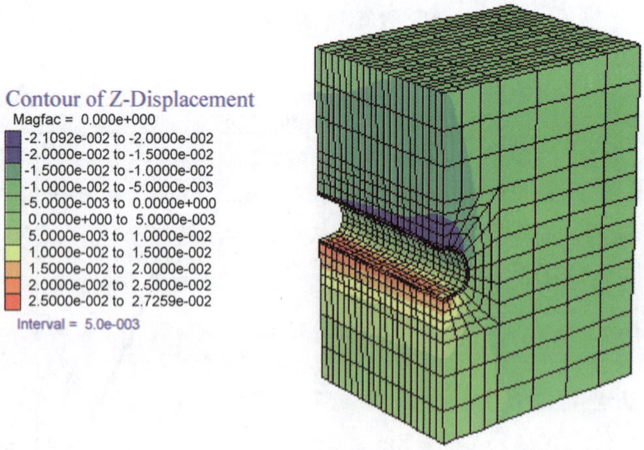

c) l=16m

图 4-83

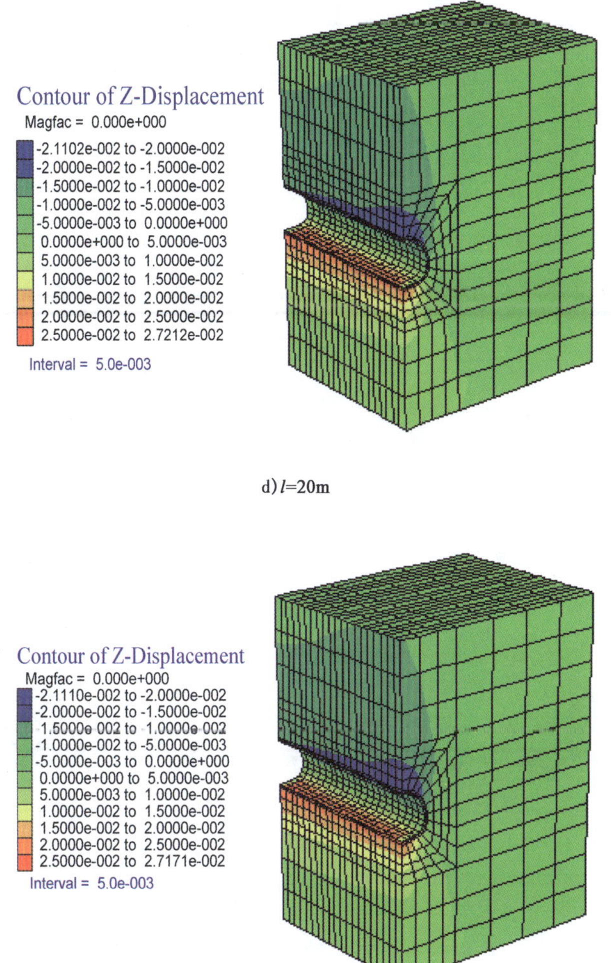

d) l=20m

e) l=24m

图 4-83　不同 l 条件下围岩竖向位移云图

由图 4-83 可知：隧道开挖完毕后，其顶部呈下沉趋势，底部呈隆起趋势，满足实际工程中的位移规律；随着仰拱至掌子面距离的增大，隧道顶部位移逐渐增大，底部位移逐渐减小，但变化幅度不明显；当 $l=8$m 时，最大拱顶沉降和仰拱隆起值分别为 21.072mm 和 27.397mm，当 $l=24$m 时，最大拱顶沉降和仰拱隆起值分别为 21.11mm 和 27.171mm，变化幅度分别为 0.18% 和 0.83%，基本可忽略不计。这可能是由于在施加仰拱前，掌子面处的位移已趋于稳定，因此改变仰拱至掌子面的距离对隧道竖向位移的影响不大。

表 4-4 为不同 l 时，目标断面的洞周位移最大值及其增幅情况。由表 4-4 可知，洞周位移随仰拱至掌子面距离变化的幅度不明显，增幅均低于 10%，其中拱顶沉降受影响最小。这可能是由于在施加仰拱及二次衬砌前洞周位移已达到收敛，因此洞周位移对 l 的变化不敏感。

洞周位移及增幅值随仰拱至掌子面距离变化明细表　　表 4-4

仰拱至掌子面距离 l(m)	拱顶沉降		仰拱隆起		拱腰收敛位移	
	位移(mm)	增幅(%)	位移(mm)	增幅(%)	位移(mm)	增幅(%)
8	-15.99		25.40		4.25	
12	-15.93	0.39	25.85	1.77	4.33	1.71
16	-15.89	0.62	26.28	3.48	4.42	3.79
20	-15.86	0.81	26.61	4.78	4.49	5.61
24	-15.84	0.95	26.91	5.93	4.49	5.61

为探究仰拱至掌子面距离 l 对洞周位移的空间效应，本节拟分析 l 取不同值的条件下洞周位移随开挖步数的变化曲线。为简化计算，此处仅对 $l=8\text{m}$、16m 两种工况下的洞周位移进行对比分析，如图 4-84 ~ 图 4-86 所示。

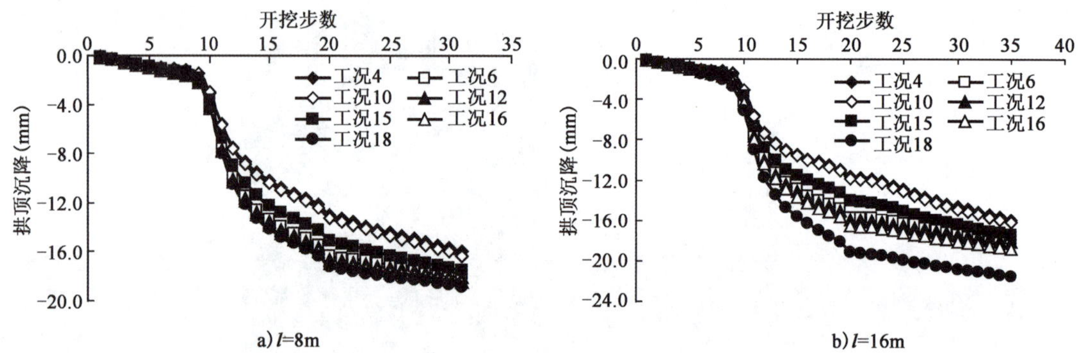

图 4-84　不同仰拱至掌子面距离下拱顶沉降随开挖步数的变化曲线

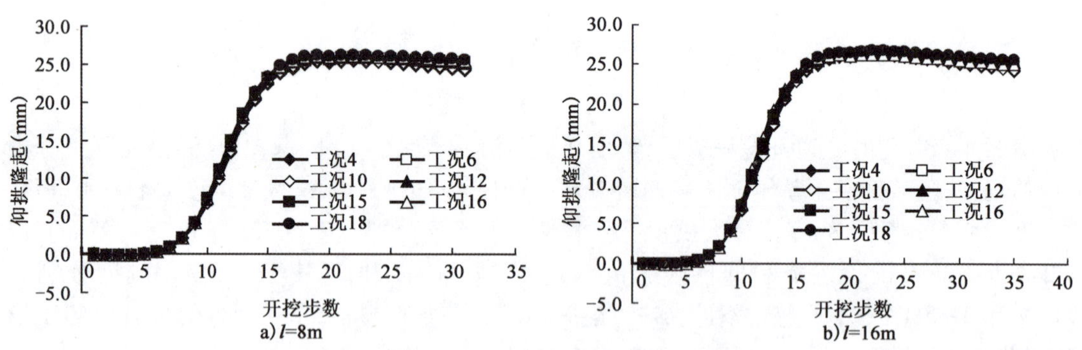

图 4-85　不同仰拱至掌子面距离下仰拱隆起随开挖步数的变化曲线

由图 4-84 可知：隧道开挖后，目标断面的拱顶沉降逐渐增大；当开挖到第 10 步(距目标断面 10m 处)时，拱顶沉降急剧增加，随着开挖的推进，拱顶沉降继续增大，直至开挖到第 20 步(目标断面处)时，拱顶沉降逐渐收敛；随着围岩应力释放率的增加，仰拱至掌子面的距离 l 对目标断面处的拱顶沉降作用逐渐增大，如对于工况 18，l = 8m 时的最大拱顶沉降为 −18.82mm，l = 16m 时为 −21.50mm，增幅为 14.24%。

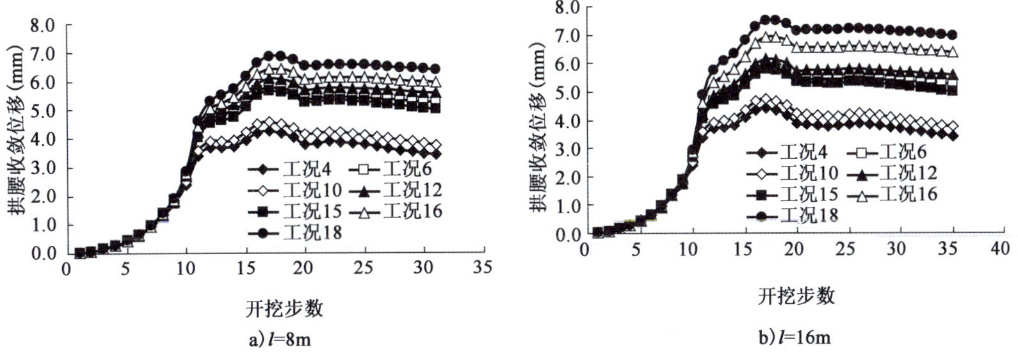

图 4-86 不同仰拱至掌子面距离下拱腰处收敛位移随开挖步数的变化曲线

图 4-85 为各仰拱至掌子面距离条件下仰拱隆起随开挖步数的变化曲线，由图可知：隧道开挖后，目标断面的拱顶沉降逐渐增大；当开挖到第 10 步（距目标断面 10m 处）时，仰拱隆起急剧增加，随着开挖的推进，仰拱隆起继续增大，直至开挖到第 20 步（目标断面处）时，仰拱隆起逐渐收敛；总体而言，仰拱至掌子面的距离 l 对仰拱隆起值的影响较小。

图 4-86 为各仰拱至掌子面距离条件下拱腰处收敛位移随开挖步数的变化曲线，由图可知：隧道开挖后，目标断面拱腰处的收敛位移逐渐增大；直至开挖到第 20 步（目标断面处）时，拱腰的收敛位移达到最大；此后，收敛位移随开挖步数变化的幅度甚小，且趋于稳定；类似于拱顶沉降，对于初次释放较大围岩应力的情况，仰拱至掌子面的距离对拱腰处收敛位移的控制效果才体现出来。

3）围岩与支护结构受力分析

图 4-87 ~ 图 4-89 分别为初期支护最大压应力、二次衬砌最大压应力以及锚杆最大拉力随仰拱至掌子面距离的分布规律图。从图 4-87 可以看出，当仰拱至掌子面距离对初期支护最大压应力的影响相当显著，当仰拱至掌子面距离为 16m 时初期支护最大压应力基本趋于稳定；从图 4-88 及图 4-89 中可以看出，二次衬砌最大压应力以及系统锚杆的最大拉力随着仰拱至掌子面距离的增加将逐渐减小并趋于稳定。

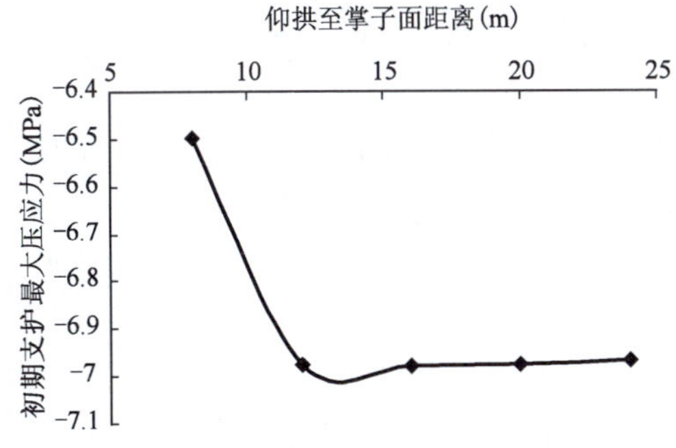

图 4-87 初期支护最大压应力随仰拱至掌子面距离的分布规律图

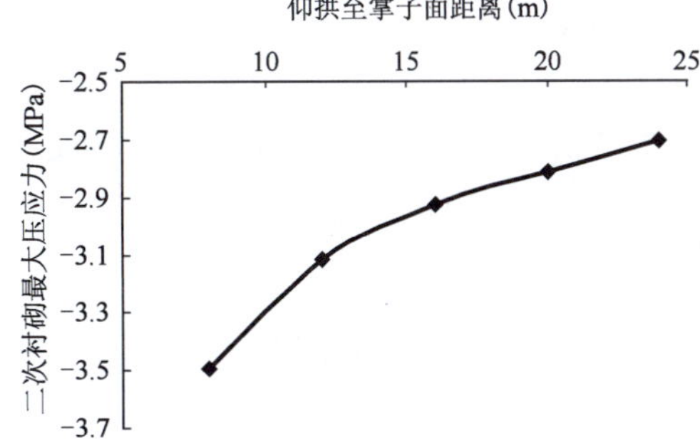

图 4-88 二次衬砌最大压应力随仰拱至掌子面距离的分布规律图

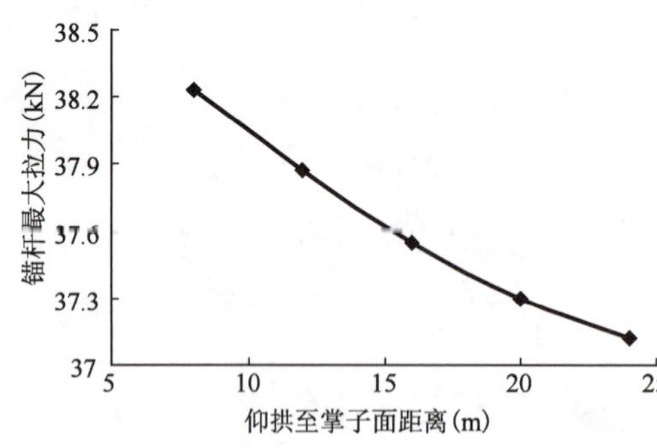

图 4-89 锚杆最大拉力随仰拱至掌子面距离的分布规律图

由初期支护最大压应力随仰拱至掌子面距离的变化情况可知：推迟仰拱施作时机将有利于使初期支护更好地发挥承担围岩应力的作用，同时可以充分发挥岩体的自承载能力。从图 4-87 可知，当仰拱距离掌子面约 1.2D 时（D 为隧道单洞开挖净距）初期支护最大压应力趋于稳定，此时二次衬砌最大压应力和系统锚杆的最大拉力都较小，二次衬砌将发挥安全储备的作用，故从施工经济安全性综合考虑，将仰拱距离掌子面的施作距离取为 1.2D。

4）现场试验分析

图 4-90 为 ZK13 +870 断面 C25 喷射混凝土应力、温度时程曲线。混凝土应力变化曲线，除 5 号测点外，监测断面布测第 1 天 ~ 第 4 天，各测点应力急剧增加。增幅为 70% ~90%。第 4 天 ~ 第 14 天，各测点应力逐渐减小。第 14 天下台阶开挖，此时，上台阶掌子面与监测断面的间距约为 17m。

监测断面布测第 14 天 ~ 第 23 天，除左拱腰（2 号测点）外，其余测点初期支护混凝土应力随时间变化规律总体一致，均表现为略有增大，并逐渐稳定。此段为下台阶、仰拱影响段，影响距离约为 8m。第 23 天，仰拱施工，之后左拱腰（2 号测点）应力在略有增大的基础上也趋于稳定，所有测点应力变化规律均一致。

图 4-91 为 ZK13 +960 断面 C25 喷射混凝土应力、温度时程曲线。

图 4-91 中，监测断面布测第 1 天 ~ 第 15 天，除拱顶外，拱腰、拱脚测点初期支护混凝土应力随时间变化规律总体一致，均表现为急剧增大。第 15 天该断面由上台阶开挖引起的拱腰（2 号测点、3 号测点）应力已经占到其总应力值的 90%，由上台阶开挖引起的左拱脚（4 号测点）应力已经占到其总应力值的 97%，由上台阶开挖引起的右拱脚（4 号测点）应力已经占到其总应力值的 82%。拱顶应力在第 12 天有一个短暂的减小，而后逐渐增大，第 15 天该断面由上台阶开挖引起的拱顶（1 号测点）应力只占到其总应力值的 38%，这与其他测点不同。此时，上台阶掌子面与监测断面的间距约为 15m。

监测断面布测第 15 天 ~ 第 23 天，除拱顶外，拱腰、拱脚测点初期支护混凝土应力随时间变化规律总体一致，均表现为逐渐减小。此段为下台阶、仰拱影响段，影响距离约为 7m。

综合监测断面 ZK13 +870、ZK13 +960 初期支护混凝土应力和施工断面间距关系曲线，可以看出，上台阶影响距离约为 15m，下台阶、仰拱影响距离约为 8m，故仰拱至掌子面距离约为 23m。

4.3.2 应力释放率与仰拱至掌子面距离的配合效果分析

（1）计算工况

为比较应力释放率与仰拱至掌子面距离对围岩稳定性的影响，本节数值模拟中将在 4.2 节的基础上考虑 7 种不同的围岩应力释放率，开挖依次释放围岩应力 50% +35% +15%、

50% +45% +5%、60% +25% +15%、60% +35% +5%、70% +20% +10%、70% +25% +5%及 80% +15% +5%，即工况 4、6、10、12、15、16 和 18，分析比较“围岩释放率 + 仰拱至掌子面距离”组合下围岩的稳定性状，共 35 种工况，详见表 4-5。分析中采用的数值模型与上一节相同，仍考虑Ⅴ级围岩，地层及支护结构的材料参数不变，详见表 4-1。

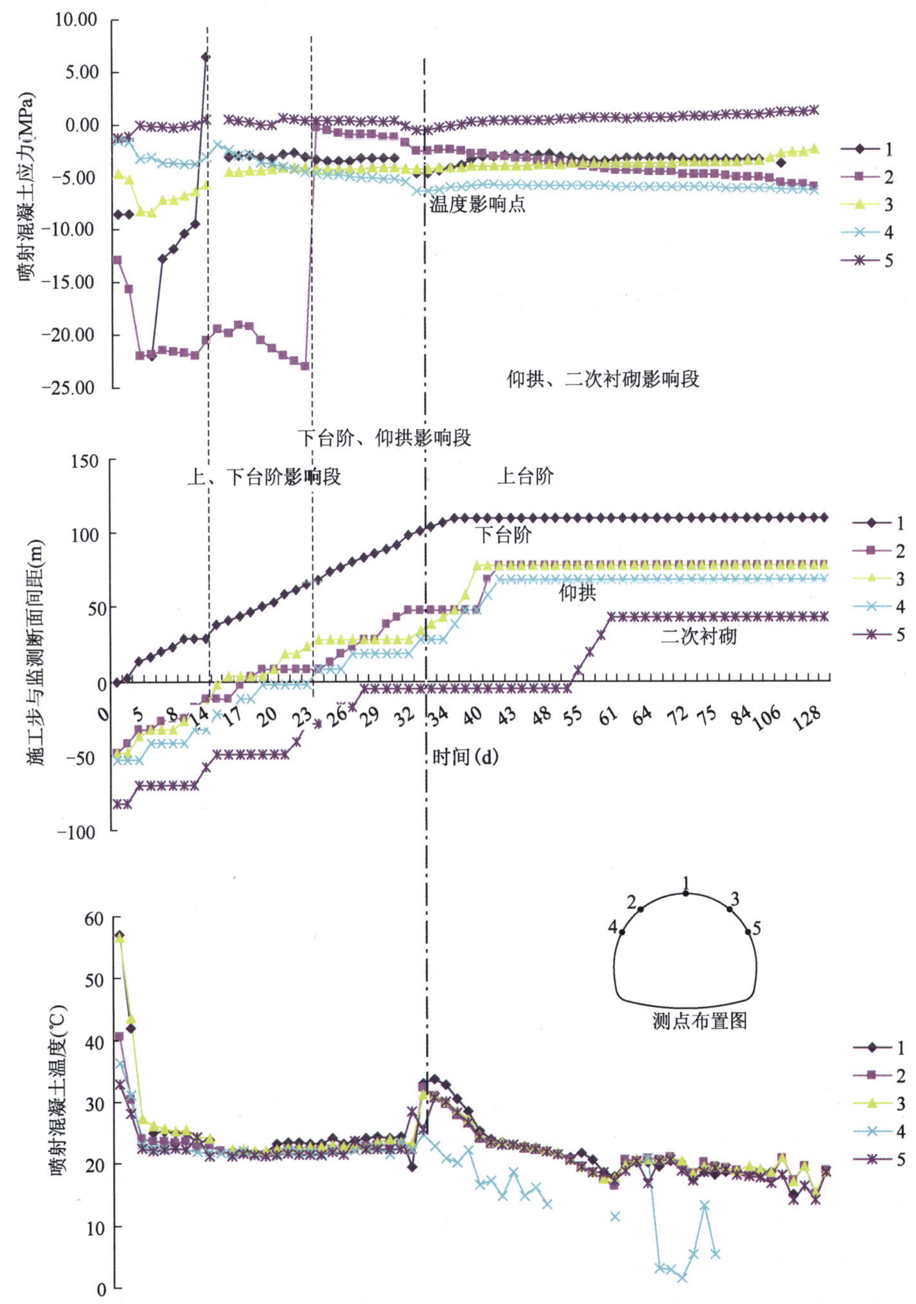

图 4-90　ZK13 +870 断面喷射混凝土应力、温度时程曲线

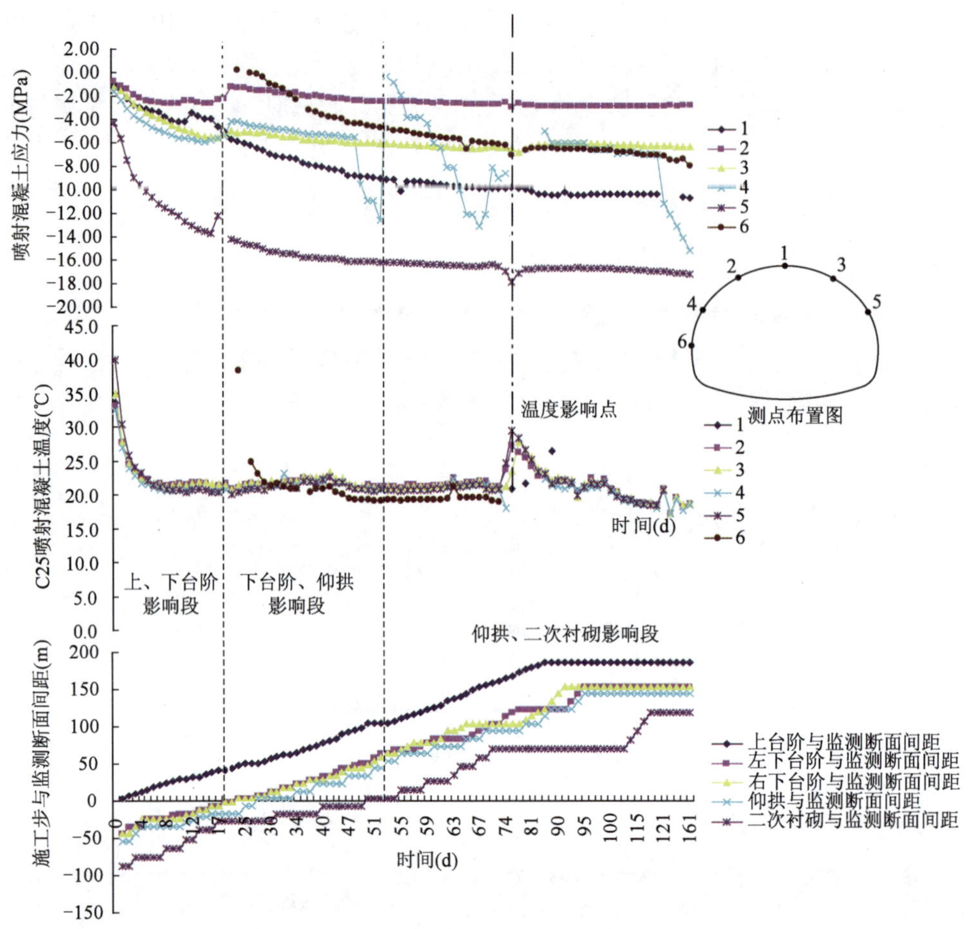

图4-91　ZK13+960断面喷射混凝土应力、温度时程曲线

"围岩释放率+仰拱至掌子面距离"组合效果的分析工况　表4-5

围岩释放率	仰拱至掌子面距离				
	8m	12m	16m	20m	24m
50%+35%+15%	√	√	√	√	√
50%+45%+5%	√	√	√	√	√
60%+25%+15%	√	√	√	√	√
60%+35%+5%	√	√	√	√	√
70%+20%+10%	√	√	√	√	√
70%+25%+5%	√	√	√	√	√
80%+15%+5%	√	√	√	√	√

(2)结果分析

由于各个工况下围岩及支护结构的位移和受力规律与前文大致相同,此处不再一一罗列。本节主要分析"仰拱至掌子面距离+围岩释放率"对目标断面的拱顶沉降、仰拱隆起及收敛位移的影响。

图4-92为“仰拱至掌子面距离＋围岩释放率”对目标断面拱顶沉降的配合效果图，由图可知：除工况18（围岩应力释放率为80%＋15%＋5%）外，拱顶沉降随仰拱至掌子面距离和围岩释放率的增大呈线性增加；较仰拱至掌子面距离，围岩释放率对目标断面拱顶沉降的作用效果更加显著；对于工况18，由于围岩初次释放的应力较大，目标断面的拱顶沉降随仰拱至掌子面距离的增大而增大，当围岩内的应力达到稳定时，拱顶沉降不再随仰拱至掌子面距离的增加而变化。

图4-93为“仰拱至掌子面距离＋围岩释放率”对目标断面仰拱隆起的配合效果图，由图可知：仰拱隆起值随仰拱至掌子面距离的增加近似呈抛物线增加；尤其对于初次释放应力较小的工况，仰拱至掌子面距离对仰拱隆起值起主导作用，围岩释放率起次要作用；当初次释放围岩应力较大时，如工况16和18，仰拱至掌了面距离和围岩释放率仰拱至掌子面的距离对仰拱隆起值的作用效果相当。

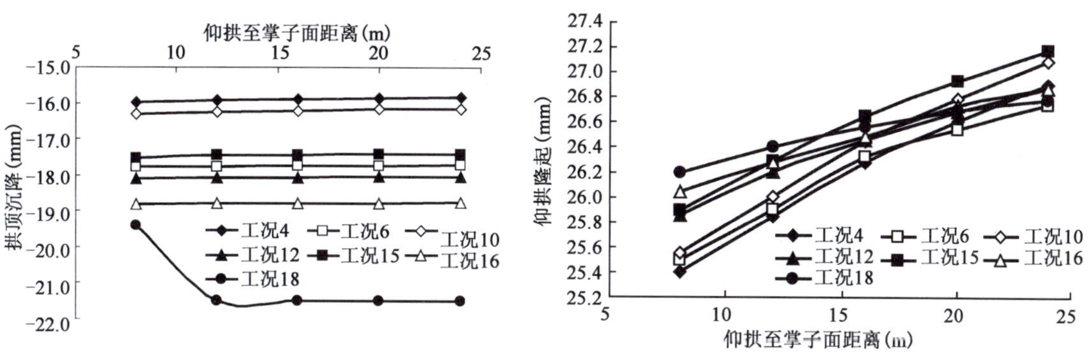

图4-92　“仰拱至掌子面距离＋围岩释放率”对拱顶沉降的配合效果图

图4-93　“仰拱至掌子面距离＋围岩释放率”对仰拱隆起的配合效果图

图4-94为“仰拱至掌子面距离＋围岩释放率”对目标断面拱腰处的收敛位移的配合效果图。由图可知，仰拱至掌子面距离＋围岩释放率对拱腰处收敛位移的作用与其对拱顶沉降的作用类似，此处不再一一赘述。

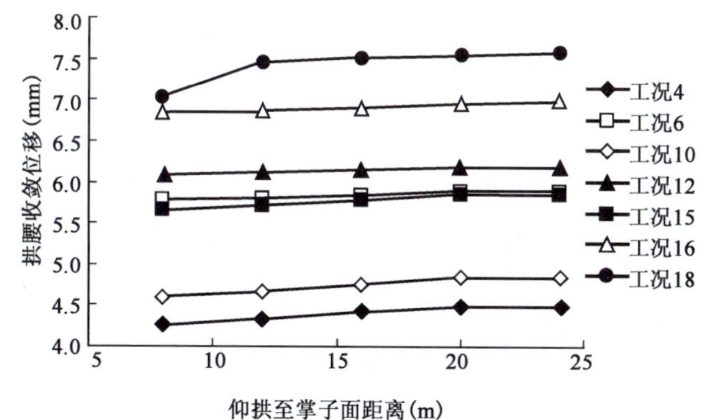

图4-94　“仰拱至掌子面距离＋围岩释放率”对拱腰收敛位移的配合效果图

4.3.3　各地质段下围岩应力释放率分析

公路隧道多需穿越山岭修建，与周围的岩（土）体有密切关系，相互影响，相互作用。不同的围岩在修建隧道时会伴随不同的地质现象。如在有些围岩开挖坑道后，坑道不会坍塌，能够较好地保持稳定;而在有些围岩中开挖坑道后,坑道不能保持稳定,容易坍塌,要得到需要的开挖空间就必须修筑衬砌加以支护。这些情况说明了在不同的围岩中开挖坑道,围岩会表现出不同的稳定性。

前面已分别从平面与空间效应上分析围岩应力释放率对围岩的稳定性影响,本节将考虑软弱围岩、中等强度的围岩以及较坚硬围岩等不同地质段条件下围岩应力释放率的优化问题。为简化计算,分别以Ⅴ、Ⅳ和Ⅲ级围岩作为代表对其进行数值分析。

(1)计算工况

为了对不同地质段条件下的围岩应力释放率进行优化分析,本节数值模拟将主要考虑Ⅲ、Ⅳ和Ⅴ级围岩在7种不同的应力释放率下围岩的稳定性,此次组合选用的应力释放率与4.2节相同,即工况4、6、10、12、15、16和18,共21种工况,详见表4-6。分析中采用的数值模型仍与上一节相同,支护结构的材料参数不变,详见表4-1,围岩的材料参数详见表4-7。

"围岩释放率+围岩类别"组合效果的分析工况 表4-6

围岩释放率	围岩类别		
	Ⅲ级	Ⅳ级	Ⅴ级
50%+35%+15%	√	√	√
50%+45%+5%	√	√	√
60%+25%+15%	√	√	√
60%+35%+5%	√	√	√
70%+20%+10%	√	√	√
70%+25%+5%	√	√	√
80%+15%+5%	√	√	√

各类围岩参数表 表4-7

参数类别	围岩类别		
	Ⅲ级	Ⅳ级	Ⅴ级
弹性模量E(GPa)	10	1	0.2
泊松比ν	0.3	0.35	0.35
密度ρ(kg/m^3)	2920	2590	2000
黏聚力c(kPa)	12730	12850	125
内摩擦角φ(°)	46.3	45.3	23.5

(2)结果分析

考虑到拱顶沉降是反映围岩稳定性最重要的指标之一,因此,为了简化分析,在此仅以拱顶沉降作为围岩稳定性评价标准。表4-5为不同"围岩类别+围岩应力释放率"组合下目标断面的拱顶沉降。

由表4-8可知,在不同的"围岩类别+围岩应力释放率"组合下,目标断面的拱顶沉降表现出较大的差异,主要在-18.82~-3.28mm范围内浮动。总体而言,围岩类别较围岩释放率对目标断面的拱顶沉降的控制效果显著。对于某一特定的位移控制标准(譬如目标断面拱顶沉降不大于14mm),各类围岩在一定的围岩释放率条件下才能满足要求:就该工程而言,Ⅴ级围岩应力释放率应选取工况1(即50% +20% +30%,详见本书第2章,此时的拱顶沉降为13.51mm);在Ⅳ级围岩条件下,工况10、12及15均能满足要求;对于Ⅲ级围岩地质条件,由于岩石较坚硬,所有工况均满足位移要求,考虑到经济问题,可选取工况18对应的应力释放率。

不同"围岩类别+围岩应力释放率"组合下目标断面拱顶沉降值 表4-8

围岩类别	拱顶沉降(mm)						
	工况4	工况6	工况10	工况12	工况15	工况16	工况18
Ⅴ级	-15.99	-17.78	-16.31	-18.10	-17.53	-18.45	-18.82
Ⅳ级	-8.15	-9.89	-10.48	-11.57	-13.26	-14.02	-14.81
Ⅲ级	-3.28	-4.79	-4.61	-5.27	-6.03	-6.54	-7.41

本节首先考虑仰拱至掌子面单因素对围岩稳定性的影响,其次对不同的"仰拱至掌子面的距离+围岩应力释放率""围岩类别+围岩应力释放率"进行数值计算,从控制围岩变形的角度出发,探寻各个组合的配合效果,得到以下几点结论:

(1)在控制位移方面,仰拱至掌子面距离对地表沉降及洞周位移的控制效果并不显著;但从受力方面出发,当仰拱距离掌子面约1.2D时(D为隧道单洞开挖净距),初期支护最大压应力趋于稳定,此时二次衬砌最大压应力和系统锚杆的最大拉力值都较小,二次衬砌将发挥安全储备的作用,故从施工经济安全性综合考虑将仰拱距离掌子面的施作距离取为1.2D。

(2)"仰拱至掌子面的距离+围岩应力释放率"组合下,相对前者,围岩应力释放率对洞周位移(主要包括拱顶沉降、仰拱隆起及拱腰收敛位移)的控制效果更加显著;特别地,对于初次释放围岩应力较大的工况,此特性尤为突出。

(3)"围岩类别+围岩应力释放率"组合下,相对后者,围岩类别对洞周位移(主要包括拱顶沉降、仰拱隆起及拱腰收敛位移)的控制效果更加显著。对于软弱围岩,选择工况1对应的释放率较合宜;对于Ⅳ级围岩,选择工况10、12及15对应的释放率均能满足要求;对于较坚硬围岩,初次释放的围岩应力应选取较大值。

5 超前预支护系统作用效果及其与施工工法优化组合

在软弱围岩隧道施工中,开挖后掌子面前方先行位移的量值和范围,在全位移中占据很大部分,要想控制全位移,首先要控制掌子面前方先行位移,而控制掌子面先行位移的技术,主要是采用各种类型的超前支护。本章以管棚超前预支护系统为研究对象,采用理论分析手段,探讨管棚预支护体系在软弱围岩隧道施工中的作用机理,以中条山隧道为依托,结合数值结果,评价管棚预支护体系在控制地层松弛及掌子面先行位移方面发挥的作用。综合理论分析和数值模拟结果,提出了变基床系数管棚地基梁模型,并形成了超前预支护体系控制技术。

5.1 超前管棚作用机理的理论研究

超前管棚是超前预支护的一种方式,是隧道施工中穿越软弱、破碎围岩的一种非常有效的加固方法。施工方法为在拟开挖隧道的外轮廓上间隔一定距离(通常为 40 ~ 50cm),沿洞轴以一定的外插角钻孔,将一组钢管沿钻孔打入地层,并与钢拱架组合形成强大的棚架预支护加固体系,支承来自管棚上部的荷载,然后通过梅花形布置的注浆孔向地层进行加压注浆,以加固软弱破碎的地层,提高地层的自稳能力,由此形成的支护体系即通常所谓的超前管棚体系。

5.1.1 管棚结构的特点及力学特征

隧道开挖前,预先将管棚的钢管打入地层中,外露端支承焊接在已有的钢拱架上,一般布置在隧道拱部,施工完成后在掌子面上形成一个"保护壳",发挥棚架作用,防止塌方、地表下沉,从而保证地表建筑物安全进洞和顺利进行开挖。管棚结构的特点主要有:

(1)梁拱效应:由于先行设置钢管,故隧道开挖掘进时在掌子面和后方支撑的共同支持下,以掌子面和后方支撑为支点,沿隧道工作面推进方向布置的一端与初期支护结构体相连接而形成纵向支撑梁。各个管棚单元间极易发生成拱现象,随着成组排列的拱脚的建立,隧道很快建立起新的平衡,构成环绕隧洞的壳状结构,从而有效抑制隧道围岩松动和垮塌。

(2)加固效应:打入钢管后,水泥浆液经钻孔压入围岩裂隙中,使松散岩体胶结或固结,从而提高了岩体弹性模量和强度,改善了软弱围岩的物理力学性质,加强了围岩的自承能力,达到加固钢管周边软弱围岩的目的。

(3)环槽效应:掌子面爆破产生的爆炸冲击波传播和爆生气体扩散时遇到管棚密集环形

孔后被反射、吸收或绕射，大大降低了反向拉伸波所造成的围岩破坏程度及扰动范围。

(4)安全效应：管棚支护刚度较大，施工时若发生塌方，塌落物不会直接下落，起到缓冲作用。即使在管棚失稳的极端情况下，其破坏也相当缓慢。

管棚结构的力学特征主要有：

(1)作用于管棚上的荷载有管棚上方和掌子面前方松弛范围的围岩压力(竖向围岩压力和水平围岩压力)、围岩对管棚的弹性抗力、由灌浆压力和混凝土徐变引起的温度应力和收缩应力，以及地震和爆破荷载等偶然发生的特殊荷载。

(2)管棚体系可以从时间和空间上调整因隧道开挖引起的应力重分布，从而保证掌子面的稳定，从掌子面前方一定距离开始抑制围岩地表沉降，在整体上改善围岩的内部环境和调节围岩的应力重分布。

(3)管棚中的钢管可以充当注浆管和支护结构。通过钢管注浆可以使围岩裂隙充满浆液，在围岩中形成加固圈，改善围岩的物理力学参数，从而提高围岩的稳定性和整体性，同时，注浆层的隔水作用还可以减少地下水的渗透；钢管内部填充水泥砂浆后形成刚度较大的混凝土注浆层，从而起到承受临空面上部荷载的支护结构的作用。因此，管棚钢管注浆后与围岩相互作用，形成环绕隧道的“承载壳”，大大减小掌子面围岩承受的压力，有利于掌子面的稳定。

(4)隧道施工中，掌子面后方已开挖并施作初期支护段的管棚与钢拱架形成小短梁；已开挖为施作初期支护段的上部围岩压力完全由管棚承担，通过棚架体系传递给后方已施作的初期支护以及掌子面前方围岩；而深入掌子面前方土体的管棚，则起到弹性地基梁的作用，在承受上部围岩压力的同时，还要承受下部围岩的弹性抗力。

(5)隧道开挖过程中，打设管棚时需要沿隧道钻取环形密集孔，当掌子面进行爆破时，由爆炸产生的爆炸冲击波的传播和爆生气体的扩散遇到环形孔后将会被反射、吸收或绕射，从而大大降低反向拉伸波所造成的围岩的破坏程度和受扰动范围。

5.1.2 管棚作用机理的力学模型

管棚与格栅拱架连接端视为具有一定垂直位移的固定端，在掌子面上方、前方围岩中的管棚视为弹性地基梁的力学模型。隧道开挖过程等价于此力学模型的不断移动。因此，管棚受力分析的力学模型可以按照下面两种类型来考虑：

类型 a 中，由于隧道掌子面位于管棚的起始端和中间段，所以掌子面前方的管棚要有足够的长度，满足管棚在围岩中的剩余长度大于等于掌子面到管棚在荷载作用下发生挠度为零的点之间的最小距离，此时，地基反力为三角形分布，即掌子面处地基反力最大，沿开挖方向逐渐减小直至为零。

类型 b 中，由于掌子面位于管棚的末端，此时管棚在围岩中的剩余长度应小于掌子面到管棚在荷载作用下发生挠度为零的点之间的最小距离，地基反力为梯形分布，即掌子面处地基反力最大，沿开挖方向逐渐减小，但最终并不为零。对这种类型的分析，可以求出管棚施工末端在满足经济性和合理性要求下的最小预留长度。

根据以上分析，建立管棚受力的力学模型如图 5-1、图 5-2 所示。

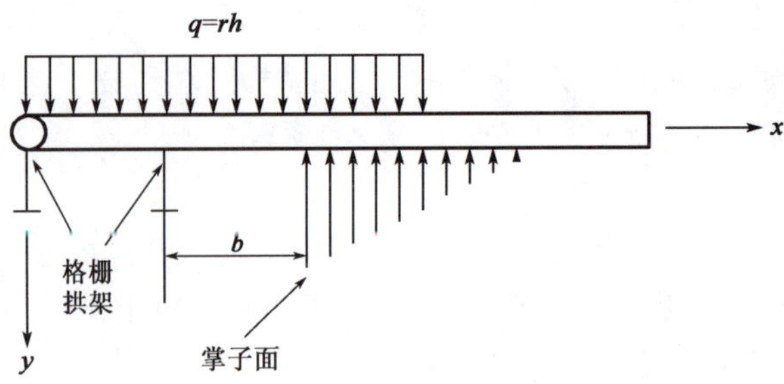

图 5-1　类型 a 受力模型分析示意图

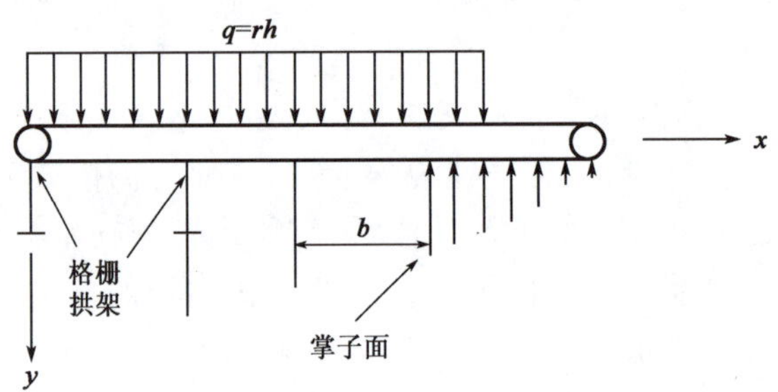

图 5-2　类型 b 受力模型分析示意图

5.1.3　管棚支护作用原理分析

从隧道开挖时的地层结构形态看，当其他条件相同时，超前预支护系统能及时承担失稳结构的荷载，强化松弛带已形成的拱结构，从而确保工作面稳定并减少地表下沉，通过对比有无超前预支护系统的结构的水平推力，支护后结构提供的水平推力较大。

在隧道开挖过程中，管棚的荷载传递途径为：所有临时支撑完成后，上部荷载由管棚转移到钢拱架上，再以轴力和弯矩形式传至基座。管棚侧面的围岩压力主要由管棚承担。当完成隧道拱形混凝土结构后，上部及侧面荷载将以压弯和剪切形式传至混凝土拱形结构，再至基座。

由此，可看出超前预加固结构的两个内在作用机制——提供增大的水平推力和在开挖支护前将地层荷载有效转移，即把应力及时传递和分散到掌子面前方的土体和格栅钢拱架上，从而减少掌子面前方土体所受压力的强度，保证掌子面前方土体的稳定和减少地表沉降。

隧道开挖过程中，浅埋软弱地层的围岩自稳能力较差，需要进行超前预支护或预加固处理，管棚作为隧道及地下工程中一种重要的辅助措施，其目的主要是防止围岩坍塌、控制地层位移，以其荷载传递作用明显、工艺简单、施工方便等优点，在国内外工程界得到广泛应用。

目前，与管棚相关的理论研究还不够完善，一定程度上仍停留在经验阶段。从既有研究成果来看，管棚力学机制的分析模型主要有两种。一种是基于结构力学的荷载—梁模型，包括三种基本形式。一是简单的梁模型，该模型近似地将管棚看作一端嵌入未扰动围岩区域，另一端支承在初期支护（自由）段的简支梁（悬臂梁）；二是弹性地基梁模型，该模型将未开挖段作为无限长 Winkler 弹性地基梁或双参数 Pasternak 弹性地基梁，将已开挖并进行支护段作为发生已知位移的刚性端或 Winkler 弹性地基梁，从而建立管棚挠曲微分方程；三是管棚作用空间棚架体系分析模型,该模型以弹性地基梁模型为基础,综合考虑开挖效应、管棚与支护结构的相互作用以及混凝土早期特性等因素的影响。

另一种是基于数值模拟的加固围岩(土)模型。此模型有两种实现途径:一种是采用等效方法,将管棚的弹性模量折算给被加固地层以提高土体参数来近似模拟管棚的加固作用,这种方法虽然计算简单,但是只能依据经验近似估计土体参数的提高幅度,有较大的随意性;第二种方法类似于锚杆的处理,用土体和管棚相互分离的方法,以结构单元中的梁(杆)单元模拟管棚,以实体单元模拟土体,两者共同受力,这种方法虽然能够考虑多种因素的作用,但是计算规模较大,实体单元和结构单元之间的自由度协调也较难处理。

已有的研究中经常简单地将未开挖段视为常基床系数下的 Winkler 弹性地基梁来处理,而在实际中,由于上覆荷载的作用,掌子面在所受水平约束不足的条件下必然会产生水平变形,这将导致一定范围内土体基床系数较该段范围之外的小,显然不利于管棚的受力。本书拟针对常基床系数下管棚的弹性地基梁模型的缺陷,建立考虑掌子面水平位移影响的变基床系数下管棚的弹性地基梁,并用有限差分法对其进行求解,采用改进的地基梁模型分析管棚的力学机制,对管棚的受力和变形进行深入探讨。

对管棚而言,位于掌子面附近的钢管的纵向应变和内力均为最大,当隧道开挖一个进尺但尚未支护时管棚的受力状况最为不利。因此可提取单根管棚作为研究对象,其受力简图如图 5-3所示。

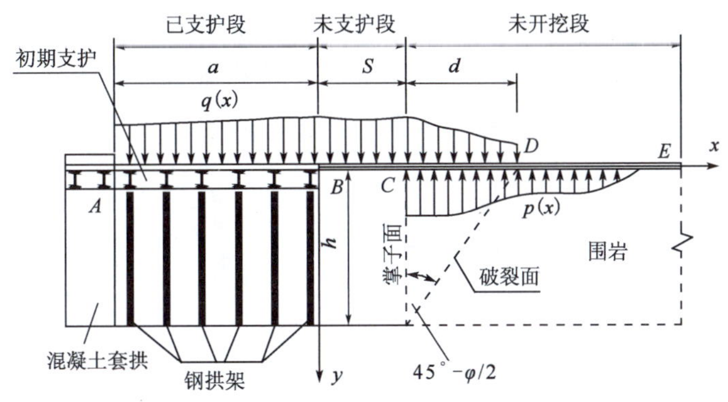

图 5-3　隧道开挖过程中管棚受力简图

开挖过程中由于浅埋软弱地层的自承能力差,超前管棚的受力状态比较明确。因此不考虑管棚上覆土体与管棚之间的相互作用,认为上覆土重均由已开挖段管棚承受。由于隧道开挖过程中围岩变形始于掌子面前方一定范围,掌子面处围岩已经发生松动和变形,并在掌子面前方形成一个土体的松弛区,因此未开挖段的管棚仍将承受围岩压力。

由图 5-3 可知,管棚整体主要由五个部分构成:①混凝土套拱内的管棚,这段管棚受到套拱较强的约束作用,位移和转角均较小,本节采用多个刚度较大的弹簧来模拟混凝土套拱对管棚的约束作用;②已支护段,已施作初期支护,上部作用上覆土的重力,分析中按 Winkler 弹性地基梁考虑;③未支护段,已开挖但未进行支护,其上作用覆土重力,但在此段范围内不设置弹簧;④未开挖段,上部作用三角形(或梯形)的分布荷载,考虑掌子面水平位移的影响,该段范围内基床系数如图 5-3 所示线性变化,分析中按变基床系数弹性地基梁模拟;⑤未开挖段,但此段无上部覆土荷载作用，基床系数为常数，故按 Winkler 弹性地基梁考虑。

在已开挖并施作初期支护段，管棚和钢拱架形成小跨度的短梁；在已开挖但未支护段，上部围岩压力全部由管棚承担并通过管棚传递给后方初期支护和掌子面前方围岩；伸入到掌子面前方的管棚不仅要承受上部围岩压力，还要承受下部围岩的弹性抗力，所以起到弹性地基梁的作用。因此，在隧道开挖过程中，管棚的弹性地基作用在承受上部围岩压力、将荷载传递给掌子面后方初期支护和前方围岩的过程中得到体现。

将图 5-3 中的管棚(梁)等分为长为 L 的 n 个小段，近似地认为各分段基底面积上的反力 P_i 是均匀分布的，挠曲值为 ω_i，则：

$$P_i = k_i\omega_i \text{ 或 } R_i = K_i\omega_i \tag{5-1}$$

式中：R_i——第 i 段基底总反力，$R_i = p_iLd_0$，L 为等分长度；

d_0——管棚直径；

K_i——第 i 段集中变基床系数，$K_i = k_iLd_0$。

处理后，本与地基全接触的梁转变成支承在 n 个不同刚度的弹簧支座上的梁，而连续的基底反力也离散为 n 个集中反力。于是，可建立变基床系数下管棚力学分析模型如图 5-4 所示，图中 K_t 为套拱集中基床系数，K_c 为初期支护集中基床系数，K_{xi} 为掌子面前方土体集中变基床系数，K_0 为土体集中基床系数稳定值。

在隧道开挖过程中，相当于图 5-4 所示模型随掌子面逐步推进而不断向前移动。在整个管棚段开挖过程中，管棚有三种不同的受力状态：①掌子面距离洞口端套拱较近，套拱的约束作用对管棚受力影响较大；②掌子面位于管棚中间段，且管棚在土体中具有足够伸入量；③掌子面位于管棚尾端，伸入土体中的管棚不具有足够的锚固长度，地基反力呈梯形分布。

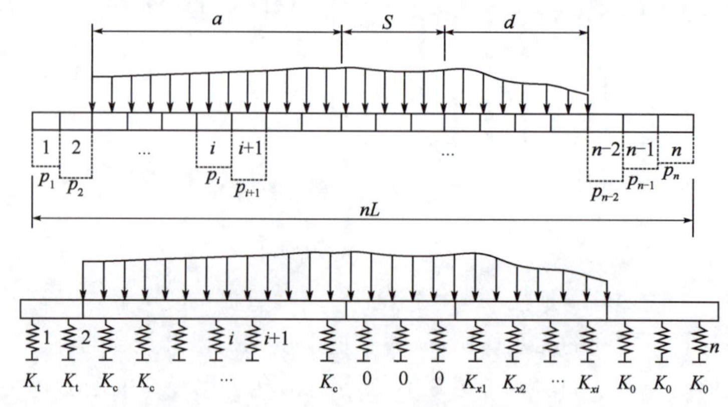

图 5-4　变基床系数下管棚力学机制分析模型

5.1.4　管棚的加固作用机理

(1)加固圈的形成

管棚注浆通常采用单排管(图 5-5)和双排管(图 5-6)，若浆液的扩散半径为 R，相邻两注浆孔间距为 S，管排间距为 d，则单排管与双排管加固圈的厚度 D 分别为：

单排管：

$$D_1 = 2\left[R^2 - \left(\frac{S}{2}\right)^2\right]^{\frac{1}{2}} \tag{5-2}$$

双排管：

$$D_2 = d + 2\left[R^2 - \left(\frac{S}{2}\right)^2\right]^{\frac{1}{2}} \tag{5-3}$$

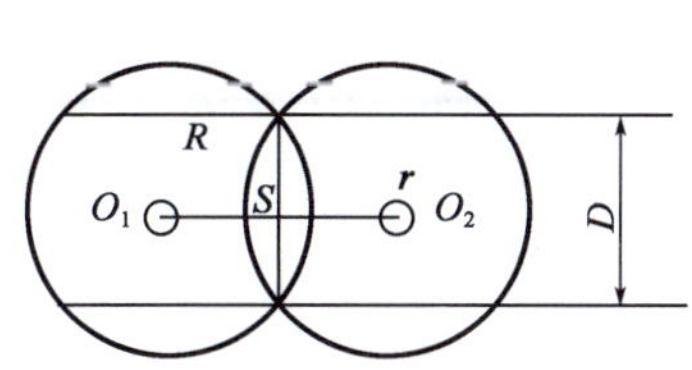

图5-5 单排管注浆计算图

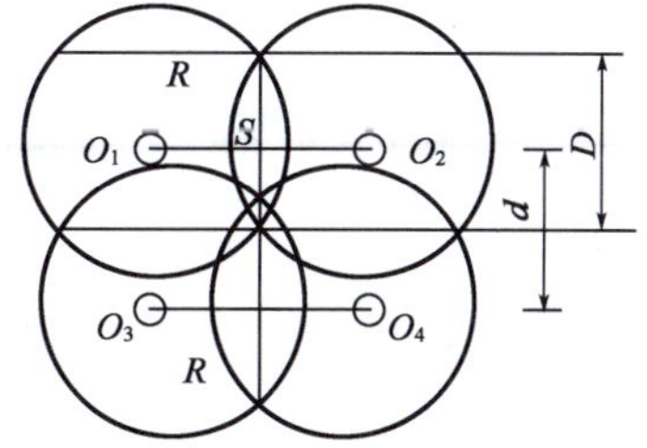

图5-6 双排管注浆计算图

采用单排管注浆时，根据施工图纸要求，将相关参数代入式(5-2)计算得到，加固圈厚度为0.392m，建立模型时采用加固圈0.4m，但考虑到0.4m较为保守，根据不同工法，将加固圈厚度分别调整至0.8m和1.2m。

裂隙岩体各个方向的渗透性大多是不均匀的。由于无法明确裂缝形态和特征，所以很难准确地分析浆液的扩展半径问题。通常对其进行一定简化，认为裂隙为宽度均匀的小圆筒。浆液在等宽裂隙中为雷诺数较低的层流，不计惯性力和重力作用，其微单元平衡微分方程(忽略高阶微量)可表达为：

$$\frac{\mathrm{d}p}{\mathrm{d}r} - \frac{\mathrm{d}\tau}{\mathrm{d}z} = 0 \tag{5-4}$$

式中：p、τ——作用在微元体上的灌浆压力和流动剪应力；

r——微元体的扩散距离；

z——微元体到等宽裂隙边线的距离。

若将注浆管棚注浆采用的水泥—水玻璃双浆看作牛顿流体，即仅有黏度，不考虑凝聚力，此时求解上述微分方程可得到浆液在平面径向等宽裂隙中扩散流动的牛顿流体基本方程式为：

$$p_0 - p = \frac{6\mu(r^2 - r_0^2)\ln\frac{r}{r_0}}{tb^2} \tag{5-5}$$

式中：p_0——灌浆孔隙口处的灌浆压力；

μ——浆液的黏度系数；

r_0——注浆管半径；

t——浆液终凝时间；

b——裂隙宽度。

当$p=0$时，浆液将停止流动，并达到极限扩散半径R。利用式(5-5)，即可推求浆液的扩散半径。

(2)加固作用机理

松散地层隧道开挖后,围岩会发生片帮冒顶,形成松动土压力,主要应用的土压力理论是岩柱理论和普氏理论。

岩柱理论适用于浅埋隧道。松散地层开挖后,由于洞顶下沉及岩柱两侧摩擦力的存在,使顶部岩体卸荷,而两侧岩层加载,并且边墙侧压将达到一个极大值。因此,开挖前应加强墙部的支护,否则顶板很难成拱,极易塌方。普氏理论适用于深埋隧道。隧道开挖后,顶部岩体失稳后坍塌,形成自然拱。隧洞两侧由于应力集中而随之破坏。因此,顶部进一步坍塌形成塌落拱。

采用管棚注浆法进行超前预加固时,加固圈将起到"承载拱"的作用,承载拱上部岩层使拱内部围岩与支护系统处于免压状态,拱内部围岩与支护系统受到的力仅是由于拱向隧洞方向的变形引起的形变压力。当管棚为惯性力矩较大的厚壁管棚且沿隧道开挖轮廓周边密布时,加固圈的变形较小,因此隧道支护结构所承受的上部荷载大大减小。

5.2 管棚对地层稳定性控制效果分析

隧道的开挖过程等价于隧道开挖过程中管棚与隧道洞室及围岩相互作用的力学模型的不断移动。本章首先对是否设置管棚的工况下隧道开挖引起的地表沉降和围岩位移特性进行分析;然后讨论设置管棚时在不同土体刚度条件下,不同管棚钢管直径对地层变形的影响规律,并对比分析了不同参数下超前管棚的设置情况对围岩稳定性的控制效果。

5.2.1 管棚工程应用

管棚超前预支护技术在中条山隧道中在以下两种条件下采用,分别为洞口段Ⅴ级围岩小净距和Ⅴ级围岩软弱破碎带段。两种工况下初期支护及衬砌结构如下:

(1)洞口Ⅴ级围岩小净距情况下的初期支护及衬砌

超前支护第一环采用 $\phi89 \times 6$mm 注浆管棚预加固围岩,长 32m、环向间距 40cm、每环 35 根,水平打入围岩;其余各环采用 $\phi42 \times 4$mm 注浆小导管超前预加固围岩,长 4.5m、环向间距 35cm、搭接长度 1.5m、斜插角 10°~15°、每环 35 根;I20a 型钢钢拱架支护,纵向间距 60cm,每榀钢拱架之间采用 $\phi22$ 钢筋连接,环向间距 1m;$D25$ 中空注浆锚杆,长 4m、间距 75cm(纵)×75cm(环),与钢拱架交错布置,中夹岩柱 $D25$ 注浆锚杆,长 5m、间距 75cm(纵)×75cm(环);铺挂 $\phi8$(15×15cm)钢筋网,中夹岩柱双层钢筋网;喷 C25 早强混凝土 26cm;二次衬砌和仰拱均为 C30 钢筋混凝土结构,厚 50cm;预留变形量 15cm。

(2)Ⅴ级围岩软弱破碎带段的初期支护及衬砌

采用 $\phi89 \times 6$mm 注浆大管棚超前预加固围岩,长 8m、环向间距 40cm、搭接长度 3.5m、斜插角 8°~10°、每环 31 根;I20a 型钢钢拱架支护,纵向间距 75cm,每榀钢拱架之间采用 $\phi22$ 钢筋连接,环向间距 1m;$D25$ 中空注浆锚杆,长 4m、间距 75cm(纵)×75cm(环),与钢拱架交错布置;铺挂 $\phi8$(15×15cm)钢筋网;喷 C25 早强混凝土 26cm;二次衬砌和仰拱均为 C30 钢筋混凝土结构,厚 50cm。

管棚注浆浆液采用水泥—水玻璃双液浆,以提高支护的纵向刚度。在洞口施工过程中尽量减少对周围地层的扰动破坏，完成隧道开挖及初期支护后，应及时进行仰拱封闭，根据监控量测结果确定二次模注衬砌混凝土的浇注时间，宜先施工仰拱，后进行边墙、拱部二次模筑混凝土的浇注。

5.2.2 管棚数值模型

(1)模型建立

本节对隧道洞口段的管棚超前预支护工况进行模拟分析。隧道埋深(隧道中心到地表的垂直距离)为18m，隧道开挖直径为12m。数值仿真模型的三维尺寸分别为：x 方向(水平方向)长 110m，y 方向(隧道开挖方向)长 42m，z 方向(重力方向)长 70m。

模型上表面为自由表面，底部约束为固定边界条件，四周为法向位移约束边界条件，数值计算模型如图 5-7 所示。由于只考虑单隧道开挖，且隧道开挖断面具有对称性，计算时只显示半结构的竖向位移，以便更加直观地进行数值分析。

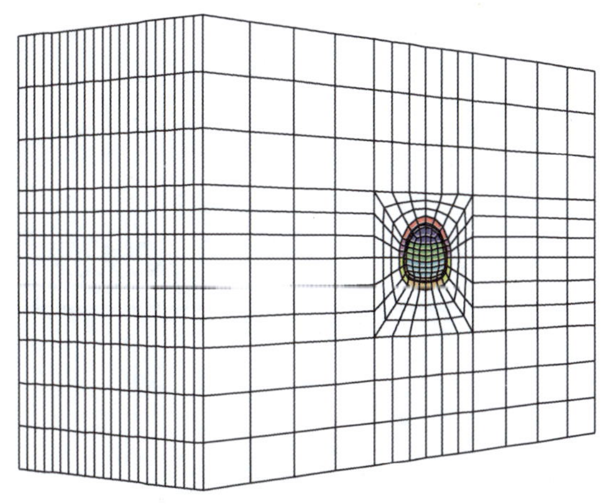

图 5-7 数值计算模型简图

此外，由于地表附近围岩的初始应力主要由重力引起，并随土体深度的增大而逐渐增大。本节数值分析的对象为中条山隧道的洞口段，故只考虑岩体的自重应力。

初期支护、二次衬砌和仰拱的参数均严格按照施工设计图纸上的要求取值，初期支护采用实体单元，厚度为 0.26m，采用线弹性模型；二次衬砌采用 shell 结构单元，厚度为 0.5m；土体参数结合实际选取，土体采用摩尔库仑模型。所有材料的物理力学参数列于表 5-1 中。

围岩及支护结构物理力学参数 表 5-1

类　别	弹性模量(GPa)	泊松比	黏聚力(kPa)	内摩擦角(°)	密度(kg/m^3)
土体	0.04	0.35	150	30	2000
初期支护	30	0.2	—	—	2435
二次衬砌	20	0.2	—	—	2500

数值仿真分析时，材料的体积模量 K 和剪切模量 G 按式(5-6)和式(5-7)计算：

$$K = \frac{E}{3(1-2\nu)} \tag{5-6}$$

$$G = \frac{E}{2(1+\nu)} \tag{5-7}$$

式中：E——弹性模量；

ν——泊松比。

系统锚杆主要承受拉压，不需要提供抗弯能力，故采用 cable 结构单元，考虑到 cable 单元是弹塑性材料，会产生拉压屈服，但不能抵抗弯矩，可以较好地模拟系统锚杆的作用，系统锚杆采用直径为 22mm 的砂浆锚杆，长 3.5m，间距 60cm（纵）×75cm（环）。锁脚锚杆、超前管棚和超前导管均采用 pile 结构单元，它实际上组合了梁和锚索的作用，能同时考虑抗弯拉效应，适合模拟法向和轴向都有摩擦的构件。模型中管棚注浆加固区和钢管采用分离式模型，pile 单元还可以处理潜在滑移问题，较为符合实际。超前管棚采用热轧无缝钢管，长 22m，搭接长度为 2m，环向间距 0.4m。

二次衬砌、管棚和锁脚锚杆等结构单元如图 5-8、图 5-9 所示。

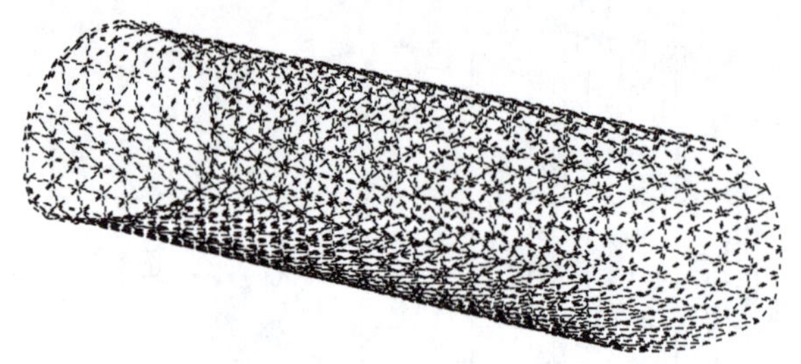

图 5-8　二次衬砌结构单元示意图

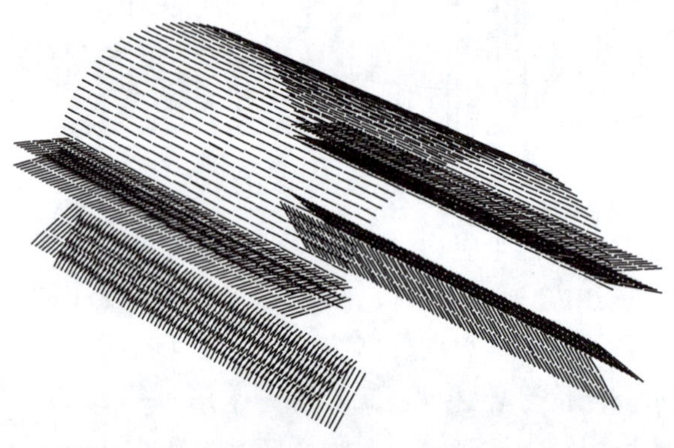

图 5-9　管棚和锁脚锚杆结构单元示意图

管棚的弹性模量应为钢管和注浆体的复合模量，按式（5-8）进行计算：

$$E = \frac{E_1A_1 + E_2A_2}{A} \tag{5-8}$$

式中：E——管棚的复合弹性模量；

E_1——钢管的弹性模量；

E_2——管内注浆体的弹性模量；

A_1——钢管的有效面积；

A_2——注浆体部分的有效面积；

A——管棚钢管的截面积，$A = A_1 + A_2$。

第一环管棚的起点为 $y = 0$m 平面，长 22m，第二管棚的起点为 $y = 20$m 平面，长 22m，两环管棚的搭接长度为 2m，每环管棚分为 10 段。为模拟洞口段 2m 范围内混凝土套拱的作用，在 $y = 0$m 平面对管棚结构单元的转角进行固定，并加强 $y = 0\text{m} \sim y = 2\text{m}$ 范围内加固圈的参数。结构单元物理力学参数见表 5-2。

结构单元物理力学参数 表 5-2

cable 结构单元		pile 结构单元						
参数	$\phi22$	参数	$\phi42$	$\phi79$	$\phi108$	$\phi133$	$\phi159$	$\phi194$
gr_c(N/m)	1×10^{10}	*cs_nc*(N/m)	0.02×10^6	0.037×10^6	0.051×10^6	0.063×10^6	0.075×10^6	0.091×10^6
gr_f(°)	30	*cs_nf*(°)	30	30	30	30	30	30
gr_k(N/m²)	1×10^{11}	*cs_nk*(N/m²)	1.3×10^{11}	1.3×10^{11}	1.3×10^{11}	1.3×10^{11}	1.3×10^{11}	1.3×10^{11}
Gr_p(m)	7.84×10^{-4}	*per*(m)	0.132	0.2482	0.3393	0.4178	0.4995	0.6095
density(kg/m³)	2479	*density*(kg/m³)	2549	2552	2552	2552	2552	2552
emod(GPa)	92.1	*emod*(GPa)	68.6	57.72	61.94	65.82	64.60	61.46
xcarea(m²)	4.91×10^{-4}	*xcarea*(m²)	1.38×10^{-3}	4.9×10^{-3}	9.2×10^{-3}	13.9×10^{-3}	19.86×10^{-3}	29.56×10^{-3}
		cs_sc(N/m)	0.02×10^6	0.037×10^6	0.051×10^6	0.063×10^6	0.075×10^6	0.091×10^6
		cs_sfric(°)	30	30	30	30	30	30
		cs_sk(N/m²)	1.3×10^{11}	1.3×10^{11}	1.3×10^{11}	1.3×10^{11}	1.3×10^{11}	1.3×10^{11}
		Xciy(m⁴)	2.56×10^{-8}	3.05×10^{-6}	10.57×10^{-6}	24.11×10^{-6}	49.37×10^{-6}	110.1×10^{-6}
		Xciz(m⁴)	2.56×10^{-8}	3.05×10^{-6}	10.57×10^{-6}	24.11×10^{-6}	49.37×10^{-6}	110.1×10^{-6}
		Xcj(m⁴)	5.12×10^{-8}	6.1×10^{-6}	21.14×10^{-6}	48.22×10^{-6}	98.75×10^{-6}	220.2×10^{-6}
		n	0.25	0.15	0.15	0.15	0.15	0.15

(2)分析过程

本节采用荷载释放法对开挖问题进行处理，开挖的力学行为可解释为对未开挖部分施加反向的开挖边界接触压力。由于管棚的作用主要是防止围岩坍塌和控制地表沉降，作用的发挥主要是在隧道开挖阶段，自上一施工循环施作支护结构后开始，隧道开挖的过程也就是管棚承受该循环的开挖释放荷载的过程。数值模拟过程如下：

①建立模型，确定边界条件和土体参数，平衡初始地应力。

②设置超前管棚并激活相应的加固圈土体单元，赋予加固圈区域对应的参数，杀死开挖区域内的土体单元（设置为 model null），并激活初期支护单元，赋予初期支护单元其相应的参数，进行掌子面上第一次开挖应力释放，计算到平衡。

③设置系统锚杆，待掌子面拱腰以下区域完成开挖后设置锁脚锚杆，进行掌子面上第二次开挖应力释放，计算到平衡。

④激活二次衬砌结构单元，仰拱滞后初期支护6m，拱腰及拱顶二次衬砌滞后初期支护8m，二次衬砌采用FLAC^{3D}里的shell结构单元来模拟，计算到平衡。

⑤重复第②步、第③步和第④步，通过FISH语言控制整个开挖不断向前推进，直到隧道开挖结束。

本节的数值模拟中采用的隧道施工工法为三台阶临时仰拱法，计算工况共分为4组24个。选用的管棚直径为79mm、108mm、133mm、159mm和194mm五种，其钢管壁厚分别为6mm、9mm、12mm、14mm和16mm。数值计算工况见表5-3。

数值计算工况表　表5-3

第1组		第2组		第3组		第4组	
土体模量（MPa）	管棚直径（mm）	土体模量（MPa）	管棚直径（mm）	土体模量（MPa）	管棚直径（mm）	土体模量（MPa）	管棚直径（mm）
25	无管棚	40	无管棚	60	无管棚	80	无管棚
	79		79		79		79
	108		108		108		108
	133		133		133		133
	159		159		159		159
	194		194		194		194

5.2.3 超前管棚的支护效果分析

结果分析时，为了消除隧道开挖过程中边界效应的影响，选择$y=20$m断面作为目标断面，对其计算结果进行分析。目标断面示意图如图5-10所示。

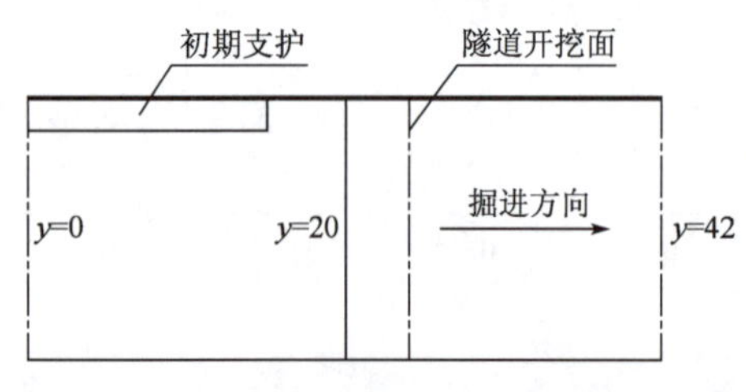

图5-10　目标断面示意图

1）整体竖向位移分析

从图5-11和图5-12可以直观地看出，相同开挖状态下，不设置管棚时，掌子面上部围岩位移、隧道地表沉降及其扩散范围均比设置管棚情况下大很多。在隧道开挖过程中，当开挖面通过2~3倍洞径后，围岩变形达到最大，随着掌子面的不断向前推移，围岩变形速率减缓并最终趋于稳定。此外，虽然有管棚的“保护”，但是掌子面上半部的变形量依然比其他部位大，说明掌子面上半部是隧道开挖最危险的区域，这是因为隧道开挖后，掌子面原来的应力平衡状态被打破，由三向应力状态变为两向应力状态，使掌子面容易发生剪切破坏，发生较大临空位移，使拱顶沉降量增大。

竖向位移云图表明，隧道拱顶上部最大竖向位移发生在洞口段，不设置管棚时，目标断面拱顶上部围岩的最大变形值约为22mm，而在超前管棚的“控制”作用下，目标断面拱顶上部围岩的最大变形约为10mm，且从整个掘进过程来看，对地面沉降的抑制效果始于掌子面前方一定距离处，如图5-6所示。表明管棚体系能够从空间和时间上有效地抑制掌子面前方地层的位移。

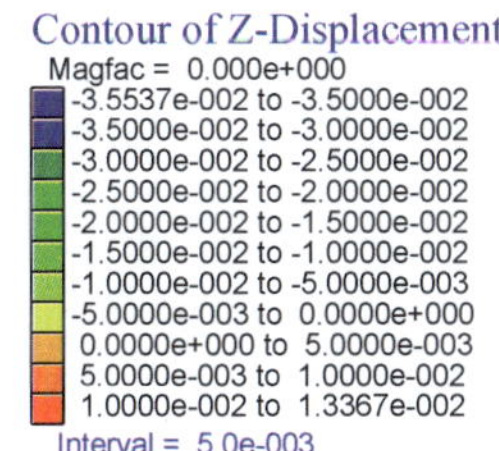

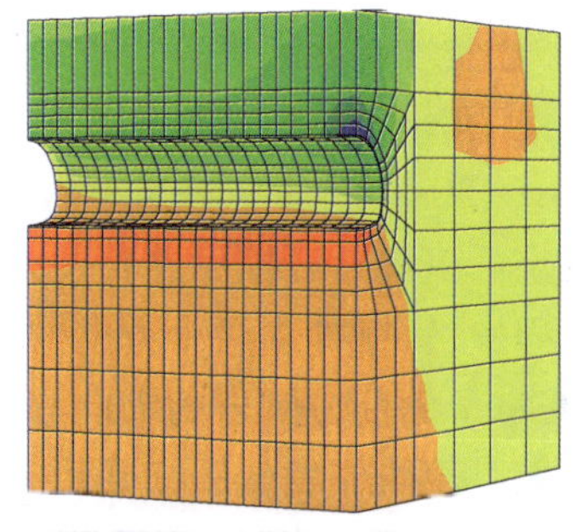

图 5-11 不设置管棚时的沉降云图(土体模量 40MPa)

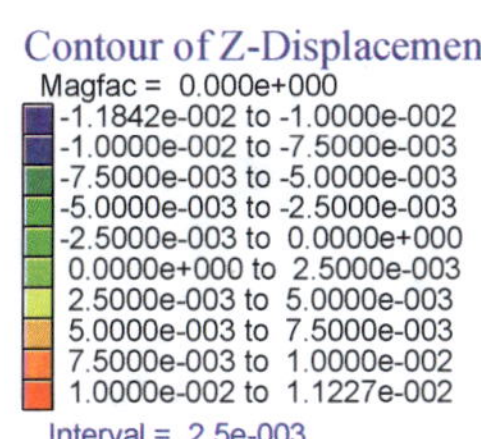

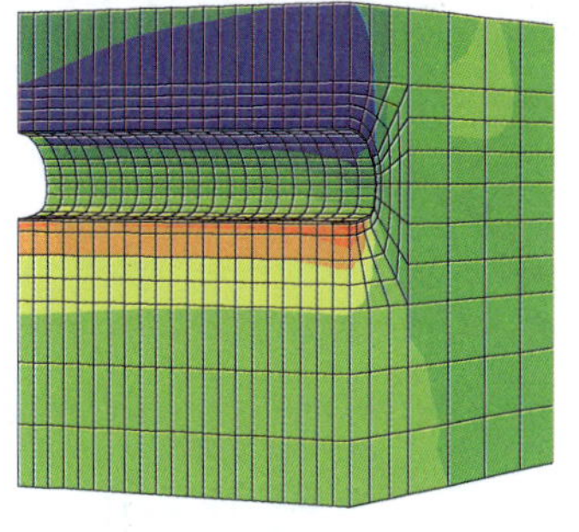

图 5-12 设置管棚时的沉降云图(土体模量 40MPa)

2)地表沉降、拱腰收敛和拱顶沉降分析

图 5-13 给出了设置管棚和不设置管棚两种情况下目标断面地表沉降曲线(管棚直径 79mm、围岩模量 40MPa)。可以看出,不论设置管棚与否,沉降槽曲线形式符合 Peck 建议的正态分布曲线形式,即在隧道开挖轴线上部土体的地表沉降达到最大,离隧道中心越远,沉降越小。不设置管棚时,地表最大沉降为 10.66mm,而设置管棚后地表最大沉降减小了 3.64mm,说明管棚起到很好的超前支护和控制地表沉降的作用,设置管棚时隧道开挖引起的地表沉降比不设置管棚时减小了 40% ~50%。

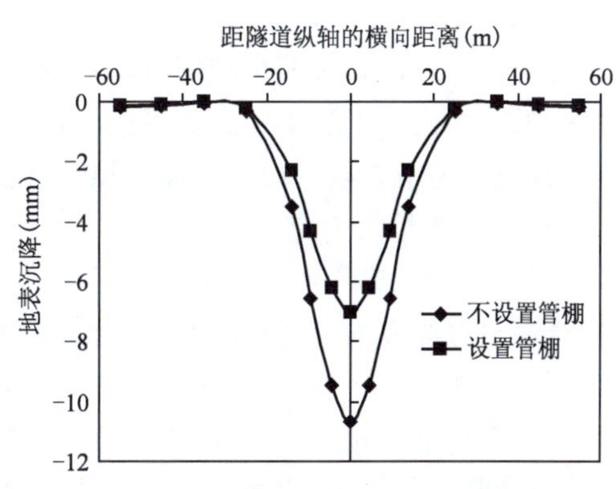

图 5-13 两种情况下的横断面沉降槽曲线

图 5-14 为设置管棚和不设置管棚两种情况下目标断面拱腰水平收敛位移对比曲线。由图可知,在整个隧道开挖过程中,拱腰收敛主要表现为外扩,这主要是由于隧道上、中台阶的开挖高度相对隧道跨度较小,初期支护在垂直压力作用下向隧道断面两侧发生挤压变形。另外,管棚的设置与否对拱腰收敛的影响不大(不设管棚时为 1.60mm,设置管棚时为 1.54mm)。这可能是因为:只在拱顶 120°范围内设置了管棚,在竖直方向上可以形成一个有效的棚架结构,抑制变形的效果较好;但在水平方向上,未能有效地形

成棚架结构，相应地抑制水平变形的效果难以体现。当然，总体上说水平收敛位移相对于拱顶沉降来说要小很多，不是变形控制的重点。

图5-15展示了设置和不设置管棚两种情况下拱顶沉降随开挖步的发展曲线。结果表明，隧道开挖初期（开挖10～30m）拱顶下沉速率较大，随着掌子面的持续向前移动，拱顶下沉速率逐渐减小并趋于稳定。当隧道开挖面前移一段距离后，前方隧道的开挖对已支护区域的影响不大。隧道开挖过程中，管棚抑制两个方向的地层位移，垂直于隧道开挖方向的横断面位移使管棚发生轴向弯曲；掌子面前方围岩的纵向移动使管棚承受来自掌子面方向的摩擦力，围岩与管棚钢管之间的摩擦力使管棚发生压缩变形。对比两种情况下的拱顶沉降曲线，发现管棚的设置可以明显抑制隧道拱顶沉降（由不设置管棚时的17.5mm减小到11.2mm），从而有效控制地层位移。

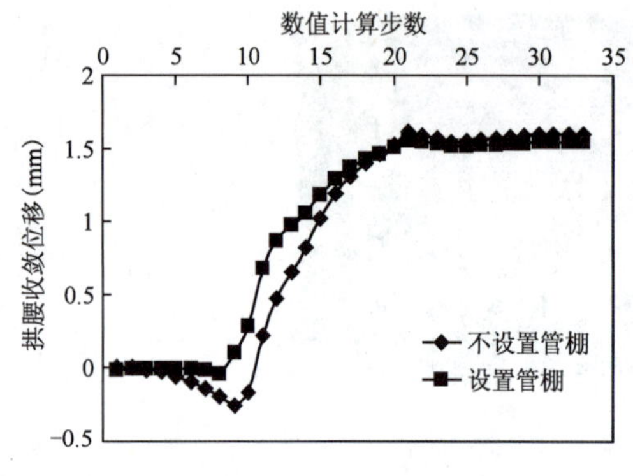

图5-14　两种情况下的拱腰收敛位移曲线

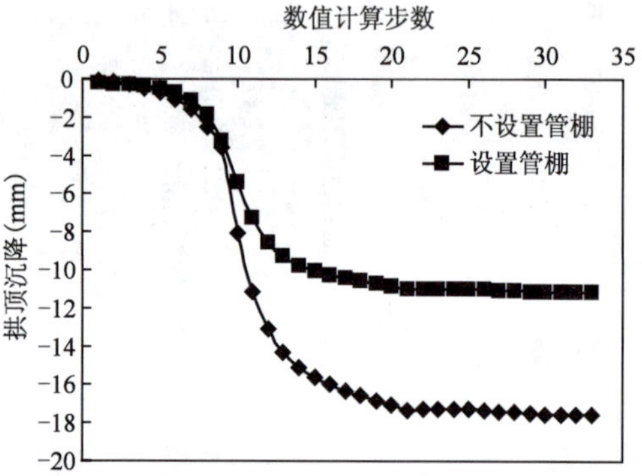

图5-15　两种情况下的拱顶沉降随开挖步发展曲线

3）初期支护和加固圈最大主应力分析

（1）初期支护最大主应力

由图5-16可以看出，在隧道开挖过程中，隧洞周围围岩应力随其开挖逐步释放，释放后主要作用在初期支护上，并在洞口段发生应力集中，隧道拱顶和底部主要受拉，拱腰位置受压。初期支护的最大拉应力集中在洞口段的拱顶位置，初期支护所受的围岩压力主要由松动土压力和形变压力组成，初期支护和二次衬砌作为整体共同承受隧道荷载，而其中初期支护对隧道的稳定起主要作用。

初期支护可以大大缩小隧道沉降的变化速率，强化围岩并提高其自承能力，使隧道在开挖进程中短时间内可以趋于稳定。管棚的设置能够很好地将应力进行扩散，弱化隧道拱顶应力集中的程度，使最大压应力由－0.534MPa变化到－0.43MPa。

（2）加固圈最大主应力

由图5-17可以看出，系统锚杆在围岩的变形过程中，有效地起到了支承和约束作用，能够维持隧道围岩原有的应力状态，在改善隧道围岩应力的分布以及抑制围岩产生较大的松弛变形方面起到作用，并使支护系统的承载能力增加，使支护系统具有更高的安全性能。

未设置超前管棚时，整个隧道洞身区域的加固圈都要承受压应力的作用，且压应力的值都较大；而设置超前管棚后，最大压应力的作用区域减小，仅作用在隧道拱腰位置，并使初期支护的最大压应力由－0.535MPa变化到－0.435MPa，说明超前管棚对隧道开挖过程中围岩产生的释放荷载进行了很好的扩散；此外，管棚作用区进一步加强了系统锚杆的作用，将已开挖支护段的围岩压力传递给后方初期支护和前方围岩，使隧道上部围岩所受的压应力进一步减小。

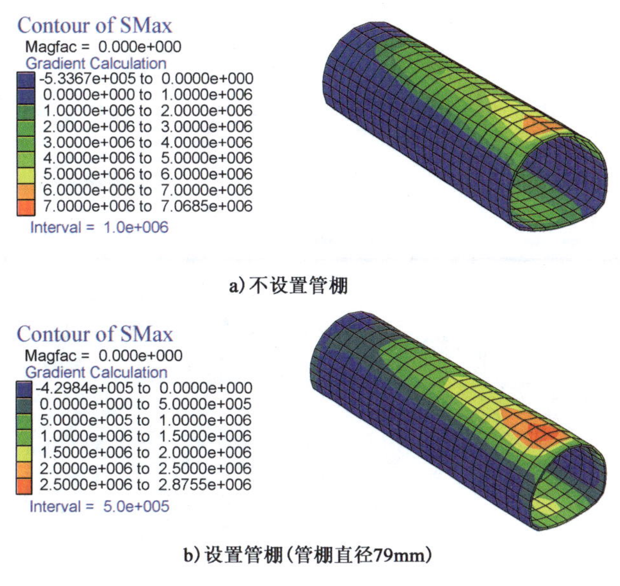

a）不设置管棚

b）设置管棚（管棚直径79mm）

图 5-16　初期支护的最大主应力云图

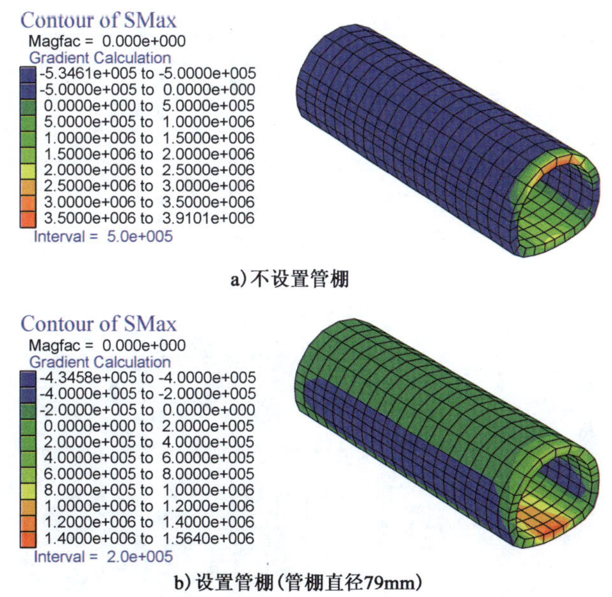

a）不设置管棚

b）设置管棚（管棚直径79mm）

图 5-17　加固圈的最大主应力云图

5.2.4　不同围岩刚度下管棚的影响效果分析

1）整体竖向位移分析

图 5-18 ~ 图 5-21 给出了围岩模量分别为 25MPa、40MPa、60MPa 和 80MPa 情况下设置超

前管棚(管棚直径为79mm)和不设置超前管棚时围岩的竖向位移分布云图。

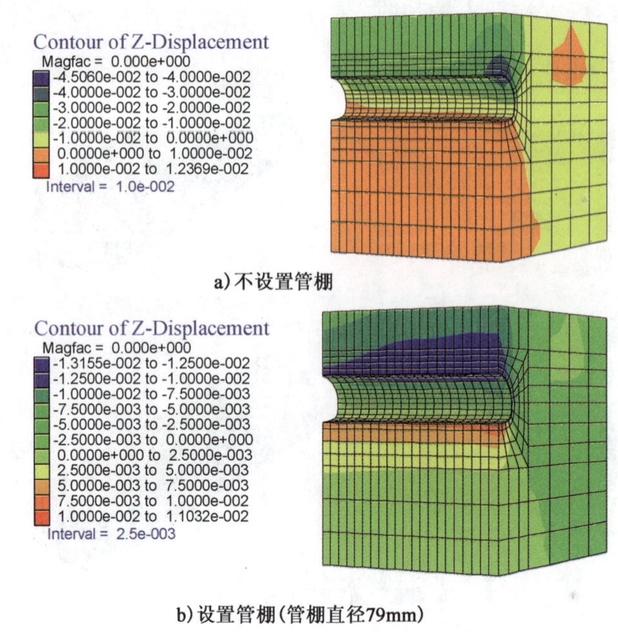

a)不设置管棚

b)设置管棚(管棚直径79mm)

图5-18　$E=25\text{MPa}$ 时的沉降云图

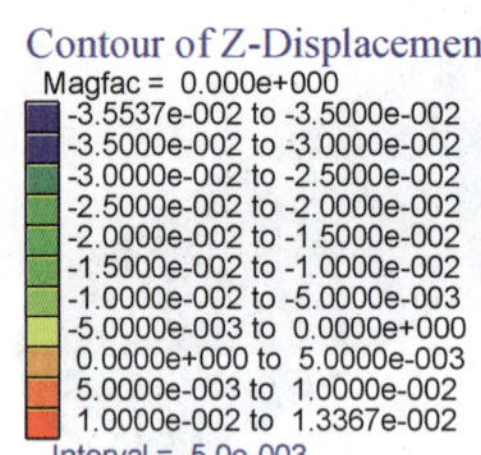

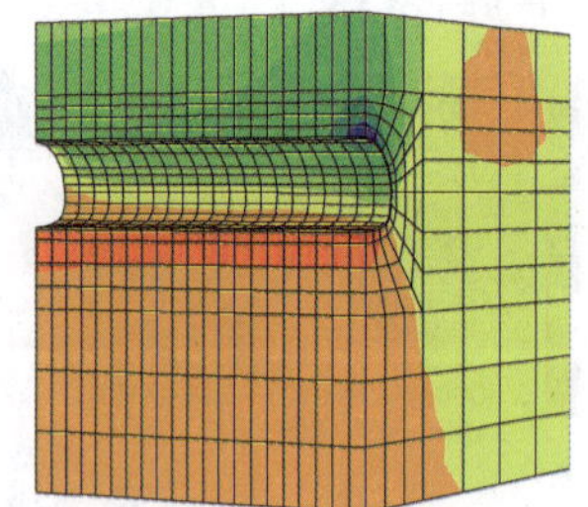

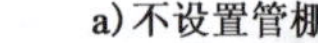

a)不设置管棚

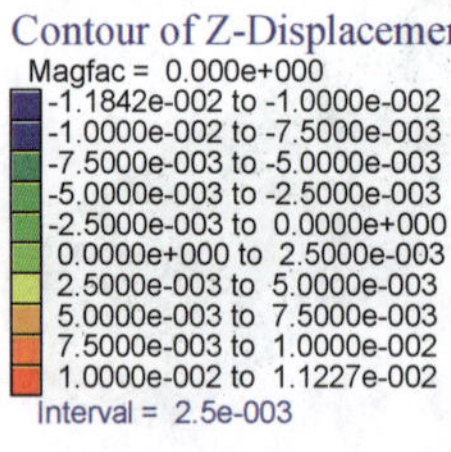

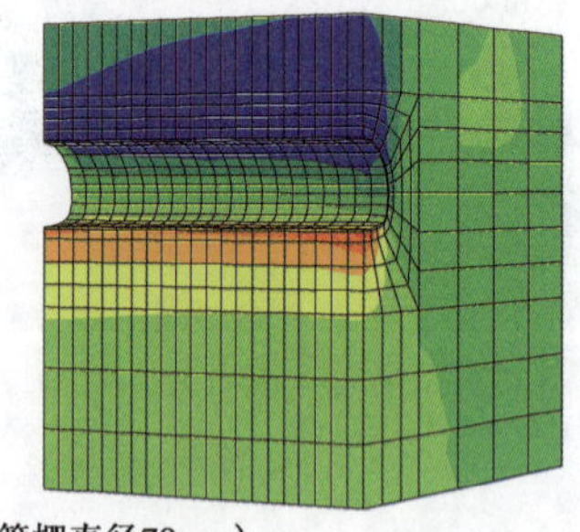

b)设置管棚(管棚直径79mm)

图5-19　$E=40\text{MPa}$ 时的沉降云图

从图5-18～图5-21可以看出,不论围岩模量 E 为何值,设置管棚时的地层最大竖向位移均比较小,其对围岩的影响范围也受到管棚的抑制,且隧道拱顶沉降均大于地表沉降,这是由于隧道施工过程中,开挖释放荷载只作用在隧道围岩一定范围内,沉降并未发展到地表。

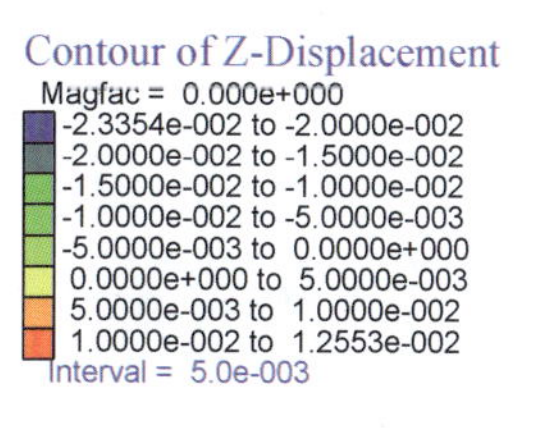

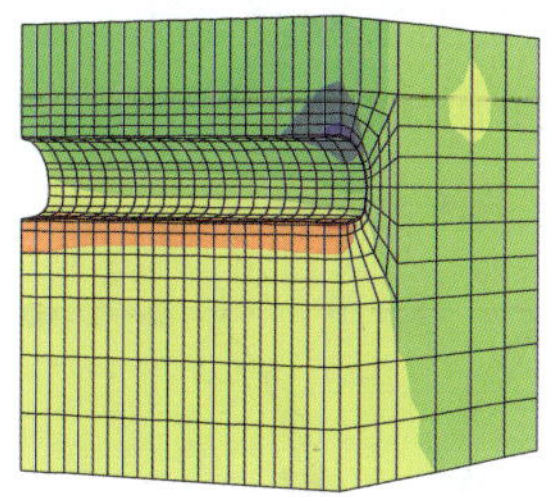

a) 不设置管棚

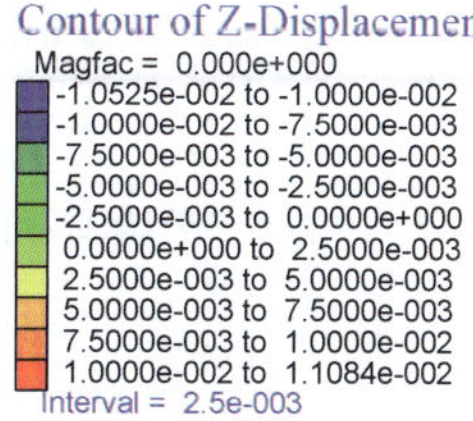

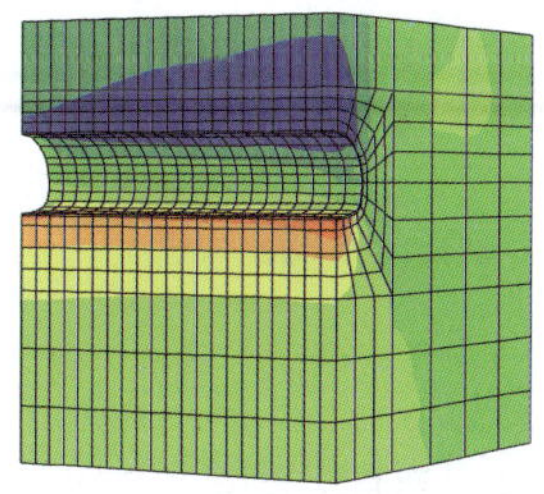

b) 设置管棚(管棚直径79mm)

图 5-20 $E=60$MPa 时的沉降云图

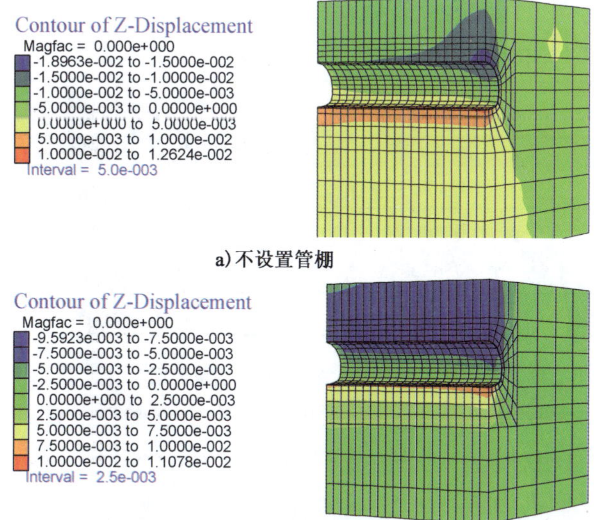

a) 不设置管棚

b) 设置管棚(管棚直径79mm)

图 5-21 $E=80$MPa 时的沉降云图

围岩弹性模量越大,围岩越好,开挖过程中引起的地层位移越小。四种不同围岩模量是否设置管棚引起的地层最大沉降差分别约为 33.22mm、23.70mm、12.83mm 和 9.37mm,可以看出,围岩刚度越大,地层沉降越小,但当围岩模量大于 40MPa 后,围岩弹性模量的增大对地层竖向位移的控制效果也逐渐减弱,并逐渐趋于稳定。

2) 地表沉降、拱腰收敛和拱顶沉降分析

图 5-22 给出了设置管棚和不设置管棚情况下目标断面地表沉降对比曲线。计算结果表明,不论是否设置管棚,围岩的横断面沉降槽形式都符合 Peck 曲线。不设置管棚时,围岩刚度差异引起的地表沉降差分别为 1.84mm、3.10mm 和 1.17mm,设置管棚时分别为 0.94mm、

0.85mm和0.59mm,表明围岩刚度越大,隧道开挖引起的地表沉降越小,但当围岩刚度大于40MPa以后,围岩刚度的增加对地表沉降的贡献已越来越小。

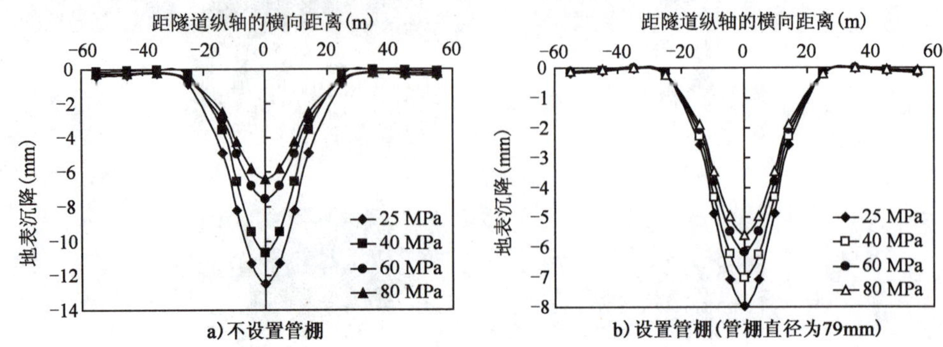

图5-22　四种不同强度围岩的横断面沉降槽曲线

表5-4列出了不同围岩刚度条件下设置管棚与不设置管棚情况下目标断面最大地表沉降值及增设管棚情况下地表沉降降低百分比。该表清楚地显示,围岩刚度越大,管棚与围岩之间的刚度比就越小,管棚的骨架作用用逐渐减弱,相应地对地层沉降的控制效果也就逐渐降低。这也正从理论上阐述了为何工程实践中管棚在浅埋软弱围岩中作用效果更为明显的现象。

不同围岩刚度条件下目标断面最大地表沉降值　　表5-4

围岩模量(MPa)	目标断面最大地表沉降值(mm)		地表沉降减小百分比(%)
	不设置管棚	设置管棚(直径79mm)	
25	12.50	7.97	36.24
40	10.66	7.03	34.05
60	7.56	6.17	18.39
80	6.39	5.58	12.68

从图5-23可以看出,不设置管棚时,$E=40$MPa时围岩的拱腰收敛曲线主要向外扩张,而其他三种情况时则是向内收敛。设置管棚时,四种强度围岩的拱腰曲线形式基本一致。围岩刚度越大,拱腰收敛位移相对越小,但最大拱腰收敛值在1.28~1.68mm之间,且与$E=40$MPa时不设管棚的拱腰曲线形式相同。

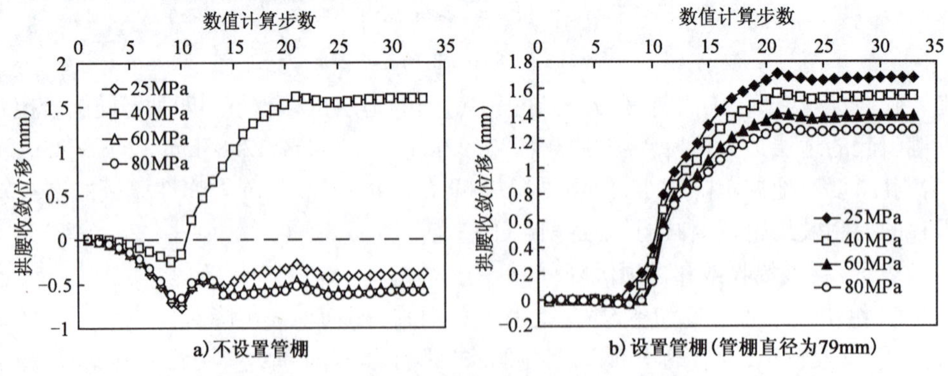

图5-23　四种不同强度围岩的拱腰收敛位移曲线

这是由于隧道断面是由三个圆相交构成，上、中台阶的开挖高度相对隧道跨度较小，初期支护在垂直压力作用下向隧道断面两侧发生挤压变形，引起拱腰外扩。不设置管棚时，没有管棚钢管的作用来弱化围岩刚度对拱腰收敛的影响，围岩刚度值选用不恰当引起的不足就显得尤为突出。围岩太弱，其自身稳定性较差，开挖过程中容易出现失稳现象；围岩刚度太大，围岩较硬，自身稳定性较好，开挖过程中拱腰的外扩受到较硬围岩的限制，主要表现为向内挤压。

从图5-24可以看出，隧道开挖初期（开挖0～10m）拱顶下沉变化不大，表面隧道开挖初期，其初期支护的刚度变化不大；随着开挖向前推进（开挖10～30m）拱顶下沉速率变化较大，随着开挖的继续，拱顶下沉速率逐渐减小并趋于稳定。说明当隧道开挖面前移一段距离后，前方隧道的开挖对已支护区域的影响不大。

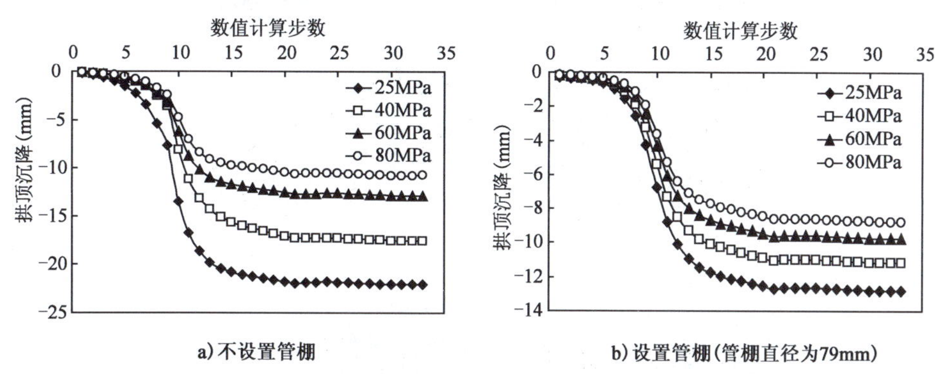

图5-24　四种不同强度围岩的拱顶沉降随开挖步发展曲线

由图中可以看出，围岩刚度越大，隧道开挖引起的拱顶沉降越小。管棚的设置可以明显抑制隧道拱顶沉降，四种不同强度时设置管棚与否的最大沉降差为9.3mm。不设管棚时，不同围岩刚度的沉降差分别为4.6mm、2.6mm和2.1mm；设置管棚时，不同围岩刚度的沉降差分别为1.6mm、1.2mm和1mm。当围岩弹性模量大于40MPa以后，随着模量值的继续增加，其对拱顶沉降的影响越来越小。

类似于表5-4，表5-5列出了不同围岩刚度条件下设置管棚与不设置管棚情况下目标断面拱顶沉降值及增设管棚情况下拱顶沉降降低百分比。同样，随着围岩刚度增大，管棚的骨架作用逐渐减弱，相应地对地层沉降的控制效果也就逐渐降低。

不同围岩刚度条件下目标断面最大拱顶沉降值　　表5-5

围岩模量（MPa）	目标断面最大拱顶沉降值（mm）		地表沉降减小百分比（%）
	不设置管棚	设置管棚（直径79mm）	
25	22.07	12.80	42.00
40	17.52	11.17	36.24
60	12.84	9.74	24.14
80	10.74	8.77	18.34

3)初期支护主应力分析

(1)初期支护最大主应力

由图5-25(未设置管棚)可以看出,随着围岩模量的逐渐增大,隧道初期支护的最大压应力先增大后减小,围岩模量从25MPa变化到40MPa时,最大压应力从-0.463MPa增大到-0.534MPa;围岩模量从40MPa增大到80MPa时,最大压应力则依次减小为-0.432MPa和-0.410MPa。

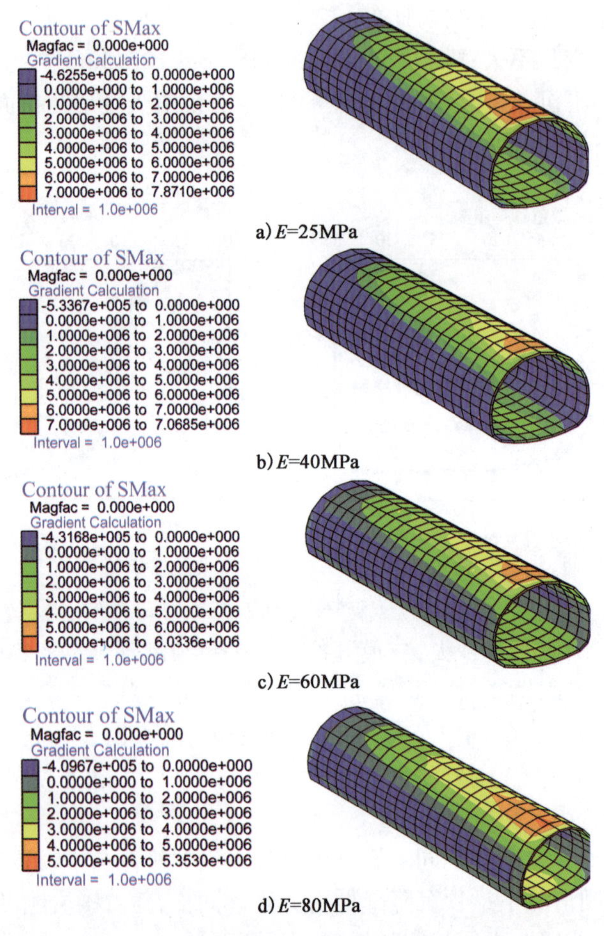

a) E=25MPa

b) E=40MPa

c) E=60MPa

d) E=80MPa

图5-25　四种不同强度围岩的初期支护最大主应力图

在隧道开挖过程中,初期支护可以大大缩小隧道沉降的变化速率,使围岩得到强化,自承能力得到提高,确保隧道开挖过程中短时间内可以趋于稳定。围岩应力随隧道开挖逐步释放,主要作用在初期支护上,初期支护的最大拉应力集中在洞口段的拱顶位置,也就是说在隧道洞口段发生应力集中,隧道拱顶和底部主要受拉,拱腰位置受压。

随着围岩模量的增大,四种工况下拱腰位置最大应力差值分别为-0.071MPa、0.102MPa和0.022MPa。

(2)初期支护最小主应力

由图5-26(未设置管棚)可以看出,随着围岩模量的逐步增大,初期支护主压应力呈递减趋势，从 -7.632MPa 减小到 -6.441MPa，表明初期支护使围岩得到强化，自承能力得到提高；拱腰位置最小压应力差值分别为 0.542MPa、0.371MPa 和 0.278MPa。

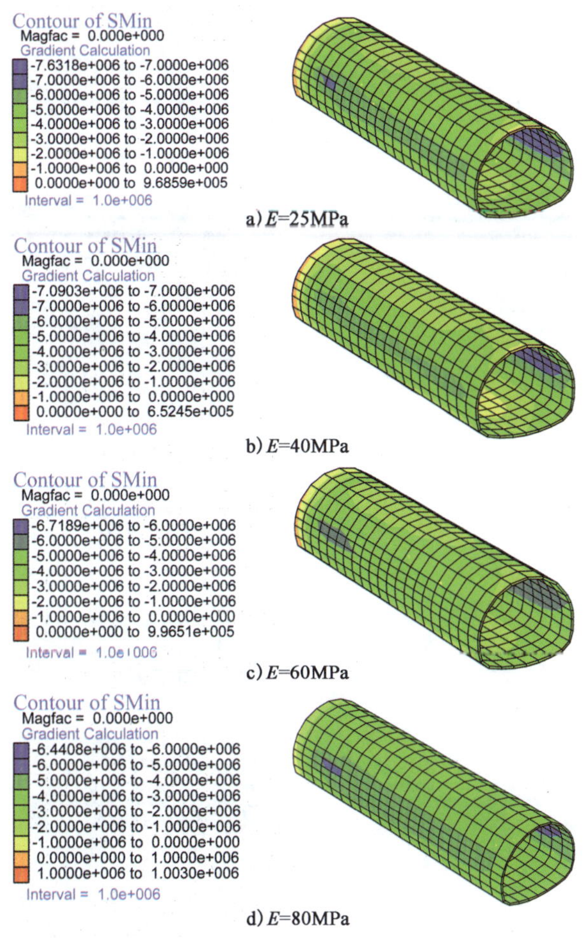

图 5-26 四种不同刚度围岩的初期支护最小主应力图

5.2.5 管棚直径对位移控制效果的影响分析

本节数值计算考虑 5 种不同的管棚钢管直径，即 79mm、108mm、133mm、159mm 和 194mm，土体模量 E =40MPa，其余计算参数和模拟方法同前。

1）整体竖向位移分析

图 5-27 给出了 5 种不同管棚直径下围岩竖向位移分布云图。

从图 5-27 可以看出，随着管棚直径的增大，同一土体刚度下围岩的最大地层位移逐渐减小，管棚直径为 194mm 时目标断面的地层最大沉降比直径为 79mm 时减少了 4.53mm，说明直径较大的管棚可以更好地控制隧道开挖面周围岩体的松动破坏，加强管棚的超前支护作用。因此，为了保证围岩和隧道开挖面的稳定，以及将地层变形控制在某个限定值内，可以通过增加管棚钢管的直径来实现。

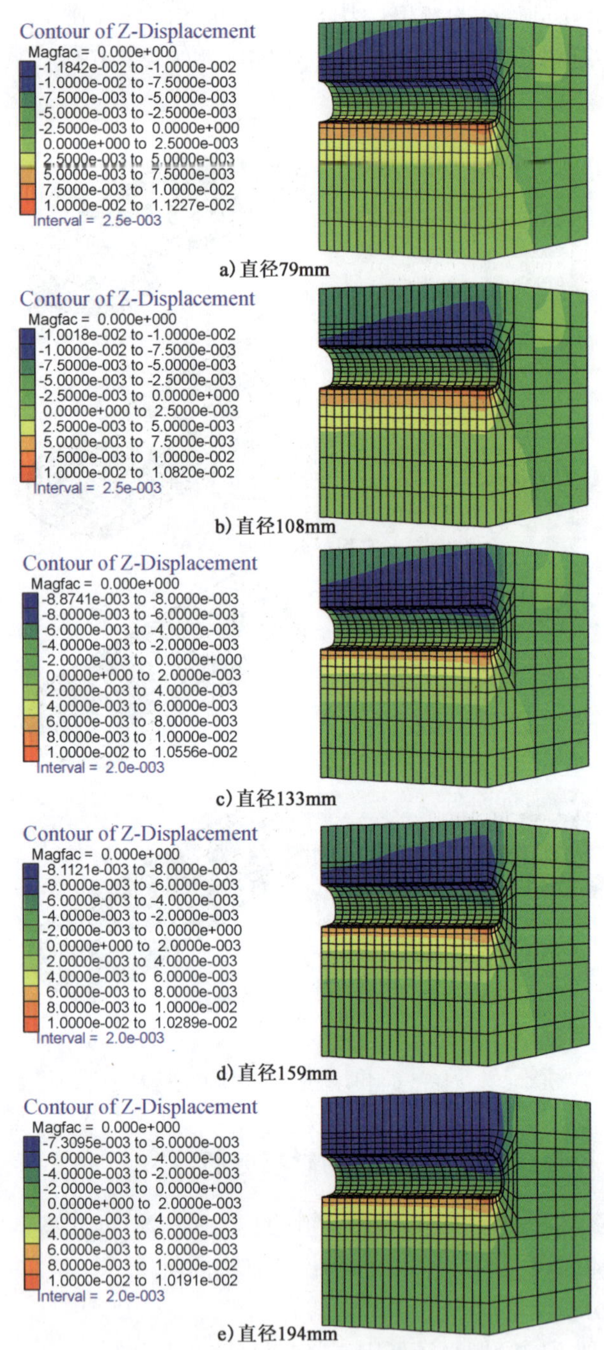

a）直径79mm

b）直径108mm

c）直径133mm

d）直径159mm

e）直径194mm

图 5-27　不同管棚直径时的竖向沉降云图

2）地表沉降、拱腰收敛和拱顶沉降分析

图 5-28 给出了不同管棚直径下目标断面地表沉降槽曲线。由图可以直观地看出，不论管棚直径大小如何，隧道开挖引起的土体的横断面沉降槽形式都符合 Peck 曲线形式，管棚直径越大，隧道开挖引起的地表沉降越小。管棚直径差异引起的地表最大沉降差分别为 1.03mm、

0.66mm、0.45mm 和 0.43mm。

图 5-29 进一步地给出了目标断面最大地表沉降随管棚直径的变化曲线，可以看出，当管棚直径大于 159mm 以后，继续增大管棚直径对地表沉降的控制效果逐渐降低，单纯依靠增加管棚直径来控制地表沉降的收效不再明显，表明管棚直径存在最优值。

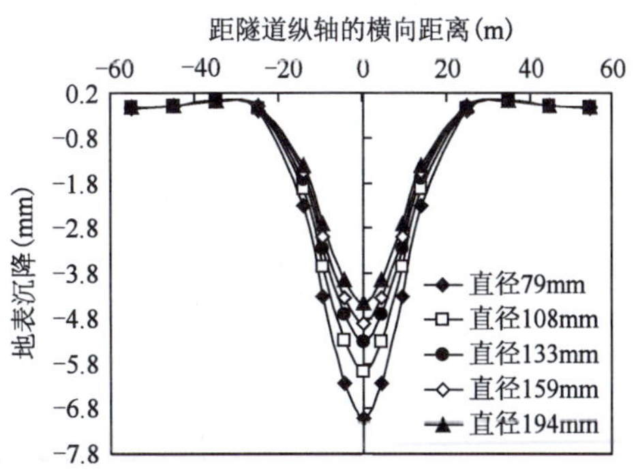

图 5-28　不同管棚直径时的横断面沉降槽曲线

图 5-30 给出了不同管棚直径下目标断面拱腰水平收敛位移随开挖步的发展过程。可以看出，即使管棚直径不同，但拱腰收敛曲线趋势基本一致。管棚直径越大，拱腰收敛位移越大，但不同管径时隧道开挖引起的最大拱腰收敛位移差值越来越小，随管棚直径的增大，差值分别为 0.12mm、0.08mm、0.05mm 和 0.05mm。

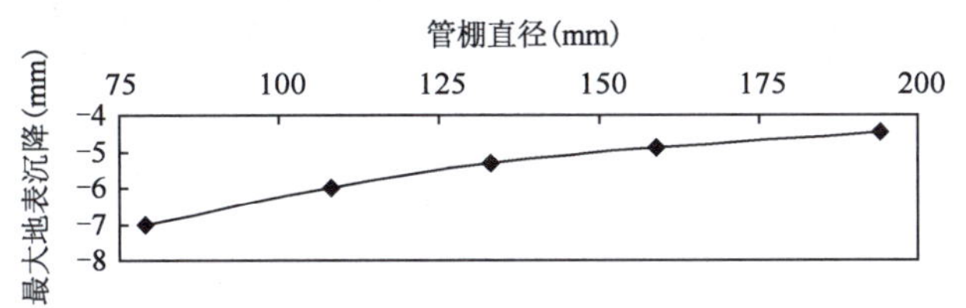

图 5-29　目标断面最大地表沉降随管棚直径的变化曲线

图 5-31 显示了不同管棚直径时目标断面拱顶沉降随开挖步的发展过程。结果显示，管棚直径越大，隧道开挖引起的拱顶沉降越小。五种不同直径时，隧道开挖引起的拱顶沉降差分别为 1.7mm、1.1mm、0.7mm 和 0.7mm。同样，当管棚直径大于 159mm 后，随着管棚直径的继续增加，其对拱顶沉降的影响越来越小。

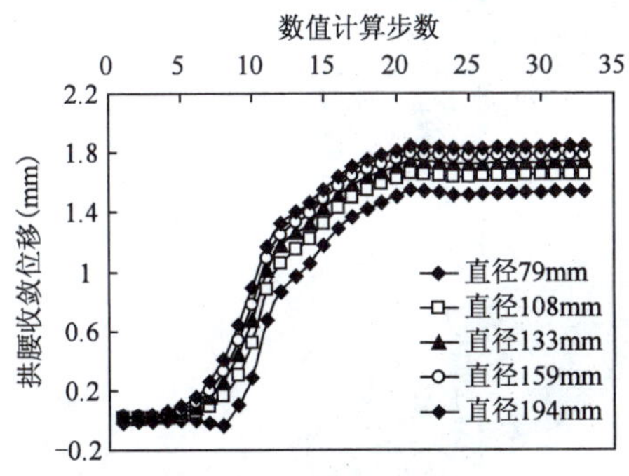

图 5-30　不同管棚直径时的拱腰收敛位移图

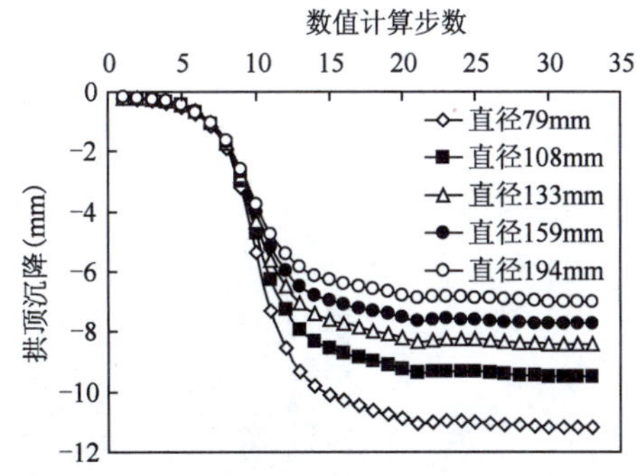

图 5-31　不同管棚直径时拱顶沉降随开挖步发展曲线

3）初期支护和加固圈最大主应力分析

（1）初期支护最大主应力

图 5-32 给出了五种直径下初期支护最大主应力的分布形式。可以看出，随着管棚直径从 79mm 增大到 194mm，隧道初期支护的最大压应力呈递减趋势，从 -0.43MPa 减小到 -0.34MPa。初期支护的最大主应力在隧道洞口段发生应力集中，隧道拱腰位置主要受压。

随着管棚直径的增大,洞口段应力集中的程度减弱,拱腰的受压程度也得到减缓。

管棚的设置可以使初期支护的支护效果得到最好的发挥,能够有效减缓隧道洞口段和洞尾段的应力集中,使最大和最小主应力得到有效控制。

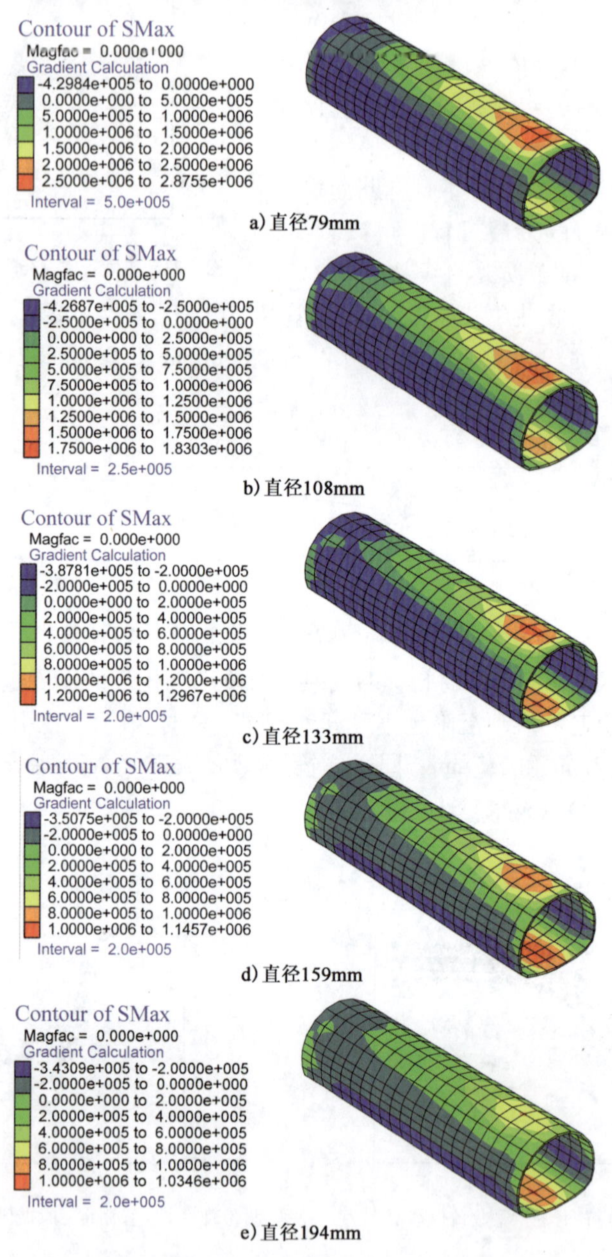

a)直径79mm

b)直径108mm

c)直径133mm

d)直径159mm

e)直径194mm

图5-32　不同直径的初期支护最大主应力图

(2)加固圈最大主应力

图5-33给出了五种直径下加固圈最大主应力的分布云图。可以看出,加固圈的最大应力主要集中在洞口段,且洞口上、下部的差值较大,主要是由于在拱腰以上的部位设置了超前管棚,能够较好地将上部围岩释放荷载传递到周围土体,且随着管棚直径的逐渐增大,加固圈的

最大压应力呈递减趋势，从 -0.44MPa 减小到 -0.38MPa。

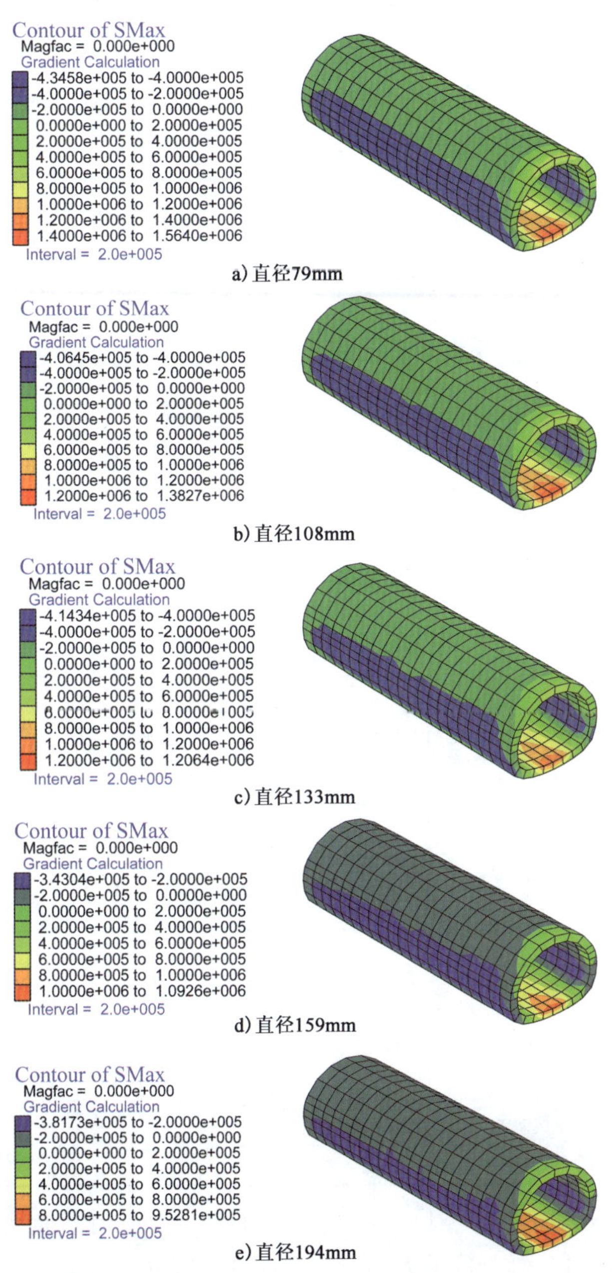

a) 直径79mm

b) 直径108mm

c) 直径133mm

d) 直径159mm

e) 直径194mm

图 5-33 不同直径的加固圈最大主应力云图

本节通过对是否设置管棚、不同土体刚度以及不同管棚直径对隧道开挖时掌子面稳定和地层稳定的控制效果的影响进行比较分析，得到以下几点结论：

(1) 隧道洞口段的混凝土套拱可以有效地控制第一环管棚起始位置的沉降，但是所起的作用有限，并不能从根本上解决洞口段沉降较大的问题。

(2) 相同开挖状态下，设置超前管棚能够有效地抑制掌子面上部围岩和隧道地表沉降；管棚可以起到较好的荷载传递作用,有效地控制开挖释放荷载引起的地层位移,及时地将围岩应力传递和分散到掌子面前方的土体和格栅钢拱架上,保证掌子面前方土体的稳定和减少围岩地表沉降。

(3)土体刚度越大,地层沉降越小,管棚与土体之间的刚度比就越小,管棚的骨架作用随之逐渐减弱,相应地管棚对地层沉降的控制程度也就逐渐降低。

(4)管棚直径越大,隧道开挖引起的地表沉降和地层位移越小,但当钢管直径超过159mm后,管棚钢管对地层位移的控制和围岩荷载的传递作用都基本趋于稳定,对控制掌子面上部围岩的变形意义已经不大。

5.3 超前管棚与不同施工工法的配合效果分析

5.3.1 施工工法的适用性

当以新奥法为指导思想进行隧道的施工时,主要的施工方法包括:全断面法、台阶法、三台阶临时仰拱法、单(双)侧壁导坑法、中隔墙法等。表5-6归纳了各种施工工法的特点及适用性。

各种施工工法的特点及适用性　　表5-6

施工工法	施工速度(m/月)	适用条件	工期	造价	施工引起的地层位移	备注
全断面法	大于60	地层好,跨度≤8m	最短	低	最大	工作面大,大大节省了施工周期,但容易造成围岩失稳
台阶法	35~45	地层较差,跨度≤12m	短	低	大	工作面较大,节省了施工时间,能够降低人工费用
CD法	35~40	地层差,跨度≤18m	较长	偏高	较大	工序简单,工期较快,造价相对较低
CRD法	大约30	地层差,跨度≤20m	长	高	较小	施工费用低于双侧壁导坑法,工作面大于侧壁导坑法
双侧壁导坑法	小于30	小跨度,可扩成大跨	长	高	小	施工工序复杂,速度较慢,成本较高

其中,全断面法和台阶法是土体开挖效率最高的掘进方法,工作面大,且不需要临时支撑。但是在实际施工中,由于土体暴露面大,非常容易出现拱顶塌方、掌子面失稳或地层位移过大引起环境破坏等工程事故,必须慎重。其他如单侧壁导坑法(CRD法)、双侧壁导坑法等虽然可以非常有效地控制地层位移,保证施工的安全性,但工作面小,开挖速度慢,施工成本也较大。

正是由于不同的施工工法具有不同的特点,工程技术人员才可以根据实际情况选择经济合理的施工工法。目前,针对工法的合理选择及工法相关参数的优化的研究已经较为成熟,相关规律和结论已经被很好地应用于指导实际工程。但是,所有这些研究都仅局限于开挖工法本身。实际上,影响施工安全、地层稳定性、环境扰动程度及施工成本的因素是多方面的。譬如从控制地层变形的角度来看,第3章的研究结论已经很好地阐明了超前预支护体系对于地层变形的控制有非常重要的影响。也就是说,想要达到某一个位移控制标准,可以采用的施工方案组合可能有3种:

(1)强超前预支护体系+激进的开挖工法。

(2)一般超前预支护体系+一般的开挖工法。

(3)弱(或无)超前预支护体系+保守的开挖工法。

这3种方案到底哪种施工速度更快,安全系数更高,建筑成本更低,目前还不得而知。既有研究也都未涉及如何定量评价超前预支护体系与开挖工法的配合效果。因此,本章将依托中条山隧道工程,详细地比较分析不同"超前预支护体系+开挖工法"组合下围岩的稳定状况,进而评价超前预支护体系与开挖工法的配合效果,为新奥法隧道施工方案的优化开辟新的思路。

中条山隧道洞口段采用的施工工法为环形开挖预留核心土法,为了分析隧道开挖过程中管棚与不同施工工法的配合效果,本节共采用了5种不同的施工工法进行数值计算,分别为全断面法、台阶法、三台阶临时仰拱法、环形开挖预留核心土法和CRD法。由于"超前预支护体系+开挖工法"组合的优化涉及施工周期、人工价格、台班价格及材料价格等多个方面,因此本章只是从控制围岩变形的角度出发,探讨不同的"超前预支护体系+开挖工法"组合。在实际应用中,可根据施工周期、建筑成本和安全标准的需要,对"超前预支护体系+开挖工法"组合方案进行有效的优化。

5.3.2 施工工法对围岩稳定性的影响

第5.2节已经阐明了超前预支护体系(主要是超前管棚)对围岩稳定性的影响规律。因此,为了合理地评价超前预支护体系与开挖工法的配合效果,还必须从定量上明确不同施工工法对围岩稳定性的影响规律。

本节将考虑全断面法、台阶法、三台阶临时仰拱法、环形开挖预留核心土法和CRD法5种工法,通过数值计算分析围岩的稳定状况。

(1)超前管棚与工法配合数值模型

为了分析超前管棚与不同施工工法的配合效果,本章在进行数值仿真分析时,不同施工工法的隧道拱顶位置均设置了超前管棚。

图5-34给出了5种不同施工工法的网格划分情况及工法示意图。由于CRD工法隧道施工断面为不对称断面,故计算时采用全结构,其他4种施工工法只考虑单隧道开挖,且隧道开挖断面具有对称性,故计算时仅采用半结构。

数值仿真模型的三维尺寸和各方向约束设置情况与第5.2节相同,数值计算时5种施工工法的土体模量均为40MPa,管棚钢管直径均为133mm,围岩和支护结构参数见表5-1,结构单元的参数见表5-2,设置形式和第2章相同。三台阶临时仰拱法上台阶长4m,下台阶长6m;台阶法台阶长度为10m;环形开挖预留核心土法上台阶环形开挖先行上台阶核心土开挖4m,上台阶核心土开挖先行下台阶周围土6m,下台阶周围土开挖先行下台阶核心土4m;CRD法左上部开挖先行左下部开挖6m,左下部开挖先行右上部开挖16m,右上部开挖先行右下部开挖6m。

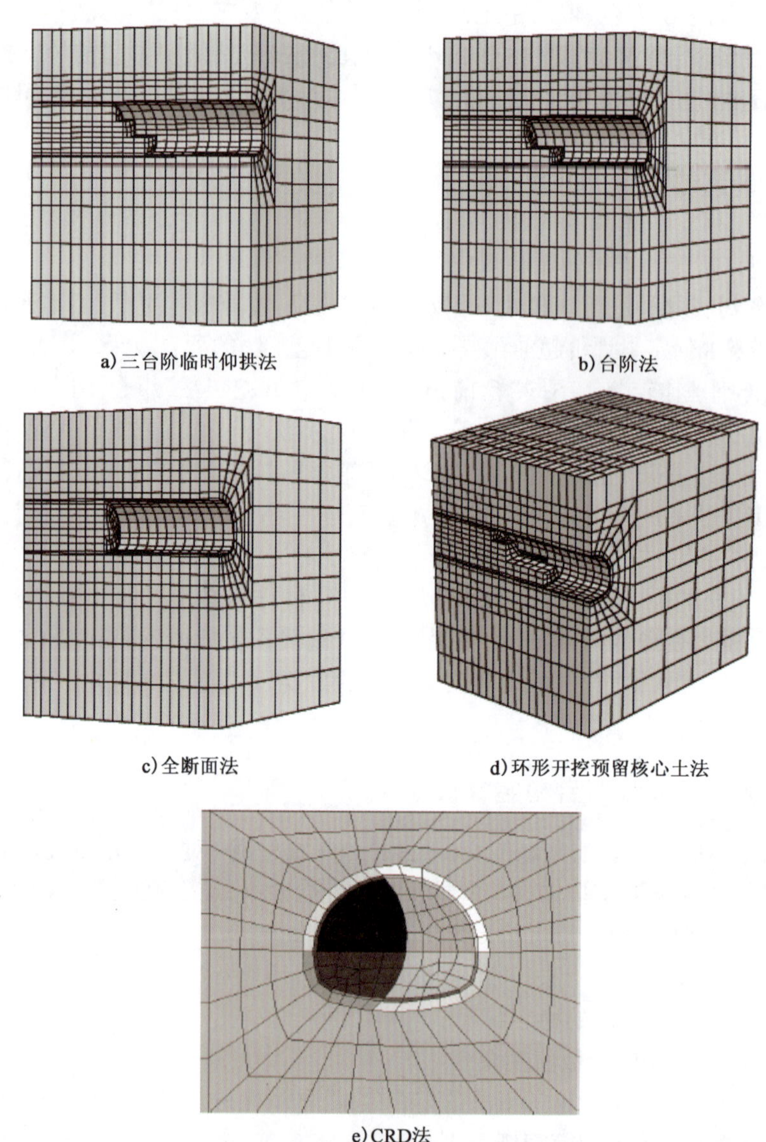

图 5-34　不同施工工法数值计算模型图

不同施工工法的隧道开挖数值模拟过程与第 5.2 节相同,表 5-7 汇总了本节数值计算所涉及的全部工况。

数值计算工况表　　表 5-7

土体模量(MPa)	管棚直径(mm)	施工工法	土体模量(MPa)	管棚直径(mm)	施工工法
40	133	三台阶临时仰拱法	40	133	台阶法
		全断面法			CRD 法
		环形开挖预留核心土法			

(2)不同工法下围岩竖向位移云图

图5-35给出了不同开挖工法条件下围岩竖向位移云图。由图可知,采用不同施工工法时,隧道开挖引起的拱顶沉降和隧道底部土体隆起差异较大。隧道开挖引起的隧道拱顶以上土体的竖向沉降和隧道底部以下土体的隆起趋势大体相同,整体竖向位移曲线符合工程实际。

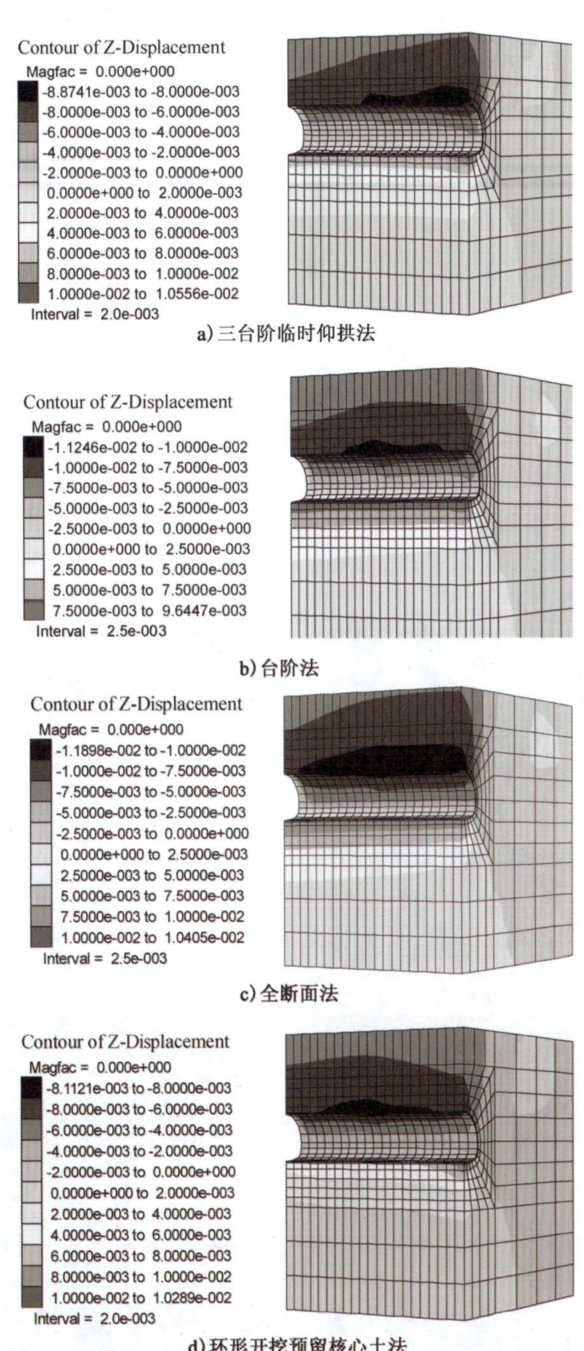

a)三台阶临时仰拱法

b)台阶法

c)全断面法

d)环形开挖预留核心土法

图 5-35

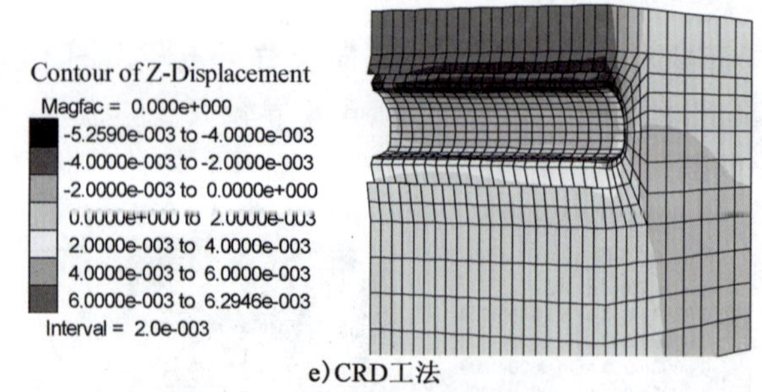

e)CRD工法

图5-35　不同施工工法的沉降云图

其中采用CRD法开挖隧道引起的拱顶沉降最小，为5.26mm，采用全断面法开挖隧道引起的拱顶沉降最大，为11.90mm，拱顶沉降从小到大依次为CRD法、环形开挖预留核心土法、三台阶临时仰拱法、台阶法和全断面法。采用CRD法开挖引起的隧道底部隆起也是最小的，为6.29mm，是采用全段面法开挖引起的隧道底部隆起的60.4%，隧道底部隆起从小到大依次为CRD法、台阶法、环形开挖预留核心土法、三台阶临时仰拱法和全断面法。

(3)不同工法下围岩塑性区分布

图5-36给出了不同开挖工法条件下围岩塑性区分布图。由图可知，采用不同施工工法时，隧道开挖中围岩塑性区范围不同。其中，全断面法开挖产生的塑性区范围最大，CRD法开挖产生的塑性区范围最小，塑性区范围从小到大依次为CRD法、环形开挖预留核心土法、三台阶临时仰拱法、台阶法和全断面法。

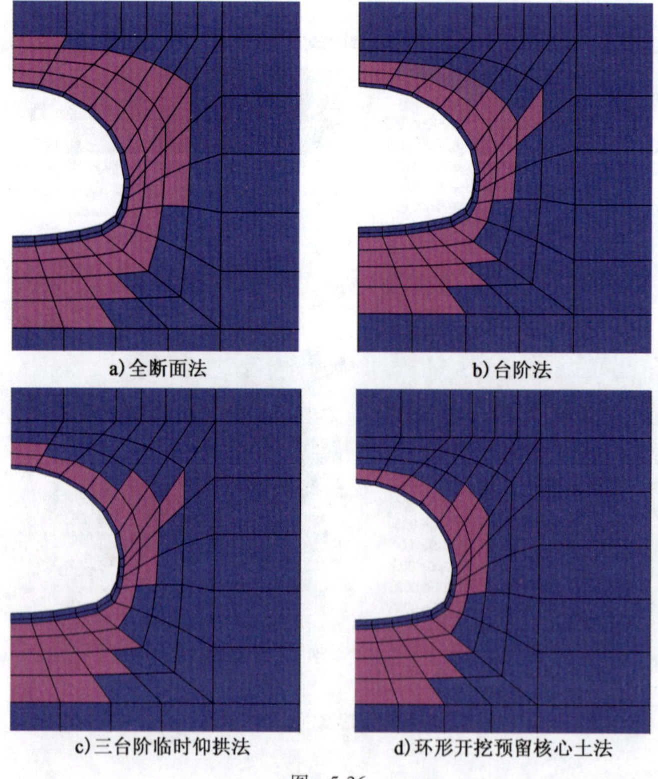

a)全断面法　b)台阶法

c)三台阶临时仰拱法　d)环形开挖预留核心土法

图　5-36

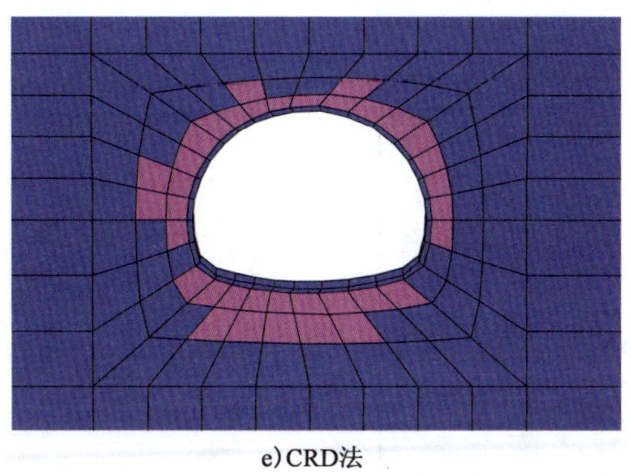

e)CRD法

图5-36 不同施工工法下围岩塑性区分布

(4)地表沉降、拱腰收敛和拱顶沉降分析

图5-37给出了5种不同工况下目标断面地表沉降曲线。由图可以看出,除CRD工法外,各种施工工法开挖隧道引起的土体的横断面沉降槽形式都符合Peck曲线。其中CRD法施工引起的地表沉降最小,全断面法施工引起的地表沉降最大。这和表5-1中所列出的趋势是一致的。

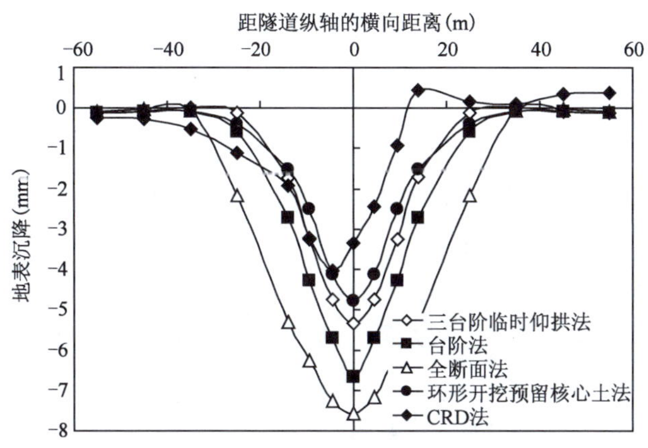

图5-37 不同施工工法的横断面沉降槽曲线图

由于采用CRD工法施工时将隧道断面分为不规则的4块,整个隧道断面为不对称结构,左上部先行开挖,初期支护快速封闭,限制了该区域围岩的移动,整个隧道断面左边区域的开挖先行于右边区域,加上右上部围岩由于约束不足,沉降较大,从而使得CRD法开挖引起的地表沉降不符合正态曲线分布。

图5-38给出了5种不同工况下目标断面拱腰水平收敛位移随开挖步的变化曲线。除CRD工法外,各种施工工法开挖隧道引起的拱腰收敛曲线趋势基本一致且差别不大。采用CRD法施工时围岩发生的向洞外扩张的位移明显大于其他施工工法,这也和CRD法施工的断面不对称性紧密相关。另外,由于拱腰水平收敛位移要远小于拱顶沉降,因此后续分析中将不再重点探讨。

图5-39显示了不同施工工法下拱顶沉降发展曲线图。可以看出,不同施工方法的拱顶沉降趋势相同。同样,CRD法开挖引起的隧道拱顶值最小,为5.17mm,全断面法引起的隧道拱顶沉降最大,为11.71mm。

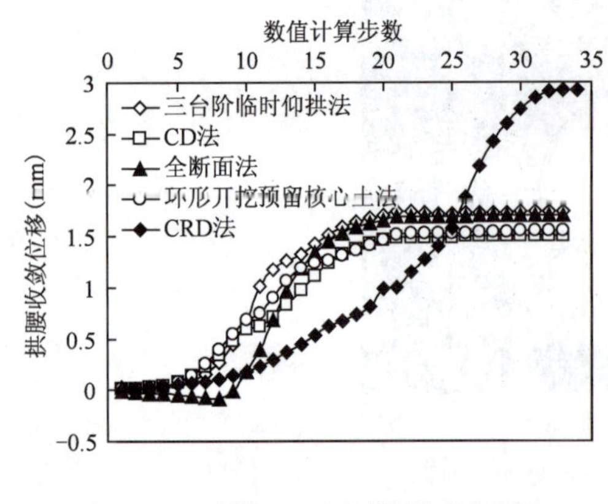

图 5-38　不同施工工法的拱腰收敛位移图

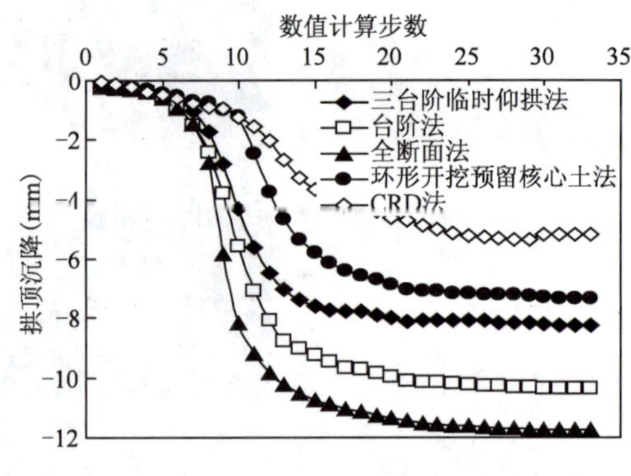

图 5-39　不同施工工法下拱顶沉降发展曲线图

总体上看来，与全断面法相比，通过调整开挖工法，最大可以将隧道拱顶沉降和地表位移降低约 60%。而由第 5.2 节分析结论可知，通过调整超前预支护系统，最大可以将隧道拱顶沉降和地表位移降低 50% 左右。这表明两者对于隧道拱顶沉降和地表位移的影响是相当的，将两者作为一个体系来进行优化将可能使优化效果大大提高。

5.3.3　超前管棚与不同施工工法的配合效果分析

如前所述，要想达到某一位移控制标准，可以采用的施工方案可能有 3 种：①强超前预支护体系 + 激进的开挖工法；②一般超前预支护体系 + 一般开挖工法；③弱（或无）超前预支护体系 + 保守开挖工法。如果这 3 种施工方案确实都能达到这一位移控制标准，则超前预支护体系与开挖工法之间必然存在最优的组合配置方案，也就是说优化这一组合配置方案是具有很大的工程意义的。实际上，已有工程实例从侧面反映了优化该组合配置方案的必要性。例如，渝怀铁路旗号岭隧道，全长 4545m，原计划施工方案为：中壁法施工进度为 40m/月，双侧壁导坑法施工进度为 30m/月，原定 352m 大跨度段设计工期为 10.8 个月，总工期为 36 个月。实际施工中通过增强超前预支护体系，并用台阶法取代中壁法、双侧壁导坑法，从而使 352m 大跨段实际施工工期比设计缩短了 3 个月，并节约了 20% 的材料。

本节将通过一系列参数分析来探讨不同“超前预支护体系 + 开挖工法”组合下隧道围岩的稳定状态，进而评估超前管棚与不同施工工法的配合效果。考虑到拱顶沉降是反映围岩稳定性最重要的指标之一，因此为了简化分析，在此仅以拱顶沉降作为围岩稳定性评价标准。

（1）数值计算模型及分析工况

本节数值模拟将考虑 5.2 节所分析的 5 种不同开挖工法，同时考虑 7 种不同的超前预支护体系，即：无超前预支护、ϕ28 超前锚杆（中空注浆锚杆）、ϕ79 超前管棚、ϕ108 超前管棚、ϕ133 超前管棚、ϕ159 超前管棚和 ϕ194 超前管棚，综合比较不同“超前预支护体系 + 开挖工法”组合下隧道围岩的稳定状态。数值仿真模型的三维尺寸和各方向约束设置情况与第 5.2 节相同，土体模量均为 40MPa，其余开挖工法参数和超前预支护参数同前。共涉及 35 种分析工况（表 5-8）。

"超前预支护体系＋开挖工法"组合效果的分析工况 表5-8

超前预支护体系	施工工法				
	全断面	台阶法	三台阶临时仰拱法	环形开挖预留核心土法	CRD法
无超前预支护	√	√	√	√	√
ϕ28 超前锚杆	√	√	√	√	√
ϕ79 超前管棚	√	√	√	√	√
ϕ108 超前管棚	√	√	√	√	√
ϕ133 超前管棚	√	√	√	√	√
ϕ159 超前管棚	√	√	√	√	√
ϕ194 超前管棚	√	√	√	√	√

(2)计算结果分析

各个工况下围岩的位移云图、初期支护受力及地表沉降的基本规律与前文基本相同,在此就不一一罗列。由于本章仅以拱顶沉降来作为围岩稳定性评价标准,因此只给出各个工况下目标断面拱顶沉降的计算结果(表5-9)。

由表5-9可知,在不同"超前预支护＋开挖工法"组合下,拱顶沉降的变化范围非常大,最小为4.2mm,最大为25.4mm。对于某一特定的位移控制标准(譬如目标断面拱顶沉降不大于12mm),"强超前预支护体系＋激进的开挖工法"(譬如ϕ133mm超前管棚＋全断面开挖工法)、"一般超前预支护体系＋一般开挖工法"(譬如ϕ79mm超前管棚＋三台阶临时仰拱开挖工法)及"弱(或无)超前预支护体系＋保守开挖工法"(譬如无超前预支护＋CRD开挖工法)都能够满足要求。此时,如果能够将表5-1中所涉及的人工费、台班费、材料费、施工进度要求等定量化,便可以找到一种能够满足围岩稳定控制标准和施工周期要求,且最经济的组合方式。鉴于该问题所涉及的领域颇多,因此本文暂不做具体的优化工作。

不同"超前预支护＋开挖工法"组合下目标断面拱顶沉降值 表5-9

超前预支护体系	拱顶沉降(mm)				
	全断面	台阶法	三台阶临时仰拱法	环形开挖预留核心土法	CRD法
无超前预支护	25.41	22.39	17.80	16.02	11.61
ϕ28 超前锚杆	19.41	17.41	13.60	12.84	8.97
ϕ79 超前管棚	16.94	14.94	11.80	11.02	7.43
ϕ108 超前管棚	13.76	11.95	9.50	8.75	5.69
ϕ133 超前管棚	11.71	10.02	8.20	7.38	5.37
ϕ159 超前管棚	10.12	9.08	7.30	6.77	4.80
ϕ194 超前管棚	9.41	8.35	6.80	6.12	4.28

6 爆破荷载作用下围岩稳定性控制措施研究

在小间距隧道钻爆施工阶段，爆破作用对邻近隧道的围岩以及已施作支护结构安全的影响较大，有可能对邻近隧道结构造成损伤，日本的初狩隧道，国内的西康线响水沟隧道，都不同程度地出现爆破作用导致的衬砌开裂、剥落现象。因此，合理控制爆破参数，既达到较好的爆破效果，又尽可能地减小爆破作用对邻近隧道已施作支护结构的振动影响，具有非常重要的实际意义。

山岭隧道爆破是一个三维非线性动力问题，影响因素非常多，单纯采用理论方法无法较准确地描述。而且隧道造价昂贵，进行大尺寸试验并不现实。本章采用三维数值模拟对并行小间距隧道在爆破作用影响下的动力响应进行分析，对爆破控制参数进行了优化，从而为小间距隧道钻爆施工振动控制提供指导。

6.1 小间距隧道爆破振动控制研究现状

6.1.1 爆破理论

Lee[42]运用拉普拉斯变换和福利叶变换给出了爆破荷载的理论解，将爆破荷载简化为一个薄片膨胀源，考虑爆破荷载在水平与竖直两个方面的传播。文献[42-45]研究了外部爆破对弹性半空间振动响应的影响。

爆破荷载作用下岩石的损伤、破坏是一个复杂的过程。岩石的爆破损伤理论主要有以下三种：

(1)砌体膨胀

炸药在岩石中爆炸时，爆生气体膨胀的压力作用在药室的周壁上，在岩石中产生压应力和与它相对应的垂直拉应力，由于岩石的抗拉强度低，当这种拉应力超过岩石的抗拉强度时，便会引起岩石破坏，因此岩石的破碎主要是爆生气体膨胀压力引起的。

(2)拉伸应力波反射

拉伸应力波破坏炸药在岩石中爆炸产生的应力波传到自由面后，反射成拉伸波，由于岩石抗拉强度低，因此从自由面开始，由外向里使岩石产生片状断裂，是岩石破碎的主要原因。

(3)应力波和爆生气体膨胀压共同作用

应力波在药室周壁上产生初始的径向裂隙，而爆生气体则挤入这些裂隙内并使它扩张和延伸，直至岩石完全破碎。因此岩石破碎是应力波和爆生气体膨胀压共同作用的结果。

6.1.2 隧道爆破数值模拟研究

蔚立元等[46]建立三维有限差分模型，将爆破荷载直接加载于炮孔上，监测爆区周围围岩的振速，以反映海底隧道围岩在爆破荷载作用下的响应，并给出了海底隧道覆盖层厚度的建议值。张欣等[47]采用 ABAQUS 进行了二维有限元分析，通过数值计算得出了爆破后围岩断面的塑性区域，并研究了围岩的峰值振速规律。但是爆破开挖时，掌子面处只有一个临空面，因此爆破引起的地震波会向岩石内部传播，从而造成掌子面后方的岩石振速最大。故二维分析无法得出爆破作用下隧道围岩的最大振速。蔚立元等[48]采用时程分析的方法，建立了三维有限差分模型，研究了小净距海底隧道在爆破荷载作用下的爆破振动响应。其加载方式是将爆破荷载直接加载于炮孔之上，但是左线断面面积较大，五梅花小直径中空掏槽无法较准确模拟现场的爆破情况。实际上，在爆破施工时，掌子面上大部分区域被炮眼覆盖，而不是由一处炮眼来爆破。因此该数值模拟得到的振速峰值是偏小的。刘国华等[49]也采用数值模拟的方法对爆破荷载下的隧道进行时程分析，对隧道节点的振速分布规律进行了归纳，但是文中并未交代清楚爆破荷载的加载点等，对工程实践指导作用不大。

国内外学者也尝试用离散元模拟隧道爆破过程。夏祥等[50]采用离散元软件 UDEC 模拟了节理岩体距爆源不同距离处质点振速和频率变化特征，并与实测值进行了比较。Kim 等[51]采用离散元法模拟了节理围岩在爆破荷载作用下的动力响应，并分析了节理角度对围岩爆破动力响应特性的影响，然而该方法的爆破荷载加载形式为在隧道轮廓线上直接加载正应力，并不能有效地反映实际情况。姚勇等[52]建立了二维有限元数值模型，探讨了不同加固措施下并设小间距隧道的爆破振动响应，并得出一些控爆措施，对工程实际有一定指导作用。

6.1.3 隧道爆破现场试验研究

也有学者进行了隧道爆破的现场试验，根据试验结果验证数值模拟的合理性。叶培旭等[53]通过现场实测研究了近距离交叉隧洞爆破对既有隧道结构的作用，并研究了爆心距、装药量和爆破工法对邻近隧洞爆破振动的影响。王明年等[54]结合数值模拟和现场试验，对隧道围岩在爆破荷载作用下的振速和衬砌主应力的分布规律进行分析，结果表明既有隧道迎爆面侧边墙受到的影响最显著，应加强监测。傅洪贤等[55]对隧道爆破进行了系统的监测，对掌子面后方的岩石振速衰减规律进行分析，并对隧道边墙侧面的岩石振速分布规律进行探究，得出隧道爆破的振速分布的宏观规律。张庆松等[56]进行了并行小间距隧道的爆破动力特性试验，通过对比不同掏槽结构下隧道围岩衬砌质点振速幅值的分布规律，得出一些对工程实际具有指导意义的结果。

李云鹏等[57]采用数值模拟的方法研究了并行小间距隧道中先行隧道在邻近隧道爆破荷载作用下的动力响应规律，并探究了先行隧道二次衬砌的支护时机对并行隧道爆破动力响应的影响。夏祥等[58]建立了单孔爆破与群孔齐发的三维数值模型，分析了岩体爆炸粉碎区边界峰值应力的变化情况和衰减特征，对装药量等重要参数进行了参数分析，得出一些对工程实际有益的结论。

Malmgren 等[59]研究了喷射混凝土支护对岩体的爆破振动特性的影响，通过建立单自由度模型，模拟爆轰波在岩体中的传播过程，并总结了岩体中质点振速的分布规律。Feldgun 等[60]

探究了非耦合装药情况下已施作衬砌后的隧道在爆破荷载作用下的动力响应特性，通过建立三维数值模型，模拟了炸药爆炸、爆轰波通过空气传播与炮孔相互作用、隧道支护结构与围岩相互作用的过程。

Park 等[61]提出在炮孔末端设置一个空气间隔，以此减少爆破振动对围岩的振动效应，从而更好地控制爆破。并建立了数值模型，分析了空气间隔长度对爆破结果的影响。在该数值模拟中，空气间隔被赋为空单元(null)，这样爆轰波就无法通过空单元传播，但是在实际情况中，炸药爆炸后空气被压缩，仍然会对周围节点产生较大的作用。因此该处赋空空气间隔单元会产生较大误差。Murat 等[62]研究了在钻爆开挖作用下不同地质条件对隧道的动力响应的影响，并考虑了水位、地质构造分界面等因素对围岩质点振速及其衰减规律的影响。Liu[63]通过建立有限元模型分析了已完工隧道在隧道内部爆破作用下的动力响应规律，评价了纽约隧道在可能发生的恐怖袭击爆炸的抗爆性能，并指出了该隧道的几种破坏方式。

Zare 等[64]对各种掏槽爆破方式进行了分析，对比了直眼掏槽、斜眼掏槽的爆破效果。对掏槽爆破的重要参数进行了优化，对炮孔长度、炮孔间隔、炮孔排列方式等参数进行了分析，得出一些对工程实际具有指导意义的结论。Cai[65]研究了隧道的应力路径对隧道钻爆开挖时动力响应的影响，通过采用显示有限差分法和隐式有限元法计算同一个隧道开挖问题，探究了计算结果产生差异的原因。

6.2 爆破荷载作用下小间距隧道响应基本规律分析

与地震作用、列车荷载等其他动荷载不同的是，爆破荷载峰值大，持时短，如果控制不当，可能对围岩及支护结构造成损伤，严重的可能造成隧道坍塌。山岭隧道爆是一个三维非线性动力问题，影响因素非常多，单纯采用理论方法无法较准确地描述。而且隧道造价昂贵，进行大尺寸试验并不现实。相比之下，三维数值模拟能够较好地模拟并行小净距隧道在爆破作用影响下的动力响应，从而为工程实际提供指导。

本章结合中条山隧道的工程实际，选取较薄弱的Ⅴ级围岩处并行小净距隧道进行非线性动力时程分析，探究爆破作用下邻近隧道的振速、应力分布情况。并对爆破参数进行一系列分析，找出对爆破作用影响较大的敏感因素。

6.2.1 隧道小间距段工程概况

本节针对中条山隧道的洞口小间距段 K5 +680 ~ K5 +770，主要由涑水群杂岩及其上覆的薄层马兰组黄土组成，隧道最大埋深 35m，为隧道浅埋路段；隧道进口段位于山边斜坡上，坡体上披挂少量第四系马兰黄土和坡积碎石土，厚 1 ~ 3m，下覆基岩为强风化的涑水群杂岩(解州片麻岩组合)，隧道进口段位于中条山山前断裂破碎带内，受构造和风化影响，岩体极其破碎，呈碎块状，局部风化严重的高岭土化明显，碎石之间黏结力极差，隧道开挖，易引起仰坡失稳，同时由于出露地表时间较长，风化较为严重，风化带较厚，工程地质条件较差。

隧洞小净距洞口段断面形式采用 SXV 型复合式衬砌。超前支护各环采用 $\phi42 \times 4$mm 注浆小导管超前预加固围岩，长 4.5m，环向间距 35cm，搭接长度 1.5m，每环 35 根；初期支护以喷、锚、网为主要支护手段：钢拱架为 I20a 型钢，纵向间距 60cm，每榀钢拱架之间采用 $\phi22$ 钢筋连接，环形间距1.0m；锚杆采用D25中空注浆锚杆，长4.0m，间距60cm（纵）×75cm（环），与钢拱架交错布置，中夹岩柱处锚杆长5.0m，间距60cm（纵）×75cm（环）；铺挂$\phi8$（15cm×15cm）钢筋网，中夹岩柱采用双层钢筋网；喷C25早强混凝土26cm。二次衬砌和仰拱均为C30钢筋混凝土结构，厚50cm。

6.2.2 爆破荷载的选取

目前爆破荷载的加载方式有两种，第一种是在洞周围岩上施加一个三角形荷载，如图6-1所示。

其应力峰值P_{max}的计算公式为[66]：

$$P_{max} = \frac{139.97}{Z} + \frac{844.81}{Z^2} + \frac{2154}{Z^3} - 0.8034 \tag{6-1}$$

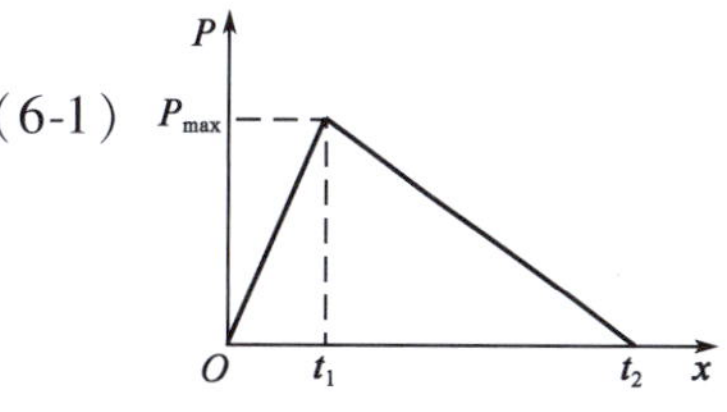

图6-1 爆破荷载时程

式中：Z——比例距离，计算公式为$Z = \frac{R}{Q^{1/3}}$；

R——炮眼至荷载作用面的距离（m）；

Q——炮眼装药量（kg）。

这种方法操作简便，但是该法不能考虑炮孔直径、装药方式、炮孔间隔等因素对爆破效果的影响，精度有限。

第二种加载方式是将爆破荷载以正应力的形式直接加载在炮孔网格上，这种方法网格划分较困难，但是可以获得较高的精度，考虑不耦合装药的影响，同时也能考虑炮孔间距、炮眼直径等重要参数对爆破振动的影响。首先确定爆破荷载应力峰值P_b，其值与炸药的装药密度、炮孔直径等参数有关。其次确定爆破荷载的时间滞后函数，从而决定爆破荷载的时程。荷载模型为[67-69]：

$$P(t) = P_b f(t) \tag{6-2}$$

式中：P_b——爆破荷载的应力峰值（GPa），其计算公式为$P_b = \frac{1}{8}\rho_0 D^2 \left(\frac{R_c}{R_b}\right)^6 \eta$；

ρ_0——装药密度（kg）；

D——炮孔直径（m）；

R_c——药卷半径（m）；

R_b——炮孔半径（m）；

η——爆破产物与孔壁碰撞时压力增大的倍数，$\eta = 8 \sim 11$；

$f(t)$——爆破荷载的时间滞后函数，计算公式为$f(t) = P_0(e^{-nwt} - e^{-mwt})$；

t_R——爆炸开始到应力峰值的时间间隔，$t_R = \frac{\sqrt{2}\ln(n/m)}{2(n-m)w}$；

w——与介质的纵波波速C_p和炮孔直径d有关的函数，$w = \frac{2\sqrt{2C_p}}{3d}$；

P_0——当$t = t_R$时，使$f(t_R) = 1$的常数，$P_0 = \frac{1}{e^{-nwt} - e^{-mwt}}$；

m、n——黏性系数，根据实测值修正理论值的系数。

根据施工图与常用经验爆破设计参数得到的各项爆破参数见表 6-1。

爆 破 参 数 表 6-1

参数	循环进尺(m)	炸药爆速(km/s)	等效药卷半径(m)	炮孔半径(m)	装药密度(kg/m^3)	放大系数	黏性系数 m	黏性系数 n
数值	1	3	0.0083	0.021	1000	10	0.039	0.052

根据以上参数计算得出爆破荷载时程如图 6-2 所示。

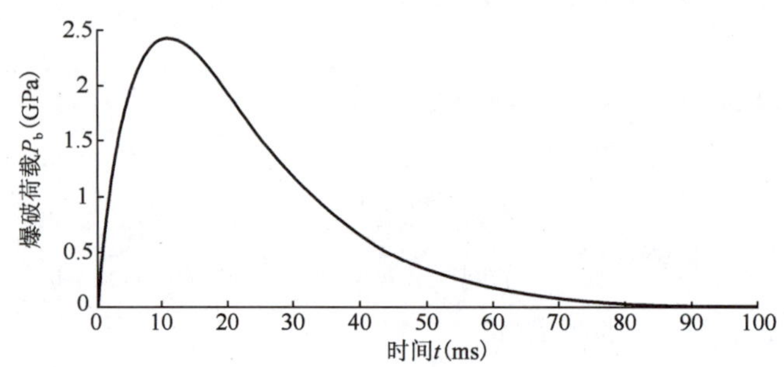

图 6-2 爆破荷载时程

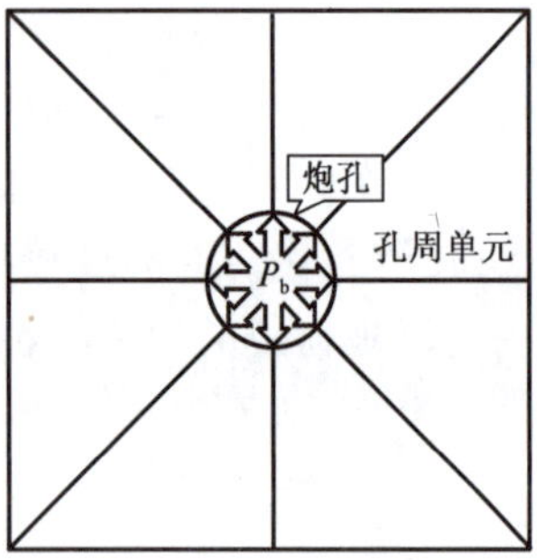

在得到以上爆破荷载时程后，即可将爆破荷载以面力的形式加载在孔周单元节点上，炮孔节点布置如图 6-3 所示。

图 6-3 炮孔节点

6.2.3 考虑爆破荷载作用的隧道数值模型

根据中条山隧道工程的实际状况，取桩号 K5 + 700 ~ K5 + 740 段采用大型有限差分软件 $FLAC^{3D}$ 进行建模分析，隧道的计算模型如图 6-4 所示。该段隧道洞宽 12.38m，高 10.152m，隧道埋深为 30m，计算模型上部取至自然表面，下部取至隧道底面以下 30m，左右各取 45m，即 x、y、z 各方向的长度分别为 90m、100m 和 61m。需要说明的是，在动力计算中，锚杆单元和桩单元会使模型的计算速度急剧下降，为了使计算周期可以接受，并保证隧道模型的尺寸能够满足动力计算的要求，将系统锚杆等结构单元的弹性模量折算给地层。

模型共有 126813 个节点、130124 个单元和 2756 个 shell 单元。

$FLAC^{3D}$ 提供了丰富的单元库，这样可以对各种材料进行模拟。计算中 V 级围岩采用摩尔—库仑屈服强度准则，初次衬砌和加固层采用弹性本构，二次衬砌混凝土及仰拱均采用 $FLAC^{3D}$ 软件内置的壳单元(shell)进行模拟，系统锚杆和锁脚锚杆的弹性模量则折算到注浆层中去。各材料参数见表 6-2。

在静力计算中，模型的表面为自由边界，底部为固定边界条件，四周为法向位移约束边界条件。在静力计算平衡后，为了减小边界反射波对模型动力响应的干扰，将四周法向约束替换为自由场边界，并将底部边界替换为静边界。

如图 6-4 所示为项目的三维有限差分模型网格划分，网格横向跨度为 90m，纵向取 100m，竖向取 61m。左、右线隧道净距为 15.6m。左线隧道为先行隧道，右线隧道为后行隧道。

材 料 参 数 表 表 6-2

分　类	弹性模量(GPa)	泊 松 比	密度(kg/m^3)	黏聚力(kPa)	内摩擦角(°)	厚度(m)
V 级围岩	1	0.35	2000	125	23.5	—
注浆加固圈	1.5	0.32	2200	—	—	5
初期支护	30.11	0.2	2438	—	—	0.26
二次衬砌	30	—	2500	—	—	0.5

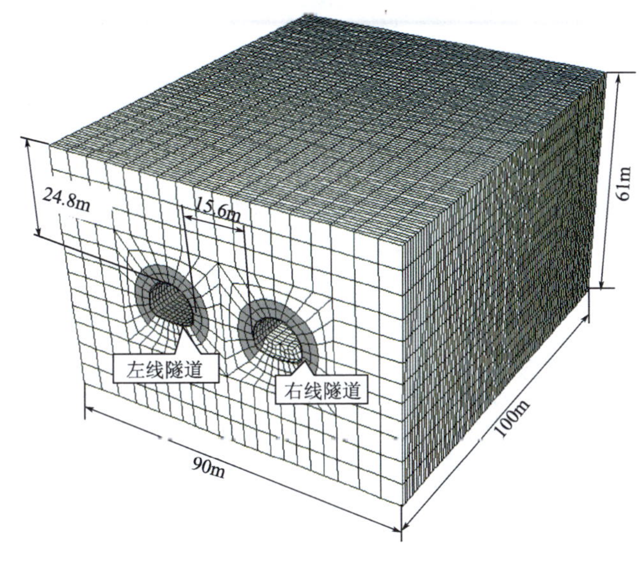

图 6-4　模型网格划分

如图 6-5 所示为小净距隧道 V 级围岩施工工序平面示意图。左线隧道为先行隧道，右线隧道为后行隧道。根据设计说明，考虑设计说明中允许的最不利情况，右线隧道开挖面与左线隧道二次衬砌工作面相距取最小值 30m，则左右线隧道开挖面纵向（y 向）相距 64m。左线隧道开挖到 85m 时，右线隧道开挖到 21m。模拟右线隧道上台阶钻爆法开挖对左线隧道的影响。模型网格划分剖面图如图 6-6 所示。

图 6-7 所示为左线隧道监测点布置图，主要检测左线隧道拱顶（A 处）、左边墙（B 处）、仰拱（C 处）和右边墙（D 处）的 x 向振速峰值。

隧道爆破过程是一个瞬态高压过程，混凝土和围岩的弹性模量在动力作用下和静力作用下有很大差别，因此需要对混凝土和围岩的动弹性模量进行修正。需要说明的是，本章只关注爆破动力响应对隧道附加响应的影响，故不考虑改变衬砌混凝土和围岩的弹性模量对静力结果的影响。

隧道围岩及支护结构的各项静力参数见表 6-2。

文献[70-73]对岩石做了一系列动力加载试验，并对试验数据进行处理得到了动静弹性模量的关系。林英松等[70]针对不同种类的岩石做了广泛的研究，并得到一个形式简单、适用面较广的线性回归公式：

$$E_s = 0.2526 + 0.7095E_d \tag{6-3}$$

式中：E_s——静弹性模量（$\times10^4$MPa）；

E_d——动弹性模量（$\times10^4$MPa）。

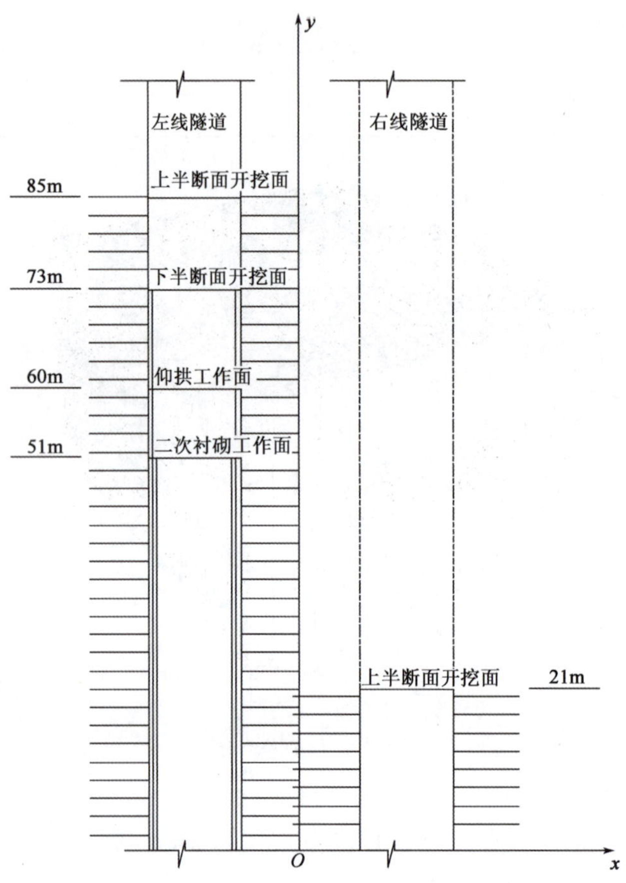

图 6-5　小净距隧道 V 级围岩施工工序平面示意图

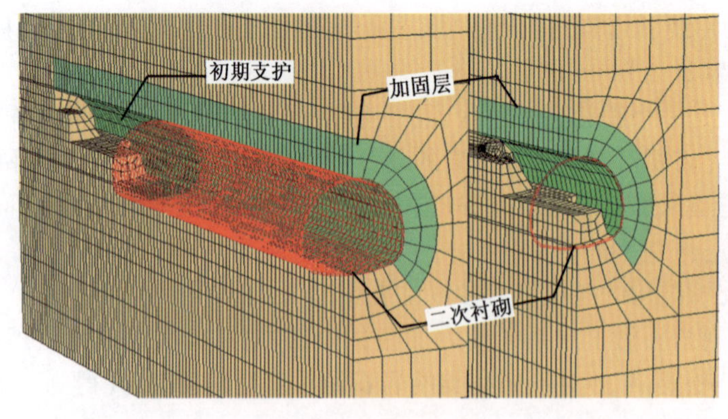

图 6-6　模型网格划分

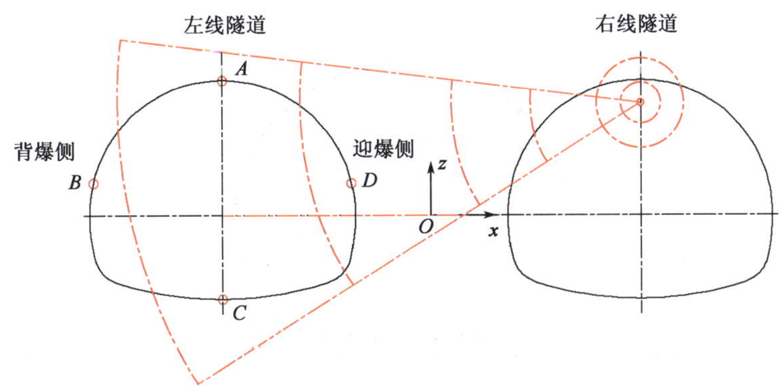

图 6-7 左线隧道监测点布置

该试验结果得到较广泛的采用，但是观察式(6-3)可发现，当动弹性模量小于 3GPa 时，静弹性模量为负值。这说明上式只适用于弹性模量较大的材料。而对于弹性模量较小的材料，动弹性模量约为静弹性模量的 5 倍以上[71]。

根据上述文献，可得各项材料参数，见表 6-3。

材料参数表 表 6-3

分类	动弹性模量(GPa)	泊松比	密度(kg/m^3)	黏聚力(kPa)	内摩擦角(°)	厚度(m)
V 级围岩	5	0.35	2000	125	23.5	—
注浆加固圈	7.5	0.32	2200	—	—	5
初期支护	41.89	0.2	2438	—	—	0.26
二次衬砌	41.92	—	2500	—	—	0.5

右线隧道爆破对左线隧道已支护结构的作用，右线隧道掌子面网格划分如图 6-6 所示，隧道采用双侧壁导坑开挖工法，爆破工法采用预裂爆破。从前人的研究经验可知，既有隧道结构产生最大振速的是由上台阶爆破引起的，又知上台阶爆破中最大振速是由主体开挖部位的爆破产生的。因此，这里只考虑上台阶爆破中主体开挖部位爆破对周围隧道的影响。为了便于划分网格，同时也为了考虑掌子面不同位置处的爆轰波对邻近隧道的共同影响，这里将上台阶划分为左、中、右三个部分。由于右线隧道掌子面左、中、右三部分与左线隧道支护结构的距离不同，其爆轰波波阵面到达左线隧道的时刻不同，故该模型可以用于研究三处爆轰波是否会在左线隧道支护结构处叠加。

如图 6-8、图 6-9 所示，炮孔位于掌子面中间，其长度与循环开挖进尺相当，为 1m，爆破荷载以应力的方式直接加载在炮孔节点上。由于直眼掏槽在各种硬度的岩层中、各种尺寸的开挖断面中均可使用，且炮眼容易控制，钻眼时干扰少，便于提高凿眼效率，在实际工程中应用较广泛，故本章模型中采用直眼掏槽。通常的直眼掏槽形式有龟裂直眼掏槽、五梅花小直径中空直眼掏槽、菱形掏槽等，但是由于有限元模型网格划分较为困难，现取三部分爆破区域来考虑不同分布区域的爆破振动对周围隧道衬砌及围岩稳定性的影响。

如图 6-10 所示为炮孔分布，各个炮孔等距间隔排列，炮孔为圆形，炮孔直径 d 为 0.042m，相邻炮孔间距为 $10d$。

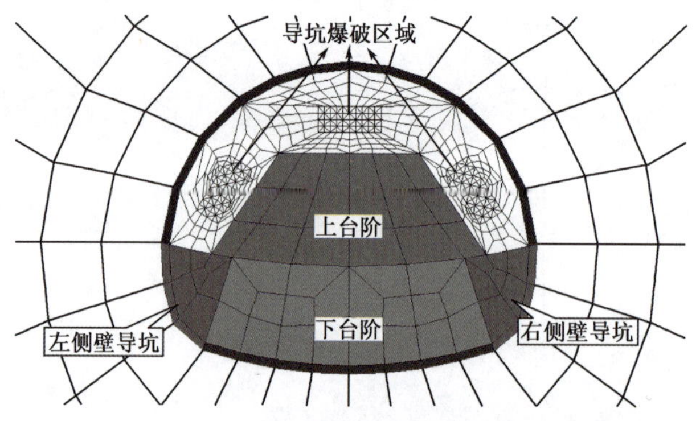

图 6-8　爆破荷载时程

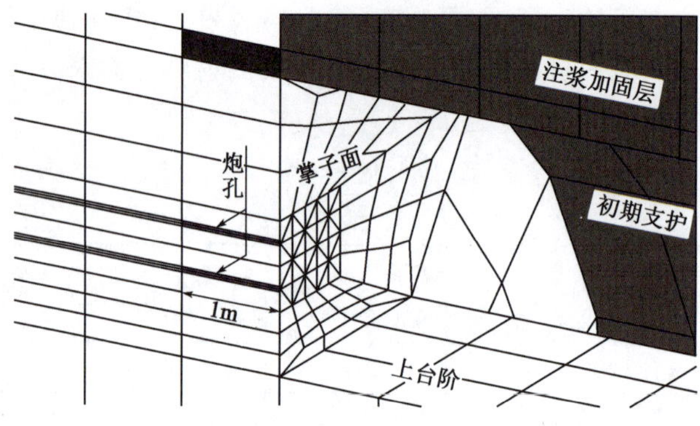

图 6-9　炮孔剖面图

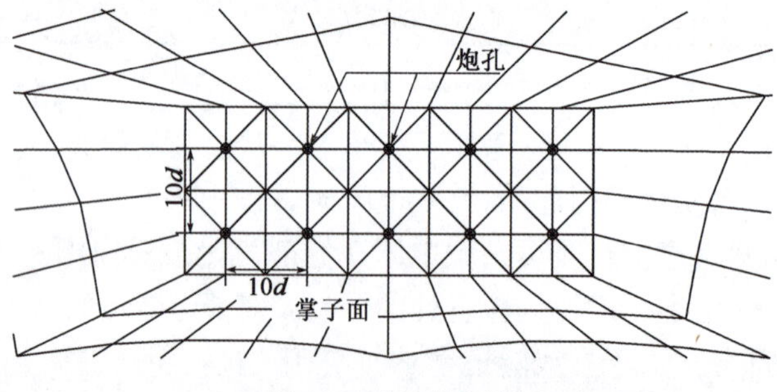

图 6-10　炮孔分布图

6.2.4　爆破荷载作用下邻近隧道响应基本规律分析

建立三维有限差分模型，在后行隧道掌子面炮孔上加载爆破荷载时程，监测左线隧道衬砌及围岩的速度响应，分析隧道围岩的振速分布规律。我国《爆破安全规程》(GB 6722—2014)规定，交通隧道安全振速标准值为 10 ~ 20cm/s。本章以振速为主要监测对象，研究爆破荷载作用对邻近隧道响应的影响。

本部分对左线隧道衬砌及围岩关键点的振速进行监测，得到一系列关键点的振速时程曲线，从而找到爆破施工中邻近隧道的薄弱环节，为工程实际提供参考。

图 6-11 所示为左线隧道与掌子面纵坐标相同断面拱顶的振速。

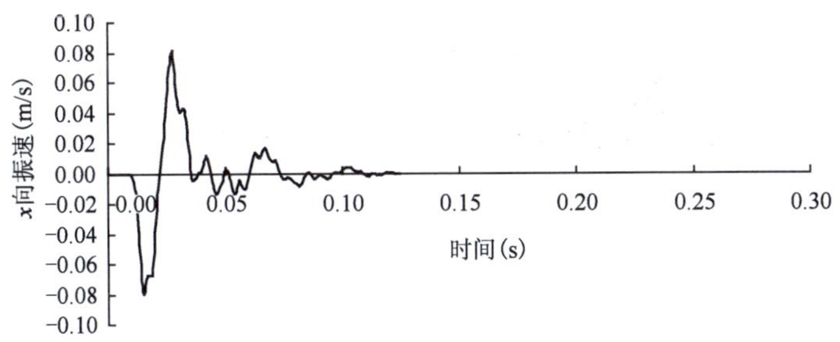

图 6-11 拱顶振速时程

(1)最大振速断面各处振速时程

由图 6-12 可知,与右线隧道爆破断面轴向坐标相同的左线隧道断面拱顶振速峰值达到 8cm/s。爆轰波在 0.006s 后传播到左线隧道拱顶,在 0.0145s 左右达到最小值,在 0.0276s 左右达到最大值,在 0.15s 后衰减为零。

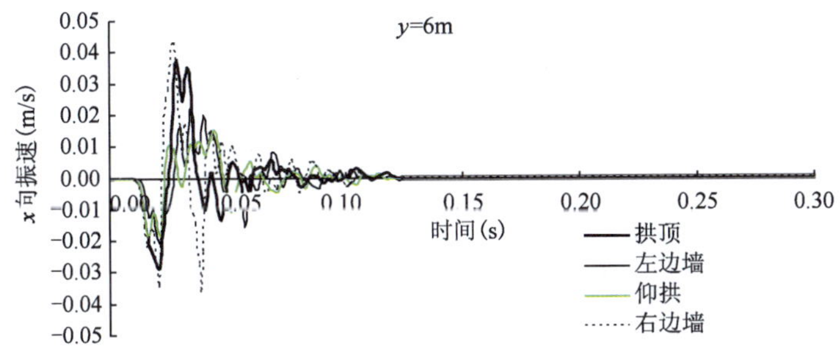

图 6-12 6m 处隧道关键点振速时程曲线

如图 6-13 所示为 6m 处隧道关键点振速时程曲线。左线隧道的右边墙是迎爆侧,左边墙是背爆侧。由图可以看出,右边墙的振速大于拱顶振速,右边墙较小,仰拱处振速最小。

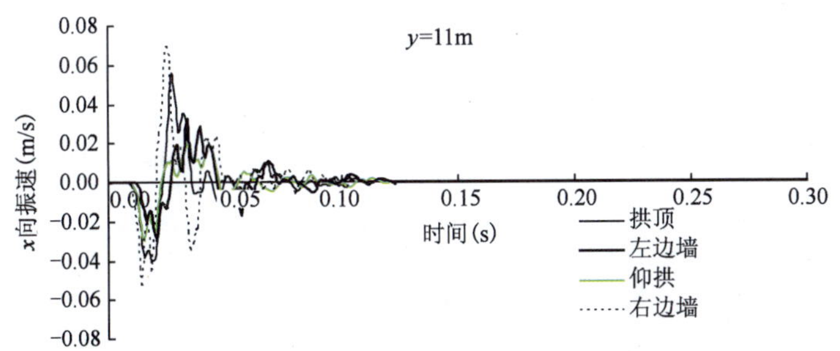

图 6-13 11m 处隧道关键点振速时程曲线

图 6-14 ~ 图 6-22 所示为 6m 处隧道关键点振速时程曲线。该处的大小关系基本相同,但是各部位的峰值略微增大,这是因为随着 y 值增大,监测点靠近右线隧道开挖面爆破区域。在左线隧道的不同断面处,均有右边墙(迎爆侧)振速最大,拱顶次之,左边墙(背爆侧)较小,仰拱最小。因此,迎爆侧与拱顶的衬砌结构及围岩稳定性是需要着重考虑的。

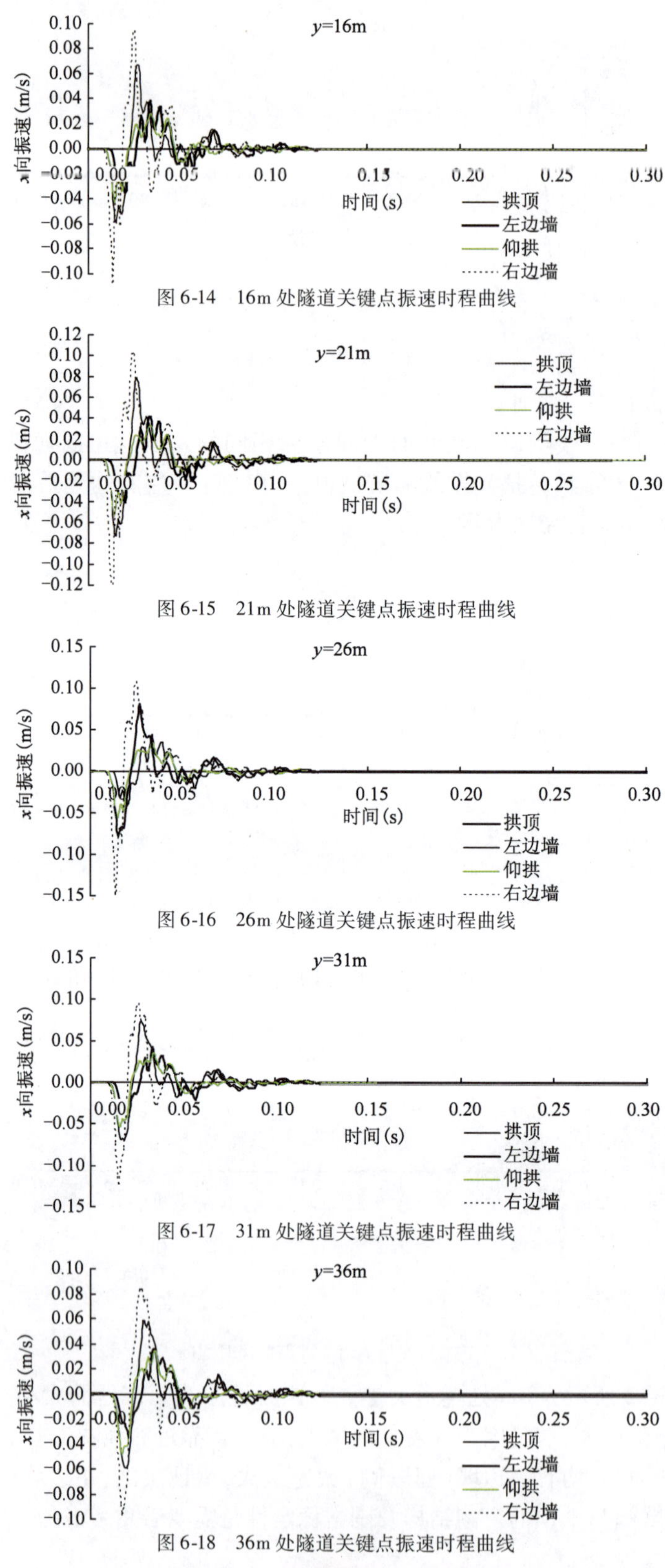

图6-14　16m处隧道关键点振速时程曲线

图6-15　21m处隧道关键点振速时程曲线

图6-16　26m处隧道关键点振速时程曲线

图6-17　31m处隧道关键点振速时程曲线

图6-18　36m处隧道关键点振速时程曲线

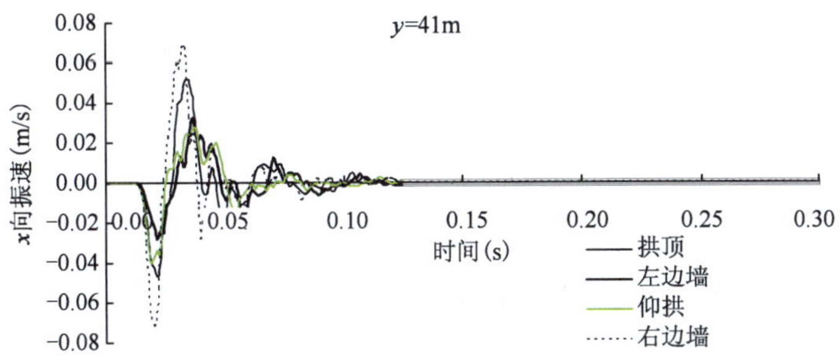

图 6-19 41m 处隧道关键点振速时程曲线

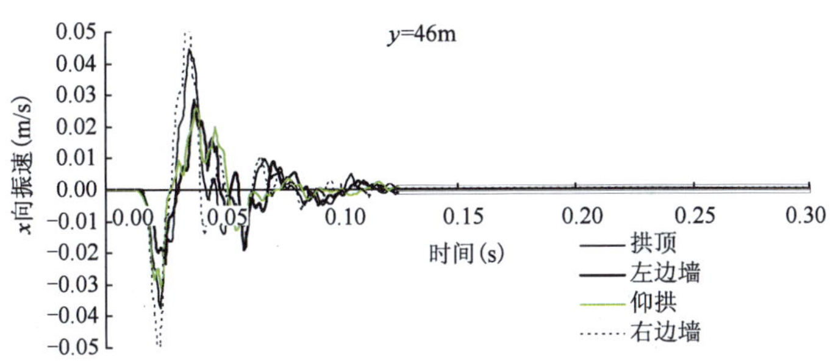

图 6-20 46m 处隧道关键点振速时程曲线

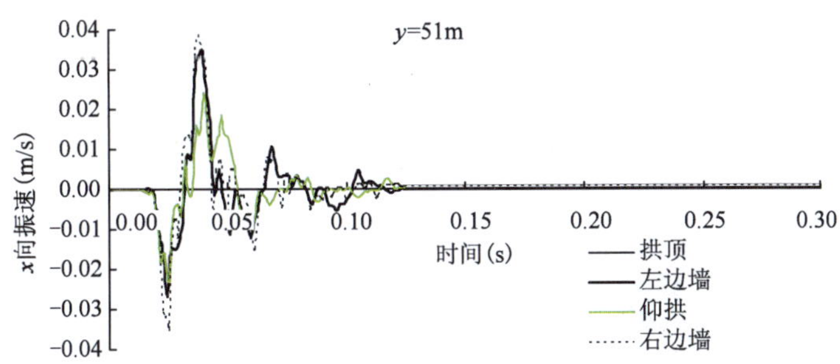

图 6-21 51m 处隧道关键点振速时程曲线

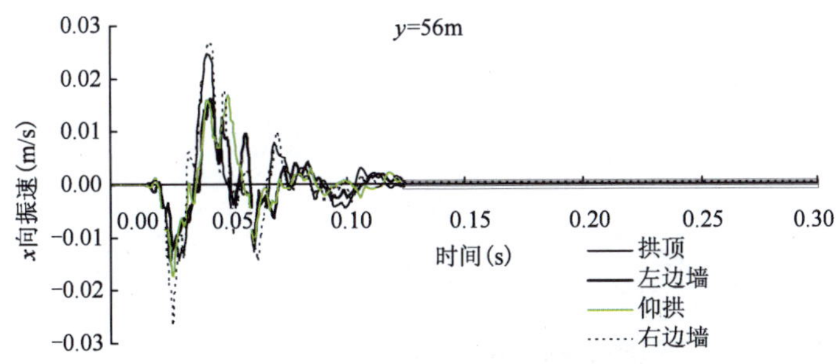

图 6-22 56m 处隧道关键点振速时程曲线

(2)各断面处关键点振速时程

图 6-23 ~ 图 6-26 所示为不同断面的拱顶关键点振速时程。拱顶振速峰值约为 8cm/s,最大值出现在 21 ~26m 处。右线隧道爆破开挖是在 $y = 21$m 处,然而振速峰值并不是出现在距离爆破区域最近的左线隧道 $y = 21$m 处,而是出现在相对靠后的位置。这与国内一部分学者的三维

数值模拟研究结果是相吻合的——由于应力波向岩石内部传播并在一定距离处叠加增强，使得振速峰值向开挖方向推移。这也从侧面反映了三维数值分析对隧道爆破振动分析的重要性。

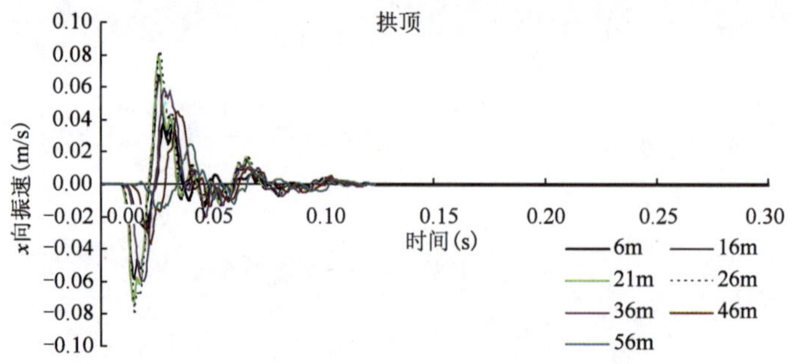

图 6-23 左线隧道不同断面处拱顶振速时程

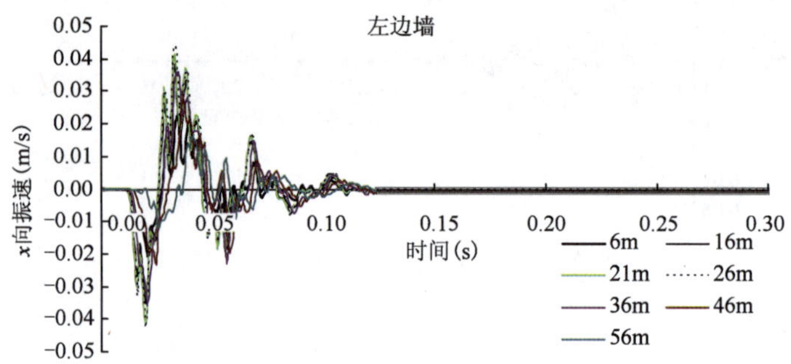

图 6-24 左线隧道不同断面处左边墙振速时程

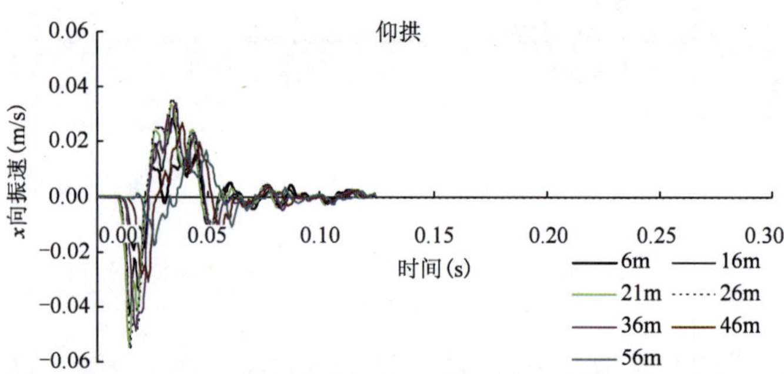

图 6-25 左线隧道不同断面处仰拱振速时程

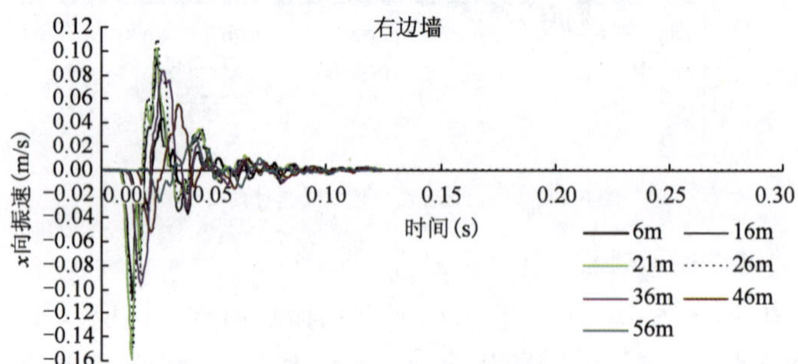

图 6-26 左线隧道不同断面处右边墙振速时程

(3)各断面处峰值振速分布规律

图6-27所示为与爆破断面不同距离处隧道关键点振速峰值分布图。图中横坐标为零处为右线隧道爆破开挖断面所在处,横坐标轴正方向为隧道开挖掘进方向。右边墙(迎爆侧)峰值振速绝对值总是最大,拱顶次之,左边墙的正向振速峰值绝对值略大于仰拱处而负向振速峰值绝对值略小于仰拱处。除了右边墙的负向振速峰值在爆破开挖断面处取得最大值外,其他振速峰值均在爆破开挖断面以后5m("以后"指向掘进方向)处取得最大值。此外,爆破开挖断面以前振速峰值衰减速率大于爆破开挖断面以后振速峰值衰减速率。这是因为掌子面以前已被挖空,应力波无法经由空气有效传导至左线隧道。而掌子面以后是尚未开挖的围岩,爆破产生的应力波可以向围岩内部传播、叠加。故掌子面以后的左线隧道振速衰减较慢。因此掌子面以后的隧道衬砌及围岩振动要比掌子面以前的要剧烈,在施工中需要格外注意。

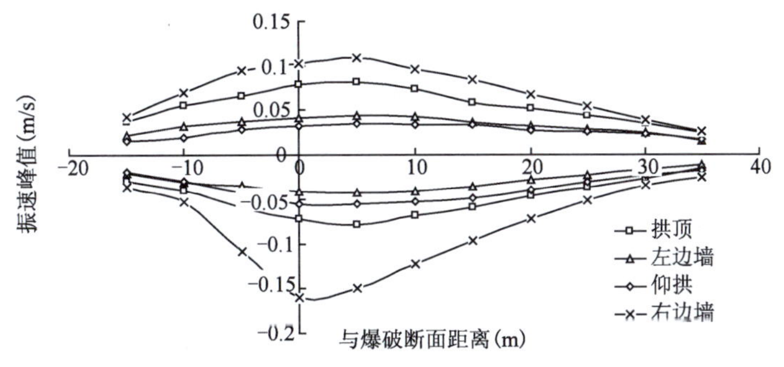

图6-27 不同断面振速峰值分布

图6-28~图6-32所示为$y=6\sim36$m处,左线隧道断面振速峰值包络图。可以看出,左线隧道右边墙上部的振速峰值最大,仰拱左侧、右边墙底部的振速峰值最小。振速峰值随着y值先增大后减小,在爆破断面之后5m处达到最大值。

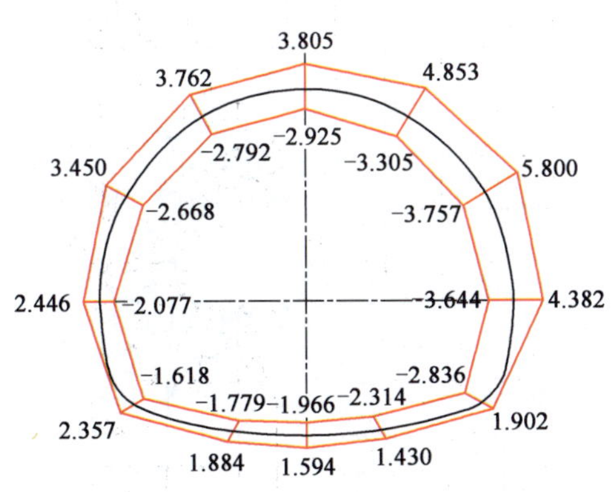

图6-28 $y=6$m左线隧道断面振速峰值包络图(单位:cm/s)

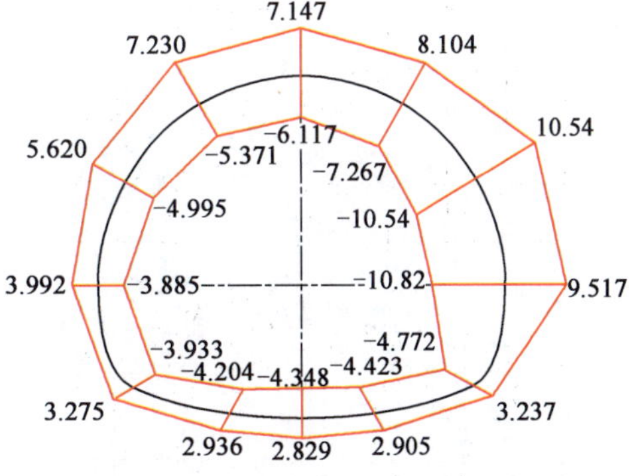

图6-29 $y=16$m左线隧道断面振速峰值包络图(单位:cm/s)

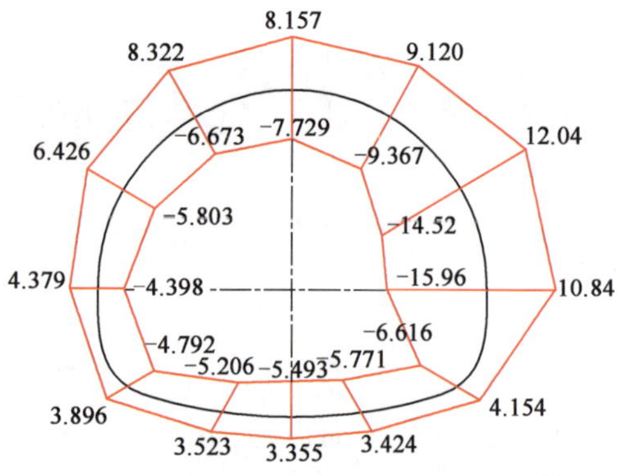

图 6-30 $y=21\text{m}$ 左线隧道断面振速峰值包络图（单位：cm/s）

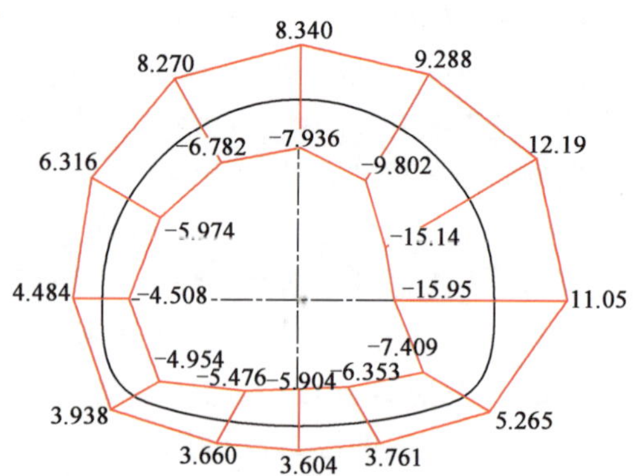

图 6-31 $y=26\text{m}$ 左线隧道断面振速峰值包络图（单位：cm/s）

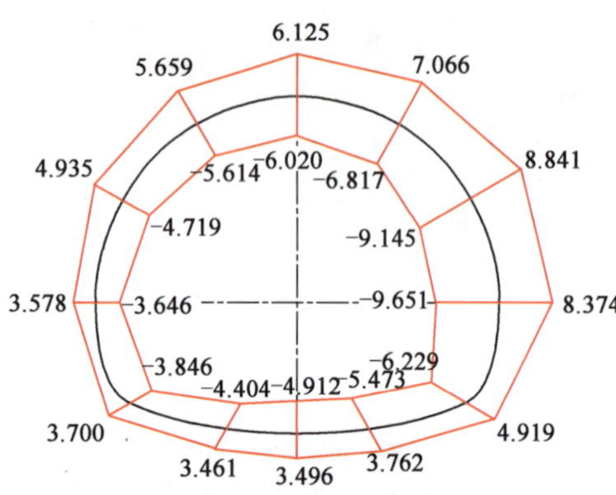

图 6-32 $y=36\text{m}$ 左线隧道断面振速峰值包络图（单位：cm/s）

（4）各断面处振速分布云图

图 6-33～图 6-38 所示为 $t=0.012\sim0.08\text{s}$ 时左线隧道 $y=20\text{m}$ 处的振速分布云图。在0.012s时，右线隧道爆破振动第一次传播到左线隧道周围，波阵面振速峰值很大，最大振速主要分布在右边墙右上方部分。在 0.016s 时，振动云图明显分成三个区域，振动从隧道的上方和下方分别通过隧道，而在隧道右边墙处附近出现波的反射，即附近质点出现向右的速度。在 0.02s 时，向右传播的波阵面传播到隧道左边墙下部，而右边墙附近的反射波继续向右传播。0.02s 之后，向右传播的振动进一步扩散衰减，而反射波开始加强。

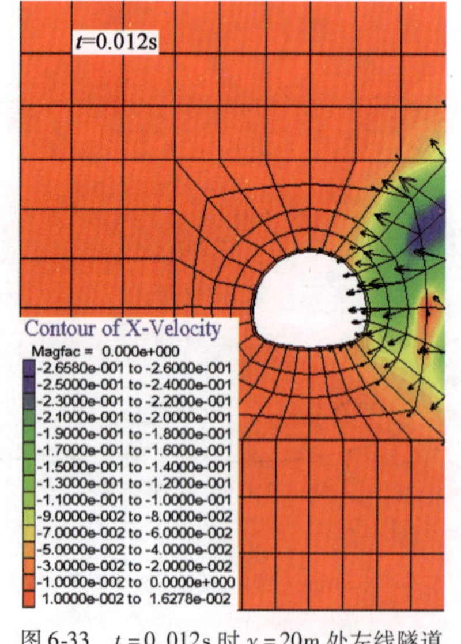

图 6-33 $t=0.012\text{s}$ 时 $y=20\text{m}$ 处左线隧道断面振速分布云图

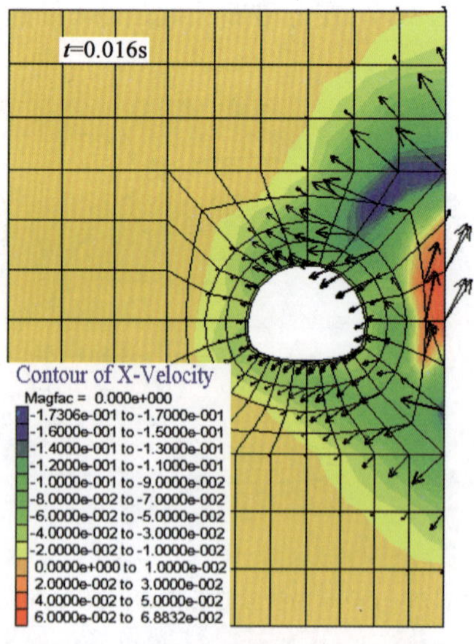

图 6-34 $t=0.016\text{s}$ 时 $y=20\text{m}$ 处左线隧道断面振速分布云图

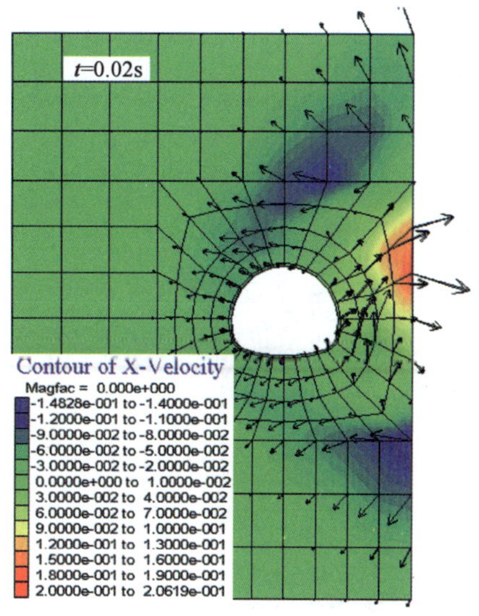

图 6-35　$t=0.02$s 时 $y=20$m 处左线隧道断面振速分布云图

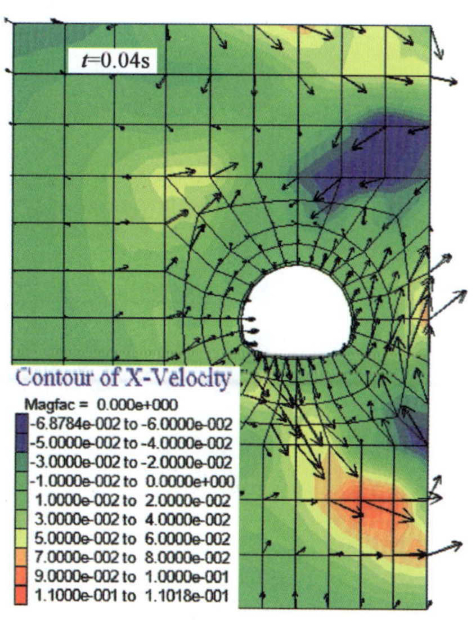

图 6-36　$t=0.04$s 时 $y=20$m 处左线隧道断面振速分布云图

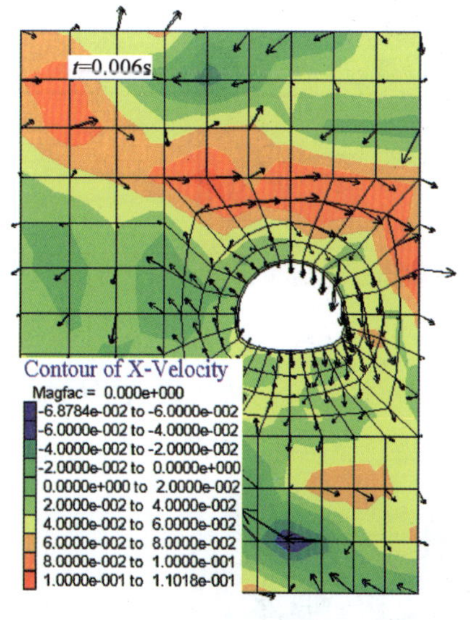

图 6-37　$t=0.06$s 时 $y=20$m 处左线隧道断面振速分布云图

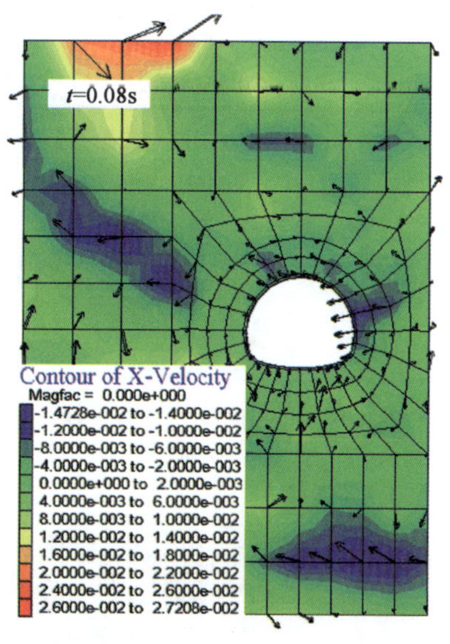

图 6-38　$t=0.08$s 时 $y=20$m 处左线隧道断面振速分布云图

图 6-39 所示为 0.012s 时左线隧道断面振速分布云图，此时右线隧道爆破振动第一次传播到左线隧道，由于距右线隧道开挖断面最近，与右线隧道开挖断面平行的左线隧道断面($y=21$m)处负向振速最大，振动沿着隧道纵向向两侧扩散。

图 6-40 所示为 0.016s 时左线隧道断面振速分布云图，此时负向振速最大值出现在 $y=31$m 处左右，这说明爆破振动向岩石内部传播，并在一定纵深处叠加达到最大值，而 $y=21$m 之前振速较小，这是因为右线隧道 $y=21$m 之前的部分的上半断面已被开挖，无法传播右线掌

子面爆破产生的应力波，该处的应力波都是经过多次反射和折射产生的。

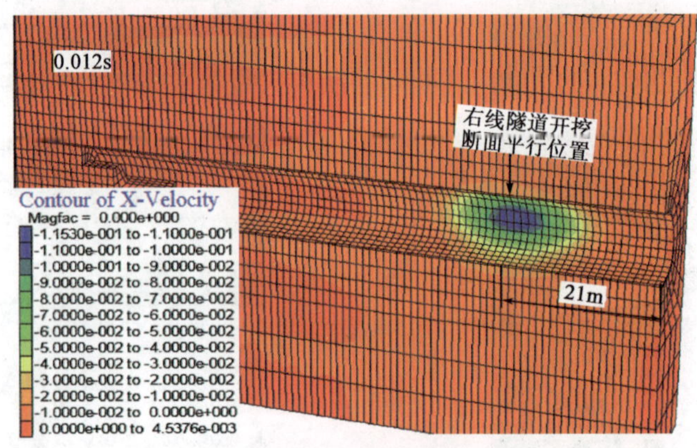

图 6-39　$t = 0.012$s 时左线隧道断面振速分布云图

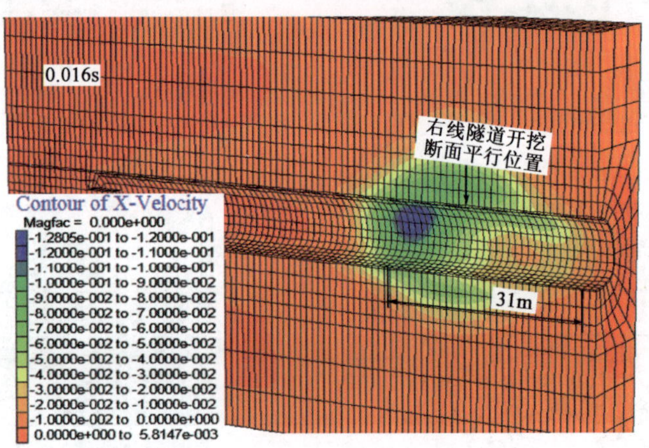

图 6-40　$t = 0.016$s 时左线隧道断面振速分布云图

图 6-41 所示为 0.02s 时左线隧道断面振速分布云图，此时负向振速最大值区域向上移动，振动影响范围进一步扩大，$y = 21$m 处右边墙出现反射波，振速方向为正。

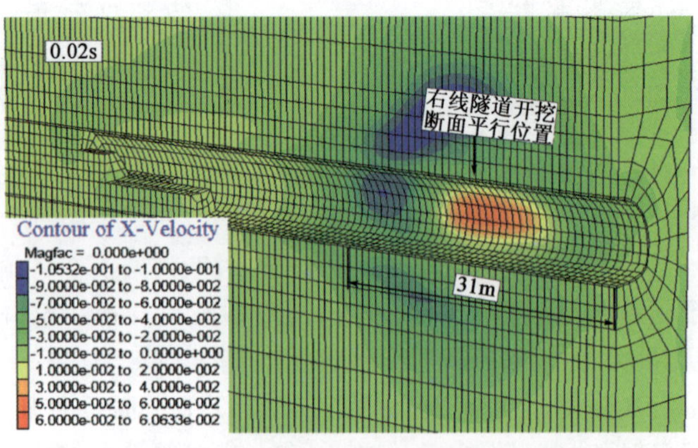

图 6-41　$t = 0.02$s 时左线隧道断面振速分布云图

图 6-42、图 6-43 所示分别为 0.04s 和 0.06s 时左线隧道断面振速分布云图，0.04s 以后振速分布较分散，振动开始衰减。

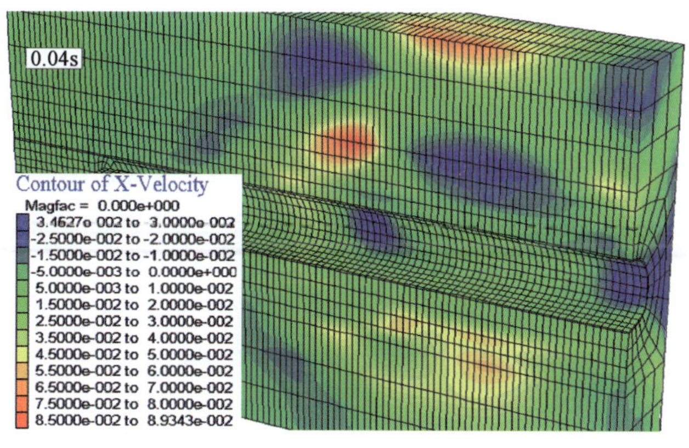

图 6-42 $t=0.04$s 时左线隧道断面振速分布云图

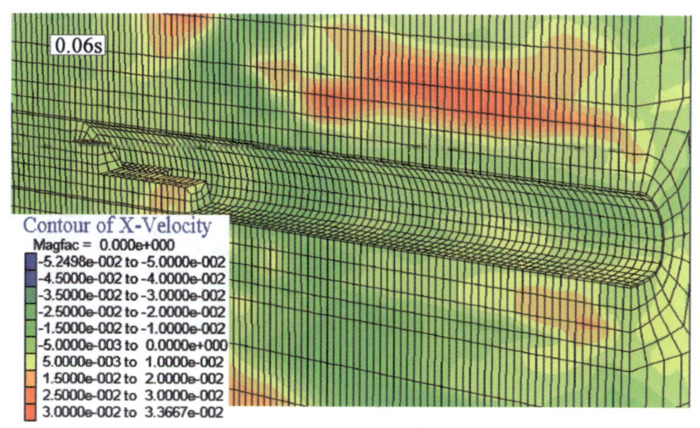

图 6-43 $t=0.06$s 时左线隧道断面振速分布云图

6.3 小间距隧道振动响应控制参数研究

6.3.1 炮孔长度对爆破振动的影响

根据施工图设计要求，V 级围岩开挖循环进尺控制在 0.75～1.0m，严格控制装药量，严禁深孔爆破。本章对炮孔长度进行参数分析，对深孔爆破可能造成的影响进行分析，同时对关于炮孔深度对爆破振动的影响进行评估。首先对炮孔深度为 2m 的情况进行分析。

(1)最大振速断面各处振速时程

图 6-44 所示为左线隧道振速最大断面($y=26$m)各处振速时程。右边墙振速最大，峰值达到 43cm/s，已经超过允许振速。拱顶振速次之，振速峰值也超过了 20cm/s，需要引起注意。仰拱振速较小，左边墙最小，尚未超过允许振速。

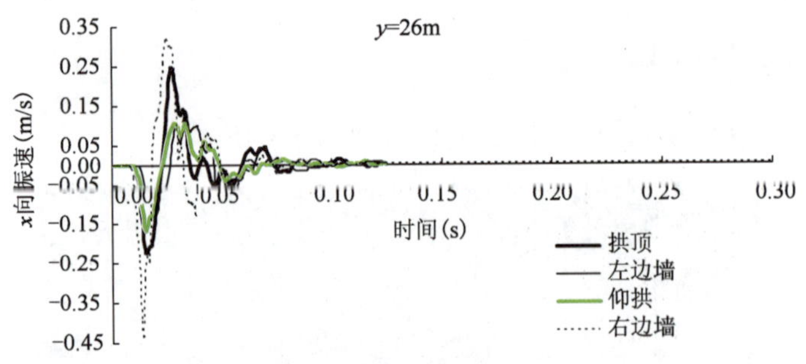

图 6-44　26m 处隧道关键点振速时程曲线

(2)各断面处关键点振速时程

图 6-45 所示为沿隧道纵向不同位置处各断面拱顶关键点振速时程曲线，$y=21\text{m}$ 处与 $y=26\text{m}$ 处振速峰值大致相当。在 0.04s 以后，$y=36\text{m}$、$y=46\text{m}$、$y=56\text{m}$ 处的振速顺次成为最大值，这说明最大振速出现位置向掌子面后方推移，这可能是振动向岩石深处传播、反射和叠加的结果。

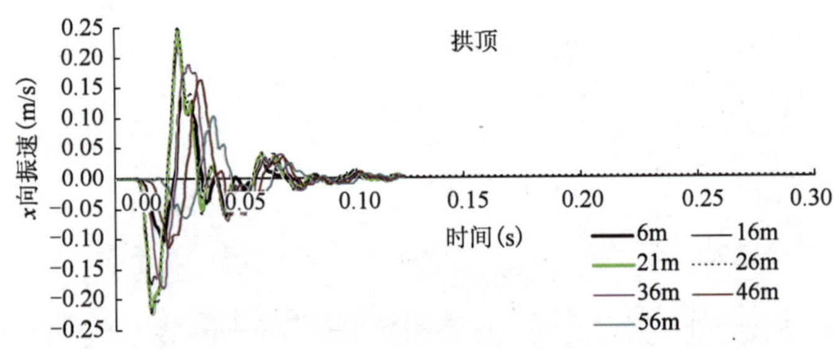

图 6-45　不同断面处隧道拱顶振速时程曲线

左边墙处的隧道关键点振速规律(图 6-46)与拱顶相似，但是由于其距离爆源较远，其峰值相对较小，在 0.06s 左右因为各处的反射波叠加，又出现了一次明显的波峰。

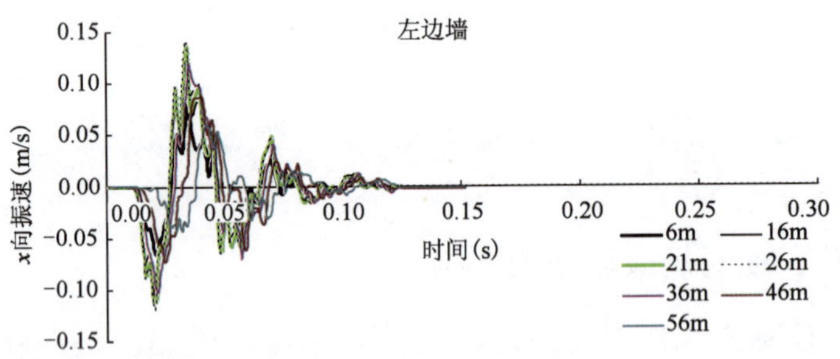

图 6-46　不同断面处隧道左边墙振速时程曲线

仰拱处振速规律略有不同(图 6-47)，其正向最大振速并不是出现在 $y=21\sim26\text{m}$ 处，而是出现在 $y=36\text{m}$ 处，这与炮孔长度为 1m 时的情况是不同的。

右边墙作为迎爆侧，其峰值振速非常大，多处超过了允许振速(图 6-48)。同时可以明显地观察到振速峰值区域沿着隧道纵向向围岩深处传播。

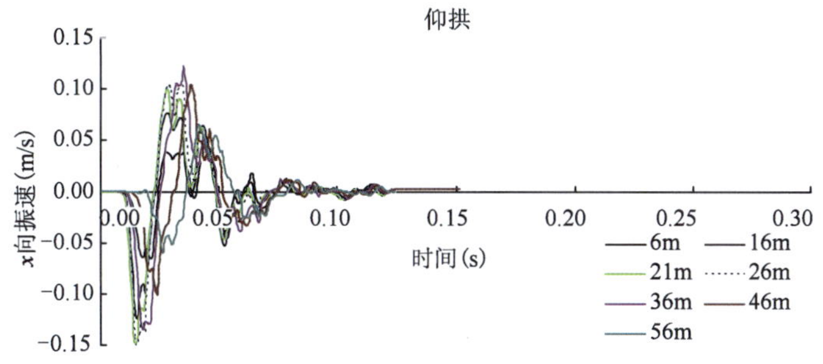

图 6-47 不同断面处隧道仰拱振速时程曲线

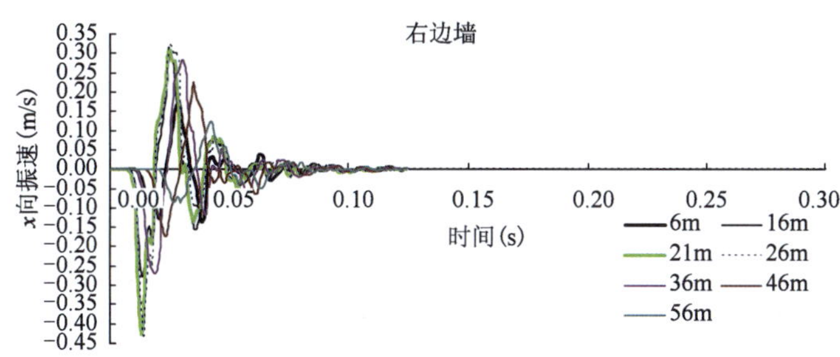

图 6-48 不同断面处隧道右边墙振速时程曲线

(3)各断面处峰值振速分布规律

炮孔长度为 2m 时,各断面关键点振速峰值分布规律如图 6-49 所示,振速最大值基本出现在右线隧道开挖断面后方 5m 处($y=26$m),只有仰拱正向振速最大值出现在右线隧道开挖断面后方 20m 处($y=41$m)。

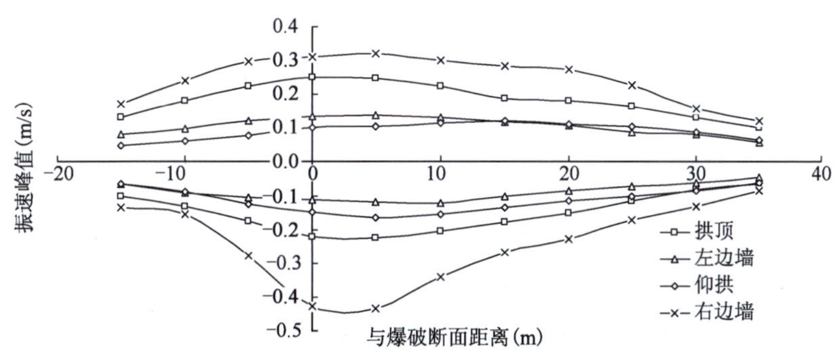

图 6-49 各断面处峰值振速分布

(4)$y=26$m 断面振速峰值包络图

为了比较不同炮孔长度对左线隧道断面振速的影响,选取 $y=26$m 断面进行分析。图 6-50 所示为 $y=26$m 左线隧道断面振速峰值包络图,可以看出,在该断面,炮孔长度为 2m 时振速峰值为炮孔长度为 1m 时振速峰值的三倍。在炮孔长度为 1m 时,该断面各处峰值均小于允许振速,而当炮孔长度设为 2m 时,拱顶与右边墙中上部的振速峰值均超过允许振速。

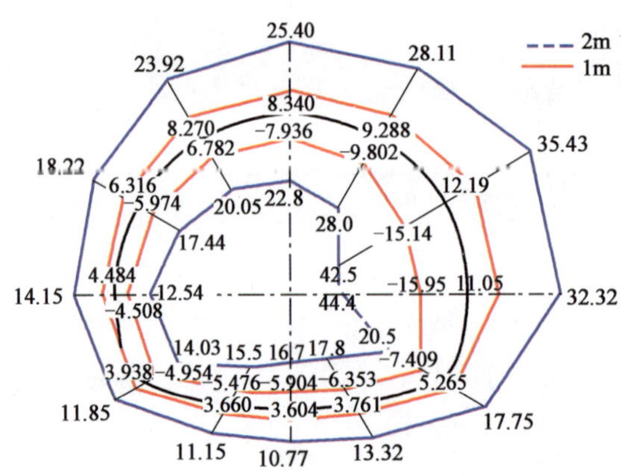

图 6-50　$y = 21\text{m}$ 左线隧道断面振速峰值包络图

(5)不同炮孔长度对左线隧道振速峰值分布规律的影响

如图 6-51 ~ 图 6-54 所示，随着炮孔长度增大，左线隧道不同断面处拱顶振速峰值明显增大。当炮孔长度为 2m 时，在右线隧道开挖断面前后 10m 的振速峰值均超过允许振速；当炮孔长度继续增大时，振速峰值超过允许振速的区域继续扩大，并向开挖断面两侧扩展。这也印证了严格控制循环进尺和炮孔长度的必要性。

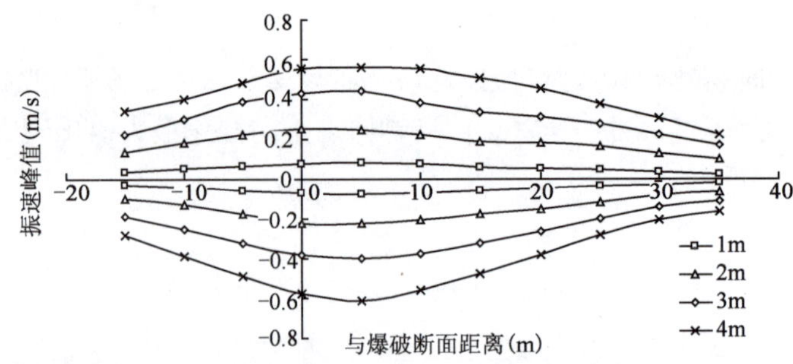

图 6-51　左线隧道不同断面处拱顶振速峰值分布

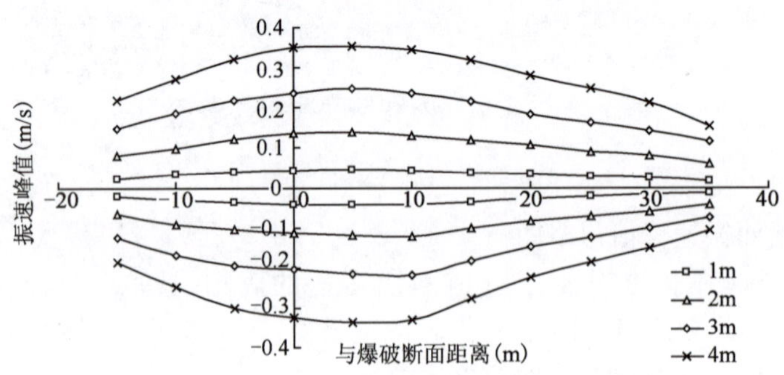

图 6-52　左线隧道不同断面处左边墙振速峰值分布

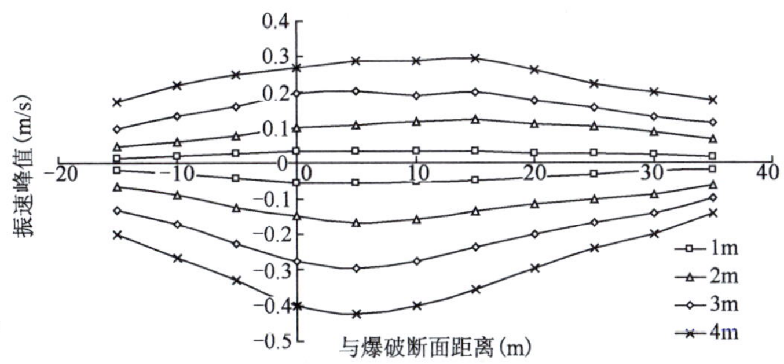

图 6-53 左线隧道不同断面处仰拱振速峰值分布

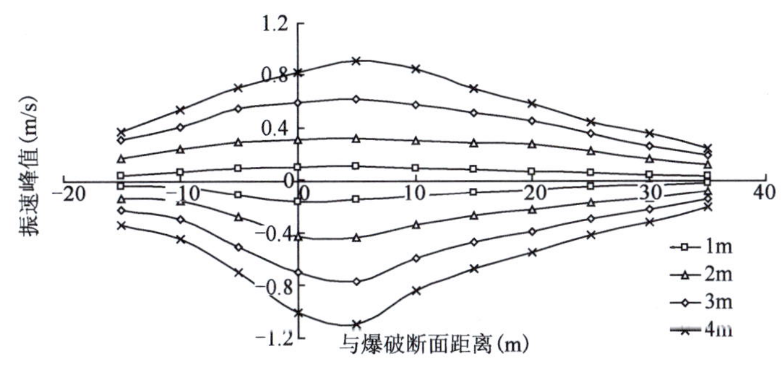

图 6-54 左线隧道不同断面处右边墙振速峰值分布

(6)不同炮孔长度对左线隧道振速时程的影响

由于 $y=26\text{m}$ 断面振速峰值最大,故选择该断面分析不同炮孔长度对左线隧道振速时程的影响。图 6-55 所示为左线隧道 $y=26\text{m}$ 断面拱顶处的振速时程,随着炮孔长度增大,左线隧道拱顶振速峰值急剧增大,炮孔长度为 2m、3m、4m 时拱顶振速峰值分别为炮孔长度为 1m 时振速峰值的 3 倍、5 倍、7 倍。由图 6-56 ~ 图 6-58 可知,在炮孔长度在 2m 以上时,左线隧道 $y=26\text{m}$ 各处的振速峰值均已超过允许振速。这说明在 V 级围岩钻爆开挖过程中炮孔长度不宜超过 1m。

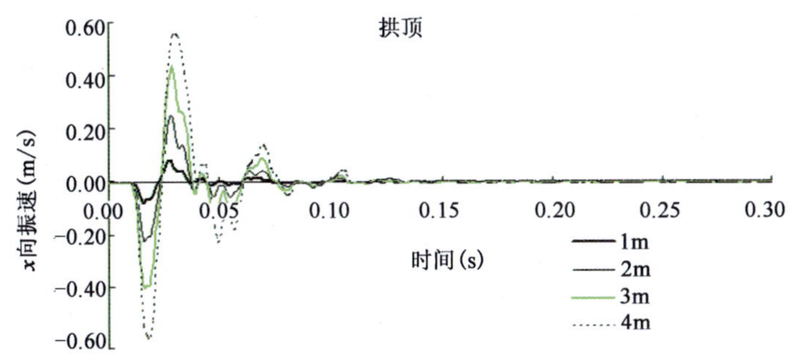

图 6-55 左线隧道拱顶振速时程

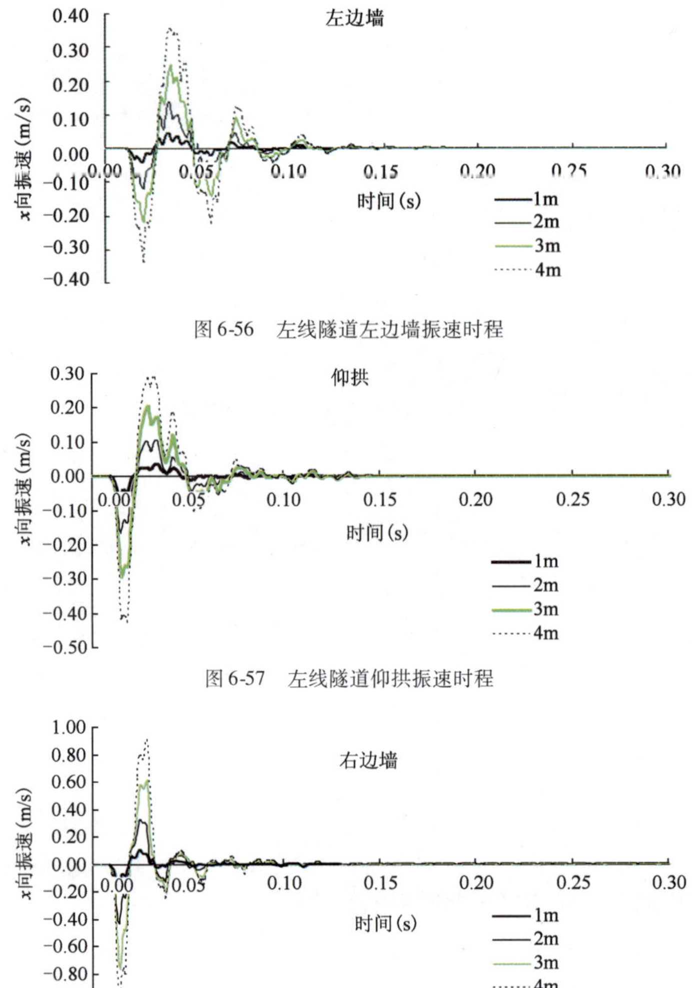

图 6-56　左线隧道左边墙振速时程

图 6-57　左线隧道仰拱振速时程

图 6-58　左线隧道右边墙振速时程

6.3.2　炸药爆速对爆破振动的影响

爆速为爆轰波在炸药中稳定传播的速度，是衡量炸药爆炸性能的重要示性数。爆速与装药直径、密度、粒度、外界的约束条件和起爆顺序等一系列参数有关。但是在一定装药条件下，爆轰波的传播速度可以为特定值，在一定程度上与炸药本身性质有关。一般情况下，工业炸药爆速在 2 ~ 4km/s 之间，如 2 号岩石小药卷，在标准装药条件下爆速为 2.2km/s；2 号岩石硝铵炸药，在标准装药条件下爆速为 3.05km/s；EJ-102 乳化炸药，在标准装药条件下爆速为 4km/s。现单一对炸药爆速进行参数分析。

(1) 炸药爆速对左线隧道振速峰值分布规律的影响

图 6-59 ~ 图 6-62 所示为不同炸药爆速条件下左线隧道各个断面拱顶的振速峰值分布，随着炸药爆速增大，左线隧道振速峰值非线性增大，振速峰值增长率随爆速增大而增大。拱顶和左边墙振速峰值均在右线隧道掌子面后方 5m（y = 26m）处取最大值，而仰拱和右边墙处的振速峰值分布规律则略有不同。当炸药爆速达到 4km/s 时，左线隧道仰拱处的反射波（振速为

正）振速峰值的最大值出现在右线隧道掌子面后方 15m 处（$y=36$m），这说明随着炸药爆速增大，反射波振速峰值最大值有向掌子面后方推移的趋势，而入射波峰值的最大值仍然出现在右线隧道掌子面附近（$y=21$m）。

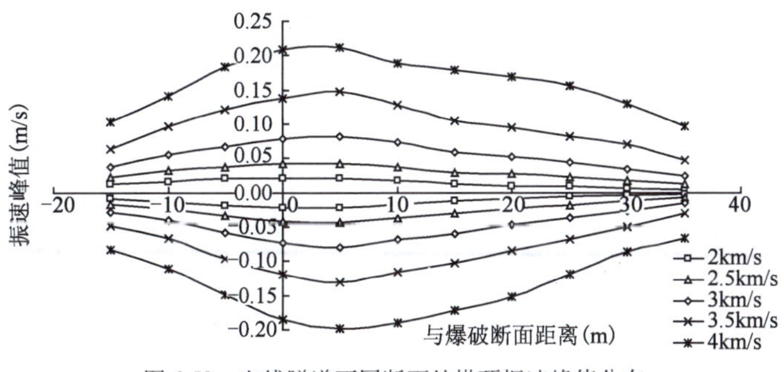

图 6-59　左线隧道不同断面处拱顶振速峰值分布

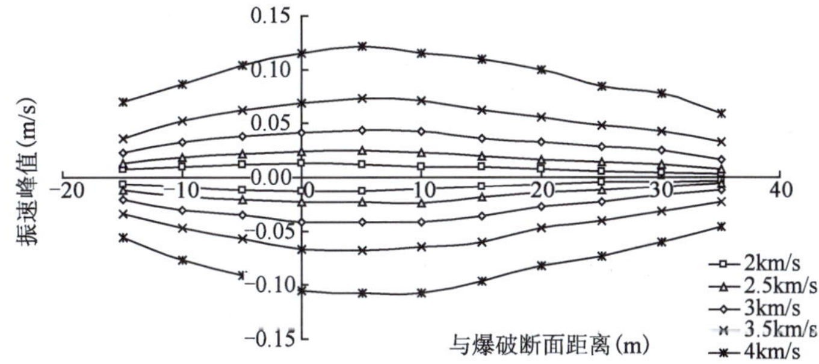

图 6-60　左线隧道不同断面处左边墙振速峰值分布

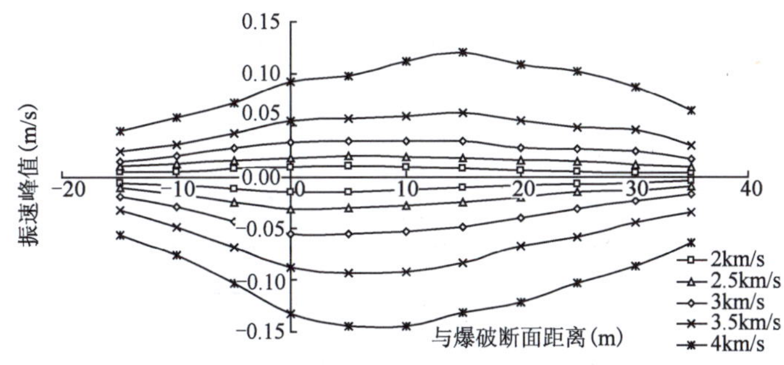

图 6-61　左线隧道不同断面处仰拱振速峰值分布

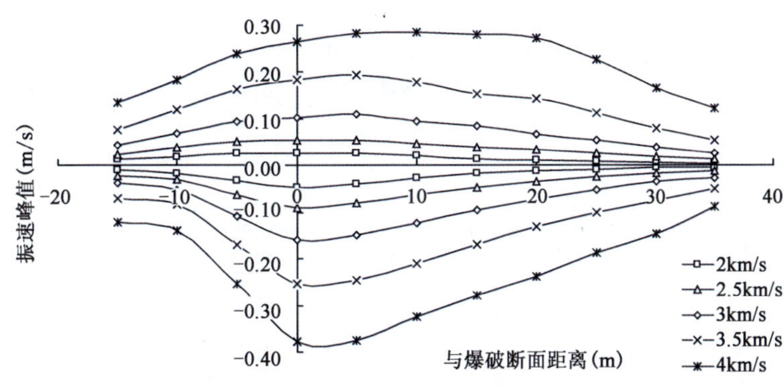

图 6-62　左线隧道不同断面处右边墙振速峰值分布

(2)最大振速断面各处振速时程

图 6-63 ~ 图 6-66 所示为不同炸药爆速下最大振速断面各处振速时程。可以观察到不同炸药爆速条件下左线隧道质点的振动时程基本相似,随着炸药爆速增大,振速峰值非线性增大。当炸药爆速增大到 4km/s 时,右边墙的振速超过允许振速峰值。此外,炸药爆速较大时,低频振动较明显;而当炸药爆速较小时,高频振动较明显。

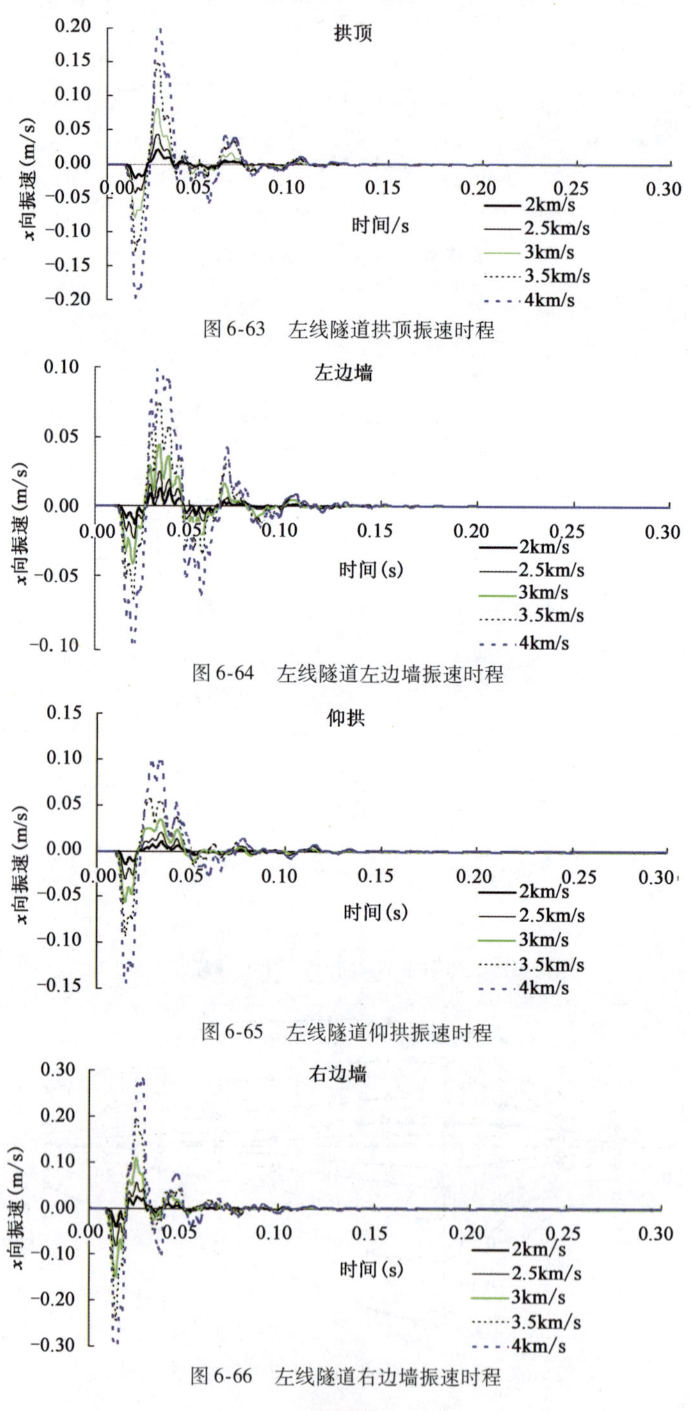

图 6-63　左线隧道拱顶振速时程

图 6-64　左线隧道左边墙振速时程

图 6-65　左线隧道仰拱振速时程

图 6-66　左线隧道右边墙振速时程

6.3.3 炮孔直径对爆破振动的影响

关于炮孔直径对爆破振动的影响,国内学者[71-73]主要从现场监测方面进行了一些研究。高晓初[73]对现场实测资料进行分析,认为不同孔径的炮孔爆破时,虽然药量相同,但是产生的爆破效果是不同的。原因在于炮孔直径不同导致爆破振动的衰减规律不同。在实际工程中,炮孔直径对炸药爆速、炮孔应力峰值都产生影响,但是本章为了研究单一炮孔直径参数的影响,仅认为炮孔直径改变炮孔应力峰值,与炸药爆速等其他参数是解耦合的。

根据公式可以得到不同孔径下炮孔应力时程,如图6-67所示。

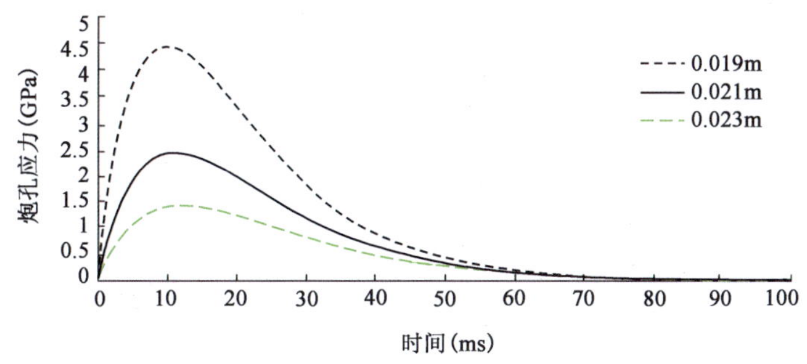

图6-67 爆破荷载时程

在药卷半径、装药密度和炸药爆速不变的情况下,炮孔直径越大,分布在炮孔之上的应力峰值越小。

(1)炮孔直径对左线隧道振速峰值分布规律的影响

图6-68~图6-71所示为不同炮孔直径下左线隧道振速峰值分布。由图可以看出,在不耦合装药情况下,炸药随着等效药卷半径与炮孔直径之比增大,邻近隧道振速峰值非线性增大。当炮孔直径增大时,不耦合系数减小,导致炮孔应力峰值减小,从而使其爆破作用减弱,同时减小其对邻近隧道的振动。此外,当采用耦合装药时,引爆瞬间爆速很大,会导致岩石粉碎程度过高,爆破能量损失较大,在一定程度上反而降低了爆破效率。采用不耦合装药,在完成每一循环爆破的岩石体积的情况下,可以控制岩石的粉碎程度,降低对邻近隧道的振动效应。

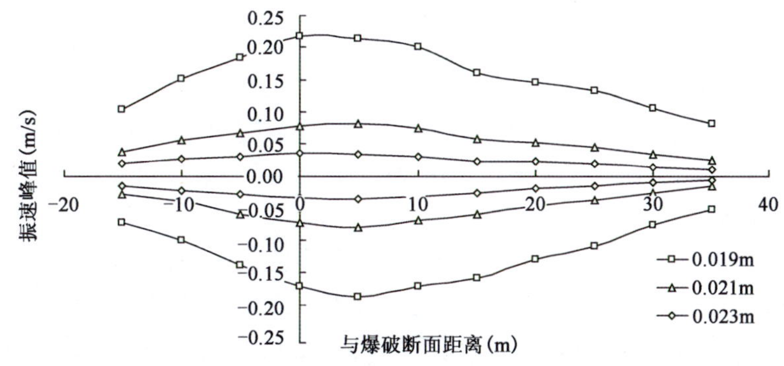

图6-68 左线隧道不同断面处拱顶振速峰值分布

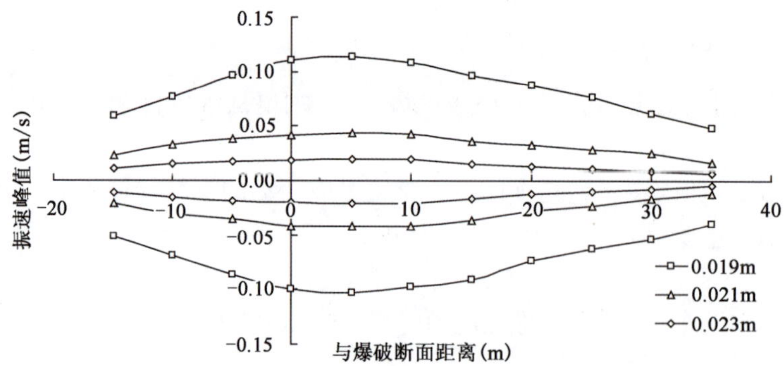

图 6-69　左线隧道不同断面处左边墙振速峰值分布

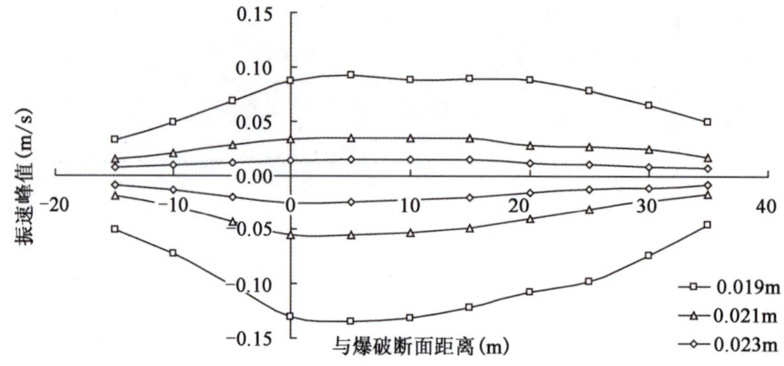

图 6-70　左线隧道不同断面处仰拱振速峰值分布

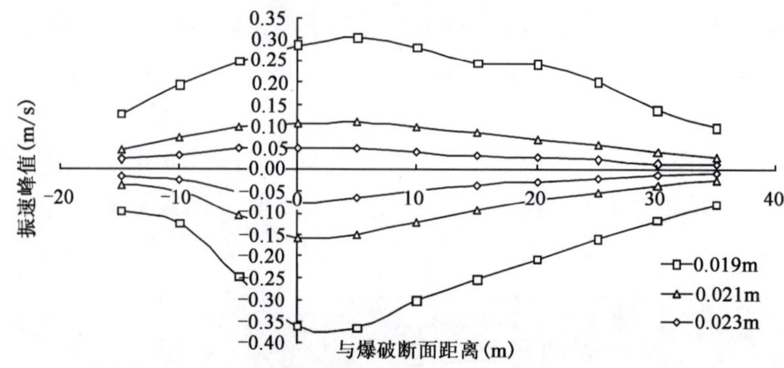

图 6-71　左线隧道不同断面处右边墙振速峰值分布

如图 6-68 ~ 图 6-71 所示，当炮孔直径减少 10%，邻近隧道振速峰值增加 1 倍以上。这说明炮孔直径对邻近隧道振动的影响较大，在钻爆设计中需要特别注意。

(2)最大振速断面各处振速时程

图 6-72 ~ 图 6-75 所示为最大振速断面振速时程，当孔径减小到 0.019m 时，拱顶和右边墙振速超过允许振速。拱顶和左边墙的正向振速绝对值大于反向振速绝对值，即反射波引起的振动大于入射波引起的振动。这说明入射波对邻近隧道的影响并不一定比反射波强，虽然经过反射和能量耗散，在某些位置由于不同位置的反射波叠加，使得反射波加强。但是，对于迎

爆侧,仍然是入射波引起的振动比反射波引起的振动强烈,这可能是因为迎爆侧距右线隧道开挖掌子面近,反射波的作用没有入射波明显。

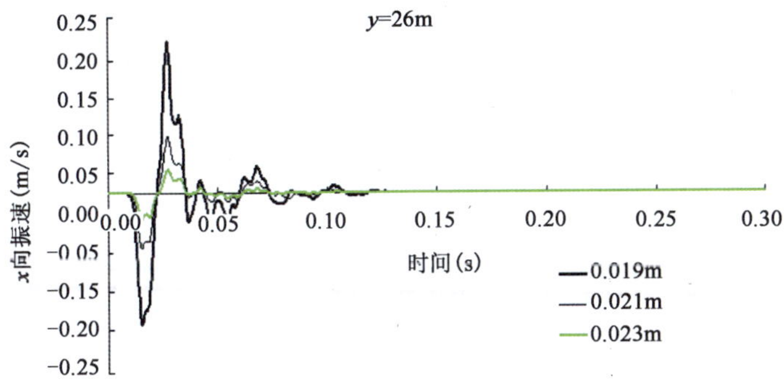

图 6-72 左线隧道拱顶振速时程

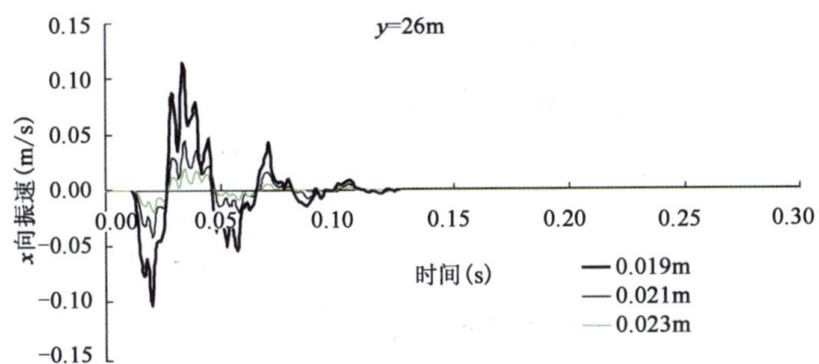

图 6-73 左线隧道左边墙振速时程

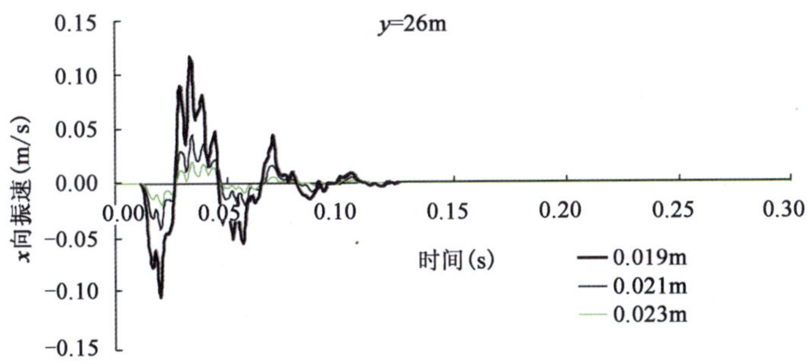

图 6-74 左线隧道仰拱振速时程

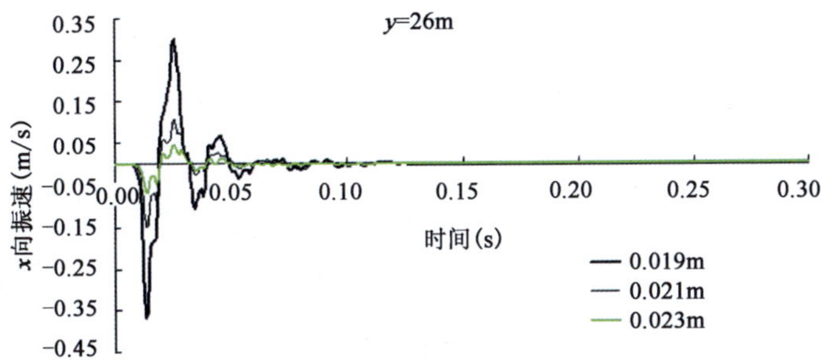

图 6-75 左线隧道右边墙振速时程

6.3.4 左右线隧道间距对爆破振动的影响

随着左右线隧道间距减小，后行隧道掌子面爆破开挖对先行隧道已施作支护结构影响增大。但是对于V级围岩，左线隧道爆破振动随着左右线隧道间距变化的规律并未进行定量研究。本章对左右线隧道间距进行单一参数分析，总结左线隧道振速峰值随间距增大的变化规律，从而为工程实际提供参考。

(1)隧道间距对左线隧道振速峰值分布规律的影响

图6-76所示为左线隧道不同断面处拱顶振速峰值分布，随着隧道间距逐渐减小，左线隧道振速逐渐增大。入射波(振速为负)振速峰值随隧道间距变化较明显，而反射波振速峰值随隧道间距变化并不明显。当隧道间距小于11.6m时，左线隧道右边墙振速峰值会超过允许振速。

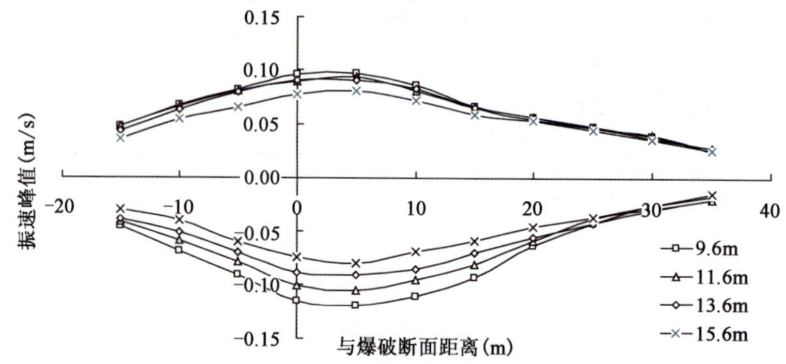

图6-76 左线隧道不同断面处拱顶振速峰值分布

图6-77所示为左线隧道不同断面处左边墙振速峰值分布。负向振速峰值基本上还能随着隧道间距的增大而减小。而正向振速峰值的变化规律并不十分明显，在掌子面前方，隧道间距为15.6m的振速峰值高于间距为11.6m的振速峰值，而在掌子面后方，隧道间距为15.6m的振速峰值最大。这可能是因为左边墙位于背爆侧，其反射波来源较多，此时隧道间距已经不是影响振速峰值的关键因素了。

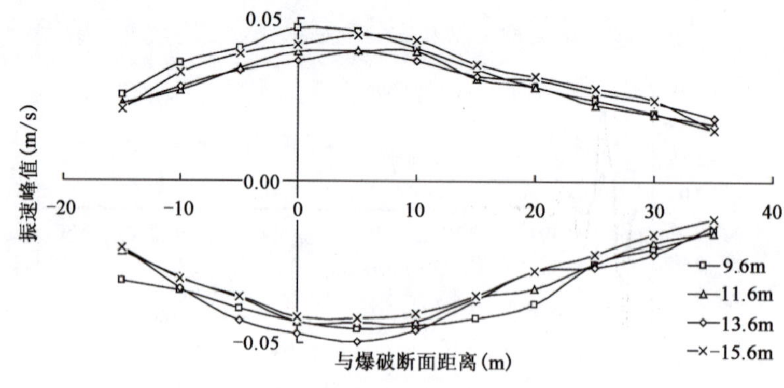

图6-77 左线隧道不同断面处左边墙振速峰值分布

图 6-78 所示为左线隧道不同断面处仰拱振速峰值分布。

图 6-79 所示为左线隧道不同断面处右边墙振速峰值分布，在隧道间距由 15.6m 减小到 9.6m 的过程中，反射波引起的振动速度变化不大，且一直在允许振速范围内。而入射波引起的振速在间距减小为 11.6m 时超过了允许振速峰值。

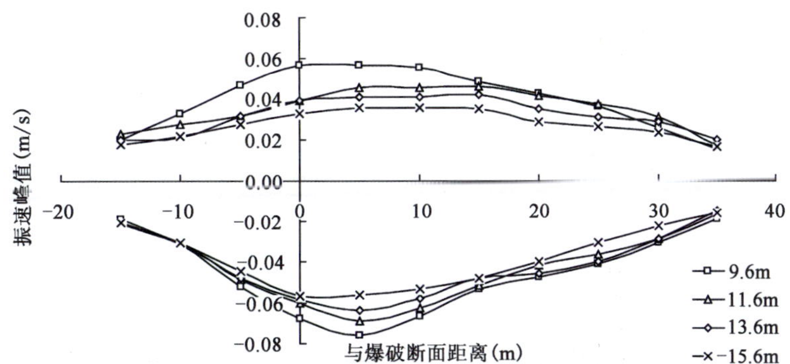

图 6-78　左线隧道不同断面处仰拱振速峰值分布

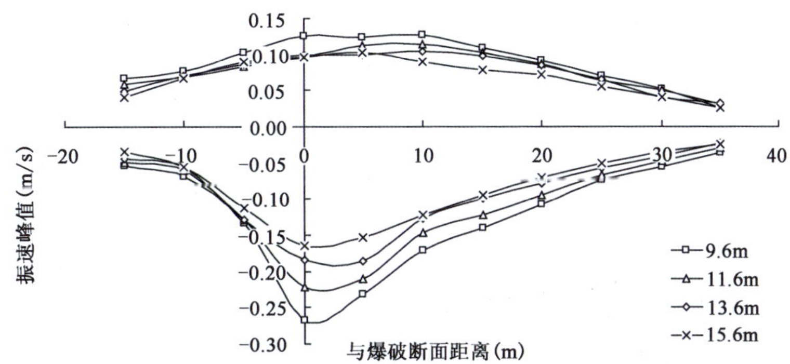

图 6-79　左线隧道不同断面处右边墙振速峰值分布

(2)最大振速断面各处振速时程

图 6-80 ~ 图 6-83 所示为不同隧道间距条件下最大振速断面各处振速时程。可以看出，随着隧道间距增大，振速出现峰值的时间点略微后移，这是因为在波速相同时，波阵面到达右线隧道的时间随隧道间距增大而增大。不同隧道间距情况下，左线隧道振速的衰减规律基本相同，且都是入射波引起的振动大于反射波引起的振动。

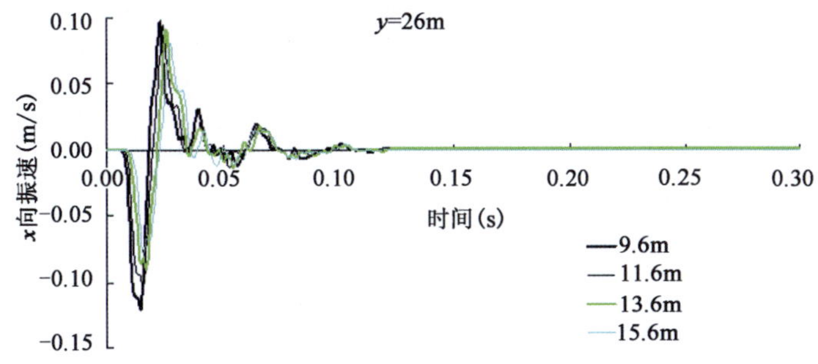

图 6-80　左线隧道拱顶振速时程

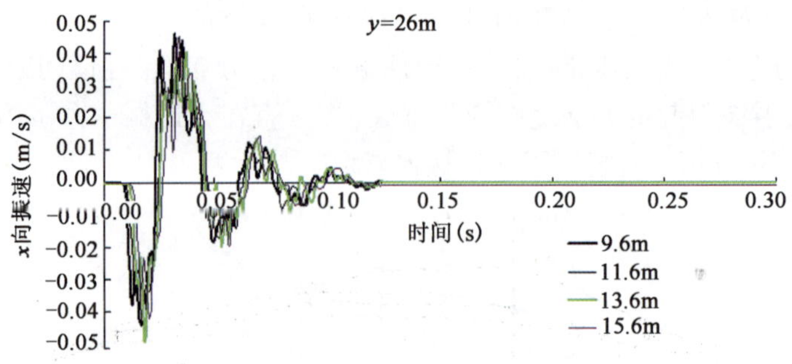

图 6-81 左线隧道左边墙振速时程

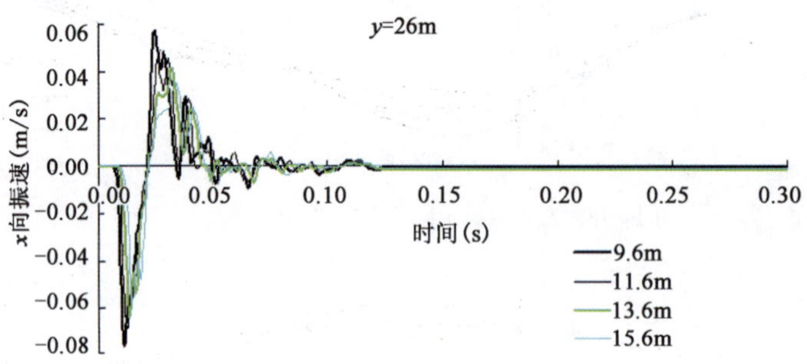

图 6-82 左线隧道仰拱振速时程

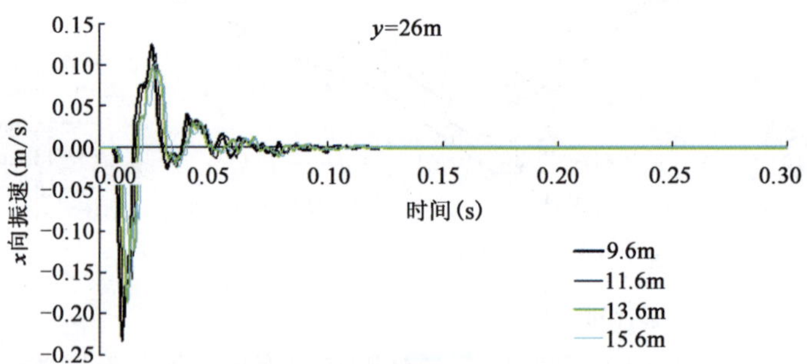

图 6-83 左线隧道右边墙振速时程

7 软弱破碎带隧道施工工法比选及参数优化

软弱围岩隧道施工过程中掌子面挤出变形和后行变形显著，而掌子面的变形情况在一定程度上决定着开挖面前方变形乃至隧道最终变形结果。因此，在软弱围岩隧道施工中，掌子面的变形控制问题应予以足够重视。目前，对软弱围岩隧道掌子面变形稳定和控制手段主要以预留核心土、临时仰拱、掌子面超前预支护以及水平旋喷注浆加固为主。前面对管棚超前预支护技术进行了分析；而水平旋喷注浆加固由于工艺复杂、施工成本相对较高，故在实际工程中应用相对较少。

本章依托中条山隧道实体工程，对实际工程中应用相对较多的预留核心土法、临时仰拱法、台阶法以及锚杆和超前导管对围岩变形的控制效果进行了研究。

7.1 软弱破碎带隧道施工概况

依托工程中条山隧道在 K3 +150 ~ K5 +780 段基本位于山前破碎带边缘或行走在软弱破碎带内，隧道分水岭南段围岩较为软弱破碎，并且解州端洞口段位于中条山山前断裂破碎带内，岩体极其破碎；软弱破碎带宽度在 50 ~ 100m 之间，在解陌公路上断层宽度达 200 ~ 300m。隧道在 K11 +880 ~ K12 +265 段存在软弱围岩大变形。隧址区工程地质与水文地质条件复杂、地质构造发育，存在多个软弱破碎带、断层影响带及软弱围岩。

隧道Ⅴ级围岩段采用留核心土的上弧形导坑法开挖，考虑到洞口浅埋段岩土体松散破碎，隧道进、出口暗挖段第一环采用 32m 长 ϕ89 超前注浆管棚加固软弱围岩、环间距 35cm、每环 43 根、浆液采用水泥—水玻璃双液浆，以提高支护的纵向刚度。在洞口施工过程中尽量减少对周围地层的扰动破坏，完成隧道开挖及初期支护后，应及时进行仰拱封闭。根据监控量测结果确定二次模注衬砌混凝土的浇注时间，宜先施工仰拱，后进行边墙、拱部二次模注混凝土的浇注。洞身Ⅴ级围岩路段超前支护采用 ϕ42 超前注浆小导管注浆加固围岩，衬砌采用短台阶法施工。上台阶长度 3 ~ 5m、下台阶长度 5 ~ 10m，开挖循环进尺控制在 0.75 ~ 1m，初期支护紧跟开挖面施作，开挖以人工风镐为主，配合小药量的减弱振动控制爆破开挖，尽量减少对围岩的扰动。隧道仰拱工作面距离下台阶开挖面距离 $L \leqslant 15$m（Ⅴ级软弱破碎带 $L \leqslant 10$m）。二次衬砌应紧跟仰拱施作；其施作应满足Ⅴ级围岩：当水平收敛速率小于 0.2mm/d，或拱顶位移速率小于 0.15mm/d，施作二次衬砌前的收敛量已达总收敛量的 80% 以上；Ⅴ级软弱破碎带：当水平收敛速率小于 1.0 ~ 1.5mm/d，或拱顶位移速率小于 1.0mm/d；且二次衬砌距离仰拱工作面距离≤20m。当围岩压力极大，其变形速率增大且难以收敛时，应立即浇筑二次衬砌，或先行构件支顶，并考虑采用其他开挖方法。隧道Ⅴ级围岩施工开挖方案如图7-1所示。

在Ⅳ级软弱围岩段采用 $\phi42$ 超前小导管注浆加固围岩，台阶长度可根据施工及围岩实际情况采取为10~15m，开挖循环进尺控制在1.0~1.2m，采用控制性光面爆破或预裂爆破，尽量减少对围岩的扰动破坏；隧道仰拱工作面距离下台阶开挖面距离≤20m，二次衬砌应紧跟仰拱施作，同时结合监控量测综合确定隧道Ⅳ级围岩施工开挖方案如图7-2所示。Ⅳ级围岩紧急停车带段采用 $\phi42$ 小导管注浆加固围岩，开挖采用单侧壁导坑法，侧壁导坑及正洞均采取分台阶开挖，台阶长度5~10m，先行导坑下台阶与后行导坑上台阶间距>25m，开挖循环进尺控制在0.75~1m，初期支护紧跟开挖面，开挖采用控制性光面爆破或预裂爆破，严禁采用深孔爆破，尽量减少对围岩的扰动破坏；隧道仰拱工作面距离下台阶开挖面距离≤15m，二次衬砌应紧跟仰拱施作。隧道Ⅳ、Ⅴ级围岩紧急停车带施工开挖设计方案如图7-3所示。

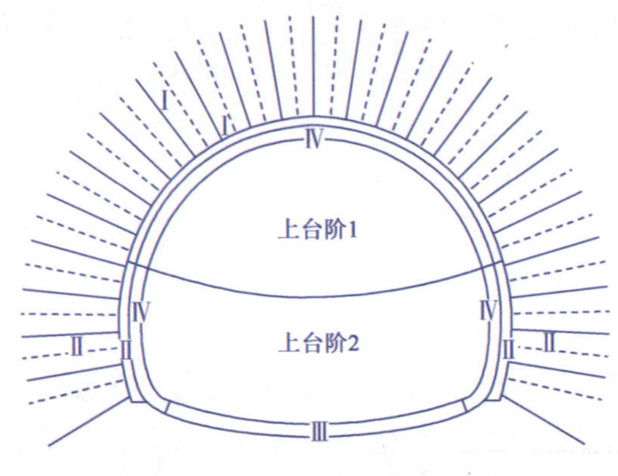

图7-1　隧道Ⅴ级围岩施工开挖方案

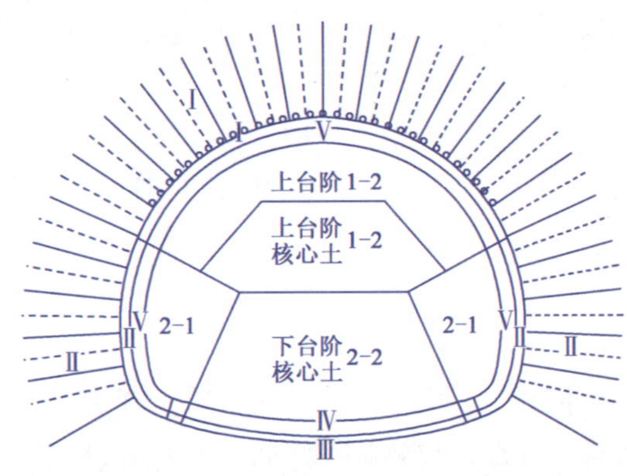

图7-2　隧道Ⅳ级围岩施工开挖方案

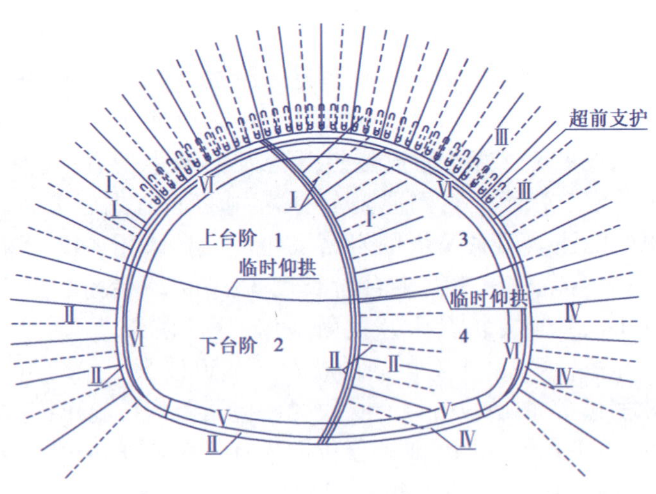

图7-3　隧道Ⅳ、Ⅴ级围岩紧急停车带施工开挖设计方案

7.2 预留核心土法下核心土作用效果研究

针对软弱破碎带下隧道的开挖施工,核心土留设的合理与否,对隧道工作面稳定性影响甚为显著。现就不同的核心土长度、核心土面积,通过数值模拟方法针对核心土对隧道稳定性影响进行分析研究。

7.2.1 预留核心土法数值模型

为分析台阶长度和形状与隧道围岩变形之间的相互关系,在围岩土体参数、支护结构参数相同的情况下,不改变其他施工参数,仅改变核心土的长度,分析比较五种工况下拱顶沉降、收敛位移、初期支护及二次衬砌受力情况等,研究核心土留设与否及留设长度对整体结构的影响。台阶与核心土留设示意图如图 7-4 所示。

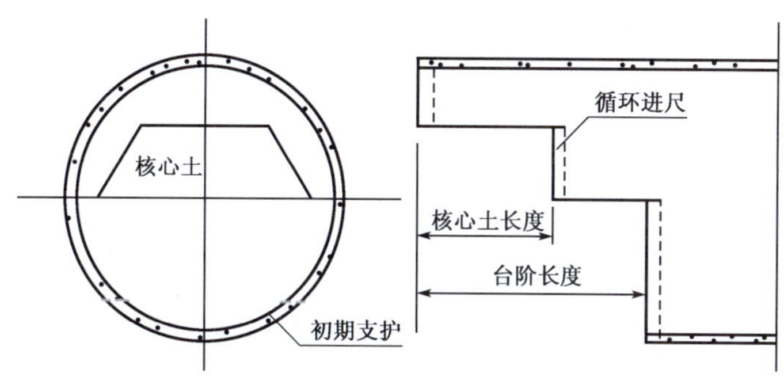

图 7-4 核心土留设和开挖示意图

注:虚线部分表示隧道开挖循环进尺。

为了利用结构的对称性减少运算时间,采用 1/2 模型计算,计算范围为 30m × 60m × 140m ($X \times Y \times Z$),典型断面 y = 30m,图 7-5 为工况三开挖至典型断面时网格划分图。

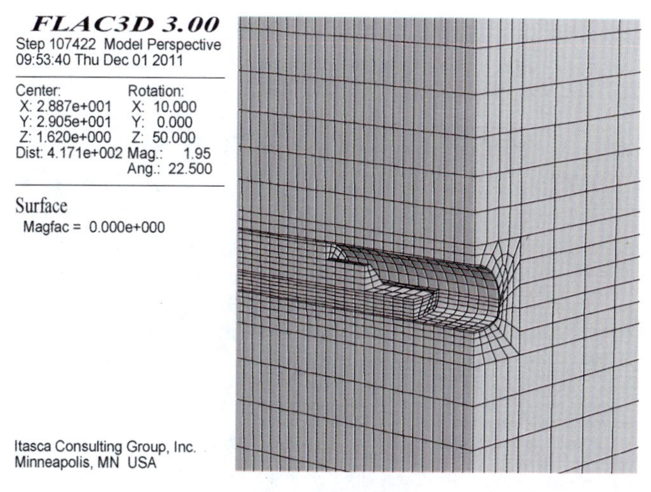

图 7-5 工况三网格划分图

计算工况如表 7-1 所示。

数值模拟各种工况　　表 7-1

计 算 工 况	台阶长度(m)	核心土长度(m)
工况一	18	0
工况二	18	4
工况三	18	8
工况四	18	12
工况五	18	16

7.2.2　核心土留设及其长度分析

1)围岩位移分析

(1)竖向位移分析

选取工况一、二、三、四、五开挖至典型断面的竖向位移云图,如图 7-6 ~ 图 7-10 所示。

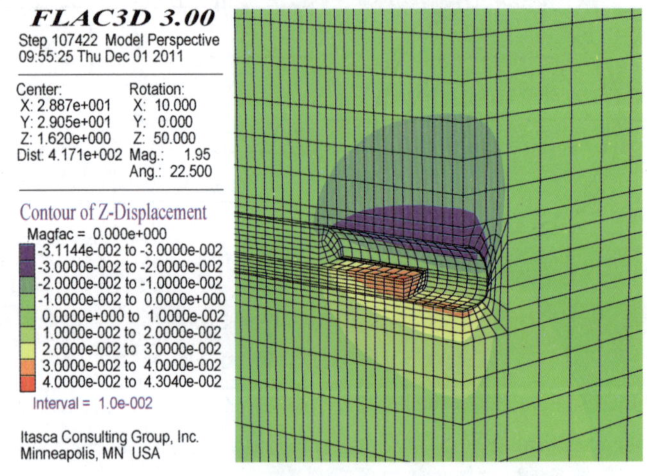

图 7-6　台阶长度 18m 无核心土时竖向位移云图(单位:m)

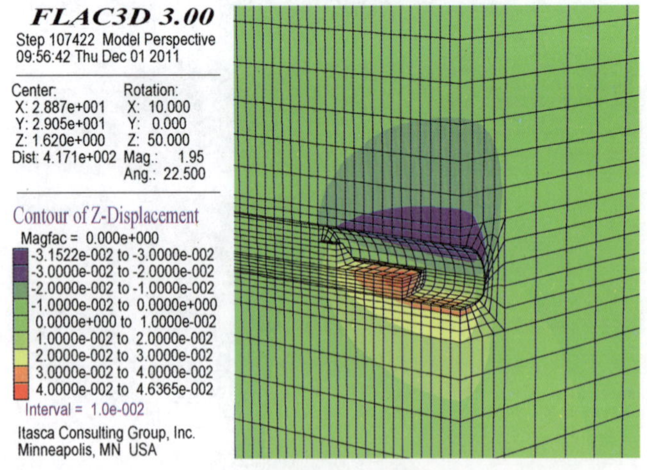

图 7-7　台阶长度 18m 核心土长度 4m 时竖向位移云图(单位:m)

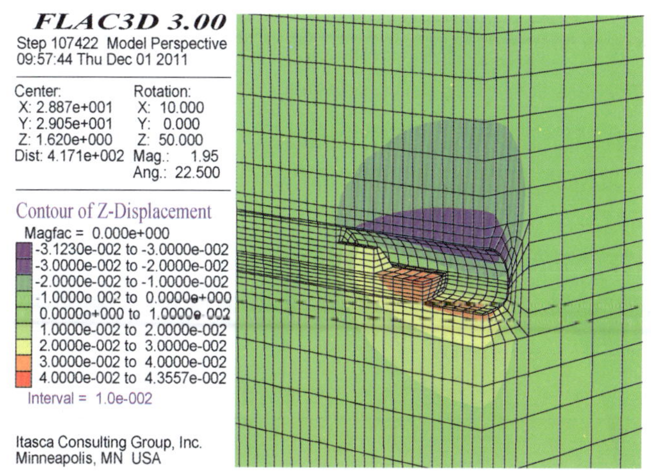

图 7-8 台阶长度 18m 核心土长度 8m 时竖向位移云图(单位:m)

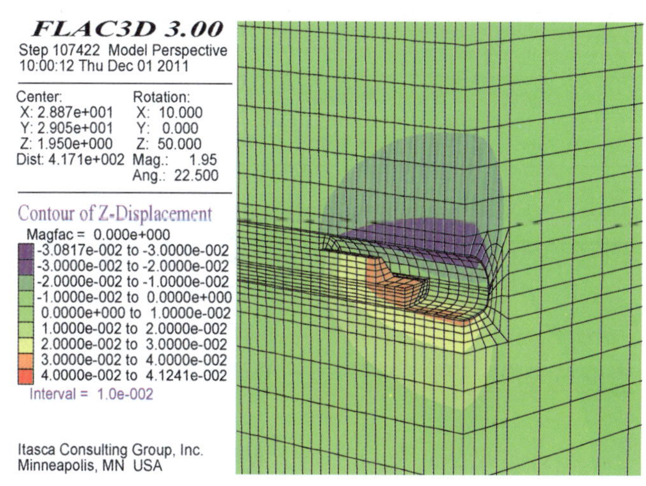

图 7-9 台阶长度 18m 核心土长度 12m 时竖向位移云图(单位:m)

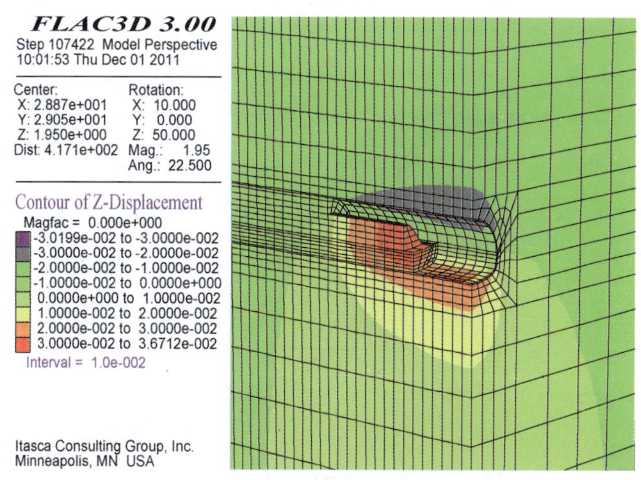

图 7-10 台阶长度 18m 核心土长度 16m 时竖向位移云图(单位:m)

从图7-6～图7-10可以看出，核心土长度4m时，竖向位移和拱底隆起达到最大，竖向最大沉降达到3.15cm，拱底最大隆起达到4.63cm。最大竖向沉降大都出现在台阶末端，说明施工中维持台阶稳定很重要；并且随着核心土长度增长，围岩位移越来越小。说明在控制沉降方面，核心土长度越长，对维持土体稳定性的作用越大。

（2）拱顶沉降、收敛位移、掌子面纵向位移分析

开挖至典型断面时各工况算得拱顶沉降、收敛位移、掌子面纵向位移如表7-2所示。

表7-2列出了当开挖至30m断面处拱顶沉降值、拱腰收敛值以及掌子面最大纵向位移。其中，拱顶沉降为负值时是指下沉量，拱腰收敛位移为负值时是指收敛量，掌子面纵向位移是指掌子面沿隧道轴线向临空面的位移。

各方案围岩位移对比表 表7-2

工　况	拱顶沉降（cm）	拱腰收敛（cm）	掌子面最大纵向位移（cm）	核心土长度（cm）
工况一	-1.357	-0.298	-1.945	0
工况二	-1.087	-0.229	-3.033	4
工况三	-1.019	-0.213	-2.989	8
工况四	-0.969	-0.199	-2.966	12
工况五	-0.938	-0.194	-3.020	16

从表7-2中可以看出，核心土长度较小时，拱顶沉降较大，随着核心土长度增大，拱顶沉降减小。当留设核心土时，拱腰收敛值很小，而不留设核心土时，拱腰处向外扩张且收敛值比留设核心土时大，这与之前的分析是一致的。但是在控制内空位移方面，工况一及工况四的作用效果最为明显。说明核心土过短或者过长均不宜，过短时并不能有效维持工作面前方稳定；过长则核心土末端易失稳。综合分析核心土的位移效应，应选用核心土长度在8～12m之间的。

模型沿纵向长60m，循环进尺2m，模拟开挖步数共有42步，开挖一步即施作初期支护，开挖至10步即施作仰拱二次衬砌，开挖至12步施作全环二次衬砌。随着开挖进行，典型断面 $y=30\text{m}$ 处拱顶沉降、仰拱隆起、收敛位移与开挖步关系曲线分别如图7-11～图7-13所示。

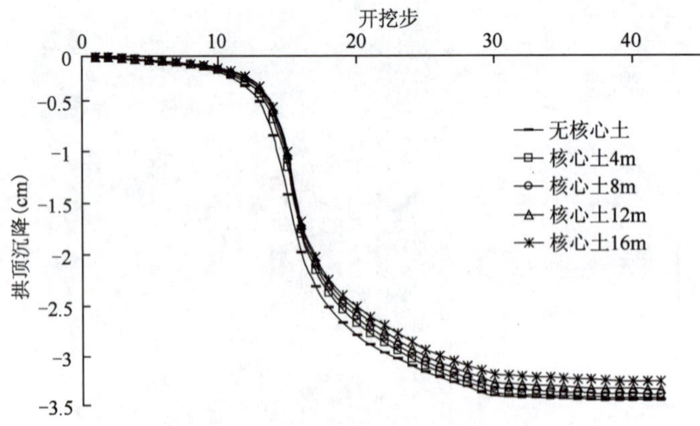

图7-11 拱顶沉降与开挖步关系曲线

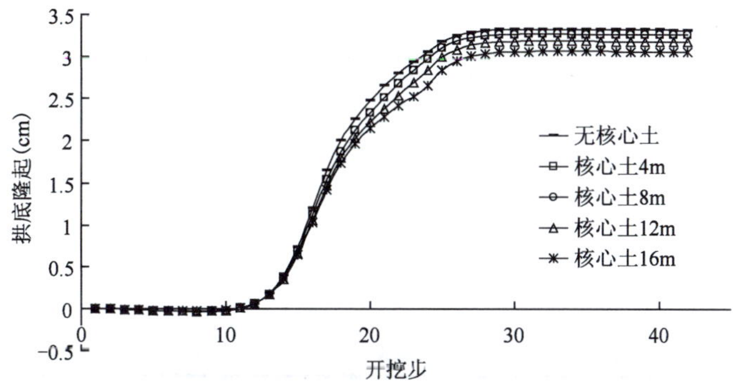

图 7-12 仰拱隆起与开挖步关系曲线

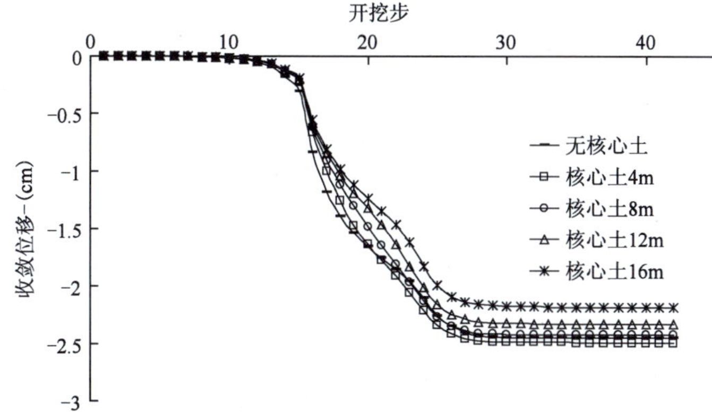

图 7-13 收敛位移与开挖步关系曲线

从图 7-11 ~ 图 7-13 可以看出，不论哪种工法，各项位移值都随着开挖步数增加而增大。位移变化速率均是先增大后减小，最后趋于零。对于收敛位移及仰拱隆起，在约开挖到 25 步时基本保持稳定；而对于拱顶沉降，在约 30 步时才不变。最大拱顶沉降约为 3.4cm，即采用无核心土法施工时产生；最大拱底隆起约为 3.3cm，也产生在采用无核心土法施工时。最大收敛位移比最大拱顶沉降小约 35.8%。从图 7-11 ~ 图 7-13 中还可看出，不同核心土长度下位移变化的大致规律是：随着核心土长度的增大，拱顶沉降、收敛位移以及仰拱隆起均减小，这与之前所得结论基本相似。说明核心土长度的增长对控制围岩变形起到了一定的作用。

2）围岩受力分析

选取工况一、二、三、四、五开挖至典型断面的最大主应力分布云图，如图 7-14 ~ 图 7-18 所示。

从图 7-14 ~ 图 7-18 可以看出，核心土长度从 0m 增长到 4m 时，最大压应力增大；从 4m 增长到 16m 时，最大压应力逐渐减小。但是总体来看，增大幅度较小，不同核心土长度作用下，压应力的取值范围是基本相同的。除核心土长度为 8m 取值外，其他几种长度均会产生拉应力作用区域，核心土长度为 14m 时所受拉应力最大，约为 0.42MPa，而无核心土时，拉应力分布区域最广，从图 7-11 可以看出，拉应力出现在掌子面处，因此无核心土时掌子面为薄弱环节，可能发生拉伸破坏或者失稳破坏。

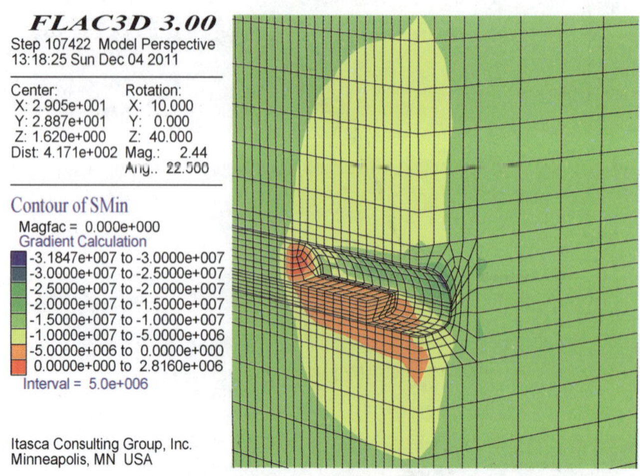

图 7-14　台阶长度 18m 无核心土时最大主应力分布云图(单位:Pa)

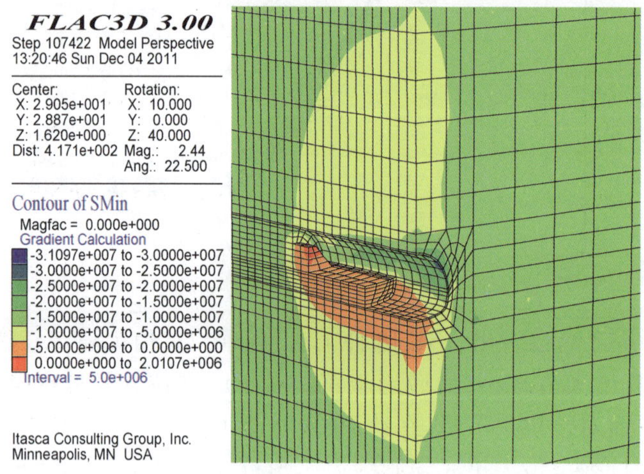

图 7-15　台阶长度 18m 核心土长度 4m 时最大主应力分布云图(单位:Pa)

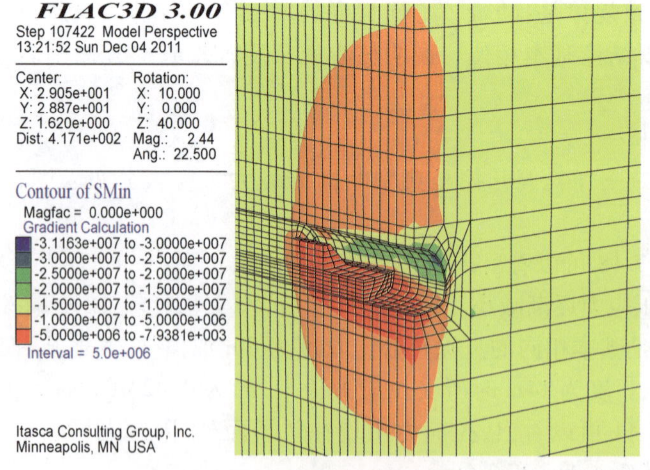

图 7-16　台阶长度 18m 核心土长度 8m 时最大主应力分布云图(单位:Pa)

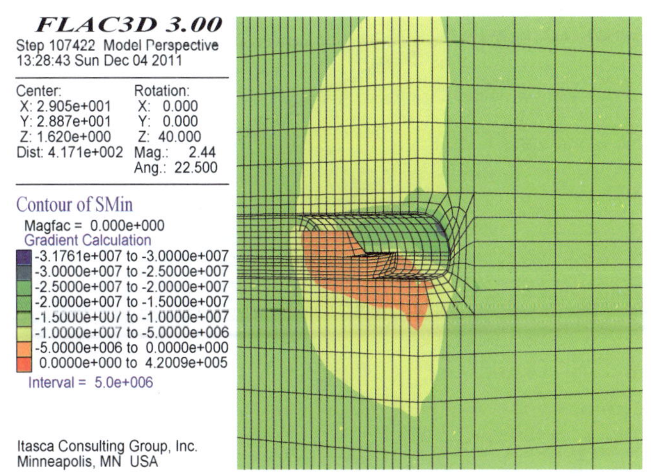

图 7-17　台阶长度 18m 核心土长度 12m 时最大主应力分布云图(单位:Pa)

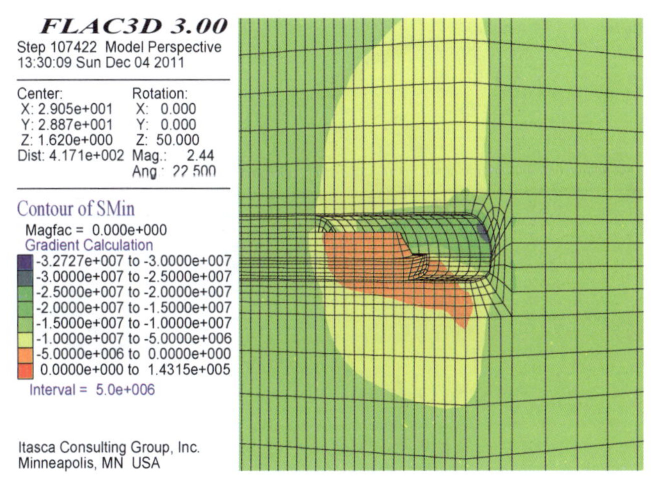

图 7-18　台阶长度 18m 核心土长度 16m 时最大主应力分布云图(单位:Pa)

3)支护结构受力分析

(1)二次衬砌弯矩分析

选取工况一、二、三、四、五开挖完成直至稳定后二次衬砌环向所受弯矩图,如图 7-19 ~ 图 7-23所示。

从图 7-19 ~ 图 7-23 可以看出,核心土长度对二次衬砌弯矩在横断面的分布规律基本无影响,拱脚处都产生最大负弯矩,仰拱区域产生最大正弯矩,但是正弯矩值比负弯矩值小很多,拱脚以上正负弯矩交错布置。从图 7-19 ~ 图 7-23 中还可看出,随着核心土长度增大,拱脚处弯矩逐渐增大,无核心土时最大负弯矩值为 134.3kN · m;核心土长度为 16m 时最大负弯矩值为 215.2kN · m,比前者增加约 60.36%。这主要是由于核心土长度越长,加载卸荷的作用越大,对二次衬砌结构产生较大松散压力所致。

FLAC3D 3.00
Step 269449 Model Perspective
09:07:43 Thu Dec 01 2011

Center:
X: 2.049e+000
Y: 2.721e+001
Z: 3.146e+000
Dist: 4.171e+002

Rotation:
X: 10.000
Y: 0.000
Z: 20.000
Mag.: 5.95
Ang.: 22.500

SEL sres-Mx
Magfac = 0.000e+000
-1.3430e+005 to -1.2000e+005
-1.2000e+005 to -1.0000e+005
-1.0000e+005 to -8.0000e+004
-8.0000e+004 to -6.0000e+004
-6.0000e+004 to -4.0000e+004
-4.0000e+004 to -2.0000e+004
-2.0000e+004 to 0.0000e+000
0.0000e+000 to 2.0000e+004
2.0000e+004 to 4.0000e+004
4.0000e+004 to 4.8468e+004
Interval = 2.0e+004
SurfX = (0.00, 0.00, 1.00)

Itasca Consulting Group, Inc.
Minneapolis, MN USA

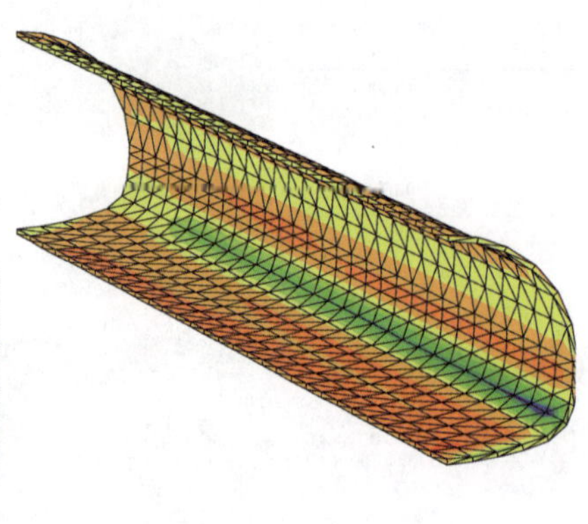

图 7-19 台阶长度 18m 无核心土二次衬砌弯矩图

FLAC3D 3.00
Step 269449 Model Perspective
09:09:58 Thu Dec 01 2011

Center:
X: 2.049e+000
Y: 2.721e+001
Z: 3.146e+000
Dist: 4.171e+002

Rotation:
X: 10.000
Y: 0.000
Z: 20.000
Mag.: 5.95
Ang.: 22.500

SEL sres-Mx
Magfac = 0.000e+000
-1.9326e+005 to -1.7500e+005
-1.7500e+005 to -1.5000e+005
-1.5000e+005 to -1.2500e+005
-1.2500e+005 to -1.0000e+005
-1.0000e+005 to -7.5000e+004
-7.5000e+004 to -5.0000e+004
-5.0000e+004 to -2.5000e+004
-2.5000e+004 to 0.0000e+000
0.0000e+000 to 2.5000e+004
2.5000e+004 to 5.0000e+004
5.0000e+004 to 6.3854e+004
Interval = 2.5e+004
SurfX = (0.00, 0.00, 1.00)

Itasca Consulting Group, Inc.
Minneapolis, MN USA

图 7-20 台阶长度 18m 核心土长度 4m 二次衬砌弯矩图

FLAC3D 3.00
Step 269449 Model Perspective
09:11:48 Thu Dec 01 2011

Center:
X: 2.049e+000
Y: 2.721e+001
Z: 3.146e+000
Dist: 4.171e+002

Rotation:
X: 10.000
Y: 0.000
Z: 20.000
Mag.: 5.95
Ang.: 22.500

SEL sres-Mx
Magfac = 0.000e+000

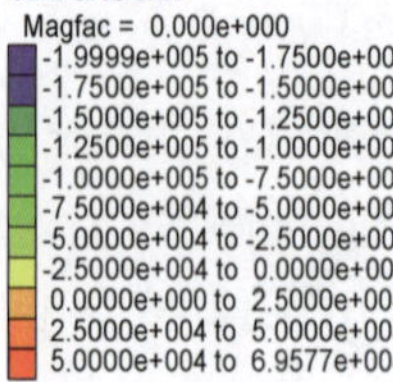

Interval = 2.5e+004
SurfX = (0.00, 0.00, 1.00)

Itasca Consulting Group, Inc.
Minneapolis, MN USA

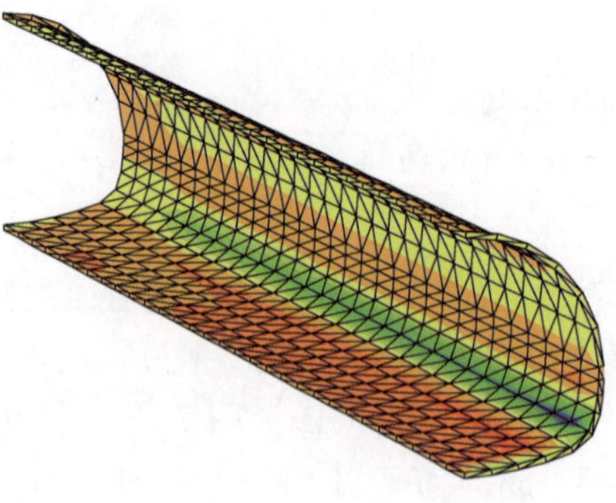

图 7-21 台阶长度 18m 核心土长度 8m 二次衬砌弯矩图

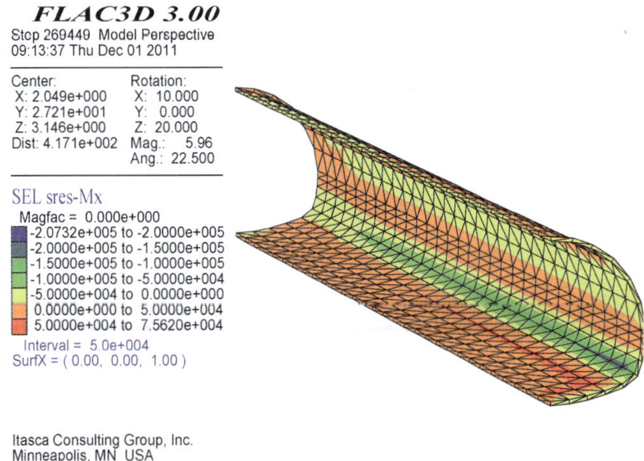

图 7-22 台阶长度 18m 核心土长度 12m 二次衬砌弯矩图

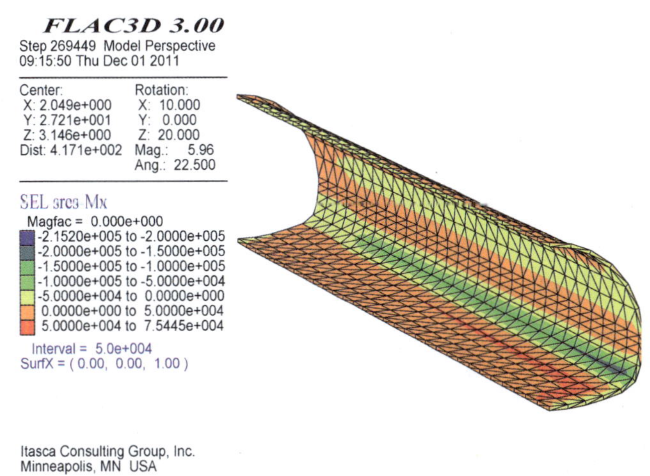

图 7-23 台阶长度 18m 核心土长度 18m 二次衬砌弯矩图

(2)初期支护结构受力

选取工况一、二、三、四、五开挖完成直至稳定后各支护结构所受内力，包括初期支护最大拉应力、初期支护最大压应力、超前导管最大轴力、锚杆最大轴力汇于表 7-3 中。

支护结构内力表

表 7-3

支护受力	无核心土	核心土长度 4m	核心土长度 8m	核心土长度 12m	核心土长度 16m
初期支护最大拉应力(MPa)	2.34	2.78	2.85	2.88	2.91
初期支护最大压应力(MPa)	23.11	21.39	21.65	22.17	22.86
超前导管最大弯矩(kN·m)	249.3	247.5	250.8	250.8	250.9
系统锚杆最大轴力(kN)	61.99	61.49	61.82	61.66	59.60

从表7-3中可以看出，无核心土时，初期支护所受压应力、超前导管最大弯矩以及系统锚杆最大轴力均为最大。当核心土从4m增大到16m时，初期支护应力及超前导管弯矩逐渐增大；系统锚杆最大轴力随着核心土长度增大而减小，核心土对初期支护受力影响最大，核心土长度为4～8m时，初期支护结构受力最小。

7.2.3 核心土面积优化分析

为了分析核心土面积变化对隧道的影响，现选取三种工况进行，对其围岩变形、围岩应力场、支护结构内力进行比较，如表7-4所示。

数值模拟各种工况　　表7-4

计算工况	核心土面积(m^2)	台阶长度(m)	核心土长度(m)	占上导坑面积百分比(%)
工况一	16	18	8	35
工况二	21	18	8	45
工况三	24	18	8	52

1）围岩位移分析

（1）最大沉降分析

选取工况一、二、三开挖至典型断面的竖向位移云图，如图7-21～图7-23所示。从图7-24～图7-26可以看出，核心土面积为$16m^2$时竖向沉降最小。核心土面积为$21m^2$时竖向沉降最大。但是从分布云图上看出位移变化范围基本相同，说明面积对位移的影响较小。

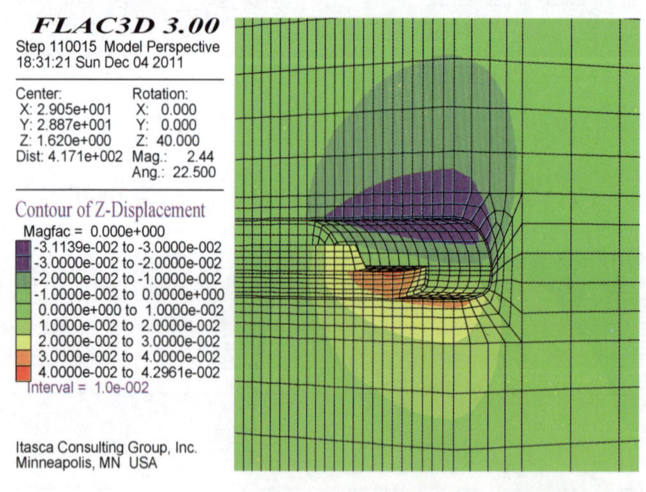

图7-24　核心土面积$16m^2$竖向位移云图（单位：m）

（2）拱顶沉降、收敛位移、仰拱隆起、掌子面纵向位移分析

隧道开挖到$y=30m$时典型断面和开挖完毕时最大拱顶沉降、纵向位移以及收敛位移如表7-5所示。

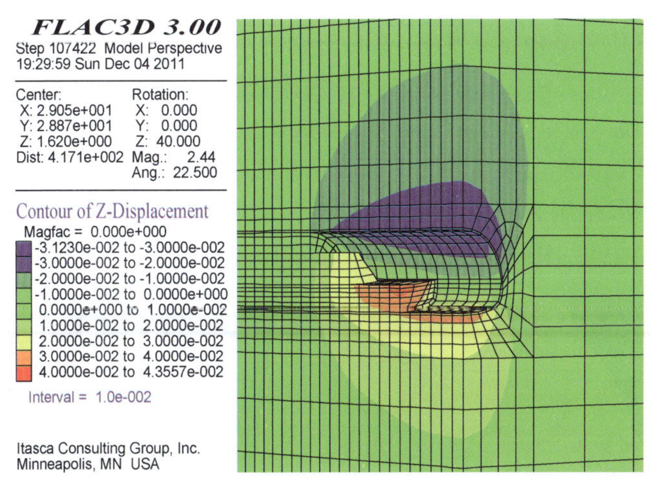

图 7-25　核心土面积 21m² 竖向位移云图(单位:m)

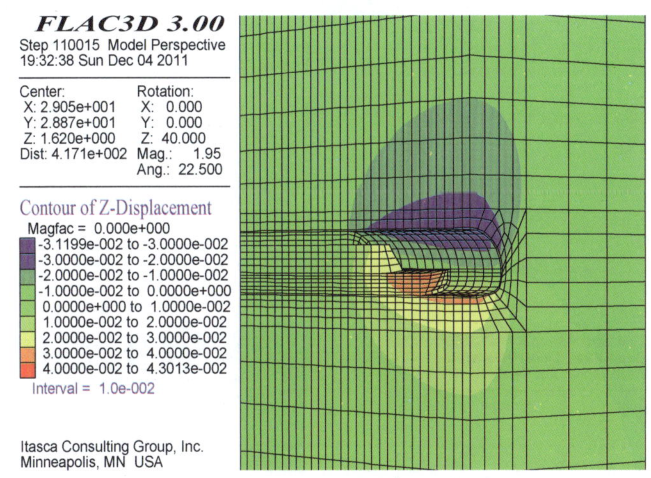

图 7-26　核心土面积 24m² 竖向位移云图(单位:m)

各开挖阶段位移值　　表 7-5

开挖步骤	拱顶最大沉降(cm)		最大纵向位移(cm)		最大收敛位移(cm)	
	开挖至典型断面	开挖完毕	开挖至典型断面	开挖完毕	开挖至典型断面	开挖完毕
核心土面积 16m²	-3.114	-3.768	-2.838	—	-2.462	-3.025
核心土面积 21m²	-3.123	-3.761	-2.989	—	-2.448	-3.033
核心土面积 24m²	-3.120	-3.734	-3.038	—	-2.422	-3.032

由表 7-5 可知,核心土面积为 16m² 时,围岩变形最小。核心土面积为 21m² 时,围岩变形最大。拱顶沉降、纵向位移以及收敛位移相比,拱顶沉降是最大的。因此,拱顶沉降应作为围岩失稳的重要判据之一。

2)围岩受力分析

三种工况所受开挖完至稳定后在 $y=30\mathrm{m}$ 断面处最大主应力如图 7-27 ~ 图 7-29 所示。从图 7-27 ~ 图 7-29 可看出,三种工法下应力分布规律是基本相同的,即在距离洞壁一定距离出现应力集中;而距拱顶与底板处均有部分应力释放区域,并向围岩深部发展;对于初期支护,在上半断面特别是拱腰处可能会承受较大荷载作用从而导致该处应力集中,故施工中应注意防止拱腰区域初期支护发生压裂破坏。另外,图 7-27 ~ 图 7-29 还显示,核心土面积为 $16\mathrm{m}^2$ 时,所受最大压应力是最小的,因此核心土面积应选为 $16\mathrm{m}^2$。

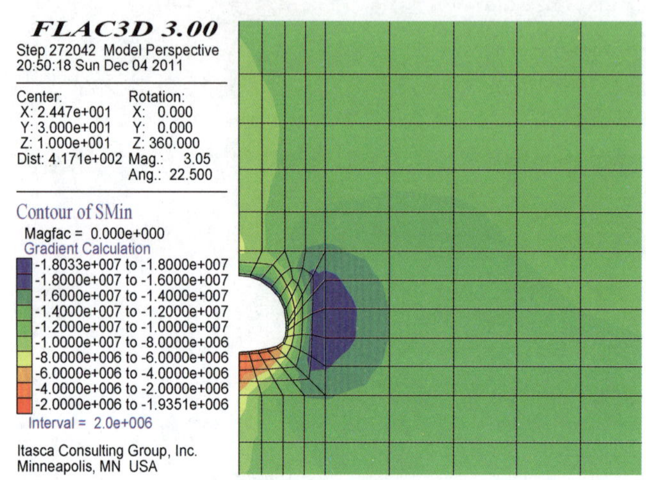

图 7-27 核心土面积为 $16\mathrm{m}^2$ 时最大主应力分布云图(单位:Pa)

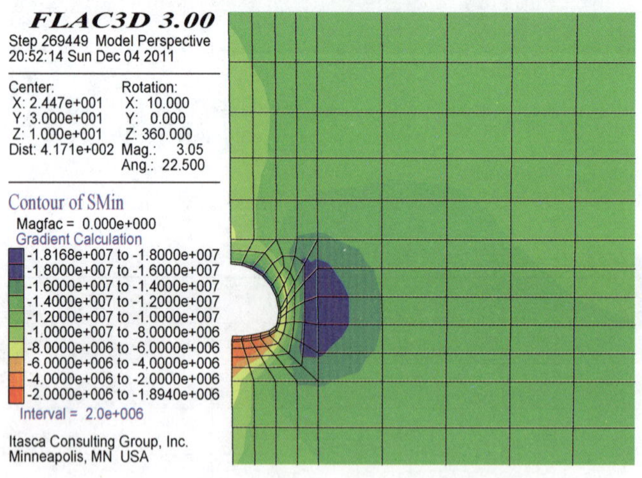

图 7-28 核心土面积为 $21\mathrm{m}^2$ 时最大主应力分布云图(单位:Pa)

3)支护结构受力分析

(1)初期支护最大主应力分析

三种工况下隧道开挖完稳定后初期支护最大主应力分布如图 7-30 ~ 图 7-32 所示。

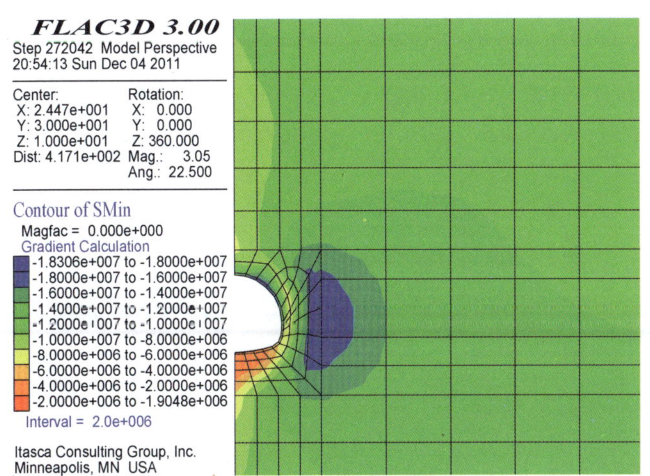

图 7-29 核心土面积为 $24m^2$ 时最大主应力分布云图(单位:Pa)

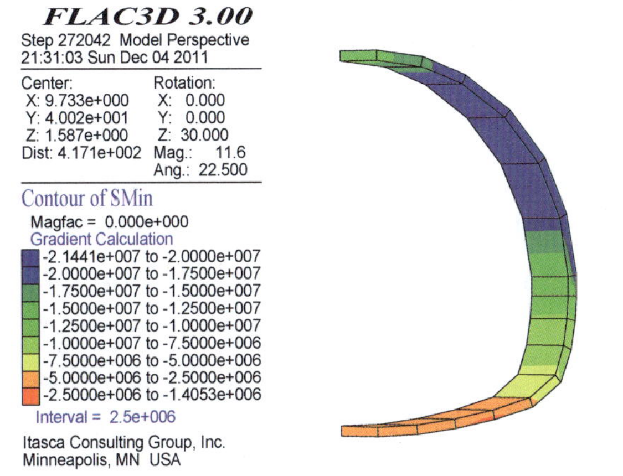

图 7-30 核心土面积为 $16m^2$ 时初期支护最大主应力分布云图(单位:MPa)

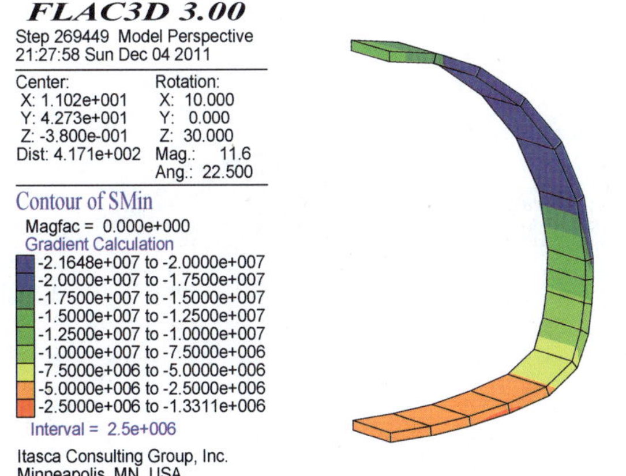

图 7-31 核心土面积为 $21m^2$ 时初期支护最大主应力分布云图(单位:MPa)

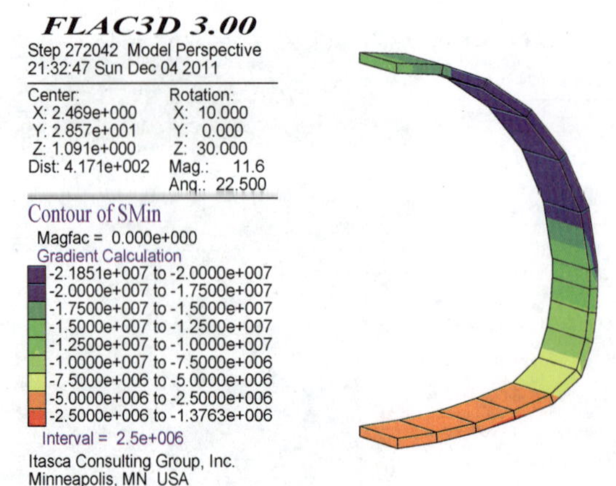

图 7-32　核心土面积为 24m² 时初期支护最大主应力分布云图(单位:MPa)

从图 7-30 ~ 图 7-32 可以看出,随着核心土面积增大,初期支护所受最大压应力增大,面积为 16m²、19m²、21m² 时对应的最大压应力分别为 21.44MPa、21.65MPa、21.85MPa。从图中还可看出,第一主应力最小值均出现在拱底部位,此处初期支护混凝土易发生拉伸破坏,应采取加固拱底等措施保证施工顺利进行。

(2)二次衬砌弯矩分析

隧道开挖完后三种工况下二次衬砌所受弯矩如图 7-33 ~ 图 7-35 所示。

从图 7-33 ~ 图 7-35 中可以看出,二次衬砌拱底产生正弯矩、拱脚产生负弯矩。沿着隧道纵向,弯矩逐渐减小。当核心土面积为 16m²、21m² 和 24m² 时,最大负弯矩值分别为 200.85kN · m、199.99kN · m、201.69kN · m;最大正弯矩值分别为 70.12kN · m、69.57kN · m、71.05kN · m。负弯矩值大于正弯矩值,说明衬砌结构主要产生向洞壁内的挤压。核心土面积为 21m²,二次衬砌所受弯矩值最小;当核心土面积为 24m²,二次衬砌所受弯矩值最大。综合考虑,核心土面积应控制在 16 ~ 21m² 之中。

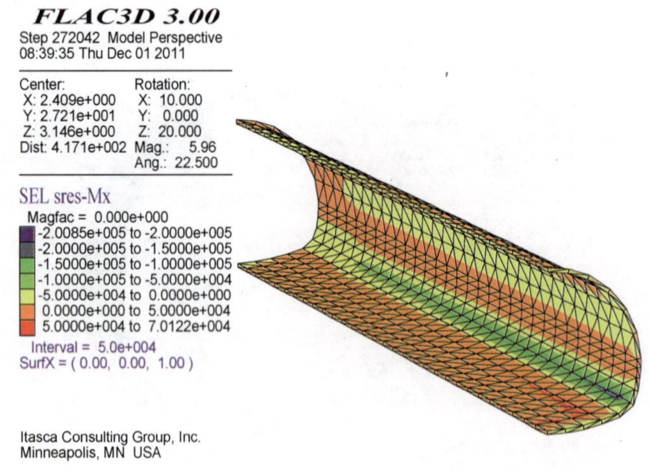

图 7-33　核心土面积为 16m² 环向弯矩图(单位:N · m)

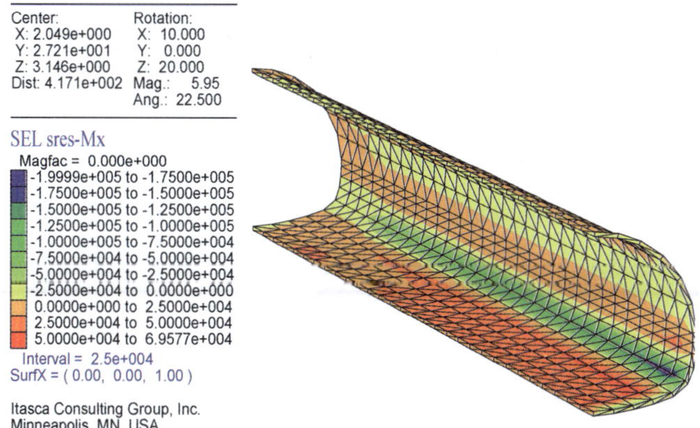

图 7-34 核心土面积为 $21m^2$ 环向弯矩图(单位:N·m)

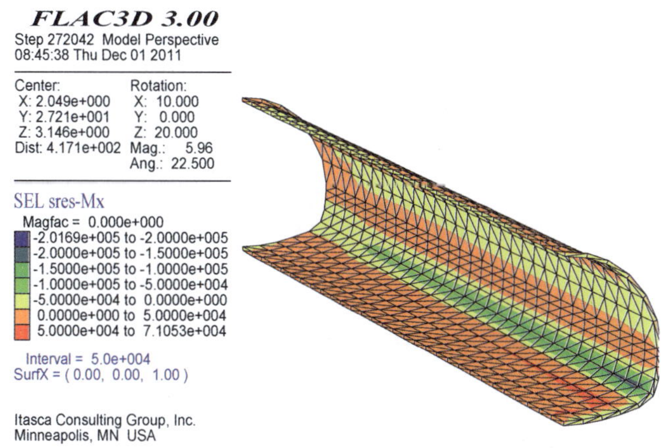

图 7-35 核心土面积为 $24m^2$ 环向弯矩图(单位:N·m)

(3)锚杆受力分析

开挖完毕后,超前导管、系统锚杆、锁脚锚杆所受最大轴力及弯矩见表 7-6。

支护结构受力表 表 7-6

支护受力	核心土面积 $16m^2$	核心土面积 $21m^2$	核心土面积 $24m^2$
超前导管最大轴力(kN)	23.96	23.82	23.50
超前导管最大弯矩(N·m)	244.9	250.8	251.3
系统锚杆最大轴力(kN)	61.94	61.82	61.82
锁脚锚杆最大轴力(kN)	32.56	31.37	31.03
锁脚锚杆最大弯矩(N·m)	1900	1805	1776

从表7-6中可以看出，锁脚锚杆受力较超前导管大，在实际施工中，更能发挥其作用。当核心土面积为16m^{2}时，锁脚锚杆轴力比超前导管轴力多出约35.89%，锁脚锚杆弯矩比超前导管弯矩多出约6.76倍，说明锁脚锚杆主要承受侧向土体对其的法向压力，隧道拱脚处左右洞壁较拱顶处更易造成应力集中。三种锚杆中，系统锚杆所受轴力最大，说明在承受由围岩向内收敛而产生的拉应力作用方面，系统锚杆起主导作用。

本节通过对软弱破碎围岩条件下隧道环形开挖预留核心土工法的分析，得出核心土的正确留设能显著改善隧道工作面的稳定性，不留设核心土时，掌子面处不稳定，在实际工程中，容易出现坍塌。因为，若无核心土，隧道掌子面的土体为平面应力状态，如果主应力较大，则可能因为土体松弛而出现破坏；如留设核心土，掌子面的土体易于维持三向应力状态，从而保持其稳定。但是，随着核心土长度增大，最末端核心土越来越不稳定。因此，就维持核心土前方土体及掌子面稳定这一方面，留设核心土优于不留设核心土。但是核心土太长，对于核心土自身的稳定不利。

7.3 不同施工工法下临时仰拱作用效果研究

临时仰拱作为施工辅助措施，施工工艺简单实用，是减少变形最有效的办法之一。本节通过数值仿真，分析和探讨了在单侧壁导坑法和台阶法两种工法下临时仰拱设置与否对隧道结构及围岩变形的影响程度和影响规律。

7.3.1 临时仰拱法数值模型

由于运用台阶法进行计算时，模型左右对称，采用1/2模型计算，计算范围为60m×60m×140m（$X \times Y \times Z$）。典型断面$y=30$m。台阶法有临时仰拱开挖至30m网格划分图如图7-36所示。

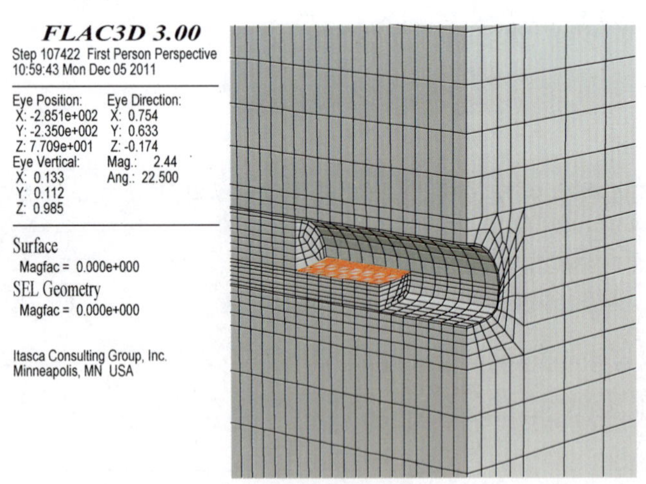

图7-36 台阶法有临时仰拱（包含临时仰拱）网格划分图

单侧壁导坑法模型取全结构。计算范围为120×60m×140m（$X \times Y \times Z$），典型断面$y=30$m。单侧壁导坑法有临时仰拱开挖至30m网格划分图如图7-37所示。

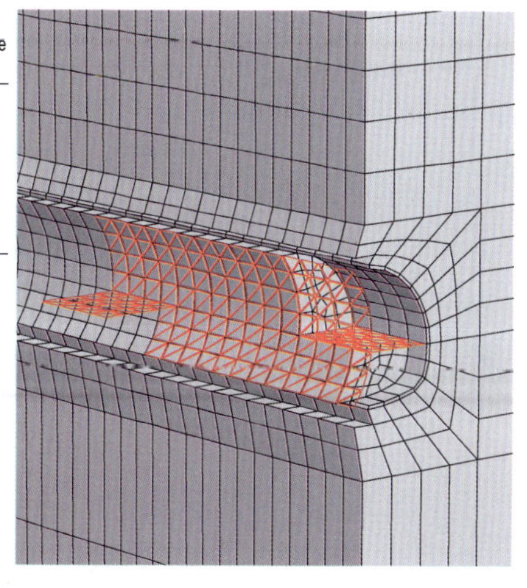

图 7-37 单侧壁导坑法有临时仰拱(包含临时仰拱)网格划分图

计算各工况及其施工步骤如表 7-7 所示。

各工况及施工步骤表

表 7-7

工 况		具体施工步骤
工况一	台阶法无临时仰拱	循环进尺为 2m,上台阶开挖 7 步之后开挖下台阶,开挖一步即施加初期支护,开挖完 10 步施加仰拱二次衬砌,开挖完 12 步施加二次衬砌。不施加临时仰拱
工况二	台阶法有临时仰拱	循环进尺为 2m,开挖一步即施加初期支护和临时仰拱,上台阶开挖 7 步之后开挖下台阶,初期支护成环后拆除临时仰拱,开挖完 10 步施加仰拱二次衬砌,开挖完 12 步施加二次衬砌
工况三	单侧壁导坑法无临时仰拱	循环进尺为 2m,左导坑开挖,开挖 1 步施加左导坑上部初期支护并施加上部中隔墙临时支撑,开挖完 3 步后,左导坑下部开挖,施加下部中隔墙临时支撑,开挖至 11 步后,右导坑上部开挖,施加右导坑上部初期支护,开挖至 14 步后,右导坑下部开挖,施加右导坑下部初期支护并拆除中隔墙,开挖完 16 步施加仰拱二次衬砌,开挖完 18 步施加二次衬砌。无临时仰拱
工况四	单侧壁导坑法有临时仰拱	循环进尺为 2m,左导坑开挖,开挖 1 步施加左导坑上部初期支护并施加上部中隔墙临时支撑和临时仰拱,开挖完 3 步后,左导坑下部开挖,施加下部中隔墙临时支撑,开挖至 11 步后,右导坑上部开挖,施加右导坑上部初期支护,开挖至 14 步后,右导坑下部开挖,施加右导坑下部初期支护并拆除中隔墙和临时仰拱,开挖完 16 步施加仰拱二次衬砌,开挖完 18 步施加二次衬砌

7.3.2 围岩位移分析

如图 7-38 ~ 图 7-40 所示,为四种工况下开挖过程中典型断面的拱顶沉降、收敛位移以及拱底隆起的变化曲线。

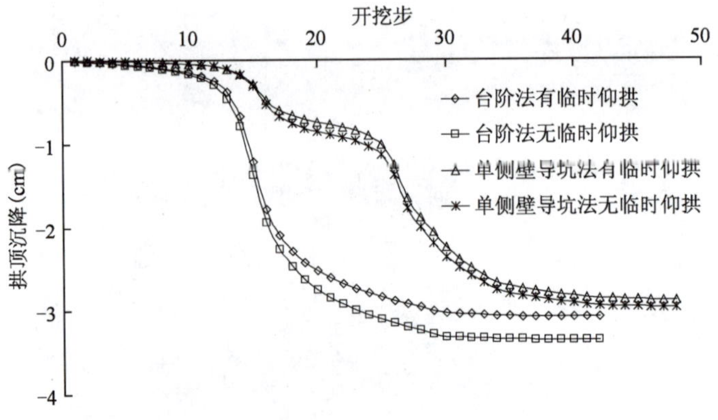

图 7-38　各工况开挖步与拱顶沉降关系曲线

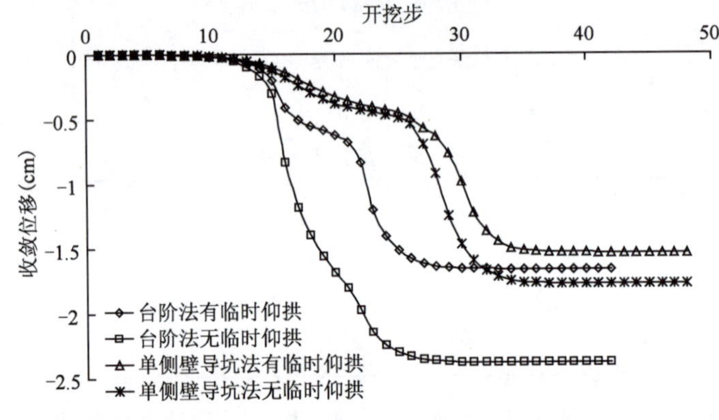

图 7-39　各工况开挖步与收敛位移关系曲线

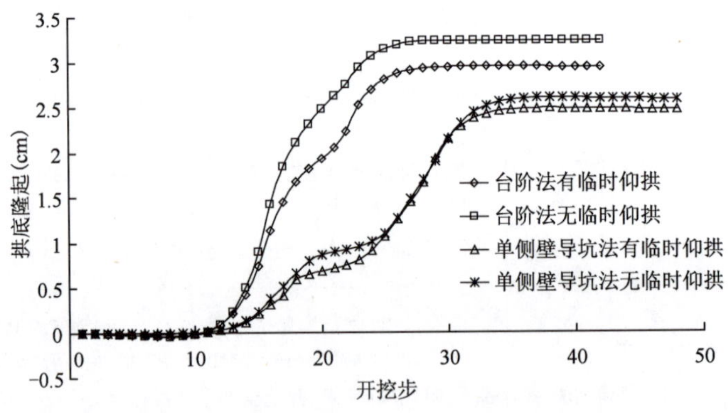

图 7-40　各工况开挖步与拱底隆起关系曲线

(1)拱顶沉降分析

从图 7-38 可以看出,拱顶沉降随着开挖进行越来越大。无论哪种工况,开挖到 15 步之后,增长速度增大,这是由于工作面到达了典型断面处,典型断面拱顶临空使得沉降迅速增大。采用单侧壁导坑法开挖时,当开挖到 26 步时,曲线斜率变大,这主要由于右上导坑开挖到典型断面,围岩应力进一步释放所致,开挖至 36 步之后,二次衬砌施加完,增长速率变缓,拱顶沉降逐渐稳定。从图 7-38 中还可看出,在控制拱顶沉降方面,采用台阶法时临时仰拱作用比采用单侧壁导坑法临时仰拱作用显著,开挖完至稳定后,单侧壁有临时仰拱拱顶沉降比无临时仰拱仅减小0.26%,而台阶法有临时仰拱拱顶沉降比无临时仰拱减小8.04%。

(2)收敛位移分析

从图7-39可以看出,对于收敛位移,变化规律与拱顶沉降基本相似。但是收敛位移值比拱顶沉降值小。开挖完毕后,台阶法无临时仰拱收敛值为2.39cm,拱顶沉降值为3.36m。从图中还可看出,采用台阶法时若施加临时仰拱,其控制收敛位移效果较好,比未施加临时仰拱减小30.54%。计算结果与临时仰拱作用机理吻合,即临时仰拱对两侧洞壁位移起到了支撑控制作用。另外,开挖至稳定后,采用台阶法施加临时仰拱比采用单侧壁导坑法不施加临时仰拱的收敛位移小,说明若采用台阶法开挖并辅以一定辅助措施,可代替采用单侧壁导坑法施工。

(3)拱底隆起分析

从图7-40可以看出,拱底隆起的变化规律与拱顶沉降以及收敛位移的变化规律相似。单侧壁导坑法在控制围岩变形方面仍具优势。但是采用单侧壁导坑法施工施加临时仰拱与未施加临时仰拱时拱底隆起基本无变化,故从对围岩变形作用方面考虑,采用单侧壁导坑法时不需施加临时仰拱。

7.3.3 围岩受力分析

选取四种工况下开挖至典型断面时第三主应力(即最大压应力)分布云图,如图7-41~图7-44所示。

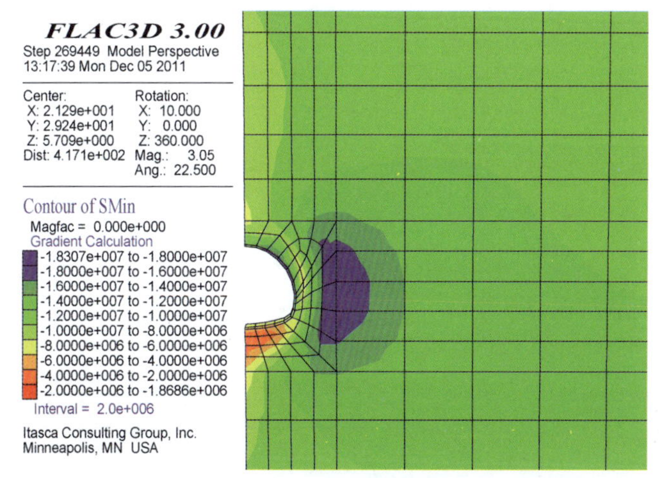

图7-41 台阶法无临时仰拱最大主应力图(单位:Pa)

从图7-41~图7-44中可以看出,施加临时仰拱时隧道结构受力比未施加临时仰拱时大,拱脚及边墙处为应力集中区域,拱底及拱顶为应力释放区域,并向深部扩展。采用单侧壁导坑法时,施加仰拱时最大压应力比未施加仰拱时最大压应力增大4.68%;采用台阶法时,施加仰拱时最大压应力比未施加仰拱时最大压应力增大24.52%。由此可见,临时仰拱对采用台阶法施工时影响大。说明临时仰拱施加虽能控制沉降,但是上部荷载部分传递给临时仰拱,使其对围岩及支护结构产生较大作用。故在临时仰拱作用下围岩受力增大。另外,从图7-41~图7-44中还可看出,单侧壁导坑法由于工序复杂,对围岩扰动大,造成整体结构受力较台阶法增大。

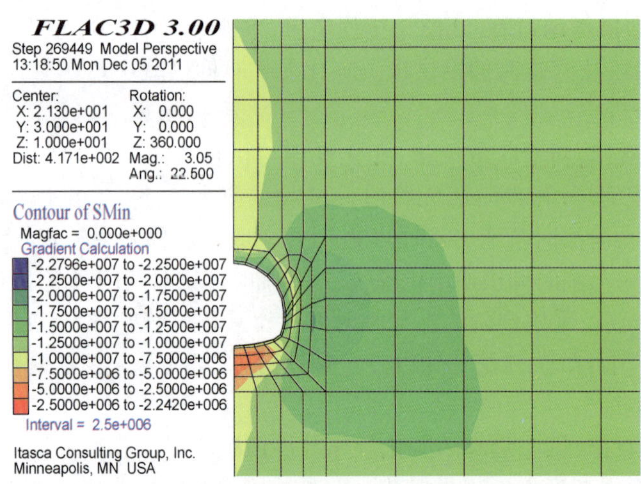

图 7-42　台阶法有临时仰拱最大主应力图(单位:Pa)

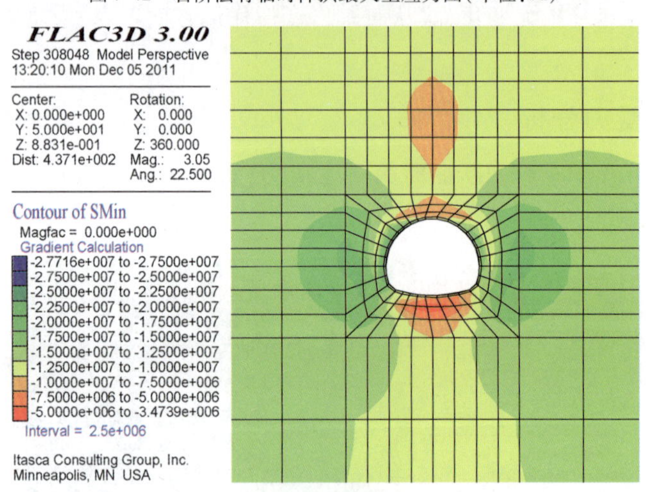

图 7-43　单侧壁导坑法无临时仰拱最大主应力图(单位:Pa)

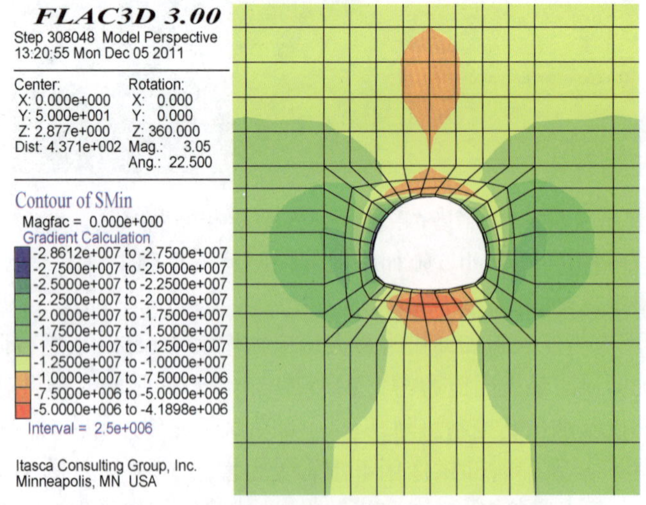

图 7-44　单侧壁导坑法有临时仰拱最大主应力图(单位:Pa)

不同工况开挖完毕后，塑性区域分布如图7-45a）~d）所示。

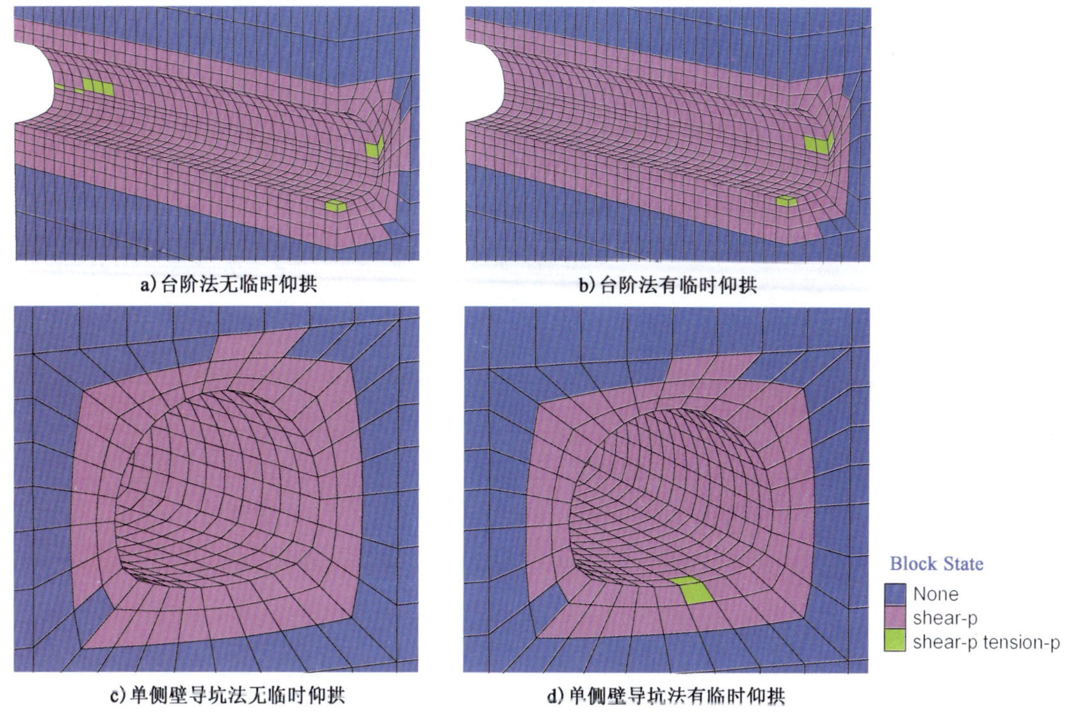

图7-45 各工况下塑性区域分布图

从图7-45可以看出，采用单侧壁导坑法时，有无临时仰拱对塑性区域分布几乎无影响；采用台阶法开挖时，塑性区域分布较广，不设置临时仰拱时在拱脚处产生较大部分破坏区域，说明设置临时仰拱时，若采用台阶法施工，拱脚区域较为稳定。

本节对比分析了单侧壁导坑法和台阶法两种工法下临时仰拱设置与否对隧道结构及围岩变形的影响程度和影响规律。临时仰拱在控制洞室水平收敛位移方面有比较显著作用，故在开挖大断面隧道情况下，针对水平收敛位移较大的情况，临时仰拱的施加可产生较好效果。

7.4 台阶法下台阶长度作用效果分析

台阶法视台阶长度大体可分为长台阶法、短台阶法和超短台阶法三种，三种方式中的台阶长度是依初次支护形成闭合断面的时间决定的，围岩越差，闭合时间要求越短。对于一般的隧道断面，适当地选择台阶长度，能适应从土到岩质的比较广泛的地质。

长台阶法将断面分为上半断面和下半断面，一般上台阶超前50m以上或大于5倍洞径，短台阶法的台阶长度为20~50m，一般台阶长度小于5倍但大于1~1.5倍洞径，两个断面较为接近，作业之间会有干扰。由于短台阶法可缩短支护结构闭合时间，有利于控制隧道收敛速度与量值，适用范围较广，是新奥法施工中的主要方法。超短台阶的台阶长度为3~5m，由于超短台阶法初期支护比全断面闭合时间更短，更有利于控制围岩变形，但是其缺点是施工过程中干扰大、生产效率低、施工速度慢。在软弱围岩进行超短台阶法施工时应该特别注意开挖工作面的稳定性，必要时对开挖面进行预加固或者预支护。

7.4.1 台阶法数值模型

本节对短台阶法进行数值模拟，对台阶长度进行优化分析。选取四种工况对台阶法台阶长度进行分析，数值计算模型总长为 60m，循环进尺为 2m，各工况具体参数如表 7-8 所示。

工况汇总表　　表 7-8

工　况	台阶长度(m)	初期支护闭合时间
工况一	6	开挖至第 3 步
工况二	10	开挖至第 5 步
工况三	14	开挖至第 7 步
工况四	18	开挖至第 9 步

采用 1/2 模型计算，计算范围为 $60 \times 60\text{m} \times 140\text{m}(X \times Y \times Z)$。典型断面 $y = 30\text{m}$。下台阶开挖完取工况三开挖至 30m 时，台阶长度 14m 网格剖分图如图 7-46 所示。

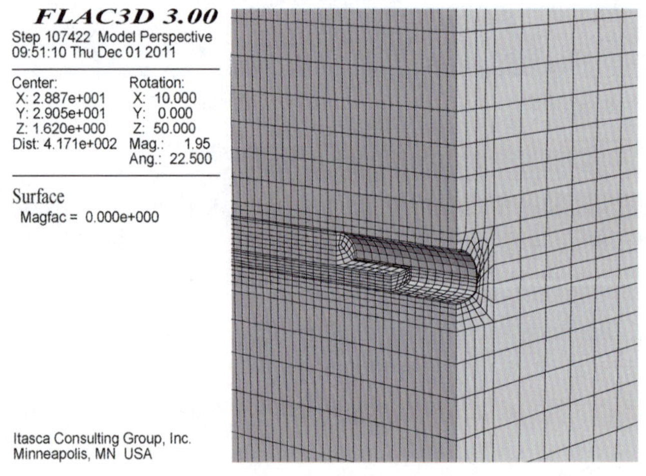

图 7-46　台阶长度 14m 网格剖分图

7.4.2 围岩位移分析

当隧道开挖到典型断面，各工况下隧道竖向位移云图如图 7-47 ~ 图 7-50 所示。

从图 7-47 ~ 图 7-50 中可以看出，当台阶长度从 6m 增加到 14m 时，最大拱顶沉降从 3.07cm增大到 3.12cm，当台阶长度为 18m 时，最大拱顶沉降又减小到 3.11cm；最大仰拱隆起从 3.43cm 增大到 4.30cm。说明最大拱顶沉降和仰拱隆起均随着台阶长度的增大而增长，仰拱隆起的幅度比拱顶沉降大。但总体看出，台阶长度的改变对围岩变形的影响并不大。

7.4.3 围岩受力分析

选取四种工况开挖完毕后塑性区域分布图，如图 7-51 ~ 图 7-54 所示。

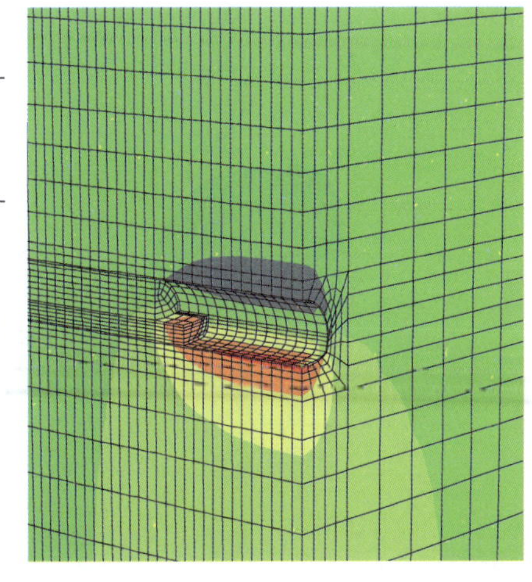

图 7-47 台阶长度 6m 时竖向位移云图(单位:m)

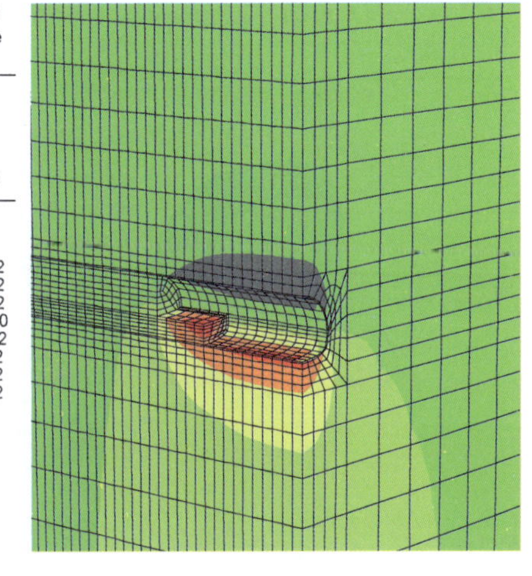

图 7-48 台阶长度 10m 时竖向位移云图(单位:m)

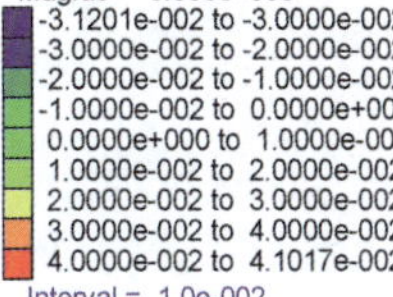
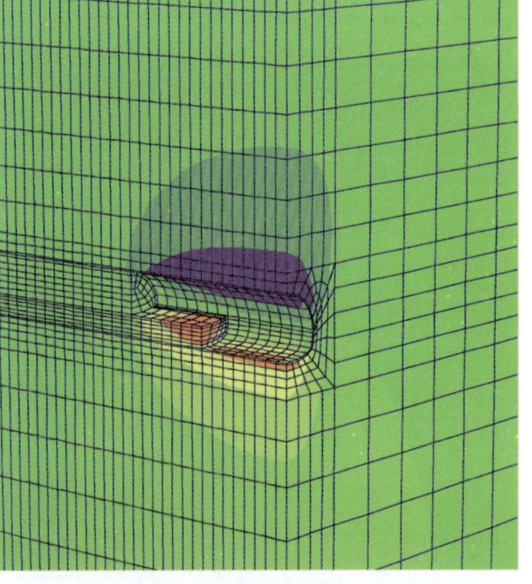

图 7-49 台阶长度 14m 时竖向位移云图(单位:m)

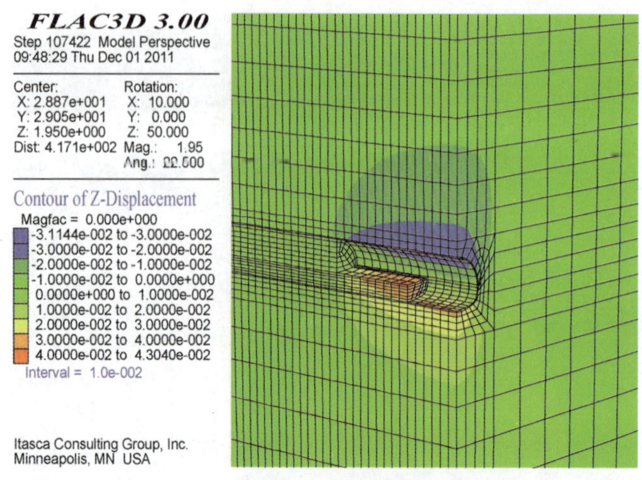

图 7-50　台阶长度 18m 时竖向位移云图(单位:m)

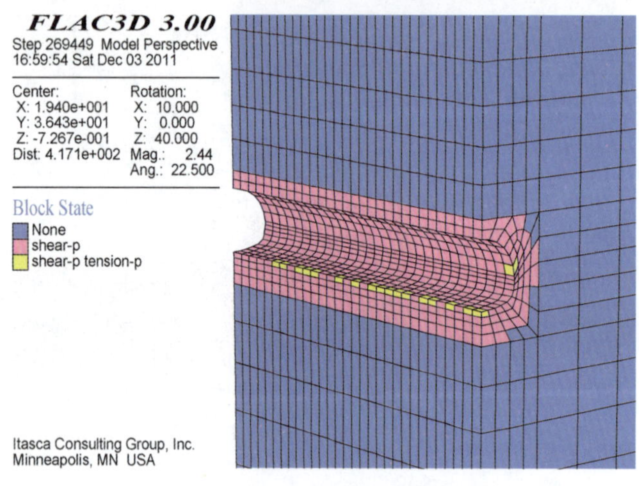

图 7-51　台阶长度为 6m 时塑性分布区域

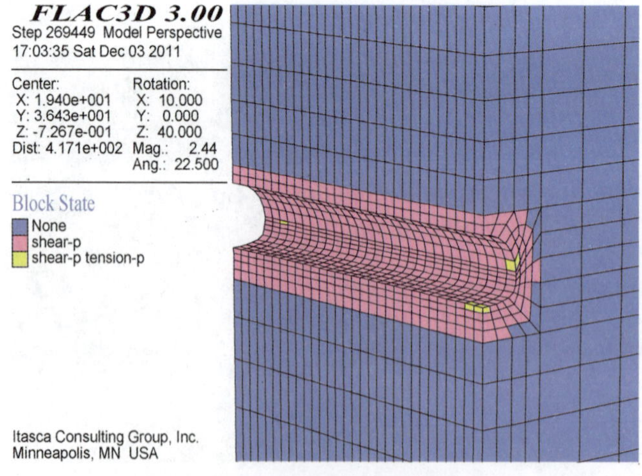

图 7-52　台阶长度为 10m 时塑性分布区域

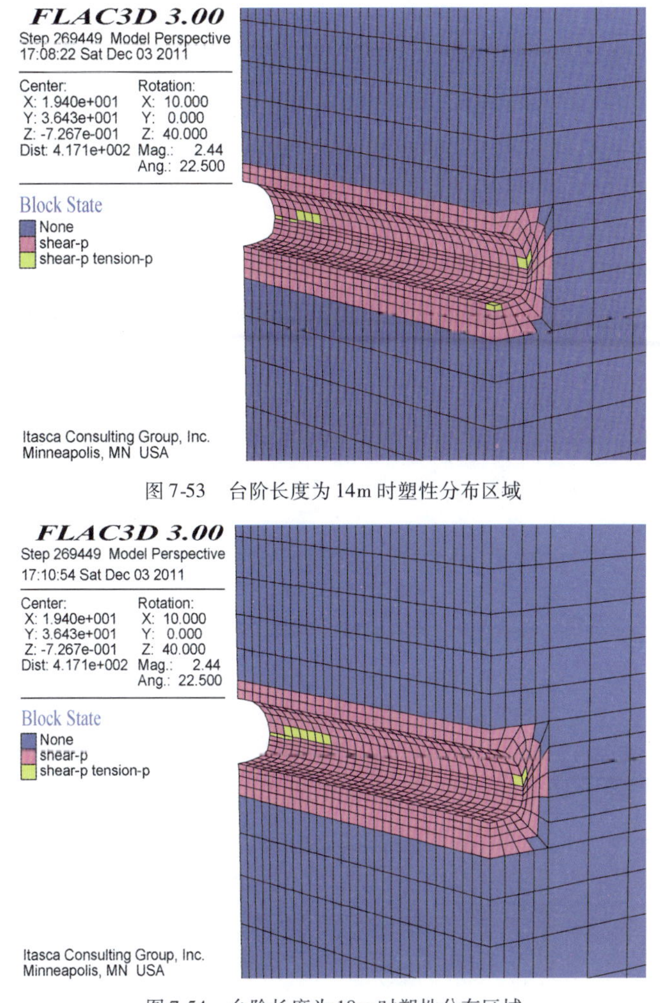

图7-53 台阶长度为14m时塑性分布区域

图7-54 台阶长度为18m时塑性分布区域

从图7-51～图7-54可以看出，台阶长度从6m变化到10m时，塑性区域减小，台阶长度从10m增加到18m，塑性区域增大。台阶长度为6m时发生的剪切破坏区域最大，台阶长度为10m时的剪切破坏区域最小。从图中还可以看出，模型拱脚区域易发生剪切破坏，建议此处需加强支护。综合考虑围岩受力情况，长度应该控制在10～14m之间。

7.4.4 支护结构受力分析

四种工况下，开挖至典型断面时与开挖完毕后各支护结构受力如表7-9所示。

表7-9显示，随着台阶长度的增大，锁脚锚杆轴力逐渐增大，锁脚锚杆弯矩逐渐减小；系统锚杆轴力逐渐增大；超前导管轴力增大；超前导管弯矩并没有增大规律，在台阶长度为10m时最小。从开挖至典型断面到开挖结束至稳定，除超前导管外，各项受力增大幅度并不大，说明隧道开挖对支护受力影响最大的阶段主要集中在开挖前半段阶段。对于超前导管，由表7-9可知，其开挖到典型断面的轴力和弯矩大于开挖完毕后达到稳定的轴力与弯矩，说明之后二次衬砌的施加分担了部分初期支护荷载，二次衬砌对超前导管的影响最大。

不同状态下支护受力表　　表 7-9

台阶长度(m)	开挖状态	锁脚锚杆最大轴力(kN)	锁脚锚杆最大弯矩(N·m)	锚杆最大轴力(kN)	超前导管最大轴力(kN·m)	超前导管最大弯矩(N·m)
6	开挖至典型断面	38.21	1231	53.94	14.04	300.8
	开挖完毕	38.8	1234	56.80	13.75	251
10	开挖至典型断面	35.35	1517	56.55	15.30	299.4
	开挖完毕	35.98	1520	60.37	14.61	257.4
14	开挖至典型断面	34.7	1687	59.00	15.50	379.6
	开挖完毕	35.38	1690	61.64	14.62	233.6
18	开挖至典型断面	34.2	1771	60.32	15.51	294.5
	开挖完毕	34.87	1775	61.99	14.87	249.3

四种工况下,待隧道开挖至稳定后典型断面初期支护受力如图 7-55 ~ 图 7-58 所示。

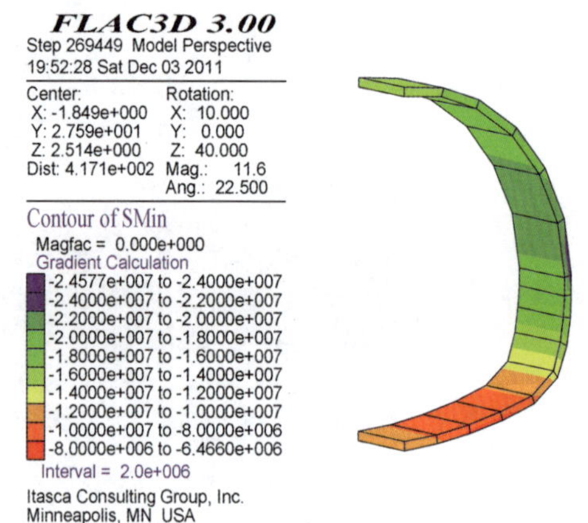

图 7-55　台阶长度为 6m 时初期支护压应力云图(单位:Pa)

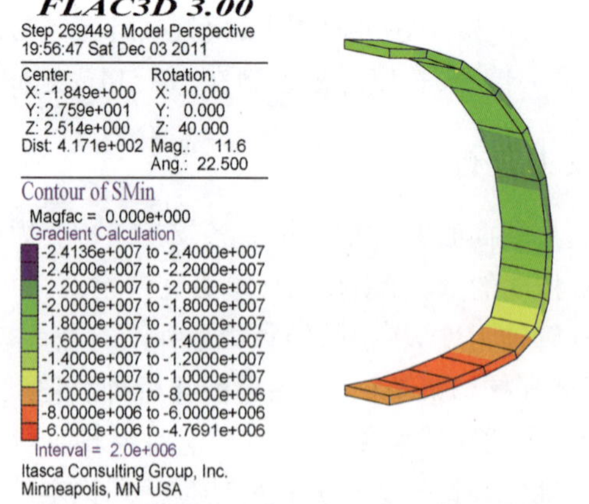

图 7-56　台阶长度为 10m 时初期支护压应力云图(单位:Pa)

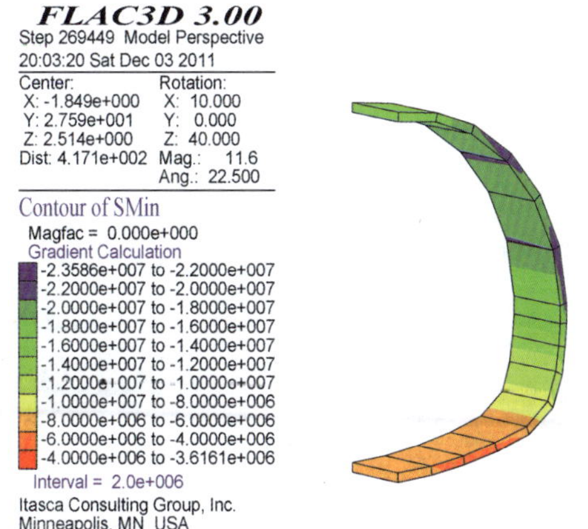

图 7-57　台阶长度为 14m 时初期支护压应力云图(单位:Pa)

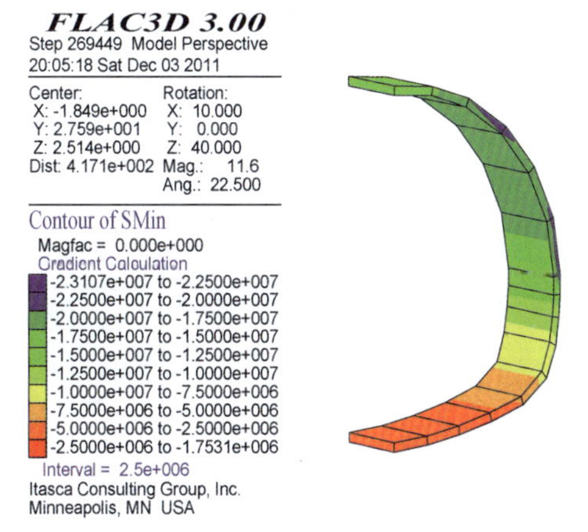

图 7-58　台阶长度为 18m 时初期支护压应力云图(单位:Pa)

从图 7-55 ~ 图 7-58 可以看出,不论台阶长度多大,压应力最大区域集中在拱腰区域,而上半断面的初期支护压应力较大,均超出 10MPa;而墙脚及拱底区域相对于上半断面小很多,最小压应力仅只有 1.75MPa。因此,在施工过程中对于上半断面要加强支护,可使用高强度混凝土或在混凝土中掺入钢纤维。另外,随着台阶长度的增大,拱脚处最大压应力逐渐减小,拱底处最小压应力也逐渐减小,后者减小幅度较前者大。

四种工况下,待隧道开挖至稳定后典型断面二次衬砌受力如图 7-59 ~ 图 7-62 所示。

从图 7-59 到图 7-62 可知,二次衬砌压应力较初期支护压应力有较大范围减小,特别是在接近开挖完的位置,二次衬砌几乎不受力而仅仅作为安全储备。从图中还可以看出,二次衬砌墙脚处受力最大,初期支护最大压应力产生区域与之相比是不相同的,这与初期支护及二次衬砌的支护方式有很大关系:即初期支护施加时,很长一段台阶只须支护上半断面,而二次衬砌是成环施加,故初期支护在拱脚处易造成应力集中,而二次衬砌在墙脚处易造成应力集中。另外,随着台阶长度增大,二次衬砌最大压应力呈非线性增长,这与初期支护受力规律是相反的,这可能与二次衬砌的施作时机有关。

FLAC3D 3.00
Step 269449 Model Perspective
20:19:09 Sat Dec 03 2011
Center:
X: 9.359e+000
Y: 4.336e+001
Z: -2.976e-001
Dist: 4.171e+002
Rotation:
X: 10.000
Y: 0.000
Z: 20.000
Mag.: 4.76
Ang.: 22.500
SEL Pstress-1
Magfac = 0.000e+000
-4.2387e+006 to -4.0000e+006
-4.0000e+006 to -3.5000e+006
-3.5000e+006 to -3.0000e+006
-3.0000e+006 to -2.5000e+006
-2.5000e+006 to -2.0000e+006
-2.0000e+006 to -1.5000e+006
-1.5000e+006 to -1.0000e+006
-1.0000e+006 to -5.0000e+005
-5.0000e+005 to 0.0000e+000
0.0000e+000 to 0.0000e+000
Interval = 5.0e+005
depth factor = 1.00
Itasca Consulting Group, Inc.
Minneapolis, MN USA

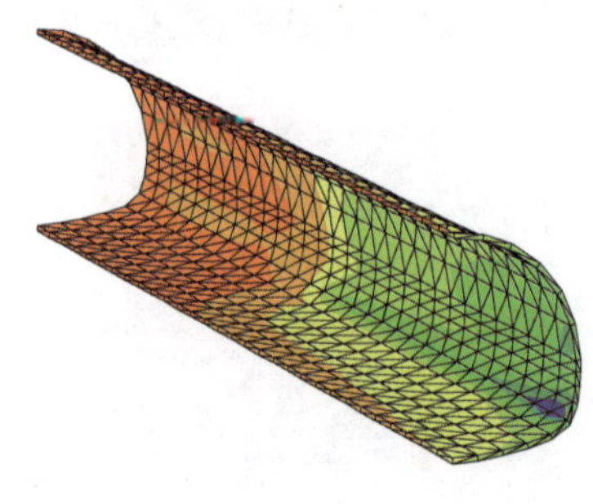

图 7-59　台阶长度为 6m 时二次衬砌压应力云图(单位:Pa)

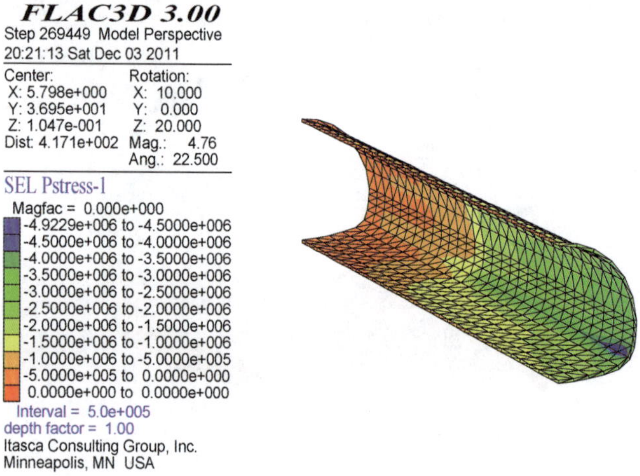

FLAC3D 3.00
Step 269449 Model Perspective
20:21:13 Sat Dec 03 2011
Center:
X: 5.798e+000
Y: 3.695e+001
Z: 1.047e-001
Dist: 4.171e+002
Rotation:
X: 10.000
Y: 0.000
Z: 20.000
Mag.: 4.76
Ang.: 22.500
SEL Pstress-1
Magfac = 0.000e+000
-4.9229e+006 to -4.5000e+006
-4.5000e+006 to -4.0000e+006
-4.0000e+006 to -3.5000e+006
-3.5000e+006 to -3.0000e+006
-3.0000e+006 to -2.5000e+006
-2.5000e+006 to -2.0000e+006
-2.0000e+006 to -1.5000e+006
-1.5000e+006 to -1.0000e+006
-1.0000e+006 to -5.0000e+005
-5.0000e+005 to 0.0000e+000
0.0000e+000 to 0.0000e+000
Interval = 5.0e+005
depth factor = 1.00
Itasca Consulting Group, Inc.
Minneapolis, MN USA

图 7-60　台阶长度为 10m 时二次衬砌压应力云图(单位:Pa)

FLAC3D 3.00
Step 269449 Model Perspective
20:22:58 Sat Dec 03 2011
Center:
X: 4.328e+000
Y: 3.741e+001
Z: -2.976e-001
Dist: 4.171e+002
Rotation:
X: 10.000
Y: 0.000
Z: 20.000
Mag.: 4.76
Ang.: 22.500
SEL Pstress-1
Magfac = 0.000e+000
-5.9878e+006 to -5.5000e+006
-5.5000e+006 to -5.0000e+006
-5.0000e+006 to -4.5000e+006
-4.5000e+006 to -4.0000e+006
-4.0000e+006 to -3.5000e+006
-3.5000e+006 to -3.0000e+006
-3.0000e+006 to -2.5000e+006
-2.5000e+006 to -2.0000e+006
-2.0000e+006 to -1.5000e+006
-1.5000e+006 to -1.0000e+006
-1.0000e+006 to -5.0000e+005
-5.0000e+005 to 0.0000e+000
0.0000e+000 to 0.0000e+000
Interval = 5.0e+005
depth factor = 1.00
Itasca Consulting Group, Inc.
Minneapolis, MN USA

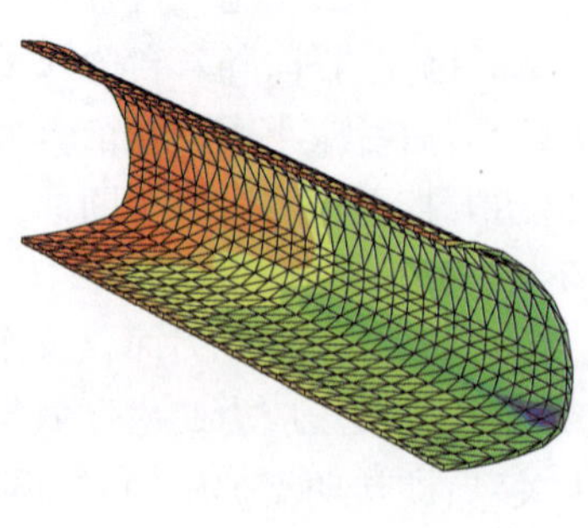

图 7-61　台阶长度为 14m 时二次衬砌压应力云图(单位:Pa)

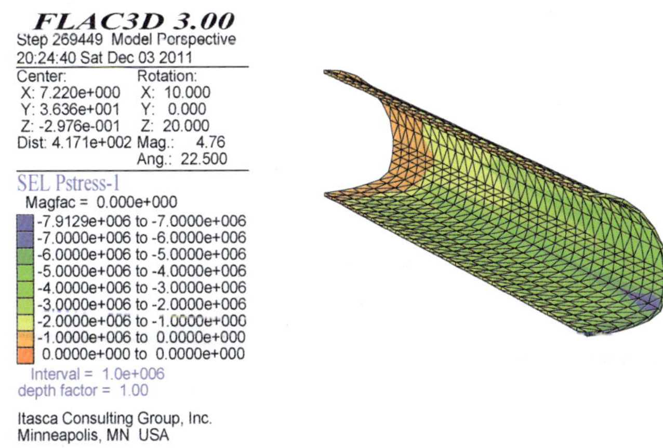

图 7-62　台阶长度为 18m 时二次衬砌压应力云图(单位:Pa)

7.4.5　支护结构受力分析现场试验

1)仪器布设

对依托工程中条山隧道软弱围岩段Ⅴ级围岩加宽段支护结构受力进行监测,图 7-63 ~ 图 7-66为现场试验仪器布设情况。

图 7-63　拱顶喷混凝土应力、接触压力监测

图 7-64　仰拱混凝土应力、接触压力监测

图 7-65　拱部二次衬砌监测应变计

图 7-66　边墙二次衬砌监测应变计

2)监测结果

(1)初期支护喷射混凝土应力

图7-67为ZK13+960断面C25喷射混凝土应力、温度时程曲线。

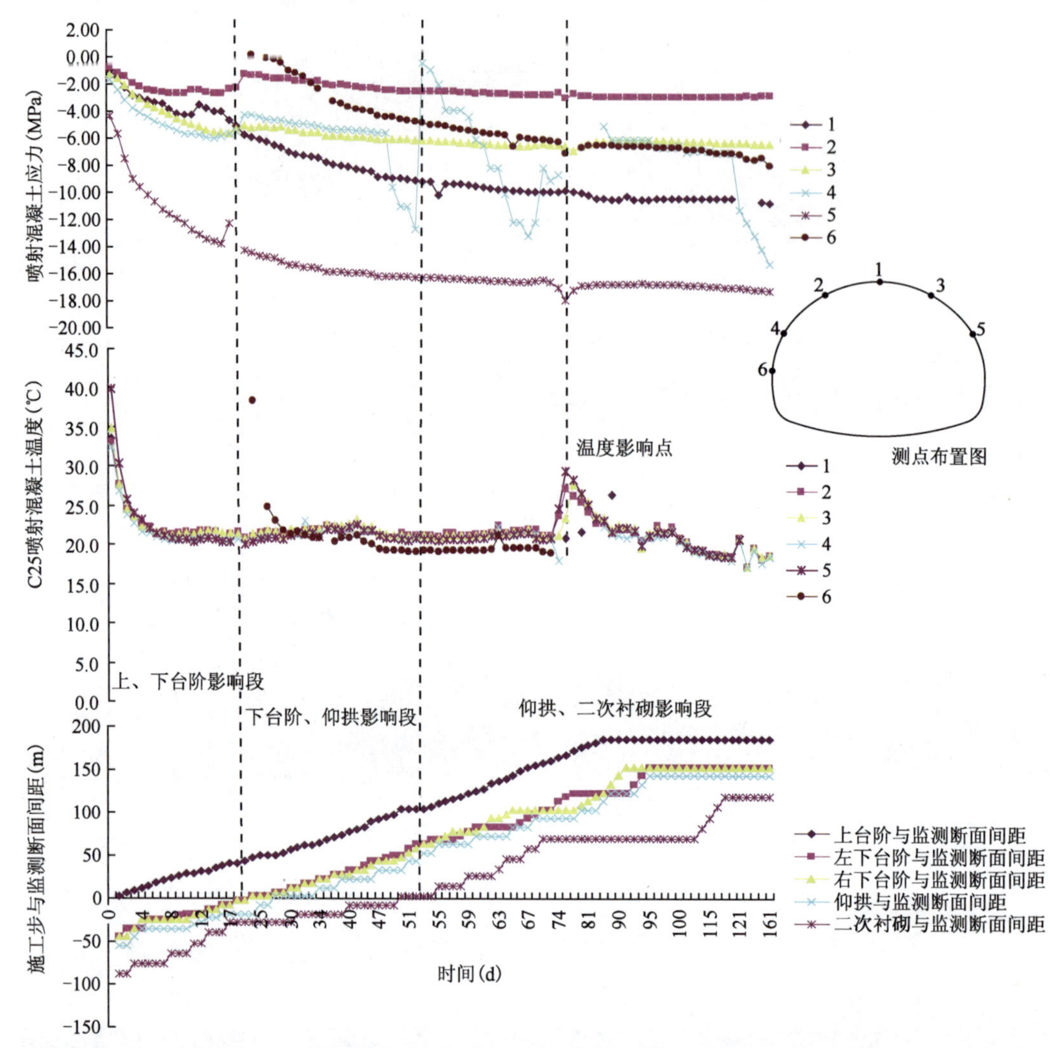

图7-67 ZK13+960断面喷射混凝土应力、温度时程曲线

图7-67中,监测断面布测第1天至第15天,除拱顶外,拱腰、拱脚测点初期支护混凝土应力随时间变化规律总体一致,均表现为急剧增大。第15天该断面由上台阶开挖引起的拱腰(2号测点、3号测点)应力已经占到其总应力值的90%,由上台阶开挖引起的左拱脚(4号测点)应力已经占到其总应力值的97%,由上台阶开挖引起的右拱脚(4号测点)应力已经占到其总应力值的82%。拱顶应力在第12天有一个短暂的减小,而后逐渐增大,第15天该断面由上台阶开挖引起的拱顶(1号测点)应力只占到其总应力值的38%,这与其他测点不同。此时,上台阶掌子面与监测断面的间距约为38m。

监测断面布测第15天~第23天,除拱顶外,拱腰、拱脚测点初期支护混凝土应力随时间变化规律总体一致,均表现为逐渐减小。此段为下台阶影响段,影响距离约为10m。

监测断面布测从第48天开始，左拱脚(4号测点)的应力发生急剧变化，表现为和其他测点不同的变化趋势。而此时二次衬砌混凝土也恰好开始施作，该点应力变化有可能是由于二次衬砌混凝土的施工引起的，也可能是由于传感器自身故障引起的。

监测断面布测第75天前后，测点平均温度由之前的20℃升高至29℃，各测点的应力也发生了相应的增大，而后随着温度的回升，各测点应力也出现相应的减小。

各测点温度变化规律一致，由第1天35℃，逐渐下降至第6天的21℃，而后基本稳定。

在监测初期，各测点应力急剧增加，表明在迅速硬化后初期支护便开始承担急剧增加的荷载，这样就使围岩从二维应力状态变到三维应力状态，有利于围岩稳定，也有利于发挥围岩的自承作用。下台阶开挖到断面里程时，各部位混凝土应力出现突变。浇筑仰拱之后，各测点混凝土应力趋于线性增加，表明此时围岩正经历第二次应力重分布并随后稳定，仰拱施作后形成封闭的承载环改善了隧道结构的受力状态。2个月后初期支护应力稳定在某一值保持不变。从空间上看，混凝土应力的降序排列为：仰拱浇筑之前，右拱脚 > 左拱脚 > 右拱腰 > 拱顶 > 左拱腰；仰拱浇筑后，拱顶 > 右拱腰 > 右拱脚 > 左拱脚 > 左拱腰。

图7-68为YK13+960断面C25喷射混凝土应力、温度时程曲线，该断面为Ⅳ级围岩正常段。

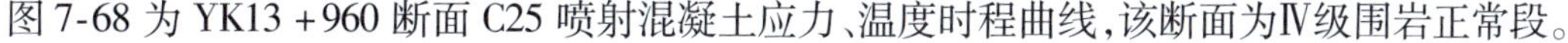

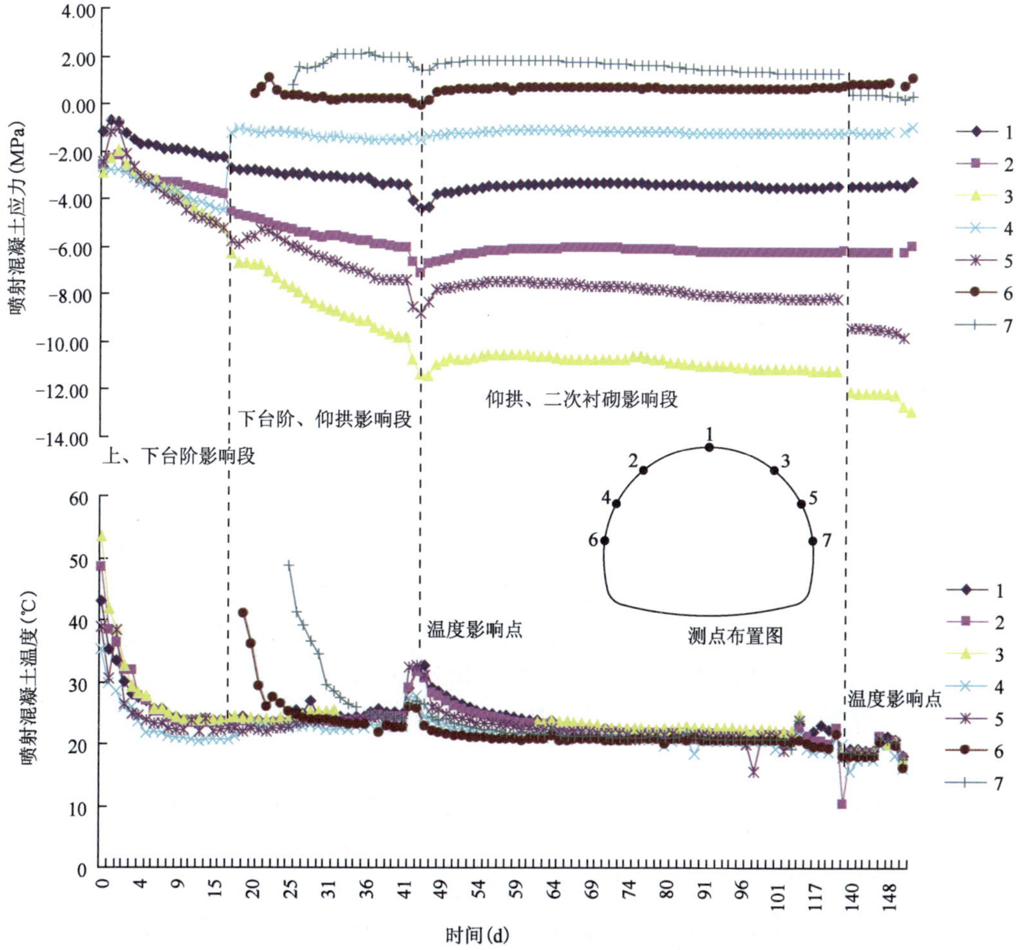

图7-68　YK13+960断面喷射混凝土应力、温度时程曲线

图7-68中，监测断面布测第1天~第2天，各测点初期支护混凝土应力先有一个短暂的减小。从第2天~第16天，各测点初期支护混凝土应力随时间变化规律总体一致，均表现为逐渐增大。到第16天，除4号测点外，该断面由上台阶开挖引起的平均应力已经占到其总应力值的45%~65%。从第16天~第18天，各测点初期支护混凝土应力发生突变，除4号测点应变为急剧减小外，其余测点应力均为急剧增加，增加幅度约20%，但增加幅度远小于4号测点减小幅度72%，这是因为下台阶左侧开挖到监测断面所导致的。从第18天~第41天，各测点初期支护混凝土应力逐渐变大，到第41天，除4号测点外，该断面由下台阶开挖引起的拱部平均应力已经占到其总应力值的90%左右。从第41天~第43天，拱部5个测点和边墙2个测点应变均发生相同突变，这是因为二次衬砌施工至监测断面。而后各测点应力逐渐趋于稳定。直到第120天，各测点应力又一次发生突变，这是由于，监测断面附近车行横洞开挖缘故。到第139天，各测点应力又一次趋于稳定。

监测断面布测16天之前是上、下台阶影响段，第16天~第41天为下台阶、仰拱影响段，第41天~第120天为二次衬砌影响段，第120天~第139天为车行横洞影响段。

监测断面布测第41天前后，测点平均温度发生突变，各测点的应力也先突然增大，而后随着温度的回升，各测点应力也出现相应的减小，直至趋于稳定。

拱部结构测点都受压，边墙部位的测点受拉。除左拱脚外，其余测点初期支护混凝土应力随时间变化规律总体一致，均表现为先短暂下降，再急剧增加，最后逐渐稳定。在监测初期，由于混凝土水化热影响，各测点应力短暂下降。而后各测点应力急剧增加，表明在迅速硬化后初期支护便开始承担急剧增加的荷载，这样就使围岩从二维应力状态变到三维应力状态，有利于围岩稳定，也有利于发挥围岩的自承作用。下台阶开挖到断面里程时，各部位混凝土应力出现突变。左拱脚处应力出现反常，由于左边拱部上台阶拱架开挖之后，下台阶拱架未及时连接，使得左拱脚部位悬空，在自重作用下，左拱脚部位的喷射混凝土受拉，抵消了部分受压应力，故压应力急剧减小。下台阶拱架连接之后，混凝土应力已经重新分布。施工浇注仰拱之后，各测点混凝土应力趋于稳定，表明此时围岩正经历第二次应力重分布并随后稳定，仰拱施作后形成封闭的承载环改善了隧道结构的受力状态，仰拱施作及时且作用明显。开挖2个月后，初期支护应力稳定。从空间上看，混凝土应力的降序排列为：下台阶未开挖仰拱浇筑之前，右拱脚>右拱腰>左拱脚>左拱腰>拱顶；下台阶开挖仰拱浇筑后，右拱腰>右拱脚>左拱腰>拱顶>左拱脚。

(2)初期支护围岩压力

图7-69为ZK13+960断面初期支护围岩压力、温度时程曲线。

图7-69中，监测断面布测第1天~第17天，拱顶(1号测点)围岩压力由第1天的48kPa增加到第17天的204kPa，增幅为330%。拱腰围岩压力由第1天的23kPa增加到第17天的43kPa，增幅为90%。拱脚围岩压力由第1天的18kPa增加到第17天的33kPa，增幅为80%。

监测断面布测第18天~第75天，拱顶围岩压力继续增大，拱腰、拱脚围岩压力基本趋于稳定。

各测点温度变化规律一致，初期支护混凝土喷射初期，温度急剧下降，而后趋于稳定，二次衬砌混凝土浇筑时，初期支护混凝土温度也有一个短期的升高过程，而后趋于稳定。

图7-70为YK13+960断面初期支护围岩压力、温度时程曲线。

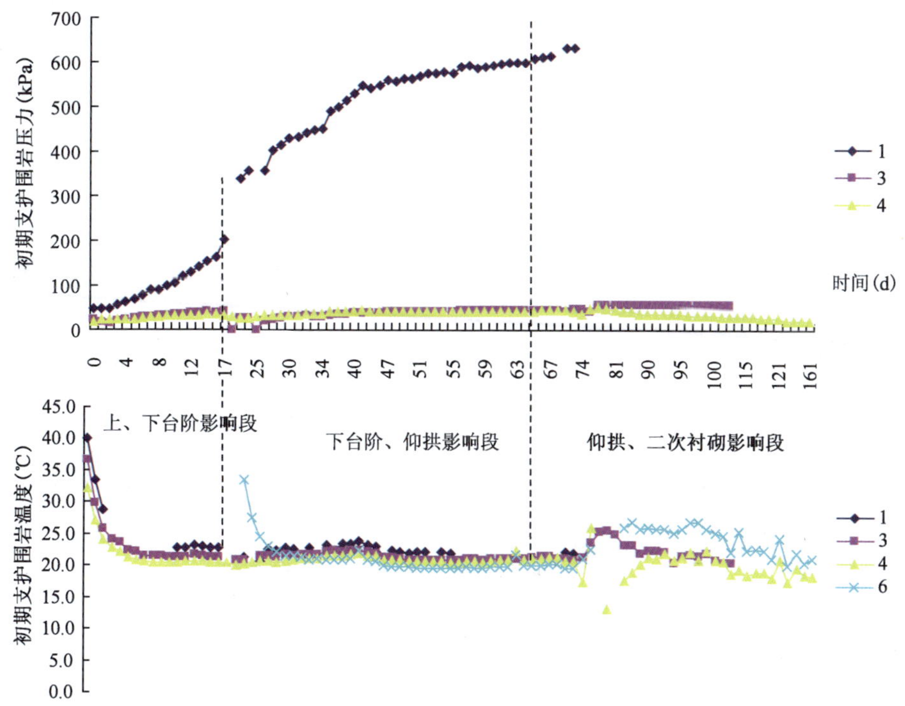

图 7-69 ZK13 +960 断面初期支护围岩压力、温度时程曲线

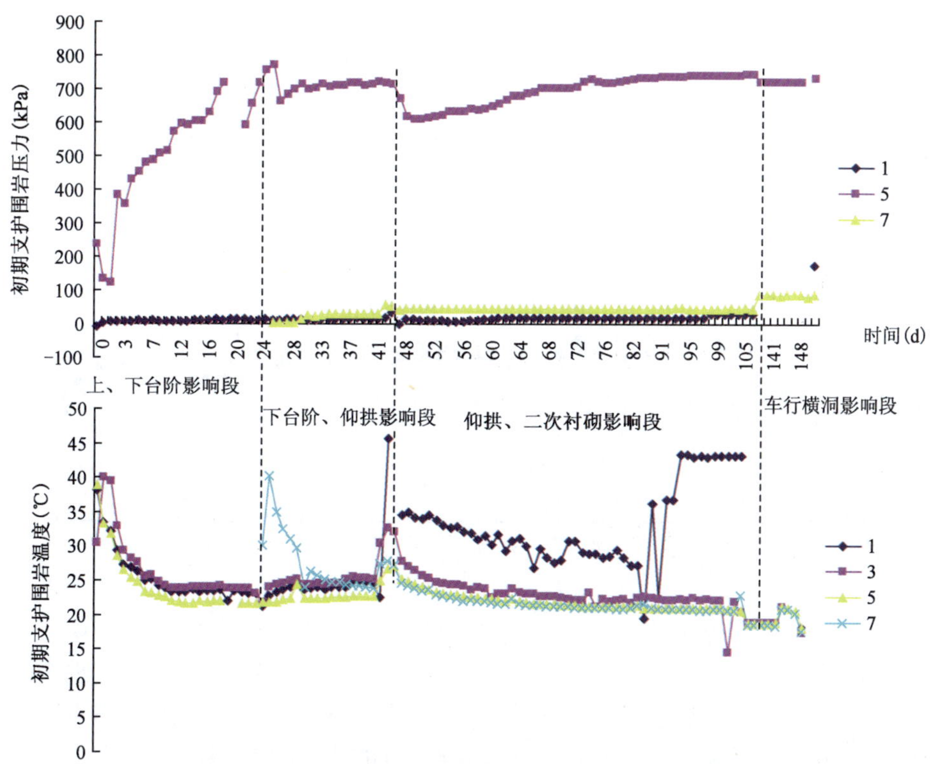

图 7-70 YK13 +960 断面初期支护围岩压力、温度时程曲线

图 7-70 中右拱脚(5 号测点)围岩压力最大,这与图 7-69 中拱顶围压压力最大不同。各测点围岩压力整体均呈增大趋势,但右拱脚变化幅度最大。

第 1 天 ~ 第 23 天为上、下台阶影响段,第 23 天 ~ 第 43 天为下台阶、仰拱影响段,第 48 天之后围岩压力略有增大,基本趋于稳定。但伴随着第 120 天,断面附件车行横洞的施工,围岩压力又一次发生变化,之后再一次趋于稳定。

除 1 号测点外,各测点温度变化规律一致,初期支护混凝土喷射初期,温度急剧下降,而后趋于稳定,二次衬砌混凝土浇筑时,初期支护混凝土温度也有一个短期的升高过程,而后趋于稳定。

(3)二次衬砌混凝土应力

图 7-71 为 YK13 +960 断面二次衬砌混凝土应力、温度时程曲线。

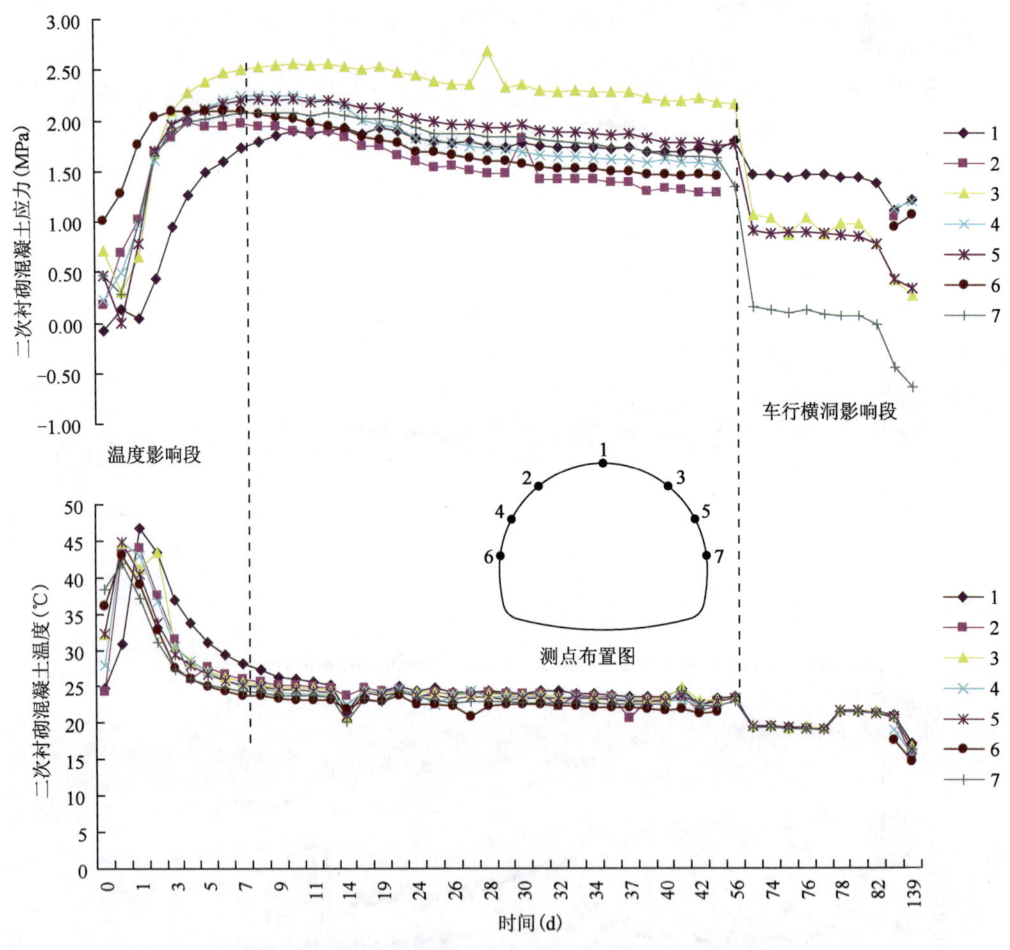

图 7-71 YK13 +960 断面二次衬砌混凝土应力、温度时程曲线

由图 7-71 可知,二次衬砌支护混凝土应力随时间变化规律全部一致,均表现为先急剧减小再急剧增大然后稳定,最后缓慢减小到一定程度后保持不变。在监测初期,各测点应力急剧增加,表明在迅速硬化后初期支护便开始承担急剧增加的荷载,但主要承担的是自身重力产生的荷载,并没有参与到与初期支护形成一个系统共同承担围岩压力。

图 7-71 中混凝土应力全部受拉，从监测断面布测第 1 天 ~ 第 7 天，各测点混凝土应力由于受温度影响呈急剧增大趋势，应力平均增加 1MPa 左右，第 8 天 ~ 第 43 天，各测点混凝土应力呈缓慢减小趋势，应力平均减小 0.5MPa 左右。从第 43 天 ~ 第 73 天，由于车行横洞开挖，混凝土应力发生急剧减小。

从图 7-71 所示二次衬砌混凝土温度变化曲线可看出，各测点温度变化规律相同，先短期的急剧增大，而后整体急剧减小，最后趋于稳定，个别点有波动。在车行横洞开挖之前保持稳定，直至横洞开挖后，温度又发生变化。

综合初期支护结构喷射混凝土应力、初期支护围岩接触压力、二次衬砌混凝土应力监测结果与台阶法施工步骤的对应关系，可看出：台阶法不同施工阶段对应支护结构不同受力阶段，因此对台阶法施工参数的选择应综合现场围岩变形及支护结构受力监测数据。

7.5 锚杆及导管的力学行为及施工参数优化

隧道支护结构在调整结构受力及控制地层变形等方面有显著作用。其中，锚杆支护是隧道工程中广泛运用的支护形式之一。锚杆的作用加强了岩体的整体刚度，也增强了岩体的抗变形能力。锚杆的作用还会改善锚固区岩土体的力学性状，提高围岩的内摩擦角和黏聚力。当锚杆处于软弱破碎带中，锚杆和岩体能形成具有一定承载能力的承载圈。但是，在实际工程运用中，对于不同工法下锚杆支护形式和支护参数的选取，都是施工和设计的一大难题。

隧道中的锁脚锚杆主要是防止拱脚收缩或掉拱，进行台阶法开挖时，在上断面开挖支护完成，开挖下断面前，于拱脚斜向下打入锚杆，即可稳定拱脚，又可对下部开挖起到超前支护作用。

超前导管是隧道工程掘进的施工过程中的一种工艺方法，主要用于自稳时间短的软弱破碎带、浅埋段、洞口偏压段等地段的预支护。其主要作用是对围岩进行加固，保证工作面前方土体稳定性。

此处运用数值仿真技术，主要研究深埋条件下软弱破碎带在台阶法开挖下锁脚锚杆、锚管、超前导管的力学行为以及对具体施工参数(包括锚杆长度、环向间距、锁脚锚杆设置与否、超前导管设置)进行优化分析。

讨论工况各项参数如表 7-10 所示。

工况汇总表　　表 7-10

工　况	锚杆长度(m)	环向间距(m)	有无锁脚锚杆	有无超前导管
工况一	2.5	1	无	有
工况二	3.5	1	无	有
工况三	3.5	0.6	无	有
工况四	3.5	1.4	无	有
工况五	3.5	1	有	无
工况六	3.5	1	有	有

锚杆、锁脚锚杆、超前导管各项参数如表 7-11 所示。

锚杆参数汇总表 表 7-11

锚　杆	类　别	密度(kg/m³)	弹性模量(GPa)
系统锚杆	m5 中空注浆锚杆	2479	92.1
锁脚锚杆	ϕ42 注浆锁脚锚杆	2549	68.6
超前导管	ϕ42 超前注浆小导管	2549	68.6

7.5.1 计算模型

为简便计算,采用 1/2 模型计算,计算范围为 60m × 60m × 140m($X \times Y \times Z$)。典型断面 y = 30m。台阶法开挖至 30m 及锚杆超前导管布置按照工况六开挖至典型断面,支护结构布置图如图 7-72 所示。

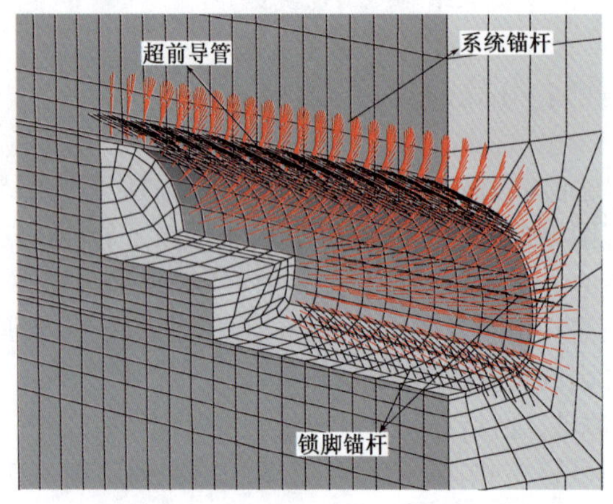

图 7-72 工况六开挖至典型断面支护结构布置图

工况六中,采用 ϕ42 超前注浆小导管加固围岩,长 4.5m、环向间距 35cm、搭接长度 1.3m、斜插角 10°、沿环向布置 37 根,由于数值模拟中选用半结构,因此沿环向布置 19 根。

系统锚杆采用 ϕ42 注浆锁脚锚杆,梅花形布置,长 3.5m、环向间距 100cm、纵向间距 75cm,每排沿环向布置 27 根,半结构时沿环向布置 14 根。

7.5.2 锚杆长度设置

选取工况一、工况二,这两种工况均采用超前导管,均不采用锁脚锚杆,系统锚杆环向间距为 100cm,纵向间距为 100cm,系统锚杆的长度分别为 2.5m、3.5m。

采用两种工况开挖完毕后,最大拱顶沉降、最大收敛位移、锚杆最大轴力以及初期支护最大拉应力如表 7-12 所示。

围岩位移及结构内力汇总表 表 7-12

锚杆长度(m)	最大拱顶沉降(cm)	最大收敛位移(cm)	锚杆最大轴力(kN)	初期支护最大拉应力(MPa)	初期支护最大压应力(MPa)	二次衬砌最大拉应力(kN·m)	二次衬砌最大压应力(kN·m)
2.5	3.32	2.35	45.68	1.19	34.46	0.19	4.94
3.5	3.31	2.35	60.6	1.01	34.33	0.19	4.93

从表 7-12 中可以看出,锚杆长度为 2.5 ~ 3.5m 波动时,围岩变形及支护受力变化并不明显。但是,当锚杆长度为 3.5m 时,拱顶沉降比锚杆长度为 2.5m 时小,且锚杆轴力比前者多出 32.66%。说明锚杆长度为 3.5m 时,系统锚杆承载力能够充分发挥,也能较好控制沉降。故可选用锚杆长度为 3.5m。

根据《锚杆喷射混凝土支护技术规范》(GB 50086—2015)规定,当隧道毛洞跨度在5~10m之间时,Ⅴ级围岩宜选用2.0~3.0m长锚杆。因此,在此处锚杆长度可选为3m。

7.5.3 锚杆环向间距设置

选取工况二、工况三、工况四,这三种工况均采用超前导管,均不采用锁脚锚杆,系统锚杆的长度均为3.5m,纵向间距为100cm,环向间距分别为0.6m、1m、1.4m。

采用三种工况开挖至典型断面时,塑性区域分布分别如图7-73~图7-75所示。

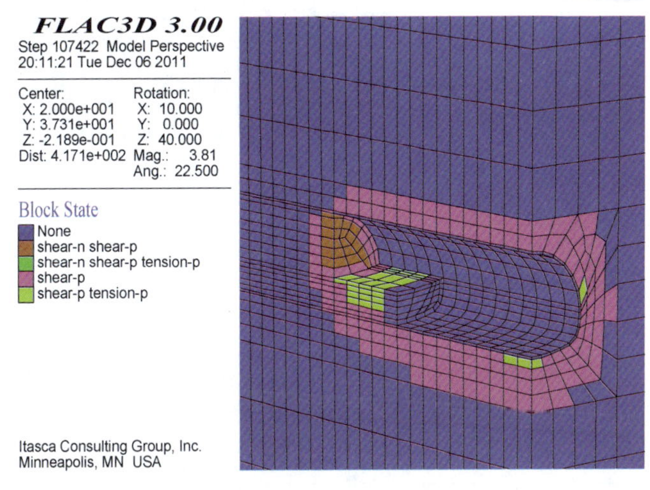

图7-73 系统锚杆环向间距为0.6m时塑性区域图(单位:m)

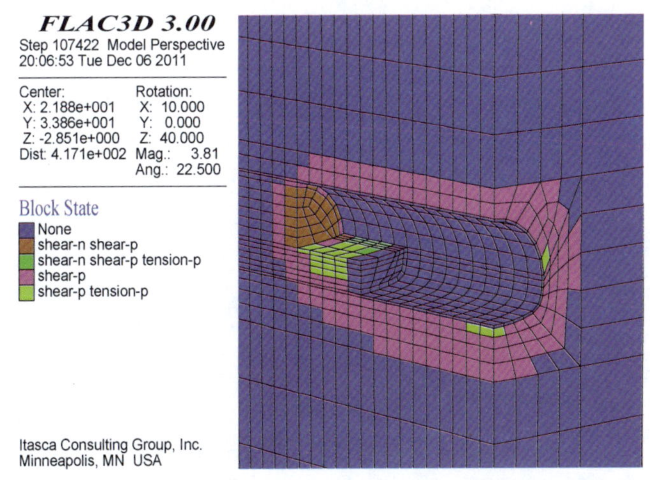

图7-74 系统锚杆环向间距为1m时塑性区域图(单位:m)

从图7-73~图7-75中可以看出,隧道开挖到30m断面处,无论采用哪种工况开挖,掌子面均不稳定,当锚杆间距为0.6m,产生破坏区域最小,这可能与锚杆设置的个数有关,间距越小,锚杆越多,因此围岩的稳定性越好。

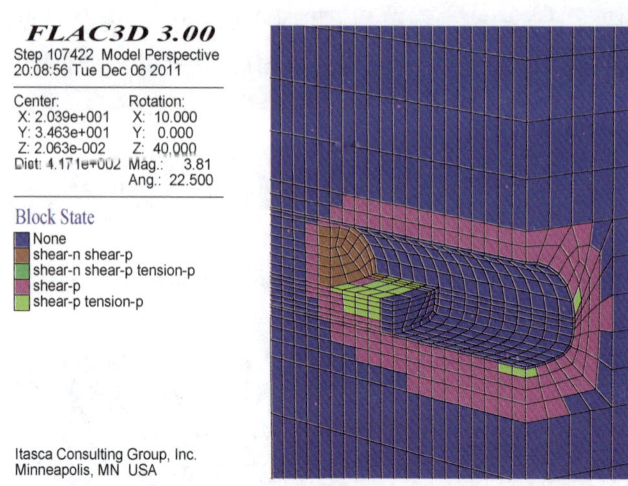

图 7-75　系统锚杆环向间距为 1.4m 时塑性区域图(单位:m)

采用三种工法开挖完毕直至稳定后,初期支护、二次衬砌以及锚杆、超前导管受力情况如表 7-13 所示。

衬 砌 受 力 表　　　　表 7-13

工　法	初期支护最大主应力(MPa)		二次衬砌最大主应力(MPa)		超前导管最大弯矩(N·m)	超前导管最大轴力(kN)	系统锚杆最大轴力(kN)
	压应力	拉应力	压应力	拉应力			
系统锚杆环向间距 0.6m	33.74	1.56	4.78	0.190	255.5	14.33(压)	68.7(拉)
系统锚杆环向间距 1m	34.33	1.21	4.93	0.192	250.5	14.81(压)	60.60(拉)
系统锚杆环向间距 1.4m	34.08	1.52	4.86	0.190	252.5	14.52(压)	218(拉)

表 7-13 显示,当系统锚杆环向间距为 1.4m,系统锚杆最大轴力高达 218kN,锚杆已经发生破坏,不宜采用。当系统锚杆环向间距为 0.6m 和 1m 时,衬砌受力基本相同,系统锚杆最大轴力分别为 68.7kN 和 60.6kN,符合相关规范规定。故系统锚杆的环向间距可设置在 0.6~1m 之间。

7.5.4　锁脚锚杆效果分析

选取工况二和工况六,这两种工况均采用超前导管,系统锚杆的长度均为 3.5m,纵向间距均为 100cm,环向间距均为 1m,工况二不设置锁脚锚杆,工况六设置锁脚锚杆。

两种工况下典型断面处拱顶沉降、收敛位移与开挖步关系曲线如图 7-76、图 7-77 所示。

从图 7-76、图 7-77 可看出,锁脚锚杆的设置对拱顶沉降及收敛位移的控制有明显作用。从图 7-76 可看出,设置锁脚锚杆后,待开挖完毕之后,拱顶沉降比未设置时减小了约 21.5%。从图 7-77 可看出,设置锁脚锚杆后,待开挖完毕之后,收敛位移比未设置时减小了约 12.5%。这说明,锁脚锚杆的设置,既能有效约束左右侧围岩向隧道内变形,起到边墙锚杆的作用,又能对上部衬砌结构起支撑作用。

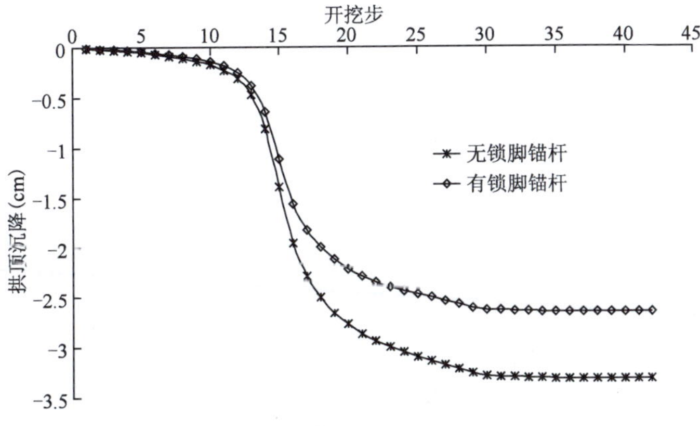

图 7-76 拱顶沉降与开挖步关系曲线

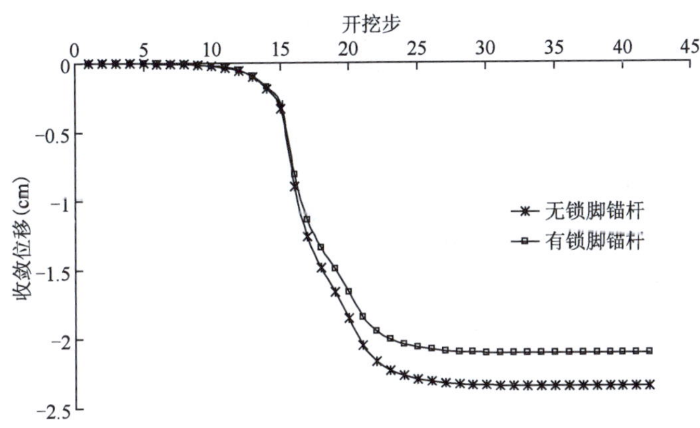

图 7-77 收敛位移与开挖步关系曲线

采用两种工法开挖完毕直至稳定后，初期支护、二次衬砌以及锚杆、超前导管受力情况如表 7-14 所示。

支护受力表　　表 7-14

工法	初期支护最大主应力(MPa)		超前导管最大弯矩(N·m)	超前导管最大轴力(kN)	锁脚锚杆最大弯矩(N·m)	锁脚锚杆最大轴力(kN)	系统锚杆最大轴力(kN)
	压应力	拉应力					
无锁脚锚杆	34.33	1.21	250.5	14.81(拉)	—	—	60.60(拉)
有锁脚锚杆	34.32	1.21	257.4	14.61(拉)	1520	35.98	60.37(拉)

由表 7-14 可知，有无锁脚锚杆对支护受力基本无影响，但锁脚锚杆的施加仍能减小支护结构受力。

7.5.5 超前导管效果分析

选取工况五和工况六，这两种工况均采用锁脚锚杆，系统锚杆的长度均为3.5m，纵向间距均为100cm、环向间距均为100cm，工况五不设置超前导管，工况六设置超前导管。

采取工况五和工况六开挖至典型断面，塑性区域分布图如图7-78、图7-79所示。从图7-78、图7-79可以看出，设置超前导管后，掌子面处的破坏区域分布明显比不设置超前导管时小。由此推断超前导管的设置有利于掌子面的稳定。

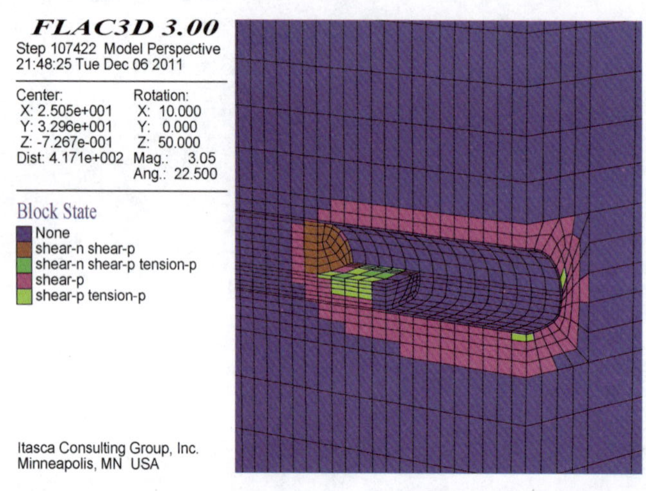

图7-78 不设置超前导管塑性区域分布图(单位:m)

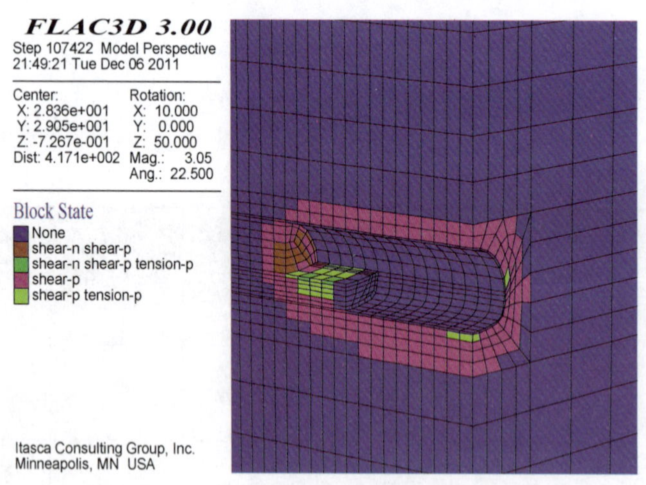

图7-79 设置超前导管塑性区域分布图(单位:m)

采用两种工法开挖完毕直至稳定后，初期支护、二次衬砌以及锚杆、超前导管受力情况如表7-15所示。

支护受力表

表 7-15

工法	初期支护最大主应力(MPa)		超前导管最大弯矩(N·m)	超前导管最大轴力(kN)	锁脚锚杆最大弯矩(N·m)	锁脚锚杆最大轴力(kN)	系统锚杆最大轴力(kN)
	压应力	拉应力					
无超前导管	34.23	1.27	—	—	1513	36.05(拉)	60.42(拉)
有超前导管	34.32	1.21	257.4	14.61(压)	1520	35.98(拉)	60.37(拉)

从表 7-15 和图 7-78、图 7-79 可看出,超前导管与锁脚锚杆以及系统锚杆的作用机理不同,其最大轴力表现为压应力。其主要作用是对围岩进行加固,保证工作面前方土体稳定性。超前导管设置与否对支护结构受力基本无影响。

附录　现场试验监测数据

(一)初期支护喷射混凝土应变监测数据

ZK13 +960 断面初期支护喷射混凝土应变监测数据

附表 1-1

测点位置	拱顶		左拱腰		右拱腰		左拱脚		右拱脚		左边墙	
监测日期	应变(με)	温度(℃)	应变(με)	温度(℃)	应变(με)	温度(℃)	应变(με)	温度(℃)	应变(με)	温度(℃)	应变(με)	温度(℃)
05-24	-44.9	33.5	-32.5	33.1	-58.2	34.8	-73.1	32.4	-189.0	39.9	—	—
05-25	-65.9	—	-49.7	27.7	-68.2	27.6	-106.3	26.9	-245.7	30.4	—	—
05-26	-99.0	—	-63.2	24.5	-89.4	24.5	-138.8	23.9	-324.6	25.7	—	—
05-27	-121.9	—	-82.9	23.6	-120.9	23.6	-164.7	22.8	-390.0	24.0	—	—
05-28	-129.0	—	-94.8	22.7	-135.7	22.3	-178.5	21.6	-415.5	23.2	—	—
05-29	-136.1	—	-106.8	22.2	-150.4	22.1	-192.2	21.4	-441.0	22.1	—	—
05-30	-144.7	—	-108.8	21.3	-164.5	21.7	-206.1	21.0	-465.5	21.5	—	—
05-31	-149.0	—	-111.3	21.6	-174.3	21.5	-218.2	20.7	-490.7	21.1	—	—
06-01	-166.6	—	-117.6	21.3	-184.9	21.2	-225.8	20.5	-503.2	20.8	—	—
06-02	-179.4	—	-117.6	21.5	-197.6	21.3	-237.1	20.5	-517.2	20.7	—	—
06-03	-185.3	—	-115.9	21.6	-209.0	21.5	-245.4	20.6	-532.0	20.7	—	—
06-04	-186.2	—	-104.6	21.4	-218.7	21.3	-247.1	20.6	-553.6	20.4	—	—
06-05	-151.6	—	-104.6	21.8	-225.4	21.7	-250.4	20.8	-570.5	20.6	—	—
06-06	-163.1	—	-113.3	21.8	-235.1	21.8	-257.5	20.8	-582.0	20.8	—	—
06-07	-172.5	—	-117.2	21.7	-241.4	21.8	-262.5	20.7	-592.3	20.7	—	—

续上表

测点位置	拱顶		左拱腰		右拱腰		左拱脚		右拱脚		左边墙	
监测日期	应变(με)	温度(℃)	应变(με)	温度(℃)	应变(με)	温度(℃)	应变(με)	温度(℃)	应变(με)	温度(℃)	应变(με)	温度(℃)
06-08	-175.1	—	-115.9	20.9	-243.1	21.4	-254.2	20.5	-598.0	20.4	—	—
06-10	-201.9	—	-102.0	21.3	-246.4	21.4	-245.0	20.5	-531.9	20.4	—	—
06-11	-222.3	—	-99.4	21.6	-232.4	21.3	-240.4	20.7	-579.5	20.2	—	—
06-16	-248.8	—	-53.6	20.8	-221.6	20.7	-185.0	20.1	-621.2	20.0	—	—
06-17	-258.1	—	-57.6	21.0	-227.1	21.3	-186.3	20.4	-626.1	20.3	8.3	38.3
06-18	-263.4	—	-57.6	21.5	-226.3	21.4	-193.4	20.8	-637.5	20.6	5.2	29.3
06-19	-272.7	—	-64.6	21.7	-224.2	21.8	-198.9	21.0	-641.2	20.9	-2.1	24.8
06-20	-283.2	—	-68.5	21.5	-228.8	21.6	-201.9	20.9	-646.1	20.9	-7.8	23.0
06-21	-288.2	—	-68.9	21.3	-224.2	21.2	-204.0	20.7	-655.1	20.7	-18.7	21.8
06-23	-304.8	—	-69.6	21.3	-236.3	21.9	-209.9	21.1	-666.8	21.2	-42.6	21.3
06-24	-310.2	—	-74.4	21.3	-236.8	21.7	-212.8	21.2	-667.1	21.5	-52.5	21.7
06-25	-316.4	—	-77.2	21.8	-242.6	22.0	-214.5	23.1	-672.8	21.3	-60.7	21.1
06-26	-318.1	—	-81.3	21.9	-241.4	22.0	-216.6	21.3	-675.7	21.4	-83.6	20.8
06-27	-323.5	—	-77.6	21.9	-243.9	21.9	-220.8	21.4	-676.1	21.0	-100.3	20.8
06-30	-338.5	—	-88.5	22.4	-253.9	22.5	-229.5	21.9	-687.7	21.9	-122.5	20.6
07-01	-342.9	—	-89.6	22.3	-254.8	22.5	-230.8	21.8	-687.3	21.9	-142.0	20.3
07-02	-347.8	—	-88.7	21.7	-254.8	22.4	-231.2	21.7	-688.0	21.8	-150.1	20.9
07-03	-353.1	—	-91.4	22.0	-256.4	22.6	-232.5	22.0	-690.6	22.2	-160.3	20.8
07-04	-358.7	—	-94.6	22.6	-258.9	23.2	-236.8	22.6	-693.2	22.6	-165.7	21.2
07-05	-363.4	—	-99.5	21.7	-258.9	22.2	-236.2	21.7	-693.6	21.8	-168.7	20.3
07-06	-367.5	—	-96.8	21.7	-260.2	22.2	-237.5	21.7	-695.8	21.8	-173.3	20.1
07-10	-382.6	—	-101.6	21.1	-262.7	21.5	-242.1	21.1	-701.8	21.1	-187.2	19.4

续上表

测点位置	拱顶		左拱腰		右拱腰		左拱脚		右拱脚		左边墙	
监测日期	应变(με)	温度(℃)	应变(με)	温度(℃)	应变(με)	温度(℃)	应变(με)	温度(℃)	应变(με)	温度(℃)	应变(με)	温度(℃)
07-11	-383.9	—	-103.8	20.9	-262.7	21.3	-242.1	20.9	-701.4	20.8	-190.6	19.3
07-12	-386.3	—	-105.7	20.8	-263.9	21.2	-415.3	20.8	-702.1	20.8	-193.5	19.3
07-13	-388.8	—	-108.1	21.4	-264.4	21.1	-479.4	20.9	-703.6	20.7	-198.6	19.2
07-14	-391.2	—	-107.2	21.2	-265.6	21.0	-479.4	20.7	-704.4	20.5	-201.5	19.1
07-15	-393.6	—	-108.5	21.2	-266.9	21.0	-549.0	20.7	-705.9	20.8	-206.5	19.1
07-16	-396.9	—	-109.4	21.2	-268.9	21.1	-16.7	20.6	-707.0	20.6	-211.1	19.2
07-17	-400.2	—	-109.4	21.1	-269.4	21.0	-38.1	20.6	-707.3	20.6	-215.7	19.2
07-18	-442.6	—	-109.4	21.0	-270.2	20.9	-86.3	20.5	-707.7	20.5	-219.1	19.1
07-19	-405.8	—	-109.4	21.5	-271.0	21.1	-171.8	20.7	-710.7	20.6	-222.0	19.2
07-20	-404.2	—	-108.8	21.4	-273.5	21.1	-171.8	20.7	-711.8	20.6	-227.0	19.3
07-21	-406.7	—	-112.4	21.2	-273.9	21.1	-171.8	20.7	-711.8	20.6	-231.2	19.2
07-22	-410.7	—	-113.7	21.2	-275.2	21.0	-193.2	20.7	-712.5	20.6	-234.5	19.2
07-23	-413.6	—	-114.7	21.3	-277.3	21.2	-262.8	20.8	-714.7	20.8	-238.5	19.3
07-24	-416.4	—	-114.1	21.3	-277.7	21.3	-284.1	20.9	-714.7	20.9	-242.4	19.3
07-25	-420.4	—	-115.7	21.5	-280.2	21.5	-353.7	21.0	-717.3	21.2	-245.7	19.4
07-26	-422.3	—	-115.9	22.5	-281.0	21.4	-353.7	22.3	-718.2	21.3	-247.8	21.2
07-27	-424.5	—	-117.6	21.5	-281.0	21.4	-439.2	21.2	-719.2	21.2	-251.1	19.6
07-28	-426.1	—	-119.3	21.8	-284.3	21.7	-530.2	21.2	-721.0	21.3	-284.8	19.6
07-29	-427.7	—	-119.3	21.8	-285.2	21.7	-530.2	21.3	-721.7	21.4	-257.7	19.6
07-30	-431.4	—	-120.6	21.9	-286.4	21.9	-572.9	21.4	-722.5	21.5	-261.0	19.6
07-31	-430.0	—	-120.6	21.9	-281.0	21.0	-530.2	21.4	-718.5	20.9	-264.3	19.6
08-03	-430.1	—	-118.9	21.1	-278.9	21.1	-353.7	20.7	-715.1	20.7	-265.2	19.1

续上表

测点位置	拱顶		左拱腰		右拱腰		左拱脚		右拱脚		左边墙	
监测日期	应变(με)	温度(℃)	应变(με)	温度(℃)	应变(με)	温度(℃)	应变(με)	温度(℃)	应变(με)	温度(℃)	应变(με)	温度(℃)
08-05	-431.8	—	-121.0	21.1	-281.0	21.0	-396.5	20.7	-719.5	20.8	-269.8	18.9
08-06	-431.8	—	-112.0	23.7	-281.8	21.2	-375.1	17.9	-737.6	24.7	-271.4	—
08-07	-427.3	20.8	-129.3	27.2	-286.4	23.4	-349.3	20.8	-778.4	29.4	-309.4	—
08-09	-430.3	—	-116.9	26.2	-299.2	27.7	-318.4	21.6	-747.5	28.3	-300.8	—
08-11	-434.2	21.7	-122.3	25.4	-287.2	26.6	-287.6	20.5	-733.1	26.6	-290.3	—
08-13	-443.8	—	-124.5	24.1	-277.3	25.4	-256.4	22.3	-730.2	25.1	-284.2	—
08-16	-452.3	—	-126.2	22.8	-272.0	23.7	-225.7	21.9	-726.9	23.4	-281.7	—
08-17	-453.4	—	-126.3	22.7	-270.6	23.3	-220.0	22.2	-729.5	23.1	-282.1	—
08-21	-455.9	26.4	-127.1	21.4	-269.4	21.9	-262.8	21.3	-726.5	21.7	-284.2	—
08-22	-455.9	—	-127.1	21.9	-269.4	22.4	-262.8	21.2	-728.7	22.1	-285.0	—
08-23	-445.9	—	-127.1	21.9	-269.4	22.3	-262.8	20.8	-726.5	22.1	-285.4	—
08-24	-455.5	—	-127.1	21.5	-269.4	22.1	-262.8	21.3	-728.0	21.8	-285.4	—
08-26	-455.5	—	-126.3	20.5	-269.4	19.5	-262.8	20.7	-726.2	19.9	-287.0	—
08-27	-455.5	—	-125.8	20.9	-269.4	21.4	-262.8	20.9	-728.0	21.2	-287.4	—
08-28	-454.7	—	-127.1	22.4	-269.4	21.9	-286.4	21.0	-726.9	21.7	-289.1	—
08-29	-454.3	—	-126.3	21.4	-269.4	21.6	-290.4	21.0	-729.5	21.4	-289.1	—
08-30	-454.3	—	-125.8	22.3	-269.4	21.8	-289.4	21.8	-726.9	21.6	-289.5	—
09-01	-453.9	—	-125.8	20.9	-270.2	20.9	-284.1	20.3	-728.4	20.6	-291.6	—
09-06	-453.5	—	-125.8	20.3	-270.6	20.3	-305.5	20.1	-730.9	19.7	-296.1	—
09-08	-453.9	—	-125.8	19.3	-271.0	19.3	-301.3	19.1	-732.0	19.4	-296.1	—
09-09	-454.3	—	-125.8	19.3	-271.9	19.4	-300.8	19.0	-732.8	19.3	-298.5	—
09-16	-454.3	—	-125.0	18.7	-273.5	18.8	-302.4	18.6	-735.7	18.7	-305.5	—

续上表

测点位置	拱顶		左拱腰		右拱腰		左拱脚		右拱脚		左边墙	
监测日期	应变(με)	温度(℃)	应变(με)	温度(℃)	应变(με)	温度(℃)	应变(με)	温度(℃)	应变(με)	温度(℃)	应变(με)	温度(℃)
09-17	-454.3	—	-125.0	18.7	-273.9	18.8	-306.4	18.5	-736.5	18.6	-306.3	—
09-18	-454.3	—	-125.0	18.6	-273.9	18.7	-303.0	18.4	-738.3	18.5	-308.6	—
09-20	-454.7	—	-125.0	18.4	-275.2	18.5	-306.5	18.0	-739.0	18.4	-309.2	—
09-22	-457.6	—	-125.0	20.8	-275.2	20.8	-487.4	20.6	-739.4	20.7	-310.4	—
10-10	-460.8	—	-124.5	17.2	-276.8	17.2	-530.2	17.1	-743.8	—	-325.9	—
10-14	-462.3	—	-125.0	19.5	-277.7	19.5	-572.9	19.3	-745.3	—	-329.6	—
10-18	-463.9	—	-124.5	18.1	-277.3	18.4	-615.7	17.7	-746.0	—	-322.9	—
11-01	-466.3	—	-123.7	18.6	-278.5	18.6	-663.9	18.5	-750.4	—	-348.7	—

YK13+961 断面初期支护喷射混凝土应变监测数据

附表 1-2

测点位置	拱顶		左拱腰		右拱腰		左拱脚		右拱脚		左边墙	
监测日期	应变(με)	温度(℃)	应变(με)	温度(℃)	应变(με)	温度(℃)	应变(με)	温度(℃)	应变(με)	温度(℃)	应变(με)	温度(℃)
05-23	-49.7	43.1	-111.8	48.5	-125.2	53.6	-113.4	35.2	-106.0	38.9	—	—
05-24AM	-29.5	35.4	-98.4	38.5	-100.6	41.8	-121.6	29.9	-48.7	30.7	—	—
05-24PM	-31.7	33.5	-94.5	36.3	-86.4	38.5	-119.0	28.6	-45.2	38.5	—	—
05-25	-53.2	30.2	-118.3	31.9	-111.9	32.7	-127.6	26.1	-90.0	26.5	—	—
05-26	-63.2	28.1	-128.6	31.9	-123.5	29.4	-136.2	26.1	-113.7	25.0	—	—
05-27	-72.4	27.5	-137.6	27.7	-133.0	28.4	-143.5	23.6	-133.1	24.6	—	—
05-28	-73.9	27.0	-138.7	27.1	-135.3	27.8	-147.2	21.9	-142.3	23.9	—	—
05-29	-75.4	25.6	-139.8	25.2	-137.7	25.8	-150.8	22.1	-151.5	23.3	—	—
05-30	-82.8	25.7	-144.9	25.1	-151.4	25.8	-156.3	21.9	-164.8	23.4	—	—
05-31	-81.5	24.8	-144.1	24.2	-156.9	24.9	-158.5	21.3	-173.7	22.7	—	—
06-01	-81.1	24.3	-144.9	23.7	-161.6	24.3	-159.3	21.0	-176.3	22.4	—	—

续上表

测点位置	拱顶		左拱腰		右拱腰		左拱脚		右拱脚		左边墙	
监测日期	应变(με)	温度(℃)	应变(με)	温度(℃)	应变(με)	温度(℃)	应变(με)	温度(℃)	应变(με)	温度(℃)	应变(με)	温度(℃)
06－03	－86.3	23.9	－150.5	23.4	－177.8	24.0	－170.0	21.1	－194.1	22.3	—	—
06－04	－88.0	23.9	－153.0	23.3	－189.7	23.9	－176.0	20.8	－204.7	23.9	—	—
06－05	－90.6	24.0	－154.3	23.2	－198.7	23.9	－180.2	20.6	－209.8	22.1	—	—
06－06	－95.4	24.2	－159.0	23.4	－208.4	24.1	－185.3	20.7	－215.6	24.1	—	—
06－07	－96.7	24.0	－160.7	23.3	－218.1	24.0	－189.6	20.7	－218.6	22.2	—	—
06－08	－98.0	24.0	－163.7	23.3	－225.3	24.0	－193.0	20.7	－225.0	22.3	—	—
06－10	－116.6	24.2	－197.8	23.7	－273.1	24.2	－54.0	20.8	－248.9	22.6	—	—
06－11	－119.6	24.2	－202.3	23.7	－290.5	24.3	－43.5	21.3	－255.2	22.5	—	—
06－12AM	－120.4	24.3	－206.3	23.6	－292.4	24.1	－46.1	22.0	－243.7	22.2	0.0	41.1
06－12PM	－120.6	23.8	－207.1	23.5	－294.7	24.2	－48.3	22.7	－240.6	22.5	19.2	36.0
06－13	－121.8	23.9	－210.5	23.4	－295.1	24.0	－52.6	23.0	－227.9	22.4	30.9	29.4
06－14	－123.9	23.7	－216.8	23.2	－305.9	23.8	－49.6	22.8	－233.4	22.2	47.5	25.9
06－15	－126.5	23.6	－221.9	23.2	－317.9	23.7	－50.0	22.6	－242.2	22.5	23.3	27.5
06－16	－129.5	24.0	－226.1	23.4	－330.3	24.1	－50.5	22.6	－249.3	22.7	15.2	26.5
06－17	－126.5	23.2	－229.5	23.4	－336.4	24.0	－52.6	22.6	－257.3	22.8	13.9	25.2
06－18	－128.2	25.5	－233.7	23.7	－344.2	24.4	－53.1	22.8	－260.2	23.4	13.9	24.7
06－19	－127.4	24.9	－235.8	23.9	－354.7	24.7	－55.3	22.8	－267.7	23.6	11.6	24.2
06－20	－132.5	27.1	－240.0	24.2	－365.5	25.1	－57.9	23.0	－276.5	24.0	10.3	24.0
06－21	－132.7	24.3	－243.4	24.4	－371.7	25.1	－60.1	22.9	－280.3	23.6	12.1	23.8
06－23	－132.3	24.6	－241.3	23.6	－376.5	25.1	－59.6	22.4	－283.9	23.8	6.3	23.9
06－24	－132.5	24.2	－241.7	23.5	－380.2	25.5	－59.6	22.3	－288.5	23.7	7.6	23.6
06－25	－135.1	24.5	－245.1	23.8	－387.0	—	－61.4	22.5	－296.4	24.0	8.0	23.5

续上表

测点位置	拱顶		左拱腰		右拱腰		左拱脚		右拱脚		左边墙	
监测日期	应变(με)	温度(℃)	应变(με)	温度(℃)	应变(με)	温度(℃)	应变(με)	温度(℃)	应变(με)	温度(℃)	应变(με)	温度(℃)
06-26	-134.7	24.2	-246.3	23.7	-390.0	—	-61.4	22.4	-300.6	23.6	9.4	23.0
06-27	-136.4	24.4	-249.3	24.0	-395.7	—	-62.7	22.8	-306.4	23.9	9.4	23.0
06-28	-136.4	24.5	-250.1	24.0	-398.1	—	-63.6	22.7	-308.4	23.9	9.4	23.0
06-29	-142.4	25.1	-256.0	24.3	-409.9	—	-64.9	23.0	-318.4	24.3	9.4	22.0
06-30	-146.3	25.6	-256.9	24.6	-415.9	—	-64.9	23.0	-320.8	24.4	9.4	21.8
07-01	-143.7	25.1	-258.1	24.4	-420.4	—	-65.3	22.9	-319.6	24.1	9.4	22.9
07-02	-146.3	25.2	-261.0	24.5	-425.6	—	-64.0	22.9	-320.4	24.0	8.9	22.7
07-03	-145.4	24.9	-260.6	24.3	-427.6	—	-64.9	22.8	-320.4	23.8	9.4	22.7
07-04	-175.8	29.2	-288.9	29.2	-467.3	—	-59.2	27.5	-369.3	32.4	1.4	26.1
07-05	-191.1	32.2	-307.6	31.7	-494.8	—	-64.9	27.9	-382.7	32.7	-3.6	25.7
07-06	-187.7	32.6	-289.7	30.7	-497.2	—	-57.8	24.5	-361.5	31.1	6.4	22.9
07-10	-164.2	29.1	-286.9	28.2	-475.3	—	-56.6	23.8	-338.5	26.1	21.5	22.1
07-11	-161.7	28.5	-283.9	27.7	-470.1	—	-55.3	23.4	-334.4	25.6	22.8	21.8
07-12	-161.3	27.8	-281.0	26.9	-465.3	—	-54.0	23.0	-334.4	25.0	24.1	21.6
07-13	-158.7	27.0	-277.7	26.3	-466.5	—	-52.6	22.7	-331.6	24.5	25.9	21.4
07-14	-156.5	26.4	-274.4	25.7	-467.3	—	-51.8	22.3	-329.9	24.1	27.3	21.2
07-15	-154.8	25.9	-272.3	25.3	-465.3	—	-51.3	22.1	-329.1	23.8	27.3	21.1
07-16	-152.3	25.5	-270.6	24.9	-462.5	—	-50.0	21.9	-325.4	23.5	28.2	21.0
07-17	-150.6	25.1	-268.1	24.6	-458.1	—	-50.0	21.7	-322.5	23.4	28.2	21.0
07-18	-149.7	24.9	-266.4	24.3	-457.7	—	-48.7	21.6	-322.5	23.3	29.1	20.9
07-19	-148.4	24.8	-266.0	24.1	-458.1	—	-47.4	21.4	-322.9	23.1	29.1	20.8
07-20	-148.4	24.6	-265.6	23.9	-458.1	—	-47.4	21.4	-323.7	23.0	23.5	20.8

续上表

测点位置	拱顶		左拱腰		右拱腰		左拱脚		右拱脚		左边墙	
监测日期	应变(με)	温度(℃)	应变(με)	温度(℃)	应变(με)	温度(℃)	应变(με)	温度(℃)	应变(με)	温度(℃)	应变(με)	温度(℃)
07-21	-148.0	24.4	-264.7	23.7	-458.9	—	-47.4	21.3	-324.1	22.8	29.1	20.7
07-22	-147.6	24.2	-264.9	23.5	-459.7	—	-47.4	21.2	-324.5	22.3	30.4	20.6
07-23	-147.6	24.0	-264.7	23.4	-460.4	—	-47.0	21.2	-325.8	22.6	30.4	20.7
07-24	-145.4	23.8	-264.3	23.2	-460.9	23.5	-47.4	21.2	-326.2	22.4	29.1	20.8
07-25	-145.4	23.5	-263.9	23.0	-462.1	23.4	-47.4	21.1	-326.6	22.3	29.5	20.7
07-26	-145.0	24.0	-263.9	23.3	-463.7	23.8	-47.4	21.7	-327.4	22.7	29.1	21.4
07-27	-143.7	23.2	-262.7	22.6	-466.1	23.6	-48.3	21.0	-327.8	22.1	29.1	20.6
07-28	-143.3	22.9	-262.2	22.4	-467.3	23.6	-47.0	20.9	-326.6	21.9	30.4	20.6
07-29	-143.3	22.8	-262.2	22.3	-466.9	23.4	-47.4	21.1	-328.3	22.1	30.4	20.8
07-30	-143.3	22.8	-262.4	22.4	-467.3	23.4	-48.7	21.2	-330.7	22.1	29.1	20.9
07-31	-143.7	22.7	-262.2	22.2	-466.9	23.2	-48.7	21.1	-330.7	22.0	29.1	20.7
08-01	-143.7	22.7	-262.7	22.1	-466.9	23.0	-48.7	21.0	-331.1	21.7	29.1	20.7
08-02	-143.7	22.6	-262.6	22.1	-466.5	22.6	-49.6	21.0	-331.6	21.8	29.1	20.6
08-03	-143.3	22.4	-262.6	22.0	-466.5	22.6	-49.6	20.9	-332.4	21.7	29.1	20.6
08-04	-143.7	22.3	-263.0	21.9	-468.1	22.5	-49.6	20.9	-333.6	21.7	29.5	20.6
08-05	-144.1	22.2	-263.0	21.8	-462.5	22.5	-49.6	20.9	-334.8	21.6	29.5	20.6
08-06	-145.0	22.2	-264.3	21.8	-462.9	22.5	-50.0	20.9	-336.5	20.8	28.2	20.7
08-07	-145.4	22.2	-263.9	21.8	-464.5	22.5	-50.0	20.9	-337.0	21.6	29.1	20.7
08-08	-145.4	22.1	-264.7	21.8	-466.1	22.4	-50.5	20.8	-338.1	21.6	29.1	20.7
08-09	-146.3	22.1	-264.7	21.8	-468.1	22.4	-50.0	20.8	-338.5	21.6	28.2	20.7
08-11	-146.3	22.1	-265.6	20.7	-472.5	22.5	-50.5	19.8	-340.6	21.6	27.3	20.1
08-13	-146.7	21.8	-266.4	21.8	-474.5	22.4	-50.5	20.4	-342.2	21.7	26.8	20.8

续上表

测点位置	拱顶		左拱腰		右拱腰		左拱脚		右拱脚		左边墙	
监测日期	应变(με)	温度(℃)	应变(με)	温度(℃)	应变(με)	温度(℃)	应变(με)	温度(℃)	应变(με)	温度(℃)	应变(με)	温度(℃)
08-16	-147.6	21.9	-266.9	21.8	-476.1	22.5	-51.3	20.9	-344.4	21.4	26.8	20.8
08-17	-148.0	22.2	-267.7	21.7	-476.9	22.8	-51.8	20.7	-345.5	21.2	25.9	20.6
08-21	-148.4	21.9	-268.9	20.8	-479.3	22.5	-51.8	18.4	-347.6	21.5	26.3	21.0
08-22	-149.7	22.0	-268.9	21.7	-479.7	22.6	-51.8	20.7	-348.4	21.6	26.5	20.6
08-23	-149.7	21.9	-268.9	21.7	-480.1	22.4	-52.6	20.6	-349.2	21.4	27.3	20.5
08-24	-149.7	21.9	-268.9	21.6	-480.1	22.5	-51.8	20.6	-349.2	21.4	26.3	20.5
08-25	-149.7	21.9	-268.9	21.6	-480.1	22.5	-51.8	20.6	-349.2	21.4	26.3	20.5
08-26	-151.0	21.9	-269.3	21.6	-482.1	22.5	-52.6	20.5	-351.3	21.4	25.9	20.6
08-27	-151.0	21.8	-270.6	21.0	-482.5	22.4	-52.6	20.5	-351.3	21.4	25.9	20.5
08-28	-151.0	21.9	-270.6	21.6	-484.1	22.4	-52.6	20.5	-352.1	20.0	25.9	20.5
08-29	-151.4	21.9	-270.6	21.6	-484.5	22.4	-53.1	20.5	-352.9	15.7	25.9	20.5
08-30	-151.4	21.9	-271.0	21.6	-484.5	22.4	-52.6	20.6	-353.3	21.2	25.9	20.5
08-31	-151.4	20.9	-271.0	21.5	-484.5	22.4	-52.6	20.5	-353.3	21.5	25.9	20.6
09-01	-151.4	21.8	-271.0	21.5	-484.9	22.2	-53.1	19.2	-354.5	21.3	25.9	20.5
09-03	-151.4	21.7	-271.0	21.5	-484.9	22.1	-53.1	20.2	-354.5	18.9	27.3	20.2
09-05	-152.3	21.7	-271.4	21.3	-486.0	22.0	-54.0	20.2	-355.8	21.1	25.9	20.3
09-07	-151.4	23.4	-271.0	22.7	-486.4	24.7	-54.0	21.5	-354.9	24.0	26.8	20.6
09-16	-151.4	21.4	-270.6	21.2	-486.6	—	-53.1	19.1	-355.0	—	30.9	20.0
09-17	-151.4	22.2	-269.9	20.5	-486.7	—	-52.6	18.7	-354.4	—	30.4	19.6
09-18	-151.0	23.2	-269.8	20.4	-487.0	—	-53.1	19.2	-354.2	—	30.4	19.4
09-20	-151.0	22.3	-269.3	19.9	-486.8	—	-52.6	18.8	-354.4	—	30.7	19.2
09-22	—	—	-268.1	22.5	—	—	-51.3	21.1	—	—	32.7	21.5

续上表

测点位置	拱顶		左拱腰		右拱腰		左拱脚		右拱脚		左边墙	
监测日期	应变(με)	温度(℃)	应变(με)	温度(℃)	应变(με)	温度(℃)	应变(με)	温度(℃)	应变(με)	温度(℃)	应变(με)	温度(℃)
10-09	-148.4	19.1	-268.9	10.3	-526.6	18.9	-50.0	20.1	-407.9	17.9	35.8	17.9
10-10	-148.4	19.1	-269.3	18.7	-528.0	18.8	-51.3	15.7	-408.7	18.7	35.8	17.9
10-11	-148.4	19.1	-268.9	18.7	-528.4	18.9	-51.3	17.4	-409.9	18.6	36.7	17.9
10-12	-148.4	19.0	-269.3	18.7	-528.8	18.8	-51.8	17.6	-410.7	18.6	36.7	17.9
10-13	-148.4	19.0	-269.3	18.7	-529.9	18.7	-51.3	17.5	-411.1	18.5	35.8	17.8
10-15	-148.0	21.4	-269.3	21.3	-529.9	21.1	-50.0	20.0	-413.5	21.0	37.2	20.2
10-18	-148.0	21.3	—	—	-532.7	19.9	—	—	-416.3	20.8	—	—
11-01	-149.3	20.8	-269.8	20.5	-551.4	20.5	-50.5	18.2	-426.8	20.3	37.2	19.7
12-14	-141.1	18.2	-258.1	17.8	-560.9	17.5	-40.4	16.1	—	—	51.1	16.1

ZK13 +870 断面初期支护喷射混凝土应变监测数据

附表 1-3

测 点 位 置	拱顶		左拱腰		右拱腰		左拱脚		右拱脚	
监测日期	应变(με)	温度(℃)	应变(με)	温度(℃)	应变(με)	温度(℃)	应变(με)	温度(℃)	应变(με)	温度(℃)
06-26	-369.4	57.1	-557.7	40.6	-203.9	56.6	-65.8	36.3	-50.8	32.9
06-27	-367.8	41.9	-679.7	30.5	-223.8	43.5	-71.8	31.1	-46.4	28.3
06-30	—	—	-956.4	24.1	-357.8	27.2	-141.4	23.2	-4.4	22.6
07-01	-957.5	25.0	-951.5	23.6	-360.6	26.2	-135.4	22.6	-7.1	22.1
07-02	-551.5	25.2	-931.9	23.6	-313.5	25.7	-155.0	22.6	-7.1	22.3
07-03	-511.6	25.0	-935.0	23.5	-312.3	25.3	-154.6	22.6	-12.4	22.5
07-04	-451.1	25.1	-945.2	23.7	-294.4	25.4	-160.5	22.4	-9.3	22.4
07-05	-410.2	23.4	-954.7	22.8	-274.8	24.3	-163.1	21.8	-1.3	24.3
07-06	280.0	23.9	-894.4	22.9	-247.5	24.1	-133.7	21.8	21.3	21.2
07-10	—	—	-844.6	22.0	—	—	-81.3	21.7	—	—

续上表

测点位置	拱顶		左拱腰		右拱腰		左拱脚		右拱脚	
监测日期	应变(με)	温度(℃)	应变(με)	温度(℃)	应变(με)	温度(℃)	应变(με)	温度(℃)	应变(με)	温度(℃)
07-11	-135.6	22.1	-863.7	21.6	-198.3	22.4	-104.2	21.7	24.0	21.3
07-12	-129.1	22.0	-831.3	21.6	-195.4	22.3	-126.4	22.1	15.1	21.6
07-13	-129.1	21.9	-836.0	21.4	-193.2	22.1	-122.2	21.2	8.9	21.5
07-14	-131.7	21.9	-893.7	21.4	-189.0	22.0	-155.0	21.1	0.9	21.2
07-15	-138.7	23.2	-927.3	21.9	-186.0	22.3	-165.2	21.3	-4.4	21.5
07-16	-120.8	23.4	-955.7	22.3	-181.7	22.6	-176.6	22.1	25.3	21.6
07-17	-117.8	23.4	-978.3	22.0	-180.0	22.6	-187.2	21.9	21.8	21.5
07-18	-135.6	23.3	-998.7	22.2	-182.1	22.8	-196.0	21.9	18.2	21.4
07-19	-145.3	23.3	-13.5	22.1	-183.1	22.7	-202.4	21.3	17.9	21.4
07-20	-151.7	24.1	-25.4	22.4	-184.7	23.0	-206.6	22.0	15.5	21.8
07-21	-148.2	23.3	-34.3	22.3	-186.0	22.8	-210.4	21.5	14.2	21.5
07-22	-153.0	23.6	-44.5	22.4	-186.4	22.9	-215.4	22.1	13.8	23.6
07-23	-141.7	24.1	-39.1	22.8	-183.4	22.6	-219.2	22.6	12.4	22.3
07-24	-140.4	24.3	-42.8	22.9	-181.3	23.4	-220.8	22.6	12.9	22.4
07-25	-141.3	24.2	-51.9	23.1	-180.0	23.8	-225.0	21.5	12.4	22.4
07-26	-138.7	24.4	-56.0	23.2	-179.2	23.4	-226.7	23.5	12.9	22.4
07-27	—	19.3	-75.5	22.1	-183.0	23.3	-234.7	22.4	-5.8	28.5
07-28AM	-203.4	33.0	-110.9	32.3	-187.3	31.1	-278.3	24.6	-27.0	25.5
07-28PM	-202.6	33.7	-110.6	30.8	-184.7	31.0	-279.6	22.8	-23.0	30.6
07-29	-194.0	32.7	-105.6	29.5	-181.3	30.0	-269.6	20.8	-13.7	29.9
07-30	-176.8	30.4	-106.3	27.7	-178.7	28.4	-261.7	20.1	-5.8	28.1
07-31	-165.5	28.4	-108.6	26.4	-177.9	27.0	-257.6	22.1	-0.4	26.7

续上表

测点位置	拱顶		左拱腰		右拱腰		左拱脚		右拱脚	
监测日期	应变(με)	温度(℃)	应变(με)	温度(℃)	应变(με)	温度(℃)	应变(με)	温度(℃)	应变(με)	温度(℃)
08-03	-143.0	25.2	-121.2	24.0	-175.7	24.5	-253.0	16.5	7.1	24.4
08-05	-133.5	23.8	-124.8	23.0	-174.0	23.5	-249.7	17.1	11.5	23.4
08-06	-131.7	23.5	-131.4	22.9	-173.2	23.4	-250.1	14.7	12.9	23.1
08-07	-130.4	23.0	-135.4	22.7	-172.7	23.1	-251.8	18.6	14.2	22.9
08-08	-129.1	22.7	-139.0	22.4	-171.9	22.8	-251.3	14.7	13.8	22.6
08-09	-127.4	22.6	-140.3	22.2	-171.5	22.6	-251.8	16.0	14.2	22.4
08-11	-125.2	21.9	-150.1	21.8	-169.7	22.1	-252.6	13.4	15.8	21.9
08-13	-122.6	21.5	-153.7	21.4	-168.0	21.7	-251.8	—	18.2	21.5
08-16	-132.5	21.0	-164.3	20.6	-166.3	20.6	-253.4	—	21.4	20.6
08-18	-138.7	21.7	-170.7	19.5	-165.2	19.5	-254.3	—	23.5	19.5
08-20	-144.5	20.6	-174.3	18.4	-164.2	18.4	-255.5	—	25.3	18.4
08-22	-148.4	18.6	-180.7	17.3	-163.5	17.3	-254.6	—	26.4	18.4
08-24	-152.3	17.9	-184.9	16.2	-162.5	17.6	-256.3	11.2	28.0	17.2
08-26	-142.6	19.9	-189.1	20.5	-161.6	19.6	-257.6	—	27.1	18.8
08-27	-141.7	20.1	-191.4	20.2	-161.6	20.5	-257.6	—	20.8	20.3
08-28	-141.3	20.1	-193.3	20.7	-161.6	20.5	-258.0	20.7	28.0	16.6
08-29	-141.7	19.5	-195.0	20.6	-161.6	20.6	-258.4	2.9	28.0	20.3
08-30	-141.7	20.4	-196.2	21.0	-161.6	20.7	-258.4	2.6	28.5	20.6
09-01	-141.7	19.5	-199.5	19.7	-159.9	20.3	-259.7	1.4	29.4	18.7
09-06	-144.3	17.4	-205.6	18.3	-158.2	18.2	-260.9	5.1	32.0	17.2
09-07	-144.3	18.4	-207.5	20.0	-158.6	19.5	-260.9	13.0	32.9	18.6
09-08	-144.3	18.0	-208.4	19.3	-157.3	19.3	-261.3	5.2	33.4	19.1

续上表

测点位置	拱顶		左拱腰		右拱腰		左拱脚		右拱脚	
监测日期	应变(με)	温度(℃)	应变(με)	温度(℃)	应变(με)	温度(℃)	应变(με)	温度(℃)	应变(με)	温度(℃)
09-09	-145.6	18.4	-209.4	19.2	-156.9	19.1	-261.7	—	34.3	18.9
09-16	-145.9	18.4	-216.8	18.7	-155.6	18.8	-263.0	—	38.3	18.0
09-17	-146.2	18.2	-218.4	18.0	-154.3	19.4	-263.2	—	38.7	17.9
09-18	-146.2	18.6	-219.0	18.2	-152.6	19.0	-263.4	—	39.6	17.7
09-20	-146.5	18.4	-222.2	17.9	-148.3	18.4	-264.7	—	40.1	16.6
09-22	—	—	-224.1	20.7	-140.6	20.7	-264.2	—	41.9	18.1
10-10	-163.8	15.0	-243.2	17.1	-120.7	17.0	-269.6	—	49.9	13.9
10-14	—	—	-247.3	19.4	-118.1	19.4	-270.5	—	49.9	16.2
10-18	—	—	-250.8	15.0	-116.8	15.1	-271.3	—	51.3	14.0
11-01	—	—	-259.3	18.7	-107.3	18.6	-275.0	—	54.8	18.5

YK13+850 断面初期支护喷射混凝土应变监测数据

附表 1-4

测点位置	拱顶		左拱腰		右拱腰		左拱脚		右拱脚	
监测日期	应变(με)	温度(℃)	应变(με)	温度(℃)	应变(με)	温度(℃)	应变(με)	温度(℃)	应变(με)	温度(℃)
06-28	-130.0	47.0	-36.7	46.3	-122.3	46.5	29.1	39.8	-74.1	40.4
06-29	-287.4	32.2	-41.3	36.2	-268.6	30.8	57.1	25.9	-61.5	27.0
06-30	-337.9	30.9	-56.7	30.1	-301.6	29.5	66.9	23.9	-68.9	25.8
07-01	-380.5	29.5	-66.3	28.8	-343.8	28.3	64.2	23.8	-77.1	24.5
07-02	-418.5	28.8	-76.2	27.9	-380.3	27.8	60.2	23.8	-85.8	24.2
07-03	-444.6	28.1	-83.2	27.2	-406.4	27.1	57.1	23.3	-91.4	23.5
07-04	-464.8	26.8	-86.2	26.1	-426.7	26.1	58.9	22.3	-96.1	22.7
07-05	-476.9	26.1	-89.2	25.5	-440.8	25.5	60.7	21.7	-98.7	22.1
07-06	-488.9	25.3	-92.2	24.8	-452.9	24.7	61.6	21.1	-101.3	21.7

续上表

测点位置	拱顶		左拱腰		右拱腰		左拱脚		右拱脚	
监测日期	应变(με)	温度(℃)	应变(με)	温度(℃)	应变(με)	温度(℃)	应变(με)	温度(℃)	应变(με)	温度(℃)
07-10	-524.5	24.0	-106.4	23.8	-492.1	23.7	61.6	20.3	-112.5	20.6
07-11	-532.0	24.1	-109.4	23.9	-499.7	23.8	61.6	20.5	-114.2	20.7
07-12	-538.0	23.8	-110.7	23.6	-506.0	30.7	60.7	20.1	-117.2	20.6
07-13	-554.2	24.2	-116.3	23.9	-520.3	24.3	59.3	20.3	-119.8	20.6
07-14	-571.6	24.4	-124.0	24.3	-533.7	24.1	59.3	20.3	-121.9	20.5
07-15	-582.6	24.3	-127.8	22.0	-544.0	23.8	62.0	20.4	-125.8	20.5
07-16	-603.2	24.3	-124.6	22.7	-548.7	23.6	—	—	-127.9	20.5
07-17	-611.9	24.0	-122.3	23.8	-569.4	23.8	97.8	21.4	-145.0	20.6
07-18	-619.3	23.7	-124.0	23.5	-576.5	23.6	94.2	21.6	-149.3	20.6
07-19	-629.4	24.0	-129.6	23.6	-585.4	23.8	95.1	21.5	-151.0	20.4
07-20	-637.9	23.7	-133.8	23.4	-597.5	23.7	84.2	21.6	-129.2	20.4
07-21	-643.2	23.6	-158.1	23.4	—	—	94.2	21.5	—	—
07-22	-653.3	23.7	-141.5	23.5	—	—	94.2	21.6	—	—
07-23	-658.4	23.5	-143.2	23.3	—	—	93.7	21.4	—	—
07-24	-663.0	23.4	-145.4	23.2	—	—	94.2	21.4	—	—
07-25	-667.6	23.3	-148.3	23.1	—	—	92.4	21.4	—	—
07-26	-665.3	23.2	-146.2	23.0	—	—	92.4	21.6	—	—
07-27	-666.1	22.5	-147.1	22.4	-631.5	21.5	91.0	21.0	-78.8	21.2
07-28	-666.1	22.3	-148.3	22.2	-633.1	22.3	91.5	21.0	-78.8	20.4
07-29	-678.3	22.9	-148.3	22.8	-643.8	22.9	104.1	21.4	-82.7	20.8
07-30	-692.9	22.8	-150.5	22.7	-656.1	22.8	108.1	21.1	-86.6	20.9
07-31	-703.2	23.1	-155.1	23.0	-666.4	23.1	108.1	21.5	-88.3	21.0

续上表

测 点 位 置	拱顶		左拱腰		右拱腰		左拱脚		右拱脚	
监测日期	应变(με)	温度(℃)	应变(με)	温度(℃)	应变(με)	温度(℃)	应变(με)	温度(℃)	应变(με)	温度(℃)
08-01	-706.6	23.1	-156.0	22.9	-669.8	22.9	106.3	21.5	-89.6	20.9
08-02	-717.0	23.1	-159.0	23.0	-675.9	23.1	105.4	21.6	-91.4	21.0
08-03	-721.8	23.3	-162.4	23.2	-682.0	23.5	103.6	21.8	-94.4	21.3
08-04	-723.7	23.5	-163.6	23.3	-605.2	23.6	101.4	21.8	-96.1	21.5
08-05	-728.6	24.0	-167.0	23.7	-691.5	23.9	100.0	22.4	-99.6	21.8
08-06	-728.6	23.8	-167.0	23.5	-691.5	23.8	96.0	22.4	-101.3	21.8
08-07	-729.7	23.7	-167.0	23.5	-693.4	23.7	94.2	22.3	-103.0	21.9
08-08	-732.7	23.9	-169.6	23.6	-696.4	22.9	92.8	22.4	-103.0	21.9
08-09	-738.4	24.2	-172.6	23.9	-701.7	24.1	92.8	22.7	-103.0	22.0
08-11	-741.8	23.1	-174.3	22.9	-705.9	23.9	92.4	21.0	-101.6	19.2
08-13	-748.2	25.2	-170.4	24.5	-710.4	24.8	99.1	22.8	-97.4	22.2
08-17	-790.5	30.1	-202.1	29.9	-750.9	28.7	70.9	31.3	-130.5	27.1
08-21	-768.1	27.3	-185.7	28.9	-733.0	25.6	86.1	29.6	-124.5	27.9
08-22	-761.0	28.3	-179.8	28.1	-728.1	25.1	82.5	27.5	-120.2	27.1
08-23	-756.8	27.7	-177.0	23.6	-733.3	25.0	83.9	26.9	-118.5	26.5
08-24	-753.1	27.1	-175.1	27.0	-724.7	24.8	86.1	27.6	-117.2	25.9
08-25	-750.8	26.7	-173.0	26.7	-724.3	25.0	87.5	25.7	-114.6	25.5
08-26	-748.6	26.4	-171.7	26.3	-725.1	24.8	88.8	25.2	-114.2	25.0
08-27	-747.1	26.0	-170.4	25.9	-724.3	24.8	90.2	24.7	-112.5	24.7
08-28	-746.7	25.8	-170.0	25.7	-725.4	24.9	91.0	24.2	-111.6	24.4
08-29	-745.9	25.6	-169.6	25.5	-725.8	24.7	91.5	24.1	-111.2	24.7
08-30	-743.7	25.3	-168.7	25.2	-724.7	24.3	92.8	20.7	-109.9	23.9

续上表

测点位置	拱顶		左拱腰		右拱腰		左拱脚		右拱脚	
监测日期	应变(με)	温度(℃)	应变(με)	温度(℃)	应变(με)	温度(℃)	应变(με)	温度(℃)	应变(με)	温度(℃)
08-31	-742.2	25.0	-167.5	24.9	-722.6	24.1	81.6	25.5	-109.9	23.6
09-01	-740.7	24.6	-167.0	24.6	-722.8	23.9	95.1	23.2	-108.6	23.4
09-03	-739.1	24.5	-165.3	24.2	-722.4	23.6	81.1	24.6	-107.3	23.0
09-05	-739.1	24.5	-165.8	23.5	-723.2	23.3	97.8	22.5	-105.6	22.7
09-06	-739.5	24.5	-165.8	23.8	-723.6	23.6	98.7	22.5	-104.7	22.9
09-07	-739.5	24.5	-165.3	23.9	-723.9	23.8	78.5	24.5	-104.7	23.0
09-08	-739.1	24.5	-165.3	24.0	-724.3	24.3	99.1	23.1	-104.3	23.6
09-09	-739.9	24.5	-165.8	23.3	-725.1	23.2	100.0	23.8	-104.3	22.2
09-16	-742.5	24.5	-165.8	22.5	-728.1	22.4	103.6	21.2	-103.9	21.5
09-17	-743.0	24.5	-166.6	22.5	-728.4	22.3	104.1	21.1	-104.3	21.4
09-18	-743.7	24.5	-166.6	22.2	-728.8	22.1	104.1	21.0	-103.9	21.3
09-20	-747.0	24.5	-166.6	20.7	-729.3	21.9	105.0	20.7	-101.3	21.1
09-22	-743.7	—	-165.8	24.3	-728.4	24.0	105.4	23.0	-100.4	23.3
10-09	-748.9	—	-161.9	19.8	-730.0	19.6	113.0	18.9	-95.7	19.1
10-10	-749.7	—	-161.9	19.8	-730.7	19.6	113.9	18.8	-95.7	19.1
10-11	-751.6	—	-162.4	19.8	-731.8	19.7	113.9	18.8	-95.7	19.1
10-12	-752.3	—	-162.4	19.8	-732.6	19.7	114.4	17.9	-95.7	19.1
10-13	-753.1	—	-162.4	19.7	-733.0	19.4	113.9	18.7	-95.2	19.0
10-14	-753.8	—	-163.6	19.7	-734.5	14.5	115.3	18.4	-97.0	21.5
10-15	-753.8	—	-163.6	22.1	-734.1	22.2	115.3	21.1	-95.2	21.5
10-18	-756.1	—	-163.6	22.0	-734.8	21.7	116.2	21.0	-94.4	21.3
11-01	-766.6	—	-164.9	21.4	-742.7	21.0	119.3	20.4	-95.2	20.8
12-14	-774.1	—	-161.1	19.1	-746.1	18.6	130.6	17.7	-86.6	18.6

附表 1-5

ZK13 + 790 断面初期支护喷射混凝土应变监测数据

测点位置	拱顶		左拱腰		右拱腰		左拱脚		右拱脚		左边墙	
监测日期	应变(με)	温度(℃)	应变(με)	温度(℃)	应变(με)	温度(℃)	应变(με)	温度(℃)	应变(με)	温度(℃)	应变(με)	温度(℃)
07-30	-70.1	46.9	-157.8	43.1	-163.6	50.8	-17.2	40.9	-27.4	47.6	-36.9	38.0
07-31	-40.2	35.2	-123.1	33.0	-149.9	37.4	19.9	31.7	2.1	35.5	-11.9	29.5
08-05	-44.6	23.5	-121.0	21.3	-133.0	23.6	43.0	22.6	11.6	23.6	-8.0	21.3
08-06	-48.6	22.7	-126.1	20.6	-140.4	22.8	40.8	22.2	9.9	22.8	-10.6	21.8
08-07	-48.6	22.1	-128.7	20.4	-143.0	22.5	39.0	21.8	8.6	22.5	-11.5	21.1
08-08	-50.8	21.8	-131.7	18.9	-147.3	22.0	39.5	21.6	7.7	22.1	-12.4	21.0
08-09	-52.1	21.4	-133.0	19.2	-149.9	21.4	40.4	21.1	7.3	21.5	-13.2	20.5
08-11	-55.2	20.9	-137.7	18.1	-155.9	21.0	39.0	20.7	5.6	21.0	-14.5	21.0
08-13	-58.7	20.3	-142.0	16.8	-161.4	20.2	38.1	—	3.0	20.4	-16.7	19.8
08-16	-62.2	19.8	-147.6	13.8	—	—	34.6	19.8	—	—	-19.4	19.4
08-17	-64.9	16.4	-149.7	17.1	-172.6	10.7	—	18.4	-2.2	13.4	-20.4	18.0
08-21	-70.1	19.5	-158.3	14.3	-183.7	13.0	31.9	20.1	-6.9	15.2	-20.8	16.0
08-22	-69.7	19.7	-159.1	11.0	-184.5	19.3	27.5	19.8	-6.0	21.1	-20.9	17.0
08-23	-69.7	13.6	-159.6	14.5	-184.5	15.9	114.6	14.7	-6.0	18.4	-21.1	12.6
08-24	-70.1	18.2	-160.0	13.1	-186.6	17.2	31.9	17.6	-6.0	18.8	-21.1	17.2
08-26	-71.6	17.2	-159.6	11.9	-188.3	17.2	31.5	17.8	-6.9	18.1	-20.7	17.1
08-27	-71.6	19.6	-159.1	8.0	-190.0	8.3	28.8	17.8	-7.3	18.6	-20.7	17.9
08-28	-71.6	19.7	-157.8	13.5	-191.3	—	34.1	28.2	-7.3	20.0	-19.8	17.5
08-29	-71.6	18.9	-157.0	10.5	-191.7	11.2	30.1	16.5	-7.3	18.9	-19.8	16.6
08-30	-71.6	19.1	-156.6	13.8	-193.0	1.5	27.9	18.2	-7.3	16.6	-19.8	19.4
09-01	-72.8	17.7	-156.1	10.7	-196.0	—	30.1	17.1	-8.2	17.2	-21.1	11.6
09-06	-73.2	17.6	-155.3	11.7	-201.1	7.1	29.2	16.4	-9.5	19.1	-19.6	15.4

续上表

测点位置	拱顶		左拱腰		右拱腰		左拱脚		右拱脚		左边墙	
监测日期	应变(με)	温度(℃)	应变(με)	温度(℃)	应变(με)	温度(℃)	应变(με)	温度(℃)	应变(με)	温度(℃)	应变(με)	温度(℃)
09-07	-74.1	17.7	-154.9	11.1	-201.9	12.2	27.5	17.7	-9.5	16.8	-20.4	16.8
09-08	-74.1	18.1	-154.0	12.1	-203.2	17.1	27.5	17.8	-9.5	17.3	-19.5	16.8
09-09	-74.1	17.5	-154.0	11.5	-203.2	16.4	27.5	—	-9.5	19.7	-20.0	16.8
09-22	-74.9	18.9	-152.3	16.5	-208.3	15.3	27.9	19.3	-8.6	18.2	—	—

(二)初期支护围岩接触压力监测数据

附表 2-1

ZK13+960 断面初期支护围岩接触压力监测数据

测点位置	拱　顶		右　拱　腰		左　拱　脚		左　边　墙	
监测日期	压力(MPa)	温度(℃)	压力(MPa)	温度(℃)	压力(MPa)	温度(℃)	压力(MPa)	温度(℃)
05-24	0.048	40.0	0.023	36.7	0.018	32.2	—	—
05-25	0.047	33.4	0.017	29.8	0.023	27.1	—	—
05-26	0.047	28.8	0.016	25.8	0.024	24.1	—	—
05-27	0.057	—	0.020	24.1	0.024	22.8	—	—
05-28	0.064	—	0.024	23.7	0.025	22.1	—	—
05-29	0.071	—	0.028	22.5	0.025	21.4	—	—
05-30	0.079	—	0.029	22.1	0.027	21.0	—	—
05-31	0.090	—	0.031	21.6	0.029	20.6	—	—
06-01	0.091	—	0.032	21.5	0.031	20.5	—	—
06-02	0.099	—	0.034	21.6	0.033	20.5	—	—
06-03	0.107	—	0.035	21.4	0.033	20.5	—	—
06-04	0.122	22.8	0.035	21.4	0.032	20.5	—	—
06-05	0.129	22.9	0.039	21.4	0.033	20.6	—	—
06-06	0.142	23.2	0.039	21.7	0.034	20.7	—	—

续上表

测点位置	拱顶		右拱腰		左拱脚		左边墙	
监测日期	压力(MPa)	温度(℃)	压力(MPa)	温度(℃)	压力(MPa)	温度(℃)	压力(MPa)	温度(℃)
06－07	0.155	23.0	0.041	21.5	0.035	20.7	—	—
06－08	0.163	22.8	0.038	21.4	0.036	20.4	—	—
06－10	0.204	22.8	0.043	21.4	0.033	20.4	—	—
06－11	0.271	21.5	—	—	0.031	20.5	—	—
06－16	0.340	20.9	0.026	20.8	0.026	20.0	—	—
06－17	0.359	21.4	0.026	20.9	0.026	20.2	0.007	33.4
06－18	—	21.0	—	—	0.030	20.4	0.004	27.5
06－19	0.359	20.6	0.022	21.5	0.032	20.7	0.000	24.6
06－20	0.402	22.7	0.024	21.5	0.032	20.7	-0.002	23.1
06－21	0.416	22.4	0.026	21.3	0.032	20.5	-0.002	22.1
06－23	0.431	22.9	0.029	21.7	0.033	20.6	-0.004	21.5
06－24	0.432	22.7	0.031	21.5	0.034	21.0	-0.003	21.6
06－25	0.443	22.8	0.032	21.7	0.035	21.1	0.000	21.4
06－26	0.450	22.9	0.031	21.7	0.036	21.2	0.000	21.0
06－27	0.453	23.2	0.031	21.8	0.036	21.2	0.000	21.1
06－30	0.490	23.3	0.034	22.1	0.042	21.6	-0.002	20.9
07－01	0.501	22.3	0.036	22.3	0.042	21.6	-0.002	21.0
07－02	0.514	23.5	0.037	22.2	0.041	21.5	-0.002	21.0
07－03	0.530	23.5	0.038	22.3	0.042	21.7	-0.002	21.1
07－04	0.550	23.8	0.039	22.5	0.045	21.9	-0.003	22.4
07－05	0.542	23.3	0.039	22.2	0.043	21.6	-0.004	20.8
07－06	0.547	23.0	0.040	22.0	0.043	21.5	-0.004	20.6

续上表

测点位置	拱顶		右拱腰		左拱脚		左边墙	
监测日期	压力(MPa)	温度(℃)	压力(MPa)	温度(℃)	压力(MPa)	温度(℃)	压力(MPa)	温度(℃)
07-10	0.561	21.4	0.041	21.4	0.042	20.9	-0.003	20.0
07-11	0.559	22.3	0.041	21.3	0.042	20.8	-0.002	19.9
07-12	0.563	22.2	0.041	21.1	0.042	20.8	-0.002	19.9
07-13	0.565	22.0	0.041	21.0	0.041	20.7	-0.001	19.8
07-14	0.569	22.1	0.042	21.0	0.041	20.6	0.000	19.7
07-15	0.575	22.1	0.042	21.0	0.043	20.6	0.002	19.7
07-16	0.575	22.1	0.042	21.0	0.041	20.6	0.003	19.7
07-17	0.579	22.1	0.043	21.0	0.042	20.6	0.004	19.7
07-18	0.577	22.0	0.043	20.9	0.042	20.5	0.005	19.7
07-19	0.592	21.3	0.044	20.9	0.041	20.5	0.006	19.7
07-20	0.593	21.2	0.044	21.1	0.042	20.6	0.007	19.8
07-21	0.589	22.0	0.044	21.1	0.042	20.6	0.007	19.7
07-22	0.591	21.1	0.044	21.0	0.042	20.5	0.008	19.7
07-23	0.594	21.5	0.045	21.1	0.042	20.7	0.009	19.8
07-24	0.596	21.7	0.046	21.2	0.042	20.8	0.010	19.9
07-25	0.599	20.5	0.046	21.2	0.042	20.9	0.011	19.9
07-26	0.600	19.6	0.046	21.2	0.043	22.3	0.011	21.8
07-27	0.600	20.3	0.046	21.2	0.043	20.9	0.011	20.1
07-28	0.609	20.6	0.046	21.4	0.043	21.2	0.012	20.1
07-29	0.611	20.9	0.046	21.5	0.044	21.2	0.012	20.1
07-30	0.616	20.8	0.046	21.6	0.044	21.3	0.012	20.2
07-31	0.623	21.6	0.045	21.2	0.046	21.3	0.013	20.2

续上表

测点位置	拱顶		右拱腰		左拱脚		左边墙	
监测日期	压力(MPa)	温度(℃)	压力(MPa)	温度(℃)	压力(MPa)	温度(℃)	压力(MPa)	温度(℃)
08-03	0.633	22.2	0.043	21.1	0.044	20.7	0.011	19.6
08-05	0.633	21.9	0.047	21.0	0.043	20.6	0.009	19.6
08-06	—	—	0.047	21.3	0.036	17.5	0.015	21.1
08-07	—	—	0.042	23.7	0.047	26.0	0.016	22.6
08-09	—	—	0.057	25.4	0.052	-15.7	—	—
08-11	—	—	0.058	25.6	0.047	13.2	—	—
08-13	—	—	0.057	25.0	0.044	83.4	0.000	0.0
08-16	—	—	0.058	23.3	0.041	17.6	0.960	26.1
08-17	—	—	0.058	23.3	0.042	18.9	0.959	26.8
08-21	—	—	0.057	21.9	0.036	20.2	0.956	25.9
08-22	—	—	0.057	22.3	0.036	21.3	0.956	26.0
08-23	—	—	0.057	22.4	0.036	21.2	0.955	25.8
08-24	—	—	0.057	22.2	0.035	21.9	0.960	25.7
08-26	—	—	0.057	20.5	0.035	20.9	0.950	25.2
08-27	—	—	0.057	21.5	0.035	21.3	0.950	25.9
08-28	—	—	0.057	21.7	0.033	22.1	0.950	26.8
08-29	—	—	0.057	21.6	0.034	21.0	0.950	26.8
08-30	—	—	0.058	22.0	0.033	22.4	0.950	25.9
09-01	—	—	0.058	20.9	0.032	20.8	0.950	25.1
09-06	—	—	0.058	20.4	0.031	20.6	0.950	24.8
09-08	—	—	0.058	20.4	0.030	18.7	0.950	22.1
09-09	—	—	—	—	0.030	19.4	0.950	25.4

续上表

测点位置	拱　顶		右 拱 腰		左 拱 脚		左 边 墙	
监测日期	压力(MPa)	温度(℃)	压力(MPa)	温度(℃)	压力(MPa)	温度(℃)	压力(MPa)	温度(℃)
09－16	—	—	—	—	0.029	18.6	0.950	22.4
09－17	—	—	—	—	0.029	18.9	0.690	22.7
09－18	—	—	—	—	0.028	18.9	0.670	22.5
09－20	—	—	—	—	0.028	18.2	0.950	21.2
09－22	—	—	—	—	0.027	20.9	0.950	24.3
10－10	—	—	—	—	0.020	17.5	0.950	20.0
10－14	—	—	—	—	0.021	19.7	0.950	21.9
10－18	—	—	—	—	0.022	18.6	0.950	20.4
11－01	—	—	—	—	0.021	18.4	0.950	21.1

YK13＋961 断面初期支护围岩接触压力监测数据

附表 2-2

测 点 位 置	拱　顶		右 拱 腰		右 拱 脚		右 边 墙	
监测日期	压力(MPa)	温度(℃)	压力(MPa)	温度(℃)	压力(MPa)	温度(℃)	压力(MPa)	温度(℃)
05－23	－0.008	38.2	0.999	30.4	0.239	39	—	—
5－24AM	0.004	33.5	0.972	40	0.134	33.3	—	—
5－24PM	0.006	32.1	0.964	39.4	0.124	31.7	—	—
05－25	0.006	29.3	0.958	32.9	0.383	28.6	—	—
05－26	0.008	27.3	0.958	29.4	0.358	26.5	—	—
05－27	0.009	26.9	0.962	28.2	0.429	25.3	—	—
05－28	0.012	26.4	0.964	27.6	0.455	24.8	—	—
05－29	0.008	25	0.966	25.6	0.481	23.4	—	—
05－30	0.010	25.1	0.973	25.7	0.488	23.1	—	—
05－31	0.009	24.2	0.973	24.8	0.508	22.8	—	—

续上表

测点位置	拱顶		右拱腰		右拱脚		右边墙	
监测日期	压力(MPa)	温度(℃)	压力(MPa)	温度(℃)	压力(MPa)	温度(℃)	压力(MPa)	温度(℃)
06-01	0.009	23.8	0.975	24.3	0.516	22.6	—	—
06-03	0.009	23.4	0.989	23.9	0.574	22	—	—
06-04	0.008	23.4	0.997	23.9	0.595	21.8	—	—
06-05	0.008	23.4	1.001	23.8	0.594	21.7	—	—
06-06	0.010	23.6	1.009	24.1	0.602	21.7	—	—
06-07	0.011	23.4	1.017	24.1	0.605	21.9	—	—
06-08	0.011	23.5	1.023	24	0.629	21.8	—	—
06-10	0.014	23.5	1.050	24.1	0.694	21.9	—	—
06-11	0.013	23.7	1.059	24.2	0.720	21.9	—	—
6-12AM	0.015	22	1.054	23.8	—	—	—	—
6-12PM	0.014	23.5	1.050	23.8	—	—	—	—
06-13	0.014	23.4	1.044	23.9	0.594	21.7	—	—
06-14	0.013	23.2	1.054	23.8	0.657	21.7	—	—
06-15	0.013	23.2	1.050	23.2	0.721	21.7	—	—
06-16	0.014	21.2	1.068	21.8	0.757	21.8	0.000	30
06-17	0.013	22.8	1.070	24	0.774	21.8	0.002	40.3
06-18	0.013	23.3	1.075	24.4	0.664	21.8	0.005	34.9
06-19	0.015	23.7	1.083	24.6	0.686	22.1	0.004	32.6
06-20	0.016	24	1.091	25	0.701	22.3	0.002	31.1
06-21	0.017	24.4	1.101	25.2	0.717	24.4	0.014	29.7
06-23	0.013	23.7	1.105	24.4	0.700	22.4	0.026	24
06-24	0.013	23.8	1.106	24.4	0.704	22.3	0.025	26.4

续上表

测点位置	拱顶		右拱腰		右拱脚		右边墙	
监测日期	压力(MPa)	温度(℃)	压力(MPa)	温度(℃)	压力(MPa)	温度(℃)	压力(MPa)	温度(℃)
06-25	0.014	24.1	1.110	24.7	0.714	22.4	0.028	25.8
06-26	0.014	23.7	1.110	24.4	0.708	22.4	0.029	25.1
06-27	0.015	24	1.112	24.7	0.711	22.5	0.029	24.9
06-28	0.015	24	1.115	24.7	0.713	22.5	0.029	24.8
06-29	0.016	24	1.124	25.2	0.718	22.6	0.030	24.4
06-30	0.018	25	1.126	25.6	0.719	22.7	0.031	24.3
07-01	0.017	24.8	1.124	25.4	0.713	22.8	0.029	24.2
07-02	0.017	24.7	1.135	25.4	0.717	22.8	0.029	24
07-03	0.016	24.5	1.138	25.2	0.722	22.8	0.030	23.9
07-04	0.021	22.6	1.158	30.4	0.718	25	0.057	27.4
07-05	0.033	45.6	1.176	32.7	0.714	26.7	0.055	27.8
07-06	—	—	1.157	32.2	0.673	27.0	0.044	27.3
07-10	0.015	34.5	1.140	27.8	0.621	25.1	0.045	24.6
07-11	0.014	35	1.139	27.1	0.613	24.8	0.045	24.3
07-12	0.013	34.2	1.137	26.5	0.613	24.4	0.045	23.9
07-13	0.011	34.1	1.133	25.8	0.617	24	0.045	23.5
07-14	0.011	34.6	1.130	25.3	0.619	23.7	0.045	23.7
07-15	0.010	33.8	1.127	24.9	0.623	23.4	0.045	22.9
07-16	0.009	33	1.126	24.6	0.636	23.2	0.045	22.7
07-17	0.008	32.8	1.125	24.5	0.633	23	0.046	22.5
07-18	0.009	32.9	1.126	24.4	0.635	22.9	0.045	22.4
07-19	0.010	32.2	1.126	24.3	0.643	22.7	0.045	22

续上表

测点位置	拱顶		右拱腰		右拱脚		右边墙	
监测日期	压力(MPa)	温度(℃)	压力(MPa)	温度(℃)	压力(MPa)	温度(℃)	压力(MPa)	温度(℃)
07-20	0.013	32	1.125	23.7	0.637	22.6	0.045	22.1
07-21	0.015	31.1	1.126	24	0.643	22.5	0.045	22
07-22	0.017	31.5	1.126	23.8	0.651	22.4	0.045	21.9
07-23	0.019	30.3	1.125	22.6	0.659	22.3	0.046	21.8
07-24	0.019	31.7	1.126	23.2	0.669	22.1	0.046	21.7
07-25	0.019	29.4	1.126	23.2	0.679	22	0.046	21.6
07-26	0.020	30.9	1.126	23.8	0.682	22.3	0.047	22.3
07-27	0.020	31.2	1.126	23.3	0.689	21.9	0.047	21.6
07-28	0.019	30.1	1.126	23.1	0.693	21.8	0.047	21.4
07-29	0.020	26.9	1.126	23.1	0.702	21.7	0.047	21.4
07-30	0.020	29.7	1.126	22.7	0.703	21.7	0.047	21.4
07-31	0.020	28.4	1.125	22.8	0.703	21.6	0.047	21.3
08-01	0.020	27.6	1.126	22.7	0.703	21.6	0.047	21.2
08-02	0.020	28.1	1.126	22.5	0.704	21.5	0.047	21.2
08-03	0.020	30.9	1.126	22.3	0.707	21.4	0.047	21.2
08-04	0.019	30.9	1.125	22.2	0.723	21.4	0.047	21.1
08-05	0.020	29.2	1.131	22.2	0.729	21.3	0.047	21.1
08-06	0.020	29	1.135	23.4	0.725	21.3	0.047	21.1
08-07	0.020	28.9	1.137	21.3	0.720	21.3	0.047	21.1
08-08	0.020	28.3	1.138	22.3	0.721	21.3	0.047	21.1
08-09	0.020	28.5	1.139	21.9	0.723	21.2	0.047	21.1
08-11	0.020	29.5	1.140	22.2	0.726	21.2	0.048	20.9

续上表

测点位置	拱顶		右拱腰		右拱脚		右边墙	
监测日期	压力(MPa)	温度(℃)	压力(MPa)	温度(℃)	压力(MPa)	温度(℃)	压力(MPa)	温度(℃)
08-13	0.020	28.4	1.142	22.3	0.729	21.2	0.048	20.9
08-16	0.020	27.3	1.143	21.8	0.733	21.2	0.048	21.1
08-17	0.019	27.3	1.144	22.5	0.734	21.4	0.048	21.4
08-21	0.020	19.5	1.146	22.7	0.735	21	0.048	21.6
08-22	0.020	36.2	1.146	22.5	0.738	21.1	0.048	21
08-23	0.019	22.5	1.147	22.4	0.737	21	0.048	20.8
08-24	0.020	36.8	1.147	22.2	0.739	21	0.049	20.9
08-25	0.020	36.8	1.147	22.2	0.739	21	0.049	20.9
08-26	0.020	43.4	1.147	22.3	0.742	21	0.048	20.9
08-27	0.020	43.4	1.148	22.2	0.741	21	0.048	20.8
08-28	0.021	43.1	1.146	22.5	0.743	21	0.048	20.8
08-29	0.029	43.2	1.149	22.2	0.744	21	0.048	20.7
08-30	0.030	43	1.149	22.3	0.744	21	0.048	20.7
08-31	0.029	43.2	1.148	22.1	0.744	21.1	0.048	20.9
09-01	0.029	43.2	1.150	22.1	0.743	21	0.049	20.8
09-03	0.029	43.2	1.149	14.7	0.744	20.9	0.048	20.7
09-05	0.029	43.2	1.151	22	0.745	20.9	0.049	20.7
09-07	0.029	43.2	1.150	20.5	0.745	20.6	0.048	22.9
10-09	—	—	1.189	18.9	0.722	18.8	0.087	18.6
10-10	—	—	1.189	18.9	0.723	18.8	0.087	18.6
10-11	—	—	1.190	18.9	0.724	18.8	0.087	18.6
10-12	—	—	1.190	18.9	0.724	18.8	0.086	18.6

续上表

测点位置	拱顶		右拱腰		右拱脚		右边墙	
监测日期	压力(MPa)	温度(℃)	压力(MPa)	温度(℃)	压力(MPa)	温度(℃)	压力(MPa)	温度(℃)
10-13	—	—	1.191	18.9	0.725	18.9	0.087	18.5
10-15	—	—	1.191	21.2	0.724	21.2	0.087	20.9
12-14	0.178	18.2	1.220	17.5	0.735	18.2	0.089	17.7

(三)二次衬砌混凝土应变监测数据

ZK13+935 断面二次衬砌混凝土应变监测数据 附表 3-1

测点位置	左拱腰		右拱腰		左拱脚		右拱脚		左边墙顶		右边墙顶	
监测日期	应变(με)	温度(℃)	应变(με)	温度(℃)	应变(με)	温度(℃)	应变(με)	温度(℃)	应变(με)	温度(℃)	应变(με)	温度(℃)
08-17	18.3	21.0	104.4	21.4	0.9	23.2	—	—	96.3	23.5	125.4	22.0
08-21	7.4	21.0	102.6	21.7	-3.0	22.8	81.5	21.7	101.7	21.9	125.9	21.9
08-22	7.0	21.7	102.6	22.0	-3.0	22.6	81.5	21.5	103.0	22.7	125.4	21.9
08-23	6.5	21.5	102.6	21.2	-3.4	22.9	81.0	21.3	103.9	22.4	125.9	20.7
08-24	4.4	21.1	102.6	19.9	-3.0	22.2	81.0	20.6	105.3	21.9	125.4	20.7
08-26	2.6	18.7	101.3	20.5	-4.3	14.3	80.6	20.1	107.1	19.7	125.4	19.4
08-27	0.4	20.5	101.3	20.2	-3.0	21.7	79.7	20.0	108.0	21.5	125.4	20.8
08-28	-0.9	21.2	100.4	20.6	-1.7	22.9	79.3	21.8	109.3	21.8	124.5	22.0
08-29	-2.2	20.3	100.0	20.3	-4.3	20.9	79.3	20.3	109.3	21.7	124.3	20.8
08-30	-3.1	21.5	99.1	21.3	-1.7	22.5	78.0	21.6	110.7	22.3	124.1	21.2
09-01	-4.4	19.9	97.7	19.8	-3.4	21.0	77.1	20.1	112.0	20.6	123.2	20.5
09-06	-1.9	19.3	94.6	18.8	-1.7	19.6	74.0	18.3	114.7	19.8	121.8	19.0
09-07	-8.3	18.9	96.0	19.2	-3.4	19.4	73.1	19.1	114.7	19.5	120.9	19.3
09-08	-9.6	18.8	93.3	19.0	-4.0	19.3	73.1	19.0	115.6	19.3	120.9	19.1

续上表

测点位置	左拱腰		右拱腰		左拱脚		右拱脚		左边墙顶部		右边墙顶部	
监测日期	应变(με)	温度(℃)	应变(με)	温度(℃)	应变(με)	温度(℃)	应变(με)	温度(℃)	应变(με)	温度(℃)	应变(με)	温度(℃)
09-09	-10.5	18.7	93.3	18.9	-4.3	19.0	72.7	18.9	115.6	19.2	120.5	19.0
09-16	-15.3	18.2	88.5	18.4	-4.8	18.5	68.0	18.4	119.2	18.6	118.4	18.5
09-17	-16.1	18.1	88.0	18.4	-4.3	18.4	67.9	18.3	119.2	18.6	118.3	18.5
09-18	-17.4	18.0	86.7	18.2	-4.8	18.3	67.4	18.2	119.2	18.5	117.8	18.4
09-20	-18.3	17.7	85.8	17.9	-4.8	19.3	67.4	17.9	119.2	18.2	116.9	18.1
09-22	-20.5	20.2	85.4	20.3	-7.4	20.4	66.1	20.3	119.2	20.3	116.5	20.4
10-10	-33.5	17.3	72.6	17.2	-24.3	17.3	55.6	17.2	120.5	17.6	110.2	17.1
10-14	-37.4	18.7	70.8	18.9	-26.5	18.8	53.4	18.9	120.5	19.0	108.0	19.0
10-18	-41.7	15.6	68.2	16.2	-26.5	16.8	52.1	17.6	121.0	15.8	106.6	17.4
11-01	-53.4	17.5	56.3	18.1	-36.8	18.0	43.8	18.1	118.3	18.2	101.3	18.2

ZK13+930 断面二次衬砌混凝土应变监测数据

附表 3-2

测点位置	左拱腰		右拱腰		左拱脚		右拱脚		左边墙顶部		右边墙顶部	
监测日期	应变(με)	温度(℃)	应变(με)	温度(℃)	应变(με)	温度(℃)	应变(με)	温度(℃)	应变(με)	温度(℃)	应变(με)	温度(℃)
08-17	87.3	21.3	69.6	24.5	80.6	22.3	42.8	25.0	75.4	22.5	100.2	24.2
08-21	87.7	20.9	70.5	22.6	82.4	21.6	38.8	21.8	83.0	21.0	104.3	22.1
08-22	87.3	21.9	70.5	22.2	82.0	22.5	37.5	21.7	84.8	22.0	104.3	22.0
08-23	87.3	21.1	70.5	21.0	82.0	21.9	37.5	21.4	86.2	21.4	105.2	19.7
08-24	86.4	20.8	70.5	20.3	81.1	21.5	37.0	20.7	88.0	21.0	104.3	20.0
08-26	85.0	19.9	69.6	21.0	81.1	20.5	35.7	20.5	90.7	20.0	104.3	20.0
08-27	85.0	20.0	69.2	20.8	80.6	20.9	34.8	20.6	92.0	20.6	104.3	20.4
08-28	83.7	20.6	69.2	21.8	80.7	21.5	34.4	21.0	93.4	21.3	104.3	20.7
08-29	82.4	20.6	67.9	20.0	79.8	21.6	34.4	20.1	93.4	21.3	104.3	20.0

续上表

测点位置	左拱腰		右拱腰		左拱脚		右拱脚		左边墙顶部		右边墙顶部	
监测日期	应变(με)	温度(℃)	应变(με)	温度(℃)	应变(με)	温度(℃)	应变(με)	温度(℃)	应变(με)	温度(℃)	应变(με)	温度(℃)
08－30	82.4	21.2	67.9	20.6	79.8	22.3	38.5	20.9	94.8	22.1	103.4	20.3
09－01	81.0	19.6	66.5	20.3	78.4	20.7	32.2	20.2	96.1	20.4	102.9	19.8
09－06	77.0	19.1	63.9	17.6	76.7	20.0	30.9	17.3	99.3	19.9	100.7	16.6
09－07	77.5	18.2	62.6	19.3	76.7	19.5	30.4	19.2	100.6	19.1	100.2	19.2
09－08	76.1	18.0	61.7	19.1	75.8	19.4	29.5	19.1	100.6	19.1	100.2	19.1
09－09	75.7	17.8	61.3	19.0	75.3	19.3	29.1	19.0	100.6	19.0	100.2	19.0
09－16	73.0	17.4	57.3	18.5	72.7	18.7	25.6	18.4	102.9	18.5	98.5	18.5
09－17	71.7	17.3	56.4	18.4	71.8	18.6	25.1	18.4	102.3	18.4	97.1	18.4
09－18	69.4	17.2	56.2	18.2	71.4	18.5	24.2	18.3	103.3	18.3	95.7	18.3
09－20	69.4	16.9	55.1	18.0	70.5	18.2	23.8	18.0	104.2	18.0	95.7	18.0
09－22	68.1	19.2	53.3	20.4	70.0	20.6	23.8	20.4	104.2	20.4	94.3	20.4
10－10	52.1	16.6	42.4	17.4	59.5	17.7	13.2	17.4	104.2	17.5	86.7	17.5
10－14	49.0	18.1	39.7	19.0	56.8	19.1	10.6	19.0	104.2	18.9	84.4	19.0
10－18	47.7	14.3	37.6	16.5	55.5	15.4	9.2	16.4	104.7	15.5	84.0	16.4
11－01	31.3	15.6	26.6	18.2	43.2	18.3	1.3	18.2	99.3	18.1	75.9	18.2

YK13+961 断面二次衬砌混凝土应变监测数据

附表 3-3

测点位置	拱顶		左拱腰		右拱腰		左拱脚		右拱脚		左边墙	
监测日期	应变(με)	温度(℃)	应变(με)	温度(℃)	应变(με)	温度(℃)	应变(με)	温度(℃)	应变(με)	温度(℃)	应变(με)	温度(℃)
07－28AM	－3.1	24.9	7.9	24.4	31.3	32.3	10.2	28.1	20.3	32.5	44.4	36.2
07－28PM	6.2	31.0	30.5	43.6	13.2	44.8	21.7	44.9	0.5	44.9	55.6	43.0
07－29	2.2	46.9	45.1	44.1	28.6	41.2	42.1	43.1	34.4	40.6	77.1	39.1
07－30	19.5	43.6	73.6	37.7	73.0	43.6	70.0	36.8	73.9	33.9	88.8	32.8

续上表

测点位置	拱顶		左拱腰		右拱腰		左拱脚		右拱脚		左边墙	
监测日期	应变(με)	温度(℃)	应变(με)	温度(℃)	应变(με)	温度(℃)	应变(με)	温度(℃)	应变(με)	温度(℃)	应变(με)	温度(℃)
07－31	41.7	37.1	79.9	31.6	90.9	30.5	86.3	30.6	85.0	29.6	91.0	27.6
08－01	55.5	33.8	86.4	26.2	98.9	28.5	90.2	28.6	89.5	28.0	91.5	26.1
08－02	64.9	31.1	84.8	27.8	103.4	27.2	92.4	27.1	91.7	26.8	91.5	25.1
08－03	69.8	29.6	84.8	26.7	107.5	26.3	95.8	25.9	94.4	25.9	91.5	24.4
08－04	75.2	28.2	86.1	26.1	108.8	25.7	97.6	25.1	95.7	25.4	91.5	23.9
08－05	78.0	27.4	84.8	25.7	110.2	25.4	97.6	24.8	96.6	25.2	90.0	23.9
08－06	81.0	26.4	84.8	25.4	111.1	25.0	97.6	24.3	95.7	24.7	88.8	23.5
08－07	82.4	26.1	83.0	25.3	111.5	24.8	97.6	24.1	96.6	24.6	87.9	23.3
08－08	81.5	25.8	82.1	25.2	111.1	24.8	96.3	24.1	95.3	24.5	86.1	23.3
08－09	82.8	25.4	82.5	25.0	111.5	24.5	95.8	23.9	95.7	24.3	84.7	23.3
08－11	83.7	21.5	79.9	23.9	110.2	20.8	93.2	22.5	94.4	21.2	83.4	22.0
08－13	81.5	24.9	76.3	24.9	108.8	24.5	87.6	24.4	92.2	24.2	80.2	23.2
08－16	83.7	24.4	76.3	24.4	110.2	24.1	85.0	24.2	92.2	23.9	78.5	23.1
08－17	82.4	25.1	72.3	24.6	107.5	24.3	83.8	24.6	90.8	24.3	77.6	23.8
08－21	79.7	24.5	69.6	23.6	106.1	24.2	79.4	24.0	88.1	23.8	73.5	22.6
08－22	77.9	24.9	66.9	24.2	103.4	24.3	79.0	22.5	86.4	23.9	73.5	22.5
08－23	77.4	24.3	67.4	24.0	102.5	23.8	77.3	23.9	85.5	23.5	72.2	22.4
08－24	77.9	24.3	66.0	24.1	102.5	24.0	76.0	24.4	85.0	23.6	70.8	21.0
08－25	76.1	24.5	64.2	24.2	116.4	24.0	74.7	23.6	84.1	23.7	69.9	22.3
08－26	75.2	24.3	64.2	24.1	101.2	23.9	74.7	23.6	83.7	23.3	69.5	22.5
08－27	77.4	24.1	79.5	24.0	102.1	23.3	73.4	23.6	85.0	23.4	68.6	22.5
08－28	76.1	24.4	62.0	24.1	99.8	23.9	72.1	23.7	82.8	23.5	67.2	22.6

续上表

测点位置	拱顶		左拱腰		右拱腰		左拱脚		右拱脚		左边墙	
监测日期	应变(με)	温度(℃)	应变(με)	温度(℃)	应变(με)	温度(℃)	应变(με)	温度(℃)	应变(με)	温度(℃)	应变(με)	温度(℃)
08-29	75.2	24.4	62.0	22.4	98.9	23.7	71.7	23.5	81.9	23.4	66.3	22.4
08-30	75.2	24.1	62.0	23.9	99.8	23.4	71.7	23.6	81.9	23.4	66.3	22.4
08-31	75.2	24.1	62.0	23.7	98.9	23.6	70.8	23.5	81.5	23.4	66.3	22.2
09-01	74.7	23.8	60.7	23.6	98.9	23.5	70.4	23.4	80.6	23.2	65.0	22.2
09-03	75.2	23.6	60.7	20.7	98.9	23.3	70.4	23.2	81.5	23.1	65.0	22.2
09-05	73.4	23.7	56.7	23.3	96.3	23.3	69.1	23.1	79.2	23.0	63.7	22.0
09-06	73.4	23.7	58.0	23.3	94.9	23.4	70.0	23.0	77.4	23.1	63.7	21.8
09-07	73.4	24.6	57.1	23.6	94.9	25.0	69.1	23.2	77.4	23.8	63.2	22.0
09-08	74.7	22.3	55.8	21.7	96.3	23.1	69.1	22.3	77.4	22.5	63.7	21.4
09-09	73.9	23.4	55.8	22.4	94.5	23.3	67.8	23.1	76.1	23.1	63.2	21.6
09-22	77.9	23.6	—	—	93.6	23.5	—	—	76.5	23.4	—	—
10-09	63.6	19.5	—	—	45.9	19.6	—	—	39.7	19.7	—	—
10-10	63.6	19.6	—	—	44.6	19.6	—	—	38.4	19.6	—	—
10-11	62.7	19.5	—	—	37.9	19.3	—	—	38.8	19.4	—	—
10-12	63.6	19.4	—	—	45.0	19.4	—	—	38.8	19.3	—	—
10-13	63.6	19.2	—	—	37.9	19.3	—	—	38.4	19.3	—	—
10-14	62.7	21.6	—	—	41.9	21.7	—	—	37.5	21.7	—	—
10-15	62.7	21.5	—	—	42.3	21.7	—	—	37.0	21.7	—	—
10-18	59.5	21.5	—	—	33.9	21.5	—	—	33.5	21.4	—	—
11-01	47.9	21.1	49.9	20.8	18.0	21.0	53.2	19.0	18.9	20.9	44.4	17.6
12-14	52.4	17.1	—	15.2	11.4	16.7	57.1	15.4	15.0	16.4	50.7	14.7

附表 3-4

YK13 +850 断面二次衬砌混凝土应变监测数据

测点位置	拱顶		左拱腰		右拱腰		左拱脚		右拱脚		左边墙顶部	
监测日期	应变(με)	温度(℃)	应变(με)	温度(℃)	应变(με)	温度(℃)	应变(με)	温度(℃)	应变(με)	温度(℃)	应变(με)	温度(℃)
08－21	86.2	22.5	60.3	—	－17.7	26.0	86.0	28.6	73.2	27.3	69.1	29.1
08－22	87.5	19.0	61.6	—	－20.4	26.0	86.1	28.4	71.0	26.9	68.2	28.2
08－23	87.5	20.1	62.0	—	－21.7	25.9	86.1	28.1	71.0	26.4	70.5	27.2
08－24	87.5	20.0	62.5	—	－24.4	25.9	86.1	27.6	70.5	26.3	70.0	26.6
08－25	83.5	19.7	60.3	—	－30.5	26.5	83.8	27.7	67.0	26.6	67.8	26.5
08－26	85.7	18.1	61.6	—	－29.2	26.0	83.8	27.2	67.0	26.0	69.1	25.8
08－27	81.2	23.8	60.7	—	－36.3	27.5	85.2	27.0	62.0	27.7	68.2	25.8
08－28	80.8	18.4	59.0	—	－37.6	26.5	81.6	26.8	61.6	26.6	67.8	25.4
08－29	84.8	17.8	60.3	—	－34.9	25.4	82.5	25.7	62.0	25.7	69.1	24.9
08－30	85.7	18.1	60.7	—	－35.8	24.9	82.5	25.8	62.9	25.3	68.2	24.6
08－31	85.7	17.3	60.7	—	－37.6	24.6	81.6	25.5	62.0	25.0	67.8	24.4
09－01	86.2	17.2	61.6	—	－38.5	24.2	82.5	25.1	61.6	24.5	67.8	24.0
09－03	86.2	15.6	61.6	—	－38.9	24.0	81.1	24.6	61.6	24.0	67.8	23.4
09－05	82.6	16.8	58.1	—	－45.5	24.1	79.8	24.4	58.0	23.5	66.4	23.4
09－06	82.6	17.3	58.1	—	－45.5	24.1	78.5	24.4	57.1	24.1	66.4	23.3
09－07	82.6	16.7	57.7	—	－46.8	24.3	78.5	24.5	57.1	24.4	66.4	23.3
09－08	83.5	18.6	59.0	—	－44.2	25.1	78.5	24.8	58.0	24.8	66.9	24.0
09－09	82.6	16.8	57.7	—	－48.1	23.7	77.1	23.8	56.6	23.6	65.5	22.8
09－16	83.5	16.8	59.0	—	－48.1	22.7	75.3	22.8	54.4	22.5	62.8	22.3
09－17	84.4	16.8	59.0	—	－47.7	22.4	75.3	22.7	54.4	22.3	63.7	22.1
09－18	80.8	22.1	56.4	—	－53.8	22.4	72.6	22.6	51.7	22.4	61.5	21.9
09－20	82.6	14.7	56.4	—	－54.7	21.5	73.5	21.9	52.6	17.8	63.7	21.1

续上表

测点位置	拱顶		左拱腰		右拱腰		左拱脚		右拱脚		左边墙顶部	
监测日期	应变(με)	温度(℃)	应变(με)	温度(℃)	应变(με)	温度(℃)	应变(με)	温度(℃)	应变(με)	温度(℃)	应变(με)	温度(℃)
09-22	83.5	16.9	57.7	—	-53.4	23.6	73.5	24.0	53.1	23.7	64.2	23.3
10-09	83.5	16.8	56.4	—	-58.7	19.6	71.3	19.7	49.5	19.6	61.5	19.2
10-10	83.5	16.1	56.4	—	-59.1	19.7	70.8	19.7	49.0	19.7	62.4	19.2
10-11	82.1	16.3	55.1	—	-59.1	19.8	69.9	19.8	49.0	19.7	60.6	19.3
10-12	82.1	16.8	55.1	—	-59.1	19.6	70.8	19.7	49.0	19.6	61.5	19.2
10-13	81.2	16.8	54.7	—	-61.3	19.4	69.5	19.6	47.7	19.5	60.6	19.1
10-14	79.9	18.1	52.5	—	-65.2	18.4	67.7	19.6	46.4	20.1	60.1	20.2
10-15	79.4	19.5	52.5	—	-65.7	21.7	67.7	22.0	45.0	12.0	59.2	21.3
10-18	79.9	19.0	52.1	—	-65.7	21.5	66.3	21.7	45.0	21.6	57.9	21.3
11-01	75.4	19.7	47.8	—	-72.2	21.4	62.3	19.3	40.1	21.4	55.2	18.3
12-14	73.2	18.0	44.7	—	-84.9	17.6	56.0	17.8	32.5	17.7	54.8	17.1

参考文献

[1] 孙钧,朱合华.软弱围岩隧道施工形态的力学模拟及分析[J].岩土力学,1994,15(4):21-32.

[2] 张志强,关宝树.软弱围岩隧道在高地应力条件下的变形规律研究[J].岩土工程学报,2000,22(6):697-700.

[3] 周太全,华渊,连俊英,等.软弱围岩隧道施工全过程非线性有限元分析[J].岩土力学,2004,25(增):339-342.

[4] 李文秀,郑小平,闻磊,等.山区高速公路软弱围岩隧道施工地表移动分析[J].岩石力学与工程学报,2010,9(增2):3800-3804.

[5] 郭志.临界等速流变剪应力的确定方法[J].勘察科学技术,1994,(4):24-26.

[6] 张奇华,彭光忠.链子崖危岩体软弱夹层的蠕变性质研究[J].岩土力学,1997,18(1):60-64.

[7] Bjerrum L. Engineering geology of Norwegian normally-onsolidated marine clays as related to settlements of buildings[J]. Geotechnique, 1967, 17 (2):81-118.

[8] 王志伟,王庚荪.裂隙性粘土边坡渐进性破坏的FLAC模拟[J].岩土力学,2005,26(10):1637-1640.

[9] 沈珠江.应变软化材料的广义孔隙压力模型[J].岩土工程学报,1997,19(3):14-21.

[10] Sterpi D.,Cividini A. A physical and numerical investigation on the stability of shallow turnnels in strain softening media[J]. Rock Mechanics and Rock Engineering, 2004,37(4):277-298.

[11] Callari C. Coupled numerical analysis of strain localization induced by shallow tunnels in saturated soils[J]. Computers and Geotechnics, 2004, 31:193-207.

[12] 齐琳.公路隧道软弱围岩不同施工方法受力状态定性分析[J].市政工程,2009,(5):494-495.

[13] 郭衍敬,黄明琦,陈铁林,等.厦门翔安海底隧道CRD法和双侧壁法穿越砂层对比分析[J].中国铁道科学,2009,(2):73-75.

[14] 霍卫华.软岩大跨度隧道施工力学研究[J].河北理工学院学报,2004,11:96-100.

[15] 薛继连.长梁山隧道软弱围岩施工方法[J].岩石力学与工程学报,2000,19(增):1085-1094.

[16] 王伟锋,毕俊丽.软岩浅埋隧道施工工法比选[J].岩土力学,2007,28(增):431-436.

[17] 奚正兵.超大断面隧道不同工法引起软弱围岩变形机理分析[J].施工技术,2006,35(增):50-68.

[18] 陈鉴光,张运良,曹伟.对软弱围岩隧道施工方法及施工工艺措施的探讨[J].公路工程,2011,(04):139-142.

[19] 胡文清,郑颖人,钟昌云.木寨岭隧道软弱围岩段施工方法及数值分析[J].地下空间,

2004,(02):194-197.

[20] 关宝树. 漫谈矿山法隧道技术第十讲——软弱围岩隧道中开挖断面早期闭合的施工技术[J]. 隧道建设,2016,(08):887-896.

[21] 张健明,李茂廷,李刚. 软弱围岩隧道施工技术研究[J]. 公路,2013,(10):236-240.

[22] 陈耕野,刘斌,万明富,等. 韩家岭大跨度公路隧道应力监测分析[J]. 岩石力学与工程学报,2005,24(增2):5510-5515.

[23] 黄惠芳. 关于临时仰拱形式的探讨[J]. 现代隧道技术,2003,40(6):21-23.

[24] 范廉明. 浅谈隧道进洞施工方案[J]. 山西建筑,2007,33(18):310-311.

[25] 余伟健,高谦,韩阳,等. 不稳定围岩开挖与让压支护的优化设计及数值分析[J]. 煤炭学报,2008,33(1):11-16.

[26] 关宝树. 软弱围岩隧道变形及其控制技术[J]. 隧道建设,2011,31(1):1-16.

[27] 路军富,王明年,郭军,等. 高速铁路深埋黄土隧道变形模式及锚杆作用机理研究[J]. 隧道建设,2009,29(4):405-410.

[28] 赵建平. 浅埋暗挖隧道管棚预支护机理及其效用研究[D]. 长沙:中南大学,2005.

[29] 董新平,周顺华. 软土地层开挖释放荷载引起管棚位移敏感度分析[J]. 岩土工程学报,2005,27(11):1296-1299.

[30] 董新平,周顺华,胡新朋. 软弱地层管棚法施工中管棚作用空间分析[J]. 岩土工程学报,2006,28(7):841-846.

[31] 伍振志,傅志锋,王静,等. 浅埋松软地层开挖中管棚注浆法的加固机理及效果分析[J]. 岩石力学与工程学报,2005,24(6):1026-1029.

[32] SUNG O. ,CHOI H. ,HEE-SOON SHIN S. Stability analysis of a tunnel excavated in a weak rock mass and the optimal supporting system design[J]. International Journal of Rock Mechanics Mining Sciences, 2004, 41(3):876-881.

[33] 陈军,杜守继,等. 软弱围岩隧道二次支护施作时机的数值模拟[J]. 地下空间与工程学报,2009,5(S) :1340-1344.

[34] 郭建新,高永涛. 基于软弱围岩锚喷支护位移理论的隧道支护时间分析[J]. 辽宁科技大学学报,2009,32(5):456-460.

[35] 关宝树,赵勇. 软弱围岩隧道施工技术[M]. 北京:人民交通出版社,2011.

[36] 中华人民共和国国家标准. GB/T 50218—2014 工程岩体分级标准[S]. 北京:中国计划出版社,2014.

[37] 朱永全,李文江,赵勇. 软弱围岩隧道稳定性变形控制技术[M]. 北京:人民交通出版社,2012.

[38] 山西交科公路勘察设计院. 山西省运城至灵宝高速公路解州至陌南段工程勘察设计报告[R]. 太原,2008.

[39] 山西交科公路勘察设计院. 中条山隧道详细工程地质勘察说明[R]. 太原,2009.

[40] 山西交科公路勘察设计院. 中条山隧道施工图设计说明[R]. 太原,2010.

[41] 姜云. 公路隧道围岩大变形的预测预报与对策研究[D]. 成都:成都理工大学,2004.

[42] Lee I M. Transient groundmotion in an elastic homogeneous halfspace to blasting loading[J].

Soil Dynamics and Earthquake Engineering,1996,42(9):151-159.

[43] Pekeris E. The seismic surface pulse[J]. Proc. Natn. Acad. Sci., 1955, 41(3): 469-480.

[44] Mooney H M. Some numerical solutions for Lamb's problem[J]. Bull. Seis. Soc. Am., 1974, 64(2): 473-491.

[45] Eason G. On the torsional impulsive loading of an elastic halfspace[J]. Quart J Mech Appl Math, 1964, 17(9): 279-292.

[46] 蔚立元,李术才,徐帮树.青岛小净距海底隧道爆破振动响应研究[J].土木工程学报,2010(8):100-108.

[47] 张欣,李术才.爆破荷载作用下青岛胶州湾海底隧道覆盖岩层稳定性分析[J].岩石力学与工程学报,2007(11):2348-2355.

[48] 蔚立元,李术才,徐帮树.舟山灌门水道海底隧道钻爆法施工稳定性分析[J].岩土力学,2009(11):3453-3459.

[49] 刘国华,王振宇.爆破荷载作用下隧道的动态响应与抗爆分析[J].浙江大学学报(工学版),2004,(2):77-82.

[50] 夏祥,李俊如,李海波,等.爆破荷载作用下岩体振动特征的数值模拟[J].岩土力学,2005,(1):50-56.

[51] Kim S, Jeong W, Jeong D,et al. Internal blast loading in a buried lined tunnel hole in jointe rock mass[J]. Tunnelling and Underground Space Technology, 2006, 21(1): 172-183.

[52] 姚勇,何川,周俐俐,等.爆破振动对相邻隧道的影响性分析及控爆措施[J].解放军理工大学学报(自然科学版),2007,(6):702-708.

[53] 叶培旭,杨新安,凌保林,等.近距离交叉隧洞爆破对既有隧道的振动影响[J].岩土力学,2011,(2):537-541.

[54] 王明年,潘晓马,张成满,等.邻近隧道爆破振动响应研究[J].岩土力学,2004,(3):412-414.

[55] 傅洪贤,赵勇,谢晋水,等.爆破施工隧道围岩稳定性研究[J].中国铁道科学,2011,(2):67-70.

[56] 张庆松,李利平,李术才,等.小间距隧道爆破动力特性试验研究[J].岩土力学,2008,(10):2655-2660.

[57] 李云鹏,艾传志,韩常领,等.小间距隧道爆破开挖动力效应数值模拟研究[J].爆炸与冲击,2007,(1):75-81.

[58] 夏祥,石永强,李海波,等.岩体单孔及群孔齐发爆破爆炸荷载数值分析[J].岩石力学与工程学报,2007,(S1):3390-3396.

[59] Malmgren L, Nordlund E. Behaviour of shotcrete supported rock wedges subjected to blast-induced vibrations[J]. Rock Mechanics and Mining Sciences, 2006, 43(4): 593-615.

[60] Feldgun V R, Malmgren A V, Karinski Y S,et al. Internal blast loading in a buried lined tunnel[J]. International Journal of Impact Engineering, 2008, 35(6): 172-183.

[61] Park D, Jeon S. Reduction of blast-induced vibration in the direction of tunneling using an air-deck at the bottom of a blasthole[J]. International Journal of Rock Mechanics and Min-

ing Sciences, 2008, 35(6): 172-183.

[62] Murat C, Ozkan C, Erhan T. The effect of geotechnical factors on blasting induced ground vibration particle velocity[J]. Tunnelling and Underground Space Technology, 2006, 21(3): 235-243.

[63] Liu H B. Soil-Structure Interaction and Failure of Cast-iron Subway Tunnels Subjected to Medium Internal Blast Loading[J]. Journal of Performance of Constructed Facilities, 2011, Submitted April 19, 2011; accepted September 21, 2011.

[64] Zare S, Bruland A. Comparison of tunnel blast design models[J]. Tunnelling and Underground Space Technology, 2006, 43(4): 533-541.

[65] Cai M. Infuence of stress path on tunnel excavation response-Numerical tool selection and modeling strategy[J]. Tunnelling and Underground Space Technology, 2008, 23(5): 618-628.

[66] Dowding C H, Aimone C T. Multiple blast-hole stresses and measured fragmentation[J]. Rock Mechanics and Rock Engineering, 1985, 18: 17-36.

[67] Sharpe J A. The production of elastic waves by explosion pressures: I. theory and empirical field observations[J]. Geophysics, 1942, 7(2): 144-154.

[68] Swoboda O, Zeng G, Li Ning, et al. Dynamic analysis of blast procedure in tunnel[J]. Structural Dynamics, 1991, 5: 386-437.

[69] Yale D P, Jamieson W H. Static and dynamic rock mechanical properties in the Hugoton and Panoma field, Kansas[J]. SPE27939, 1995, 5: 209-219.

[70] 林英松,葛洪魁,王顺畅. 岩石动静力学参数的试验研究[J]. 岩石力学与工程学报, 1998, 17(6): 216-222.

[71] 胡国忠,王宏图,贾剑青,等. 岩石的动静弹性模量的关系[J]. 重庆大学学报, 2005, 28(3): 102-105.

[72] 马恩荣. 炮孔直径与药包直径的选择[J]. 有色金属, 1959, 11: 13-16.

[73] 高晓初. 炮孔直径、超深及起爆方案对爆破振动的影响[J]. 西部探矿工程, 1995, 1: 17-19.